本书的出版得到云南省哲学社会科学学术著作出版专项经费的资助

本书得到云南省哲学社会科学创新团队“云南少数民族语言研究”的资助

云南师范大学
汉藏语研究院文库

总主编◎戴庆厦 余金枝

泰语量词的语法分布与语法功能

依常生◎著

中国社会科学出版社

图书在版编目（CIP）数据

泰语量词的语法分布与语法功能 / 依常生著. —北京：中国社会科学出版社，2020.11
ISBN 978-7-5203-4269-8

Ⅰ. ①泰… Ⅱ. ①依… Ⅲ. ①泰语–数量词–研究 Ⅳ. ①H412

中国版本图书馆 CIP 数据核字（2019）第 063171 号

出 版 人 赵剑英
责任编辑 任 明
责任校对 周 昊
责任印制 郝美娜

出 版 中国社会科学出版社
社 址 北京鼓楼西大街甲 158 号
邮 编 100720
网 址 http://www.csspw.cn
发 行 部 010–84083685
门 市 部 010–84029450
经 销 新华书店及其他书店

印刷装订 北京君升印刷有限公司
版 次 2020 年 11 月第 1 版
印 次 2020 年 11 月第 1 次印刷

开 本 710×1000 1/16
印 张 15.25
插 页 2
字 数 257 千字
定 价 98.00 元

赞“十年潜心量词”的研究精神

——《泰语量词的语法分布与语法功能》序

依常生博士的《泰语量词的语法分布与语法功能》一书就要出版了，他请我写一篇序，我很高兴，也愿意为他写序。但由于我不是泰语专家，只能从汉藏语、语言学的角度，谈谈我读了这本新著的一点想法。

汉藏语系语言众多，泰语是汉藏语系的重要语言之一，泰语所属的侗台语族是我国南方以至东南亚重要的语群之一，因此，泰语在我国语言学、东方语言学的研究中具有重要的地位，不能忽视。从著名语言学家李方桂先生开始，泰语研究就已经成为我国语言学的重要组成部分。李先生非常重视田野调查，他收集了大量以侗台语为主的语料；他“一语三族”的汉藏语系谱系划分格局也是以精深的台语历史比较为基础的。

1949 年以后，我国学者对侗台语的调查研究多限于国内的壮、侗、布依、傣等语言。当时为了帮助壮、侗、布依等民族创制新文字，为傣族改革原有文字，曾对这些民族的语言文字进行了大规模的田野调查，获得了大量的语料，但对境外的侗台语了解不多，掌握的语料也不够充分，致使我们对泰语语音、语法的认识停留在比较粗浅的层面。1978 年改革开放之后，我国一些学者把研究的目光投向泰语，经过不断努力，弱势的局面已经逐步得到改善。进入 21 世纪，泰语研究正在成为我国语言学不可忽视的重要组成部分。

常生博士是壮族，母语是壮语侬话，从小先会壮语侬话后又学会汉语文、泰语文、傣语文。他本科、硕士都在中央民族大学中国少数民族语言文学系学习，专攻语言学和侗台语言学。后来又考取了北京大学泰语专业博士，专攻泰语和汉藏语言学。可谓是科班出身，是一位有多种语言条件和良好语言学基础的青年学子，前途看好。

这本书写的是他自己熟悉的泰语，而且是花了力气尽了最大努力写出的。我认为这部新著写得不错，有以下几个亮点：

一、有深度、有新意，是侗台语量词研究的前沿专著

量词是汉藏语系语言的重要特征，在汉藏语语法研究中具有重要的、特殊的地位。我国学者早就敏锐地觉察到了这一点，并进行了半个多世纪

的持续研究，不断挖掘了量词的特点，为深化量词研究奠定了一定的基础。但是，如何认识量词在句法演变中的作用、怎样看待量词的共性和个性、量词是如何产生演变的等问题，都还没有被语言学家完全认识清楚。

汉语有丰富的量词文献和方言量词语料，汉语量词的研究包括框架设计和研究视角等，曾经为我国非汉语量词的研究提供了丰富的经验，促进了非汉语量词的研究。近年来，国外量词类型学也被引入我国，为我们提供了新的参考。但是汉藏语量词问题博大精深，涉及的领域方方面面，许多现象难以解释清楚。其研究的关键性课题还有哪些，目前面临的难题是什么，量词研究的突破性进展应该从何下手，量词的真相是什么等等，都是摆在我们面前的有价值的课题。

常生博士读本科、硕士时，我担任中央民族大学中国少数民族语言文学学院院长，对他勤奋好学的精神有所了解。他在读本科的时候就对量词产生浓厚兴趣，他抓住 2008 年在泰国实习的机会调查了泰国清迈泰语的量词，把母语壮语量词和泰语做了初步的比较，写成了毕业论文。读硕士的时候他把目光聚焦在母语量词的研究上，写成了学位论文《那安壮语量词研究》。这篇论文以共时描写为主兼顾历时的解释，既包括量词的词义也包括量词的语法特点。在攻读博士学位期间，经过再三思索，他最后还是选择了继续做量词，又把目光投向泰语，从语法分布出发研究泰语量词的语法功能。

这本书虽是博士论文，但却是积常生十年侗台语量词专题研究之功。十年之间，他从多语言比较到单一语言描写，从历时解释到结构描写，从语义语法再到语法分布，在语言学传统的几个领域里不断地来回，为的就是用大家耳熟能详的经典方法挖掘量词蕴含的价值。正是由于有了这种扎实的基础，他曾经写出《泰语量词的连接作用》（发表于《民族语文》2016 年第 4 期）一文，在前人研究的基础上发现了侗台语量词还存在第三类分布即“名+量+形”，在这一分布中量词起到连接修饰语和中心语的作用，体现出台语量词计量、分类以外的第三种功能。这一发现促进了学界对量词功能的认识。

常生博士十年如一日，牢牢抓住量词专题研究不放松，写成了这本书，他的这种精神是值得学习的。

二、开辟了境外语言量词研究的新领域

长期以来，我国语言学界关注的主要是国境线以内的语言。由于当时条件的限制，对跨境语言、境外语言的研究一直是弱项，未能摆到应有的地位。在我国语言学界，汉语、少数民族语和外语三足鼎立，画地为牢，

不同语言的研究被分散在不同单位，难以形成一股力量共同对跨境语言、境外语言进行科学研究。近 10 年来，学者们开始认识到跨境语言、境外语言具有很高的战略价值和学术价值，理应成为我国语言学家的研究对象，因此纷纷奔赴边境、国外，开展田野调查研究工作，并取得可观的成绩。

语言研究的第一关是语料关。自从结构主义语言学诞生以来，语言田野调查就成为一种重要的理念。对于无文字的语言来说，田野调查是获取语料的唯一途径，其重要性不言而喻；而对于有文字的语言，由于现代语言学注重从口语中发现语言规律，而活的语言蕴含着丰富的语言现象，因此田野调查也是一种重要的研究方法。

泰语属于境外语言，是泰国的国家通用语，也是侗台语中使用人口最多、语言地位最高的语言。泰语在 13 世纪就有与之相适应的文字（包括记录声调的符号），20 世纪以来逐渐形成规范的共同语，拥有大量的书面文献。它代表着境外语言的一个类型。但应如何获取这类境外语言的语料？除了传统的田野调查之外，充分利用当地语言的各类文献应当是境外语言研究中解决好语料关的一种重要方法。

常生博士在本科阶段就学习了泰语，到过泰国实习调查泰语方言。攻读博士学位期间还有机会到著名的泰国朱拉隆功大学语言学系留学。研究泰语量词，在语料的使用上如何做到科学地将田野调查材料与文献材料相结合，他从本科调查清迈泰语量词的时候就思考过，后来到泰国留学又与泰国导师 Kingkarn Thepkanjana 教授就这一问题进行了深入交流，期间他一方面制定调查表进行田野调查，另一方面还从文献中收集了大量量词语料。经过反复研究，他决定在田野调查的基础上以文献为主获取泰语量词语料，最终解决了语料关的问题。

我非常赞赏他重视田野调查。近年来我一直在思考语言田野调查在跨境语言研究中的作用。边境、境外情况复杂，开展语言田野调查经常会碰到在国内调查未曾遇到的一些新问题。这本书从多部泰国民族文学作品选取材料，语料翔实丰富，转写、标注明晰，为学界进一步认识泰语量词的语法概貌提供了条件。它是我国第一部境外语言量词专题研究的范本。

三、是将结构主义语言学方法运用于量词研究的成功之作

20 世纪 30 年代结构主义语言学传入我国，经著名语言学家赵元任、朱德熙等前辈引入汉语语法研究，结构主义语言学从而在我国语言学界逐渐取得了主导地位。在汉语界，这方面的研究成果蔚为壮观。

20世纪50年代少数民族语言大调查是在一大批语言学前辈的指导下进行的，当时的调查成果于 80 年代以“少数民族语言简志”的形式出版系列

丛书，后来还有新发现语言系列、参考语法系列等新的成果问世。这些成果是综合运用传统语法、结构语法、认知—功能语法和类型学等研究方法完成的。据我观察，量词的研究在民族语言学界还缺乏按严格的结构主义进行研究的成果。

我们常常要求自己的学生要过语言学的基本功，基本功过不了就进不了语言研究的殿堂。那么语言学的基本功是什么呢？我认为就是在提取音位、语素等过程中所体现出来的结构主义分析语音、语法的一系列原则和方法。只有掌握了这些经典的方法，才能全面地认识一个语言的基本面貌，也才能在此基础上从其他角度做进一步的深入研究。

常生博士这本书坚持形式和意义相结合的原则，从语法分布入手研究语法特点，以挖掘具体语言的个性为目标，这就是结构主义的原则和方法。他提出的泰语量词“三种分布对应三种功能”，根据计量表达、指称表达的歧异对泰语量词语法功能所做的补充等，无不体现出他扎实地掌握现代语言学理论方法的语言学功底。可以说，这本书采用的方法、得出的观点是经得住推敲的。

在写序的过程中我想到，量词特别是个体量词的产生和发展，与分析性语言类型有密切的关系。我认为应该从分析型语言的眼光研究量词，加强汉语量词和非汉语的跨语言比较研究。我建议常生进一步运用分析性的视角来研究泰语乃至侗台语的量词。运用分析性眼光来研究汉藏语，怎么强调都不过分。

常生博士还年轻。2016 年博士毕业后就到云南师范大学汉藏语研究院主攻汉藏语和语言学。他事业心强，热爱语言学，学习刻苦，必将会在云南这块语言宝地上大展才能。

是为序。

戴庆厦

2018 年 6 月 11 日

序　二

2012 年我第一次招收博士生，来报考的考生里有一个叫侬常生。在几个考生中唯有他所有科目的成绩都合格，进入了复试。通过了复试，侬常生就成了我的第一个博士生。

常生在中央民族大学少数民族语言文学专业完成了本科和硕士学业。他是云南广南的壮族侬支系人，从小使用自己的家乡话，他的家乡话在李方桂先生的台语系属分类中属于中支。壮语跟泰语同属于台语支，所以他在本科、硕士阶段学习了属于台语北支的壮语北部方言和属于西南支的泰语，还自学了西双版纳的傣语傣文。这样，他跟我学习的时候，已经对台语三个语群都有了相当程度的了解了。

我在跟常生接触之前虽然已经调查过十几个点的侗台语材料，但从没有调查过一个台语中支的语言点，所以对台语中支只有书本上读来的认识。常生给我介绍了他的家乡话，有些材料令我感到很惊奇。2013 年，我跟常生一起对他的家乡话作了一个简短的考察，我通过这次考察认识到中支跟西南支的接近程度比我想象的大得多，三个分支的比较研究对深入认识台语是很有价值的。

我带研究生没什么好办法。我跟常生上课，基本上就是一起阅读、讨论一些前辈学者发表的语言学著作（以有关泰语、壮语的为主，偶尔也会讨论一些其他语言的）。理论方面，由于北大中文系的语言学实力超强，所以我就让常生到中文系选修、旁听一些语言学和汉语方面的课程。承蒙中文系老师们的悉心指点，常生的知识结构有了很大的进步。

常生在北大的学习很顺利，但是选题的时候我们两个人都很踌躇。常生在本科、硕士阶段都以壮语量词为研究对象，硕士论文厚达 200 多页，答辩时几位老师都给了很高评价，他在量词问题上积累了不少研究经验，也有志于继续对量词进行更加全面、系统的分析。我自己此前也写过几篇关于台语量词的文章，按理说继续研究量词，特别是综合考察整个台语的量词对常生来说是驾轻就熟的。但是，几十年来，关于这一问题的讨论已经持续了很长时间，Mary Haas、袁家骅、韦庆稳、梁敏、张公瑾、覃晓航、裴晓睿等前辈都从不同角度发表过关于台语量词的有份量的看法，戴庆厦教授和他的学生也曾经从更广阔的角度对汉藏语量词做过探讨。在此基础上寻求创新，难度也是不言而喻的。炒炒冷饭，做一篇了无新意四平八稳的博士论文对常生来说不难，但这并不符合他的追求。所以，看不到创新的期望，找不到观察的角度，选题就很难落实。2014 年初有一段时间，我们两个人对此都很焦虑。

有一天，我在考虑这一问题时，又一次翻检常生写过的文章，当翻到《傣语ʔan^{1}及其变体的汉译问题》时，我停了下来。记得张公瑾先生曾经说傣语的ʔan^{1}已经虚化为结构助词，常生在研究中明显注意并参考了张先生的这一观点。泰语语法学家在承认ʔan^{33}是泛量词的同时，也普遍认为ʔan^{33}是个结构助词。这里是不是有什么玄机呢？我感觉常生在这个问题上是有所体会的。我跟常生就此进行了几次讨论，他的思路也逐渐明晰了。最后我们决定，从虚化成结构助词的量词入手全面考察量词的分布和功能，看看量词虚化的过程中是什么机制起了作用。

常生在选题确定后就去朱拉隆功大学学习，在泰语语法学家 Kingkarn Thepkanjana 教授指导下做了一年研究。在泰国期间，他阅读了大量外文文献，对研究工作有了更全面更具体的认识。回国以后过了半年，他提交了博士论文《泰语量词的语法分布与语法功能》。这篇文章指出，除了学界公认的语法功能以外，泰语量词还有一个重要的语法功能——在修饰成分和被修饰成分之间起连接作用，充当连接成分。这一观点拿其他台语的材料来验证，也能成立。

在诸多语法学家的研究基础上，常生凭借自己对台语材料的准确把握和对既往研究的深入体会，做出了新的发现。在我看来，这既是常生个人孜孜矻矻刻苦钻研的结晶，也是语言学界对台语量词研究持续关注的一个必然成果，这一成果对侗台语族其他语言以至东南亚区域语言的研究都会有参考价值。

现在，常生的论文经过修改，获得了云南省社科出版基金的资助，即将由中国社会科学出版社出版。他的学术见解会被更多的学术界同仁所了解和讨论。我也希望常生以此为起点，在学术上获得更多进步。

是为序。

薄文泽

2018 年 6 月 10 日

目　录

第一章　绪论

1.1　问题的提出

泰语是泰王国的国家通用语，是侗台语族（Kam-Tai language family，又叫 Tai-Kadai language family 也称为 kra-dai language family）台语支（Tai languages，简称台语）当中的一种语言，与同属台语的我国少数民族语言壮语、布依语、傣语等许多语言一样，具有丰富的量词。

本书研究现代泰语里与名词搭配的个体量词具有的语法特点，解答如下问题：

a. 泰语量词主要具有哪些分布？

b. 与上述分布对应的泰语量词的各项语法功能是什么？

1.2　选题背景及意义

本选题有两方面的背景，从学术研究的角度看，泰语量词很早就得到学者们的关注，从 20 世纪 40 年代开始，直到今天，陆续有研究泰语量词的成果问世。这些成果为学界认识泰语量词做出了重要贡献，也成为本书开展研究的重要基础。[①]从语言教学的情况看，不管是对泰语母语人还是对不以泰语为母语的学习者特别是汉语母语人来说，泰语量词都是泰语教学的重点和难点。因此，结合目前的教学和研究状况，本书的研究具有如下两方面的意义：

a. 依据长篇自然语料，进一步补充描写泰语量词的语法分布，归纳泰语量词的语法分布及其语法功能，对学界认清泰语量词的语法特点具有理论上的意义；

b. 对比汉语，初步总结泰语量词在语法分布和功能上存在的个性特点，对泰语量词的学习、正确使用具有一定的指导作用。

---

① 有关泰语及其亲属语量词研究的成果参看文献综述。

1.3 文献综述

1.3.1 泰语量词的研究状况

早在 19 世纪末 20 世纪初西方人在有关泰语的论述中就出现一些术语用来指称今人称为量词的词语。1920 年人类学家布·马林诺夫斯基（Malinowski，Bronislaw）发表了一篇文章，向学界报道了一种南岛语对事物进行分门别类的语言成分。西方学者开始被亚非拉等地语言里跟印欧语性范畴标记似是而非的这种成分所吸引，泰语量词也逐渐为语言学家所注意。1942 年语言学家玛丽·哈斯（Haas，Mary R.）发表了她对泰语量词进行研究取得的成果。从此开始，不少语言学者相继研究泰语量词并发表了他们的研究成果。下面对这些学者的成果进行介绍。

玛丽·哈斯

玛丽·哈斯指出泰语量词的分布中最重要的出现在名词跟数词、限定代词和形容词组合的时候，泰语量词主要的分布有两种：

第一种，表示数量的名词短语，其组合顺序是“名－数－量”；①

第二种，不表示数量的名词短语，其组合顺序是“名－量－限”或“名－量－形”；

上述第一种分布中量词的使用是强制的；第二种分布出现在讲究准确性的话语中，在不太明确的话语中该分布中的量词也可以不出现，也就是说量词在第二种分布中不强制使用。量词与数词的关系迥异于它与限定代词或者形容词的关系，这两种分布的差异以 nɯŋ^{21}（หนึ่ง）“一”为窗口可以清楚地观察到：nɯŋ^{21} 这个词在它告诉我们有多少事物的情况下作为一个数词使用，如 ma^{24}nɯŋ^{21}tua^{33}，作者将之译为英语 one dog；在另外的情况下它给我们一个相当于英语不定冠词的结构，如 ma^{24}tua^{33}nɯŋ^{21}，作者将这个结构译为 a dog。

หมาหนึ่งตัว	หมาตัวหนึ่ง
ma^{24} nɯŋ^{21} tua^{33} 一只狗	ma^{24} tua^{33} nɯŋ^{21} 一只狗
狗　一　只	狗　只　一

除了上述两种分布以外，作者还考察了量词的复杂分布如名－/

① 本书用短横连接表示分布，各分布中的“量”代表量词，“名”代表名词，其他代表如下：修（修饰词），代（代词，其中的限定代词有的文献称为指示词，本书是指泰语从近到远的四个指示词 ni^{453}（นี้）、nan^{453}（นั้น）、noon^{453}（โน้น）、nuun^{453}（นู้น）），形（形容词），体（方位词、时间词）。此处玛丽·哈斯“限”还包括 nai^{24}（ไหน）“哪”以及后文叙述到的后置于量词的 nɯŋ^{21}（หนึ่ง）“一”。

量 – 形 –/数 – 量 – 限 ma^{24}tua^{33}lek^{453}sɔɔŋ^{24}tua^{33}nan^{453}（หมาตัวเล็กสองตัวนั้น）狗 – 只 – 小 – 两 – 只 – 那“那两只小狗”等。这篇文章还指出在学习一个名词的同时记住与之一起使用的量词，这样学习效果才会称心如意。作者在她后来主编的词典里为名词词条列出与之对应的量词。（参看玛丽 • 哈斯，1964）

詹姆斯 • 史密斯（Smith，James Jerome）

詹姆斯 • 史密斯（1969）认为："量词结构的焦点几乎完全集中在对名词的分类上，强制与数词共现是第二位的。"（P.5）他的假设是泰语量词既是句法学的范畴也是语义学的范畴：法位分析表明泰语量词是一种句法学范畴，但它随前面的名词而改变，由于与每个量词搭配的名词无法统计，所以义素分析法不能用于量词，有些量词的词义甚至用隐喻扩展也不好解释，例如 tua^{33}（ตัว）用任意囊括的解释更令人满意。①尽管如此，有些量词如 phɯɯn^{24}（ผืน）"张"却完全可以呈现其语义结构，其义素是确定的，由此而与其他量词构成对立，形成一个独立的单位。该项研究第 49 页利用图示法分析泰语量词的特点。

维金 • 帕努蓬（วิจินตน์ ภานุพงศ์）

维金 • 帕努蓬（1989）是泰语结构语法的代表作。该书在词类划分和短语两章讨论到量词：在词类划分部分，作者提出鉴定量词的句法槽是名词[ ]形容词 – 指示代词 ni^{51}（นี่）"这" – 不及物动词 – 助词 lɛɛu^{453}（แล้ว）"了"；在提出上述句法槽的同时作者承认"名 – 数 – 名"中第二个名词是量词。在名词短语部分谈到量词在名词短语中的作用，即量词不能充当名词短语的核心成分，但经常引导名词短语的修饰部分、数量成分以及限定成分；作者对一些含有量词的名词短语进行了层次划分，如名 –/数 – 量 –/限 sɯa^{51}sɔɔŋ^{24}tua^{33}ni^{453}（เสื้อสองตัวนี้）衣服 – 两 – 件 – 这"这两件衣服"。

吉姆 • 帕兹克（Placzek，Jim）

吉姆 • 帕兹克（1978）评论认为"已有文献对量词的界定绝大部分把它归入句法学范畴，这种界定大体上是正确的。"（P.15）这篇论文着重区分泰语类别名词和量词特别是半反响量词、标准计量词的关系。②作者还提出一些饶有趣味的问题，如为什么小动物、昆虫等前头经常加 tua^{33}"只"，而"更像动物"的动物其名称则不需要加这个词。（P.77，P.79）

作者（1984）专门研究泰语的一个量词 leem^{51}（เล่ม）"本、辆、把、支"

---

① 泰语 tua^{33} 主要是动物量词，也用于衣物、文字、角色等，翻译成汉语时需要视与之搭配的具体名词而定。

② 此处的类别名词、半反响量词和标准计量词，原文的术语分别是 headword、partial repeater 以及 standard measures。

等，认为分类功能较弱的量词 leem^{51} 不能作为名词或名词前的成分，但其分类功能仍然有认知和文化上的理据。文章最后总结认为：

a. 范畴化理论中的原型理论比经典理论更适用于量词研究；

b. 未带标记的名词指称多样，量词为被它归类的名词提供单位指称（unit reference）；

c. 在分类功能中文化标准通常影响认知标准，但是后者是前提；

d. 研究量词对名词的分类功能应注意原型与类别名词、原型与隐喻的关系。

作者（1992）进一步指出泰语量词对名词语义上的分类功能是以事物的形状为基础的，而不是以事物的种类范畴为依据的，因此可以建立量词系统的认知基础。

匈第斯等（Hundius，et al.）

匈第斯等（1983）研究认为：

a. 泰语量词的分类功能使之成为一种概念标签（conceptual labels）；

b. 泰语量词的分布主要是分布在表示数量的名词短语之中；

c. 泰语量词除了分布在表示数量的名词短语之外还用于高度话题化的非计量的名词短语之中，具体表现为与形容词、限定代词的组合，与前者组合带有数量为“一”的含义；

d. 由于上述第二种分布不是强制的，而与数词组合是强制的，因此应把在表示数量的名词短语中的分布看成是泰语量词的基本功能，以对泰语量词的分布做出统一的解释。

婻塔丽娅 · 兰贾代（นันทริยา ลำเจียกเทษ）

婻塔丽娅 · 兰贾代（1996）研究泰语里从人体器官名称和植物器官名称演变而来的语法词。作者在北部方言的泰语文献中发现了一种现象，即某些器官名词一方面从意义分析其基本含义跟名词一样表达事物，另一方面从分布位置上看却放在数词之后，呈现出量词的特征，例如：

ลักหมาตัว3000เบี้ย ผิหมาไล่หมาดีหื้อใช้ค่าหมานั้นก่อนแล้วใหม8ตัวหมา (มัง140)

lak^{453} ma^{24} tua^{33} saam^{24}phan^{33} bia^{51}，phiʔ^{21} ma^{24} lai^{51} ma^{24} di^{33} hɯ^{51} chai^{453} kha^{51} ma^{24}

偷 狗 只 三 千 贝 如果 狗 追 狗 好 让 用 价格 狗

nan^{453} kɔɔn^{21} lɛɛu^{453} mai^{24} pɛɛt^{21} tua^{33} ma^{24}.

那 先 了 罚 八 身体 狗

如果被偷的狗的价格是三千贝，并且这只狗又是良好的猎狗，那么先按这个价格赔钱，此外再罚八只狗。

作者分析上述 pɛɛt^{21}tua^{33}ma^{24} 中的 tua^{33} 认为判断它是名词还是量词应观察与之组合的词，也就是 ma^{24}，这个词是表达 tua^{33} 的所有者的成分。由于表达领属范畴时名词可以加上表示领属关系的结构助词，此处 tua^{33}ma^{24} 正好可以插入 khɔɔŋ^{24} 形成 tua^{33}khɔɔŋ^{24}ma^{24}（ตัวของหมา）身体－的－狗“狗的身体”，因此 tua^{33} 应判定为名词。根据这种判断，作者指出：“名词短语 tua^{33}ma^{24} 出现在数词之后表明了名词转化为量词存在一个连接点。”（P.85）

裴晓睿

裴晓睿（2001）是第一本用中文编写的泰语语法书，该书对量词的论述主要在词类一章，分量词种类、语法特点两部分。针对泰语量词的语法特点，作者提出量词主要有以下功能：

与数词组合形成数量词，主要修饰名词，表达事物的数量意义；

与代词（人称代词除外）、形容词、非谓形容词、动宾结构、介宾结构、中状结构、主谓结构、结构助词短语结合，形成量词短语，用来修饰名词，表达事物性质、状态、属性的语法意义。量词短语是主从结构的一种，前置的量词起到中心语的作用；

上述功能中除与代词结合跟汉语相同之外，其他都是汉语不具备的。

为了进一步研究，有必要对上述各家成果做一下评论：

玛丽・哈斯的研究具有开创性的意义，尤其是分语义、语法两部分描写泰语量词的框架奠定了后来诸多研究的基础。作者将泰语量词研究及其学习使用相结合的做法值得借鉴，作者（1951）提出在优先描写亚太地区单一语言的量词的基础上再进行多种语言之间的量词比较研究和对比研究的主张至今还有指导意义。

詹姆斯・史密斯是企图解决泰语量词是否是单纯的句法概念这一问题的较早尝试者。此前托马斯・戈廷（Gething，Thomas W.）已提出：“在泰语里将量词使用看成是语义学范畴而不把它纳入句法部分讨论更加方便。”① 詹姆斯・史密斯的研究在此基础上把泰语量词“有虚有实”的特点论述得更加具体、全面。

维金・帕努蓬沿着挖掘泰语量词语法特点的思路，按照结构主义的分析套路提出了判断量词的句法槽并对有关量词的分布进行结构要素和层次关系两方面的研究，是结构主义运用于泰语量词的重要成果。

吉姆・帕兹克多年来一直关注泰语量词，相继发表多份关于泰语量词的成果，研究泰语量词对名词分类的认知基础及其受到的文化影响，在前人的基础上开创了新的研究领域。

匈第斯等采用分语义、语法两方面的描写框架，吸收了量词分类功能研究的有关成果，对泰语量词的分布和功能做出了统一的解释。

① 托马斯・戈廷（1968:818），转引自吉姆・帕兹克（1978：28）。

婻塔丽娅·兰贾代在词汇系统中发现泰语“部分－整体”式合成词可以与数词组合，并认为在这种分布环境中发生了量名转换，颇有启发意义。

裴晓睿将泰语量词分布分为两种，强调其中不同于汉语的分布，为我国学者进一步挖掘泰语量词的语法特点打下了基础。

从宏观的角度看，学界在对泰语量词进行研究的过程中除了少数学者外逐渐形成了两种视角：语法的视角和语义的视角，前一种视角往往采用结构描写的方法，也有人采纳生成派的方法；后一种视角则往往与文献考据、认知和功能解释等相关。泰语量词研究已取得的成果包括分布和功能方面的成果正是得益于上述视角、方法的选择、指导。但采用结构描写方法同时兼顾语义因素而对泰语量词的主要分布及其功能进行进一步概括总结的不多见，同时对这些主要的各项分布也缺乏较为详细的考察，还有一些分布虽在语料中也见有存在但未见有或难见有人对其进行讨论和研究，有些分布虽有研究但在研究中出现了分歧，例如：

有关“名－量－谓”的分歧

泰国语法学者乌巴吉·辛拉巴讪（พระยาอุปกิตศิลปสาร）描述到泰语量词存在“名－量－谓”的分布，根据他提供的语料，“名－量－谓”分为“名－量－形”和“名－量－动”两种。泰国本国后来的语法学者对此有不同的论述。纳瓦婉·潘图梅塔（นววรรณ พันธุเมธา）提供的语料显示有“名－量－形”的存在，她对此的解释与玛丽·哈斯、匈第斯等相一致，但她本人以及维金·帕努蓬又同时提到该分布中的量词可有可无，有无没有差异。至于“名－量－动”她们两位的论述及其提供的语料笔者还没有见到。阿玛拉·巴锡拉斯（2010a，อมร ประสิทธิ์รัฐสินธุ์ ๒๕๕๓ ก.）则认为一般的动词与所谓的形容词一样都可以修饰量词。

泰国其他学者和西方学者虽然对“名－量－谓”未有专门研究，但在有关叙述中也出现了分歧。凯瑟·卡品特（Carpenter，Kathie Lou，1987）与玛丽·哈斯、匈第斯等持“名－量－形”属于语用现象的观点相一致，同时指出“量词和形容词组合给整个结构产生一种对比而不是限定的含义”（P.62）；本西里·辛格贝查（Singhapreecha，Pornsiri，2000）、娜塔娅·比里维温（Piriwiboon，Nattya，2010）[70] 认为该分布带有“数量为一”的含义。与此同时，赛苏尼·维逊央贡（Visonyanggoon，Saisunee，2000）把“名－量－形”与“名－量－thi[51] 引导的定语从句”归为一类。彼特·詹肯斯（Jenks，Peter，2006，2012）认为“量－形”是一种简单的关系从句，与名词呈述谓性的限定关系，其中的名词包含复数的含义；他提供的语料显示有“名－量－动”的存在。苏帕·果基迪贡（Kookiattikoon，Supth，2011）认为“名－量－修”中名词数的含义并不明确；他提供的语料也显示泰语存在“名－量－动”（P.189）。

前人的研究成果表明，有关泰语量词语法特点以下两项内容还需要着力研究：

a. 从计量功能的角度，考察各类计量结构特别是“名－数－量”以外的结构，以明确泰语量词与名词的关系和分类功能与计量功能的关系；

b. 从分布与功能相结合的角度，考察后置于量词的各类修饰词特别是限定代词、谓词与量词组合的详细情况以及它们在多重修饰中与量词组合的情况，对比作为量词的前置修饰词的数词指出这些后置修饰词共同表达的语法功能。

1.3.2 其他侗台语量词的研究状况

壮语量词语法特点的研究：

袁家骅

袁家骅（1979）提出“量名结构”的概念，壮语“数－量－名”计量结构当其中的名词是合成词比如“红花”的时候，其词语排列呈现为“两－朵－花－红”的顺序，意思是“两朵红花”；对应的汉语表达，其词语排序则是“两－朵－红－花”，观察各个词语的关系可以知道汉语里“红”字插到“朵”和“花”之间，壮语则是“朵”和“花”相连，形成紧凑的形式；通过这个现象，从合成词返回来重新审视一般名词可以发现“数－量－名”结构中量词和名词呈现出紧密结合的趋势，两者凑在一起，形成一种新的结构，即“量名组合体”。

作者进一步发现量名组合体是壮语体词结构的中心，即在壮语量词复杂分布的较高形式中量词“朵”也和名词“花”紧挨在一起，两者没有因为结构的复杂而被其他修饰语隔离开，量名组合体作为整个体词结构的中心语。壮语量词复杂分布的较高形式是：

$soo\eta^{24}$	tu^{55}	wa^{24}	$di\eta^{24}$	$bu\text{ɯ}k^{55}$	kou^{24}	han^{42}
两	朵	花	红	大	我	那

汉语相对应的结构是“我－那－两－朵－大－红－花”。

韦庆稳

韦庆稳（1982）赞同量词体词中心论，指出在量名组合体中“有些人凭感性和直观，认为中心语是后面的名词，其实不然，前面的量词是中心语”（P.279）。作者进一步明确“这种修饰词组，在性质上与小类名词修饰前面大类名词构成的修饰词组是一样的”，“$tu^{31}ma^{24}$（只狗）狗 $ko^{24}fai^{42}$（棵树）树（前面的量词代表大类名即动物类（tu^{31}）和植物类（ko^{24}），后面的名词是属于小类名”（1985）[171,175]，同时指出“量词不带数词（特别是后面有定指示词时）都含有‘一’的意思。量词加相应的名词如：tu^{31}mou^{24}（只猪），有时也含有数词‘一’的意思”（P.33）。作者通过 toŋ^{33}[ ]nei^{42} 检测获得量词并提出了数指词组这一新的词组类型，从而发现了可作为推导一切句子出发点的基本公式“（数指）1+谓+（数指）2”及其各种转换式。

晋风

1983 年出版的《壮汉词汇》（初稿）把量名组合当作派生词收录，把量词加谓词当作合成词。这引起了晋风的反对。晋风在否定《壮汉词汇》的同时并不同意袁家骅的看法，他认为“壮语造句法有两套规则。……在定语结构里只有数词和量词才能位于中心名词之前，其余成分都只能置于中心名词之后……量词与名词之间，之所以不能插入其他的成分，并不是由于它们之间有什么紧密的结构关系所致，而是由于壮语定语结构的位序规定所形成的。”①谢志民亦著文指出量名组合是一种偏正结构，不是派生词，其中的中心语是名词不是量词；量词与其他词的组合也都是词组，不是词。（参看晋风 1982、谢志民 1985）

季永兴

对于袁家骅的分析，季永兴也提出了不同的看法，他对 sooŋ^{24}tu^{55}wa^{24}diŋ^{24}bɯk^{55}kou^{24}han^{42}“两－朵－花－红－大－我－那”所做的层次分析把其中的“sooŋ^{24}tu^{55}”与“wa^{24}diŋ^{24}bɯk^{55}”看作直接成分的关系，它们组合起来与人称代词 kou^{24}、限定代词 han^{42} 依次构成直接成分的关系。作者指出：“量词＋名词的形式，汉语是省略了数词‘一’的结果，壮语的‘deu^{24}’却不能省略。”“壮语 pou^{42}wun^{31}‘个人’中的 pou^{42} 可看作词头，不是量词。跟‘二’以上数词组合并在名词中心词前面出现的成分才量词化了。”（参看季永兴，1993）

张元生

张元生（1979）在挖掘武鸣壮语语料时较早注意到壮语量词有词头词尾化现象。②作者（1993）指出由于量词的语法作用主要是充当数词和名词的中介，sooŋ^{24}ko^{24}ŋaan^{42}“两棵龙眼树”中的 ko^{24} 等一类词具有双重性质：一方面代替类名，和小类名 ŋaan^{42} 组合成名词；另一方面起到类别量词的作用，文字处理上 ko^{24}ŋaan^{42} 连写，说明它们关系特别紧密；作者进一步指出它们的渊源关系：名词－名量词－虚化为名词性词头或词尾。作者还认为壮语量名组合表示数量为“一”。

① 省略号是引用时加上去的。

② 词头词尾只是这些语言成分的一类名称，近来有国外文献称为名－分类词等，有的术语还与动植物分类学有关。本书引用时保留原文。

覃晓航

小航、文安（1988）认为量词兼做类属词头，是类属词头注入表达事物单位的意义而形成的。从他的研究可以看出其形成过程是：壮语早先“数－（类属词头－名）”受汉代汉语“数－量－名”影响类推，“数－（类属词头－名）”结构中的类属词头从词的结构中分离出来，移到原来空缺的量词位置上促使“（数－类属词头）－名”呈现为“数－量－名”结构，因此壮语量词“两种特点、两种功能并存”。由于类属词头也有自己的来源，因此存在这样的关系：名词－类属词头－量词。

覃晓航（1995）[190]对中心语同时受前后定语修饰的量词分布提出双向分析法，例如：kou^{24}mi^{31}（pon^{55}）saɯ^{24}（na^{24}）（deu^{24}）我－有－本－书－厚－一“我有一本厚的书”，（saam^{24}tu^{24}）mou^{24}（pi^{31}）（jou^{35}daɯ^{24}na^{31}）（han^{42}）tɯk^{33}mou^{24}pou^{42}laɯ^{31} 三－头－猪－肥－在－里－田－那－是－猪－人－哪“那三头在田里的肥猪是谁的”。①

覃晓航（2005）认为早期量词词头化之后失去表示单位的意义，不应认为是兼类；壮语量名组合表示数量为“一”。

傣语量词语法特点的研究：

方伯龙

方伯龙（1982）指出傣语的量词和指示词不能单独同名词结合，它们必须组成指量结构以后，才能作为名词的修饰语。作者通过德宏傣语的语料论证量词和指示词在名词的多重修饰语中起到确定名词修饰语的作用。量词和指示词在这些例子中的语法意义超过了词汇意义。

罗美珍

罗美珍（2008）叙述道：“傣语可数名词一般在前面有性状标志，冠有这些性状标志的名词是通称，后来性状标志都发展成为量词”；同时指出这种组合“不是都很稳定”，但金平方言“相对来说比较稳定”。其“不都很稳定”表现在第一、当名词前面有动词，性状标志成为量词之后，名词的性状标志有些要脱落，有些不脱落。“能说 ko^{55} 棵 mai^{11} 树 nɯŋ^{33} 一‘一棵树’；不能说 to^{55} 只 ma^{11} 马 nɯŋ^{33} 一，只能说 ma^{11} 马 to^{55} 只 nɯŋ^{33} 一‘一只马’。”②第二、植物类的性状标志比较稳定，动物类的就容易脱落。其他的性状标记在动词后面也有不易脱落和容易脱落两种情况。对于这种组合的内部结构，作者认为上述表通称的结构里前面的“类别和性状标

① 原文使用下标实心表示中心语，用带箭头的直线表示修饰方向，双向分析法为→.←。本书引用时只保留其中的小括号（代表定语）。

② 语料来自罗美珍（2007）。

志是主要词素”，“后面的成分是说明或限制是什么类别、什么性状的”，是“冠以表示性状的构词法”，有别于词根加附加成分、词根加词根等构词类型。

依语量词语法特点的研究：

珍妮斯·撒尔（Saul，Janice E.）

珍妮斯·撒尔（1965）开篇即划定侬语量词句法槽为“数词－量词－名词的前部－修饰词”（Numeral-Classifiers-Noun Head-Modifier），分布在第二个位置的是量词。由于这一位置分为两部分，因此该句法槽进一步呈现为“数词－数量词－质量词－名词的前部－修饰词”（Numeral-Quantifier-Quanlifier-Noun Head-Modifier），通过这一变异形式可以对量词进行次类划分，得出两类四种量词，如下：

第一种在上述变异形式中主要和数量词一起出现，如 slám ắn lepmư“三个指甲”，但也可以单独出现在数量词的位置，如 nẽomư 可以不用泛用量词 ắn 而直接和数词结合：slám nẽomư “三个指头”。

在量词句法槽中能单独出现于数量词位置的是其他三种：普通量词共 2 个，即泛用量词 ắn 和动物量词；数量词，包括个体量词、集体量词、部分量词和借用容器的量词，第三种是亲属称谓。时间单位词等算是不可分类的名词。

珍妮斯·撒尔等（Saul，Janice E.，et al.，1980）将侬语量词分为两类：普通量词（共 4 个），测量的量词又细分为形状量词、度量衡量词、部分量词、集体量词和借用容器的量词。

1.3.3 泰语和其他侗台语相互结合的量词研究状况

李方桂

李方桂（2005a）专门研究泰语 nɯŋ^{21} 与量词组合位置的变迁过程，他利用台语方言比较和泰语文献两方面的证据指出泰语 nɯŋ^{21} 与量词的组合位置发生了从后到前的移动，而且发生的时间是比较晚的，至少在一份 1782 年的清单中它仍是后置的。

李方桂（2005b）指出，台语支的计量结构分为两组：第一组，以西南方的傣仂、掸语、泰语为代表，采用“名－数－量”；第二组，以东部的龙州壮语、侬语、白傣语、布依语为代表，采用“数－量－名”，“三－匹－马”对西南方一派“马－三－匹”。作者对此进行解释：“在古台语，量词的位置在名词前或后，也许是两可的；这大约是受邻近语言的影响而发生的不一致情形；东部这一派显然受汉语的影响。”

张公瑾

张公瑾（1978）研究到侗台语量词的“语法作用及其关系”，有四种语法作用：①

第一种是替代作用。量词在“数–量”，“量–限、形、动、方位词或人称代词”这些组合中所起的作用称为替代词的作用，所谓替代词相当于泰语 kaan33、khwaam33、khɔɔŋ24 以及 thi51 这类词；

第二种是联系的作用，指连接名词和名词的各种修饰语，即量词在“名–量–一”、“名–数–量”、“名–量–指”、“名–量–谓”等组合中的作用。当修饰语由谓词及其短语充当时称为关系代词的作用，所谓关系代词是指泰语结构助词 khɔɔŋ24、hɛɛŋ21、thi51 以及 sɯŋ51、ʔan33 等。还有一种区别的作用，即量词用于区别复合词与词组、区别词组与句子，从分布上看这一作用仍可归入联系的作用；

第三种是规定的作用，与名词对应的量词代表修饰语限定的对象，其分布属于复杂分布；

第四种是构词的作用，部分单位词可以与相应的名词组合成一个词：“即与相应的名词一起组成为多一个音节的同义词，如 pliŋ55（蚂蟥），加单位词为 to55，仍是‘蚂蟥’的意思，hɤ51（船）加单位词为 lam51hɤ51 也仍是‘船’的意思，这个情况与汉语中的‘马匹’、‘纸张’相类似，但汉语中这类组合用来表‘集体’，傣语中这类组合没有这种意义，所以仍可加上以单位词为联系的各种修饰语，如

to55pliŋ55 to55 nɯŋ33（一条蚂蟥）
蚂蟥 条 一

to55pliŋ55 to55 dam55（黑的蚂蟥）
蚂蟥 条 黑

而汉语不能说‘一匹马匹’、‘白张纸张’等。”

周耀文、方峰和

周耀文、方峰和（1984）指出壮语、傣语量词的不同位置：（1）壮：量–名–一，傣：名–量–一；（2）壮：数–量–名，傣：名–数–量；（3）壮：数–量–名–人称代词，傣：名–代–数–量（注意不是名–数–量–代）；（4）名词只接受表示性质的名词、形容词和人称代词修饰时两者语序是相同的，但还同时受数量词和指示代词修饰时差别更大。

壮语、傣语量词的不同作用显著者是：（1）武鸣壮语名量词单独置于名词之前，大多既能起到量词的类别作用，同时还包含有“一”的数量含

---

① 作者统一称各种量词（含个体量词）为单位词。

义。在德宏傣语中有些偏正式复合词的第一个音节虽然也有类别作用，但它不是量词。壮语也有类似的复合词，这些词如果要表示数量还得加数量词。（2）武鸣壮语中有些量词有区分性别的作用，傣语没有这类性别量词。（3）武鸣壮语有一部分量词可以用改变韵母中的主要元音来区分名物大小的级别；德宏傣语虽也有这种情况，但不多。（4）壮语量词可以重叠，傣语不能。（5）壮语可以用两个量词结合成主谓词组做句子的谓语，傣语量词不能单独作主语或谓语，必须与数词结合成数量结构才能当主语或谓语。

作者认为产生上述相当大的差别是因为量词不是古壮傣共同语的基本词汇，在壮、傣族先民分离时还未产生，或者才开始萌芽。壮、傣语量词的产生时期可能与汉语量词产生的时期相近，大约都萌芽于先秦，但真正发达起来当在出现“傣”部落之后，即壮、傣分家之后，量词真正发达起来当在汉代之后。

梁敏

梁敏（1983）主要指出：黎语和同语族其他语言分离时，量词还没产生，但无可否认，在临高人的先民从大陆迁到海南岛的时候，壮傣、侗水语支已经产生了量词；作者不同意量词词头来源说，认为有的语言或方言的部分量词有“词头化”的倾向。作者（1986）指出：“量词可以单独放在名词前面作修饰成分，这时量词除了表示该事物的类别外，本身就表示一个单位的量”，同时又指出“这些复合词的第一个成分原来都是名词，所以其结构应属‘大类名＋小类名’之列，小类名是用来修饰、限制大类名的”。

薄文泽

薄文泽（2003）结合汉、壮量词分布的差异指出：壮语量词在分布上具有双重性，一方面它跟数词组合表示名词性成分的单位数量，另一方面它又可以作为中心成分受名词及名词修饰语的修饰，并对“数－量－名”、“量－名－指”、“量－谓－指”进行了结构划分。

作者（2012）对比泰、壮量词的差异，认为泰语量词的两种分布对应两种功能：

第一种分布指与名词或其他修饰语的组合即“量－修”、“量－名”，其中的量词是中心，作为类别单位表示类的意义；

第二种分布指与数词或限定代词的组合即“数－量”、“量－限”，表示事物的数量、确指，其中的量词是计量单位。

壮语的量词也具有泰语量词的双重功能，但这两种功能在分布上没有截然的分界，壮语量词在“数－量－谓”和“量－谓－指”中既表类别又表单位，如 $soo\eta^{24}ko^{24}saa\eta^{24}$“两棵高的”、$ko^{24}saa\eta^{24}nei^{42}$“这棵高的”。

关于壮语量名组合，作者（2003）认为“量名结构在任何情况下都不含有‘一’的意思，而只泛指该名词所指的事物”，“量词无论是在语法上还是在语义上跟名词的关系都要比跟数词更近一些”；作者（2012）对此进一步确认，同时又表示“量词的主要功能不是表示类别，而是作事物的计量单位，也就是说它首先要作一个合格的‘单位词’，其他功能则是伴生的。”

陆天桥

陆天桥（2007）根据可受指示词修饰等功能将毛南语里类似于汉语“量词”和“词头”的一类词归为名词的次范畴“类别名词”，指出“过去在解释毛南语这种类别名词的语法特点方面时所遇到的困境主要在于不承认毛南语的数词能够修饰名词”。

LU Tianqiao（2012）指出侗台语量词相对于名词的关系分两组：南部型采用“名－数－量”，中部和北部采用“数－量－名”，其中中部和北部的语言表现为“数－量－名”的格式是规范的形式，在这些语言里类似于南部型把量词放在名词之后也是可以的；布依语 ja^{33} 和 $saam^{24}luuk^{33}buuk^{35}$ 中的 $luuk^{33}$ 既是量词也是类别名词，体现了语法双重性的特点。①

南希·库克林（Conklin，Nancy Faire）

南希·库克林（1981）182-190 承认泰语量词在表示数量的名词短语中的分布，表现的是其基本功能，但是她强调指出：

a. 台语里表示数量的名词短语，其语序分为西组（名－数－量，泰、老、掸、仂）和东组（数－量－名，黑傣、白傣、侬、武鸣和布依，汉语取向，可能来自汉语 影响），尽管当数词为一以及在表示次序的名词短语中这种差异得到弥补，但由于存在这一句法分布的差异，利用句法槽来定义量词对于西组来说是容易的，而对于东组来说却要困难得多，而且在这一组里从某种程度上来说区分量名组合和合成名词是不可能的；

b. 在不表示数量的短语中的分布，两组的差异也很明显，例如布依、武鸣以及某些侬语例子表明量词在第一次出现时就可以代替名词，这些语言量词在分布上更丰富，功能更强大；

c. 在北部台语中量词无论在任何语境下通常都跟名词一起出现，布依语甚至可以代替人称代词所有格。因此对于北部台语来说分布在表示数量的名词短语中是必要的，但它表达的不是量词的基本功能。

史格特·德兰斯（Delancey，Scott）

史格特·德兰斯（1986）指出可以从语义上用很相似的方法描述泰语量词与类别名词的关系，在词汇上两者也是重合的，但在句法分布上它们

① 类别名词作者用的术语是 class term。

严格区分：①

ลูกตาสามลูก

luuk^{51}ta^{33} saam^{24} luuk^{51}

球形物 眼 三 颗

三颗眼球

不过上述区分对于分布在中、越两国的“数－量－名”型的台语来说却是模糊的，因此作者重新挖掘珍妮斯·撒尔的语料，指出名词有承担单位词的功能，如 thu 在下面的短语中是指头、球形的物体：

sloŋ kha thu slon

两 把 头 蒜

两把蒜头

可是在下面的例子中却是作为一个单位词（a measure）表现功能。

slon thu slon②

两个蒜 头

通过对上述语料的分析作者指出侬语走上了一条“从类别名词到量词”的历程。

可见，泰语量词语法特点的有关讨论在其他侗台语中表现也比较明显。其他侗台语量词的研究、泰语和其他侗台语相互结合的量词研究对泰语量词研究也有参考价值。为了研究泰语量词的语法特点，有必要对这两方面的有关成果做一简要的评论：

袁家骅发现壮语量名组合体，为揭示与汉语结构类型较接近的壮语中独特的一面作出了贡献。他以量词为例提出的“泛时的结构类型学原理”、“语法结构类型的比较研究”的设想，将壮语量词研究与学习使用相结合的做法至今仍有现实意义。韦庆稳对壮语量词着力较深，他同意袁家骅的观点，分别从词法和句法两方面提出句法槽和数指词组以揭示壮语量词的语法特点。晋风、季永兴、覃晓航对有关分布的划分显示他们不同意壮语量词体词中心论而认为量词和数词的关系比和名词的关系密切，量词是从词头分化而来的。晋风“两套规则”的说法与袁家骅“量名组合体”的概念一样颇有特点。张元生对壮语单个语点的量词进行系统性研究，较早注意到壮语量词词头词尾现象和单位与类别合一的双重性并指出这种双重性在分布上的具体表现形式。方伯龙敏锐地发现傣语量词和指示词在名词的多重修饰语中起到确定名词修饰语的作用，罗美珍研究了傣语量名组合的

① 类别名词作者用的术语同 LU Tianqiao 一样也是 class term。

② 原文缺“字词释义”一行。

稳定程度和构词类型，指出其稳定程度与其句法功能、量词与数词的组合有关，他们的研究颇有启发意义。

珍妮斯·撒尔研究的语言虽不是泰语，但是却是基于前人特别是玛丽·哈斯对泰语量词的研究基础之上进行的，她提出的侬语量词句法槽，从另一个侧面启发了学界进一步思考泰语量词是语义范畴还是句法范畴的问题。本书注意到，就在珍妮斯·撒尔从侬语的角度验证玛丽·哈斯有关泰语量词的成果的同时，哈拉·贝（HLA PE，1965）、贝令（R.Burling，1965）有关缅甸语量词，犹迪特·雅各布（Jacob，Judith M.，1965）有关柬埔寨语量词的文章也相继发表，而玛丽·哈斯（1951）正是研究缅语量词的文章。珍妮斯·撒尔提出标准，重新划分量词类型的做法也是哈拉·贝所做的主要工作。这些学者的研究一开始就具有反思性质，但是却从另一个角度促使学者们更加全面地观察泰语及其亲属语的量词。从此开始，国外的泰语量词研究一方面继续沿着挖掘语法特点的思路研究泰语量词的各类分布及其关系，另一方面将语义纳入到量词研究之中，开创了新的研究课题。实际上上文提到过的泰语量词研究逐渐形成的两种视角很大程度上正是珍妮斯·撒尔对侬语量词的研究促成的。

李方桂继玛丽·哈斯对泰语 nɯŋ^{21} 进行分布分析之后从历时的角度根据充分的证据指出 nɯŋ^{21} 分布于单位词之前是后来形成的，把泰语及其亲属语“一”的研究推向了新的高度；他对台语支主要计量结构采取两分的做法（“名－数－量”对“数－量－名”）及其解释对后世影响较大。张公瑾进一步从壮侗语族的角度归纳量词的四种作用。周耀文、方峰和，梁敏也十分重视从壮侗语族的角度观察壮、傣、泰各语言量词之间的历史关系。梁敏指出的量词词头化从另一侧面指出了分类功能与计量分布之间的关系。南希·库克林的主要目的是结合认知语言学成果论证台语的量词可以追溯到澳泰语层次，但是在论述这一问题的同时较早注意到了台语内部量词分布和功能的类型差异。史格特·德兰斯构拟了原始台语量词，通过挖掘珍妮斯·撒尔的语料发现泰语半反响量词在侬语中的对应表达，实际上从其他台语的角度推断出了判定泰语量词的形式标准。

前人的研究成果表明，研究泰语量词语法特点除了上面提到过的两项内容外还应着力研究如下内容：

泰语以外的其他台语量词具有的一些分布在泰语中表现的情况，特别是以广西武鸣壮语为代表的一些台语常见的“量－名”组合在泰语中表现的情况。

1.4 研究范围和研究方法

本书的研究范围是现代泰语的个体量词，对量词即研究范围的界定是除了狭义上的对个体事物一个一个地计量时使用的部分之外还包括反响量词、泛用量词ʔan^{33}（อัน）“个”和表示种类的量词。

本书在前人研究的基础上运用结构描写的方法，从泰语量词的分布出发，兼顾量词语义对分布的影响，以全面研究与泰语量词分布对应的泰语量词的功能，尽力避免将泰语量词这一语言现象神秘化、简单化。

本书的研究属于细节上的补充性质的研究，所开展的工作主要有以下四个方面：

a. 笔者在学习泰语和阅读有关泰语量词文献的过程中发现泰语量词在语料中具有较为丰富的分布，结合泰语一般语法书的研究情况对泰语量词的分布进行分类；

b. 将上述两类分布放在《泰人失去土地》以及其他长篇自然语料中进行考察，用详细可靠的语料说明具体的各项分布在结构、功能和意义等方面的特点；

c. 总结归纳出泰语量词主要具有的三种分布以及量词在这三种分布中所起到的主要语法功能，将分布、功能结合起来得到计量、指称和类别三种结构；

d. 在“三种分布对应三种功能”的前提下，从泰语计量表达、指称表达上的歧异等角度阐述一般语法书未见有或难见有深入研究的分布，前人有过研究但研究中存在分歧的分布的价值所在，补充说明泰语量词的语法特点。

1.5 语料来源及标注

本书所用语料主要来源于长篇小说：สัญญา ผลประสิทธิ์：คนไทยทิ้งแผ่นดิน（英文名：The Edge of the Empire），桑耶 • 蓬巴锡：《泰人失去土地》，1973 年。选用的版本是 2009 年第 20 次出版印刷的版本，共 490 页。作者：桑耶 • 蓬巴锡，1916 年 9 月生于尖竹汶府他迈县（语言上与曼谷同属中部方言区），中学进入曼谷著名的玫瑰园学院，大学毕业于法律和政治大学（今法政大学前身），获法学学士学位。桑耶 • 蓬巴锡一生的主要职业是律师。1995 年 10 月因呼吸道疾病逝世。《泰人失去土地》是他唯一的作品，也是泰国民族主义文学的代表作之一，曾获得泰国约翰 • 肯尼迪基金会 1973 年颁发的文学创作奖。

本书所用语料主要来源于上述长篇小说，但不局限于此，也引用了《四朝代》（泰文名：สี่แผ่นดิน）等多份其他长篇自然语料，同时还参考其他研究者提供的语料，部分语料是笔者在学习泰语的过程中收集而来的，书中除主要语料不再标明来源外其他语料来源详情随文注明；极少数未注明的，有的是自拟，有的是因篇幅所限不便注明。

为了便于读者阅读，所有泰语语料列泰文、转写、字词释义和意译四行。泰文、转写后面的数字表示该例句出自的文献页码，音译词（如地名、人名）原则上按照新华社《泰汉译音表》进行译写。转述其他研究者提供的泰语语料时也按本书的转写规则进行转写。语料例子字号比正文稍小，所涉及的量词现象在例句中用下划线标出。

本书语料标注采用汉语词释义的方式，以照顾各方面的读者。语法分析不按翻译出来的汉语句子进行。

1.6　泰文转写说明

本书采用国际音标（IPA）转写泰语语料。转写的原则有 3 条：第一、以首都曼谷音为代表的标准泰语文学语言为准，第二、音标符号除有分歧的塞音 c、ch 外按我国侗台语界使用，如 w、j 做韵尾用 u、i 转写；单元音单独做韵母念长音，转写时用单写（如 a），念长的元音与结尾辅音组合成复合韵母时用双写（如 aa）；第三、转写时声调按调值标记，泰语文界惯用声调、侗台语界惯用调类可由表 1.10 查明。①

在此，有必要简要描述泰语音系及其文字表现，同时将本书泰文字母、元音符号和声调符号转写做具体的说明。

1.6.1　声母和起首辅音

泰语共记有 21 个单辅音声母，11 个复辅音声母。如下：

表 1.1　　**泰语声母表**

p	ph	b	m	f			w
t	th	d	n	s	l	r	
c	ch						j
k	kh		ŋ				

① 文献综述引用其他研究者的泰语亲属语语料也将调类改为调值。

续表

ʔ			x				
pr	phr						
pl	phl						
tr							
kr	khr						
kl	khl						
kw	khw						

声母说明：

a. 浊塞音 b、d 前面带有很轻微的喉塞成分ʔ，音系学地位如同清辅音；

b. 塞音 c、ch 有轻微的摩擦成分，可与半低、低元音等所有元音组合；

c. w、j 可以出现在音节尾，其后不再加辅音韵尾；

d. 鼻音 m、n、ŋ，塞音 p、t、k、ʔ可以出现在音节尾，发音时不除阻，因此塞音送气不送气、清浊在此位置不对应，ʔ做韵尾在重音前会脱落；

e. 送气音送气气流较强；

f. 年轻一代常把闪音 r 念成 l；

g. 年轻一代复辅音第二成分流音常脱落。

泰文辅音字母共 44 个，作为起首的辅音，其顺序按南印度格兰他字母（格兰他即 Grantha，这一字母又叫帕拉瓦字母，帕拉瓦即 Pallava）顺序排列，形成泰语字母表。44 个辅音字母根据与声调的配合关系分为高辅音、中辅音和低辅音三组，每个字母以其起首的常用词为名。

泰文 44 个字母与上述 21 个辅音相对应，字母和音位的对应关系及本书采用的转写如下表所示：

表 1.2　　泰文字母表

字母	名称	分组	转写	备注	字母	名称	分组	转写	备注
ก	ก ไก่	中	k		ท	ท ทหาร	低	th	
ข	ข ไข่	高	kh		ธ	ธ ธง	低	th	
ฃ	ฃ ขวด	高	kh	现已废除	น	น หนู	低	n	
ค	ค ควาย	低	kh		บ	บ ใบไม้	中	b	
ฅ	ฅ คน	低	kh	现已废除	ป	ป ปลา	中	p	
ฆ	ฆ ระฆัง	低	kh		ผ	ผ ผึ้ง	高	ph	
ง	ง งู	低	ŋ		ฝ	ฝ ฝา	高	f	
จ	จ จาน	中	c		พ	พ พาน	低	ph	
ฉ	ฉ ฉิ่ง	高	ch		ฟ	ฟ ฟัน	低	f	
ช	ช ช้าง	低	ch		ภ	ภ สำเภา	低	ph	
ซ	ซ โซ่	低	s		ม	ม ม้า	低	m	

续表

字母	名称	分组	转写	备注	字母	名称	分组	转写	备注
ฌ	ฌ กะ เฌอ	低	ch		ย	ย ยักษ์	低	j	
ญ	ญ หญิง	低	j		ร	ร เรือ	低	r	
ฎ	ฎ ชฎา	中	d		ล	ล ลิง	低	l	
ฏ	ฏ ปฏัก	中	t		ว	ว แหวน	低	w	
ฐ	ฐ ฐาน	高	th		ศ	ศ ศาลา	低	s	
ฑ	ฑ มณโฑ	低	th		ษ	ษ ฤๅษี	高	s	
ฒ	ฒ ผู้เฒ่า	低	th		ส	ส เสือ	高	s	
ณ	ณ เณร	低	n		ห	ห หีบ	高	h	
ด	ด เด็ก	中	d		ฬ	ฬ จุฬา	低	l	
ต	ต เต่า	中	t		อ	อ อ่าง	中	ʔ	
ถ	ถ ถุง	高	th		ฮ	ฮ นกฮูก	低	h	

1.6.2　韵母、元音符号和结尾辅音

泰语韵母众多，最基本的是 9 个单元音，3 个前响二合元音。

9 个单元音有长短之别，如图 1.1；3 个前响二合元音是 ia、ɯa 和 ua。

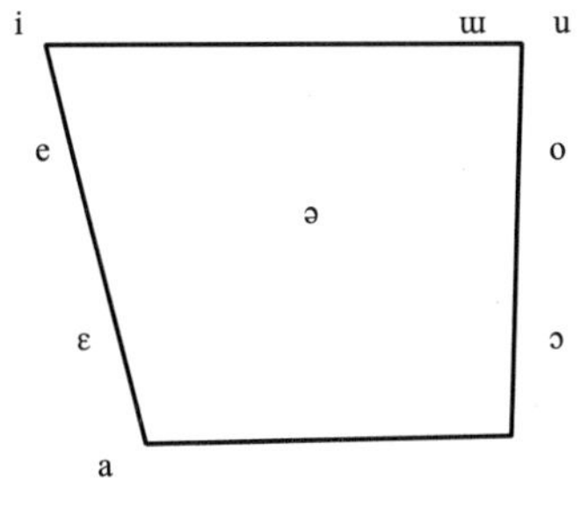

图 1.1　泰语元音舌位图

韵母说明：

a. 前低展唇元音 a 发音靠后，其短音舌位稍微抬高，没有与之对应的圆唇元音；

b. 后高圆唇元音 u 有对应的展唇元音，舌位有前移的特点；

c. 半低元音ɛ、ɔ舌位较低，接近 æ、ɒ；

d. 短元音单独出现且重读时有喉塞尾，弱读时喉塞尾消失；

e. 元音有长短对立但不很整齐且音节不一定念长短，如短元音的音节不一定比长元音音节时长短；

f. 二合元音 ia、ɯa、ua 虽然第一个元音舌位高，但发音响亮、清晰，三合元音有 iau、ɯai、uai，其后不再带辅音韵尾。

上述这些元音都可以单独做韵母，也可以和鼻音 m、n、ŋ，塞音 p、t、k、ʔ组合构成复合韵母；i、u 以外的 7 个元音、3 个二合元音还可以和元音 i、u 组合构成复合元音韵母。（本书主要结合转写的泰语语料研究泰语量词语法特点，故韵母表略）

泰文用 9 个符号表示元音，分长短对立，其位置按南印度格兰他字母元音符号围绕在辅音字母上下左右。①长音、短音在文字上都可单独做韵母，其中短音符号实际上带有喉塞韵尾（即 -ʔ）；分长短的 9 个元音符号都能与结尾辅音组合成复合韵母，充当主要元音，有的符号此时在写法上有变化。本书分这两种情况为转写一和转写二：转写一是指长短元音符号单独做韵母，用元音（如 a）表示长元音符号，用元音带喉塞韵尾（如 aʔ）表示短元音符号；转写二是指长短元音符号与结尾辅音组合成复合韵母的时候用双写元音（如 aa）表示长元音符号，用元音（如 a）表示短元音符号。②

表 1.3　　泰文元音符号

短元音符号	名称	转写一	转写二	备注	长元音符号	名称	转写一	转写二	备注
อะ	สระ อะ	aʔ	a	短音	อา	สระอา	a	aa	长音
อิ	สระ อิ	iʔ	i	短音	อี	สระอี	i	ii	长音
อึ	สระ อึ	ɯʔ	ɯ	短音	อื	สระอื	ɯ	ɯɯ	长音
อุ	สระ อุ	uʔ	u	短音	อู	สระอู	u	uu	长音
เอะ	สระเอะ	eʔ	e	短音	เอ	สระเอ	e	ee	长音
แอะ	สระ แอะ	ɛʔ	ɛ	短音	แอ	สระแอ	ɛ	ɛɛ	长音
โอะ	สระ โอะ	oʔ	o	短音	โอ	สระโอ	o	oo	长音
เอาะ	สระ เอาะ	ɔʔ	ɔ	短音	ออ	สระออ	ɔ	ɔɔ	长音
เออะ	สระ เออะ	əʔ	ə	短音	เออ	สระ เออ	ə	əə	长音

泰文用辅音字母表示韵尾，喉塞韵尾 -ʔ是短音单独做韵母或出现在音节尾时附带的，不用字母表示。字母、韵尾对应关系及本书转写见表 1.4：

① 表中用字母 อ 表示起首的辅音，有两个 อ 出现在一起时第一个表示辅音。

② 三个二合元音与结尾辅音组合时仍记为 ia、ɯa 和 ua。

表 1.4　　泰文结尾辅音字母表

字母	韵尾	韵尾名称	转写
ย	-j	แม่เกย	i
ว	-w	แม่เกอว	u
ม	-m	แม่กม	m
น ญ ณ ล ฬ ร	-n	แม่กน	n
ง	-ŋ	แม่กง	ŋ
ป บ พ ภ ฟ	-p	แม่กบ	p
ต ด ถ ท ธ ฎ ฏ ฐ ฑ ฒ จ ช ฌ ศ ษ ส ซ	-t	แม่กด	t
ก ข ค ฆ	-k	แม่กก	k

1.6.3　声调和声调符号

泰语共记有 5 个声调，调值及例词如下：

表 1.5　　泰语声调表

声调	调值	例词	汉义
1	33	pa^{33}	扔，掷，超过
2	21	pa^{21}	森林，野外，打
3	51	pa^{51}	伯母，大姨妈，（女）落伍
4	453	pa^{453}	（借汉）父亲
5	24	pa^{24}	父亲，喜欢玩弄女子的老男人

以上是舒声调，以塞音为韵尾的音节声调与之接近，如下：

表 1.6　　泰语促声韵声调表

声调	调值	例词	汉义
2	21	paʔ^{21}	遇，封
		pak^{21}	插，刺
		paak^{21}	嘴，口
3	51	phaak^{51}	部分，区域，卷，学期
4	453	phaʔ^{453}	棚屋，碰撞，投靠
		phak^{453}	休息，等，次

声调说明：

a. 声调主要是依附在音节中的元音部分，但泰文声调符号标在辅音或第二辅音上；

d. 舒声音节 5 调俱全，促声音节只有低降、高降和高升 3 个调，且调值与舒声调相近；

c. 第五调 24 调值连在一起时第一个变为平调；

d. 第四调除了固有词外也常用于借词、拟声词。

上述 5 个声调泰语各有名称，除第一调不标外泰文分别用 4 个声调符号表示，各符号又有自己名称，它们的调值依辅音而定，其中又以与中辅音搭配的调值为基础见表 1.7。[①]

表 1.7 泰文声调表

声调名称	声调符号	符号名称	调值
เสียงสามัญ	不标	无名称	33
เสียงเอก	อ่	ไม้เอก	21
เสียงโท	อ้	ไม้โท	51
เสียงตรี	อ๊	ไม้ตรี	453
เสียงจัตวา	อ๋	ไม้จัตวา	24

泰文声调符号与声母、韵母有很强的配合关系。中、高、低三组辅音声母与各声调符号的搭配规律如下表所示：

表 1.8 泰文辅音组、声调符号和调值搭配表

	不标	อ่	อ้	อ๊	อ๋
中	33	21	51	453	24
高	24	21	51	无此搭配	无此搭配
低	33	51	453	无此搭配	无此搭配

促声韵不标声调符号，中、高和低辅音依长短音调值各异，其搭配规律见表 1.9：

表 1.9 泰文辅音组、促声韵长短和调值搭配表

	短	长
中，高	21	21
低	453	51

泰语 5 个声调按侗台语界传统可归入不同的调类，如下表所示：[②]

---

① 声调符号标在起首辅音之上，如果是复辅音标在第二个辅音之上，本节表中都用 อ 表示辅音。

② 绝大部分泰语词的调类可以通过与亲属语的对应关系确定，少数词有变动，由于书写形式会掩盖这种关系和变动，根据其转写推断调类会出现与表格不相符合的例外情况。

表 1.10　泰语调类表

调值	例词	转写	汉义	李方桂（1977）	张均如（1980）
33（中）	ปา	pa^{33}	扔，掷，超过	A1	1
24	ป๋า	pa^{24}	父亲，喜欢玩弄女子的老男人	A1	1
33（低）	พา	pha^{33}	带，领	A2	2
21（舒）	ป่า	pa^{21}	森林，野外，打	B1	5
51（低）	พ่าง	$phaaŋ^{51}$	仅，将近，地面	B2	6
51（中、高）	ป้า	pa^{51}	伯母，大姨妈，（女）落伍	C1	3
453（舒）	พร้า	$phra^{453}$	大刀	C2	4
21（短）（促）	ปัก	pak^{21}	插，刺	D1S	7 短
21（长）（促）	ปาก	$paak^{21}$	嘴，口	D1L	7 长
453（促）	พัก	$phak^{453}$	休息，等，次	D2S	8 短
51（促）	ภาค	$phaak^{51}$	部分，区域，卷，学期	D2L	8 长

第二章　分布类型的研究

2.1　第一类分布

一般语法书经常提到的泰语量词分布，本书称为第一类分布，主要有以下几项：

名－数－量

หมาหนึ่งตัว	หมาสองตัว	มาหลายตัว
ma^{24} nɯŋ^{21} tua^{33}	ma^{24} sɔɔŋ^{24} tua^{33}	ma^{24} laai^{24} tua^{33}
狗　一　　只	狗　两　　只	狗　多　只
一只狗	两只狗	许多狗

名－数－名

คนสองคน	คำสองคำ	ห้องสองห้อง
khon^{33} sɔɔŋ^{24} khon^{33}	kham^{33} sɔɔŋ^{24} kham^{33}	hɔɔŋ^{51} sɔɔŋ^{24} hɔɔŋ^{51}
人　　两　人	词语　两　　词语	房间　两　房间
两个人	两个词语	两个房间

名－量－代

当代词表示指示的含义时，用具有限定功能的 ni^{453}（นี้）、nan^{453}（นั้น）、noon^{453}（โน้น）等限定代词，构成“名－量－限”；其他代词如表示疑问的 nai^{24}（ไหน）“哪”、表示指别ʔɯɯn^{21}（อื่น）“别的、其他的”等与限定代词一样，直接与量词组合。人称代词不能直接与量词组合，需要引入表示领属关系的结构助词，即用 khɔɔŋ^{24}（ของ）“的”加人称代词的形式。

หมาตัวนี้	หมาตัวนั้น	หมาตัวของผม
ma^{24} tua^{33} ni^{453}	ma^{24} tua^{33} nan^{453}	ma^{24} tua^{33} khɔɔŋ^{24} phom^{24}
狗　只 这	狗　只　那	狗　只　　的　　我
这只狗	那只狗	我的狗
หมาตัวไหน	หมาตัวอื่น	หมาตัวอื่นๆ
ma^{24} tua^{33} nai^{24}	ma^{24} tua^{33} ʔɯɯn^{21}	ma^{24} tua^{33} ʔɯɯn^{21}ʔɯɯn^{21}
狗　只 哪	狗　只　别的	狗　只　别的　别的
哪只狗	别的狗	别的狗

上述这些分布中当名词、量词和 nɯŋ^{21}（หนึ่ง）共现时 nɯŋ^{21} 可以省略。[①]

1. เอามะม่วงลูก

ʔau^{33} maʔ^{453}muaŋ^{51} luuk^{51}.

要　　杧果　　个

我要一个杧果。

2. เอาข้าวขาหมูให้จานก็แล้วกัน ๒๑๕[②]

ʔau^{33} khau^{51}kha^{24}mu^{24} hai^{51} caan^{33} kɔ^{51} lɛɛu^{453} kan^{33}.（215）

要　饭　腿　猪　给　盘　就　完　一起

要一盘猪脚饭就好了。

3. เมืองเชียงแสอยู่แค่คืบ สูจงรีบไปชิงเอามาเสีย ๓๐๐-๓๐๑

mɯaŋ^{33} chiaŋ^{33}sɛ^{24} ju^{21} khɛ^{51} khɯɯp^{51}，su^{24} coŋ^{33} riip^{51} pai^{33} chiŋ^{33} ʔau^{33} ma^{33} sia^{24}.（300-301）

城　清塞　在 仅　拃　你 必须 立即 去　抢夺　要 来　掉

清塞城就在一拃的范围之内，你必须立即去抢夺，要过来。

名－量－形

此处形容词包括序数词等。

หมาตัวผู้	หมาตัวเดียว	น้ำใจอันกระด้าง
ma^{24} tua^{33} phu^{51}	ma^{24} tua^{33} diau^{33}	nam^{453}cai^{33} ʔan^{33} kraʔ^{21}daaŋ^{51}
狗　只　公	狗　只　唯一的	水　心　种　反叛
公狗	唯一的狗	反叛的精神
หมาตัวขาว	หมาตัวใหญ่	หมาตัวใหญ่ใหญ่
ma^{24} tua^{33} khaau^{24}	ma^{24} tua^{33} jai^{21}	ma^{24} tua^{33} jai^{21}jai^{21}
狗 只　白	狗　只 大	狗　只　大 大
白狗	大狗	大大的狗
หมาตัวแรก	หมาตัวที่สอง	หมาตัวสุดท้าย
ma^{24} tua^{33} rɛɛk^{51}	ma^{24} tua^{33} thi^{51}sɔɔŋ^{24}	ma^{24} tua^{33} sut^{21}thaai^{453}
狗　只　第一	狗　只　第 二	狗　只　尽 尾部
第一只狗	第二只狗	最后的狗

名－量－定从

“定从”是指定语从句。

① 这里的量词例子包括了容器量词、长度单位等类型，当量词是动量词时也可以省略 nɯŋ^{21}。如 ไปยืมหอกมั้งมาให้ข้าที ๔๖๗ pai^{33}jɯɯm^{33}hɔɔk^{21}moŋ^{453}ma^{33}hai^{51}kha^{51}thi^{33}.（467）去－借－矛－蒙－来－给－我－下“去借蒙人的矛来给我一下”。

② 例句来自潘德鼎（2011d）。

1. เขาตีหมาตัวที่ผมเลี้ยง

khau^{24} ti^{33} ma^{24} tua^{33} thi^{51} phom^{24} liaŋ^{453}.

他 打 狗 只 的 我 养

他打我养的狗。

2. ชายผู้ซึ่งนอนอยู่บนพื้นดินก็ลุกขึ้น

chaai^{33} phu^{51} sɯŋ^{51} nɔɔn^{33} ju^{21} bon^{33} phɯɯn^{453}din^{33} kɔ^{51} luk^{453} khɯn^{51}.

男 个 的 睡 在 上 地面 土地 就 起身 上

睡在地面上的男人就站起来。

以上几种都是简单分布，本书称为基本分布，这些基本分布可以进行叠加形成复杂分布。复杂分布的形式较多，一般提到的主要有：最简单的形式“名－数－量－限”、较复杂的形式“名－数－量－定从－限”以及“名－量－形－量－形－数－量－定从－时间词－限”等。

1. หมาสองตัวนี้

ma^{24} sɔɔŋ^{24} tua^{33} ni^{453}

狗 两 只 这

这两只狗

2. ทองห้าพันแท่งที่ข้าจะแบ่งให้นั้นเวลานี้ยังอยู่ในแคว้นไท ๑๗๕

thɔɔŋ^{33} ha^{51}phan^{33} thɛɛŋ^{51} thi^{51} kha^{51} caʔ^{21} bɛɛŋ^{21} hai^{51} nan^{453} we^{33}la^{33} ni^{453} jaŋ^{33} ju^{21}

黄金 五 千 条 的 我 要 分发 给 那 时间 这 还 在

nai^{33} khwɛɛn^{453} thai^{33}.（175）

里 地区 泰

我要分发的那五千条金条这时候还在泰人地区。

3.หมาตัวเล็กตัวดำสองตัวที่ผมซื้อมาเมื่อวานนี้

ma^{24} tua^{33} lek^{453} tua^{33} dam^{33} sɔɔŋ^{24} tua^{33} thi^{51} phom^{24} sɯ^{453} ma^{33} mɯa^{51}waan^{33} ni^{453}

狗 只 小 只 黑 两 只 的 我 买 来 昨天 这

我昨天买来的这两只小黑狗

除了上述分布以外，还有一种现象：以上各项分布中的名词可以省略，形成不含名词的量词短语。

表 2.1 含有量词的名词短语及与之对应的省略名词的量词短语

名词短语	量词短语	量词短语的例子
名－数－量	数－量	หนึ่งตัว nɯŋ^{21}tua^{33} 一－只
名－数－名	数－名	สองคน sɔɔŋ^{24}khon^{33} 两－人
名－量－代	量－代	ตัวนี้ tua^{33}ni^{453} 只－这

续表

名词短语	量词短语	量词短语的例子
名－量－形	量－形	ตัวผู้ tua[33]phu[51] 只－公
名－量－定从	量－定从	ตัวที่ผมเลี้ยง tua[33]thi[51]phom[24]liaŋ[453] 只－的－我－养
名－数－量－限	数－量－限	สองตัวนี้ sɔɔŋ[24]tua[33]ni[453] 两－只－这
名－数－量－定从－限	数－量－定从－限	ห้าพันแท่งที่ข้าจะแบ่งให้นั้น ha[51]phan[33]thɛɛŋ[51]thi[51]kha[51]caʔ[21]bɛɛŋ[21]hai[51]nan[453] 五－千－条－的－我－要－分发－给－那
名－量－形－量－形－数－量－定从－时－限	量－形－量－形－数－量－定从－时－限	ตัวเล็กตัวดำสองตัวที่ผมซื้อมาเมื่อวานนี้ tua[33]lek[453]tua[33]dam[33]sɔɔŋ[24]tua[33]thi[51]phom[24]sɯ[453]ma[33]mɯa[51]waan[33]ni[453] 只－小－只－黑－两－只－的－我－买－来－昨天－这

2.2　第二类分布

泰语量词除了上述分布以外还有其他一些分布，一般语法书未见有或难见有深入研究、讨论，本书称为第二类分布。主要有以下几项：

数－名

สามโจร
saam[24] coon[33]
三　　盗贼
三个强盗

สองผู้ต้องหา
sɔɔŋ[24] phu[51]tɔɔŋ[51]ha[24]
两　　人　需要　找
两个被告人

สามหลังคาเรือน
saam[24] laŋ[24]kha[33]rɯan[33]
两　　屋顶　屋子
两户

ทุกตัวหนังสือ
thuk[453] tua[33]naŋ[24]sɯ[24]
每　　文字　书籍
每个字

数－量－名

สองคนพ่อลูก
sɔɔŋ[24] khon[33] phɔ[51]luuk[51]
两　　个　父亲　孩子
父子两人

ทุกตัวสัตว์
thuk[453] tua[33]sat[21]
每　　只　动物
每只动物

名－数

นักเรียนสามพัน
nak[453]rian[33] saam[24]phan[33]
人　学　三　千
三千名学生

คนทั้งสาม
khon[33] thaŋ[453] saam[24]
人　　全　三
全部三个人

量－名－限

量－名－形－限

แต่ช้อยก็ยังไม่ยอมกลับ ต้องนั่งรอจนเขาจับตัวด้วงเป็นๆนั้น ลงทอดในกระทะน้ำมันร้อนๆจนตัวด้วงนั้นเหยียดยาวออกไป ๙๔[1]

tɛ^{21} chɔɔi^{453} kɔ^{51} jaŋ^{33} mai^{51} jɔɔm^{33} klap^{21}，tɔɔŋ^{51} naŋ^{51} rɔ^{33} con^{33} khau^{24} cap^{21} tua^{33}

但 翠依 也 还 不 愿 回 要 坐 等 直到 人家 抓 只

duaŋ^{51} pen^{33} pen^{33} nan^{453} loŋ^{33} thɔɔt^{51} nai^{33} kraʔ^{21}thaʔ^{453}，nam^{453}man^{33} rɔɔn^{453}rɔɔn^{453}

蛹 活 活 那 下 煎 里 平底锅 水 油脂 热 热

con^{33} tua^{33} duaŋ^{51} nan^{453} jiat^{21} jaau^{33} ʔɔɔk^{21}pai^{33}.（94）

直到 只 蛹 那 伸 长出 去

翠依还不愿意回来，要坐着等人家把活生生的蛹抓来放到锅里煎，油热起来，使得蛹都伸得长长的。

名－量－形－限

เพราะในบ้านหลังใหญ่นั้น ซินเดอเรลลาเลี้ยงสัตว์ไว้หลายชนิดเพื่อเป็นเพื่อนเล่น ๙๕[2]

phrɔʔ^{453} nai^{33} baan^{51} laŋ^{24} jai^{21} nan^{453} sin^{33}də^{33}reen^{33}la^{51} liaŋ^{453} sat^{21} wai^{453} laai^{24}

因为 里 房子 栋 大 那 灰姑娘 养 动物 着 许多

chaʔ^{453}nit^{453} phɯa^{51} pen^{33} phɯan^{51}leen^{51}.（95）

种 为了 成为 朋友 玩

灰姑娘在那大栋房子里养着多种动物做玩伴。

量－名（下划线者）

ตัวสัตว์	ตัวปลิง	对比	ตัวเงินตัวทอง	ตัวปลา
tua^{33}sat^{21}	tua^{33}pliŋ^{33}		tua^{33}ŋəən^{33}tua^{33}thɔɔŋ^{33}	tua^{33}pla^{33}
只 动物	只 蚂蟥		动物 银 动物 金	身体 鱼
动物，动物类	蚂蟥，蚂蟥类		大蜥蜴[3]	鱼的身体
ต้นไม้	ต้นไผ่	对比	ต้นหม่อน	กอหญ้า
ton^{51}mai^{453}	ton^{51}phai^{21}		ton^{51}mɔɔn^{21}	kɔ^{33}ja^{51}
棵 树	棵 竹		树 桑	丛 草
树，树类	竹，竹类		桑树	草丛

① 例句来自《四朝代》。

② 例句来自潘德鼎（2011c）。

③ 除了指大蜥蜴这种动物之外还可以指身价百倍的人、福星、摇钱树等。

2.3　句法分布类型对应的结构功能类型

从结构功能的角度看，上述第一类分布中的“名－数－量、名－数－名”属于计量结构，“名－量－代、名－量－形、名－量－定从”属于指称结构，复杂分布“名－数－量－限”、“名－数－量－定从－限”以及“名－量－形－量－形－数－量－定从－时－限”等兼有计量和指称，不含名词的量词短语与对应的含有量词的名词短语表达的功能相同。

第二类分布中的“数－名、数－量－名、名－数”属于计量结构，简单分布“量－名－限”、复杂分布“量－名－形－限”和“名－量－形－限”属于指称结构，一部分“量－名”组合属于类别结构。

表 2.2　句法分布类型及与之对应的结构功能类型

功能类型 \ 分布类型	第一类分布	第二类分布
计量结构	名－数－量、名－数－名	数－名、数－量－名、名－数
指称结构	名－量－代、名－量－形、名－量－定从	量－名－限、量－名－形－限、名－量－形－限
类别结构	—	量－名（部分）

第三章　量词在“名－数－量”分布中的功能：计量单位

3.1　名－数－量

3.1.1 “名－数－量”中的名词类型

泰语主要的计量结构是“名－数－量”，即数词和量词先组合形成数量词结构，然后再一起后置于名词。“名－数－量”中的量词指的是个体量词。下面分析其中的名词类型。

出现在“名－数－量”结构中的名词，根据与后面量词的关系，可以分为三种：

第一种，抽象名词一般使用同形的名词作为计量单位。此外，还可以使用表示种类的量词 jaaŋ^{21} “样”、chaʔ^{453}nit^{453} “种” 等。

1. สูมาหาข้าครั้งนี้คงมีกิจบางอย่าง ๑๐๐

su^{24} ma^{33} ha^{24} kha^{51} khraŋ^{453} ni^{453} khoŋ^{33} mi^{33} kit^{21} baaŋ^{33} jaaŋ^{21}.（100）

你 来 找 我 次 这 可能 有 事务 些 样

你这次来找我可能有一些事情。

2. สำหรับเรื่องโชคซึ่งมีส่วนในกิจการทุกอย่างนั้น โชคมักจะเข้ากับฝ่ายที่แข็งแรงกว่า ยิ่งกว่าจะไปอยู่กับฝ่ายที่อ่อนแอ ๑๖๗

sam^{24}rap^{21} rɯaŋ^{51} chook^{51} sɯŋ^{51} mi^{33} suan^{21} nai^{33} kit^{21}caʔ^{21}kaan^{33} thuk^{453} jaaŋ^{21} nan^{453},

至于 事情 运气 的 有 部分 里 事务 每 样 那

chook^{51} mak^{453} caʔ^{21} khau^{51} kap^{21} faai^{21} thi^{51} khɛŋ^{24}rɛɛŋ^{33} kwa^{21}，jiŋ^{51} kwa^{21} caʔ^{21} pai^{33}

运气 经常 要 进 与 方面 的 强硬 力 过 大 过 要 去

ju^{21} kap^{21} faai^{21} thi^{51} ʔɔɔn^{21}ʔɛ^{33}.（167）

在 与 方面 的 软弱

至于对每种事情都有一定作用的运气啊，比起脆弱的一方，它总是经常眷顾比较强大的一方。

3. ด้วยเหตุสองประการนี้ข้าจึงเชื่อว่าเมื่อสูนำทัพไปล่อไว้ ลิบุ่นจะติดตามไป ๑๘๘

duai^{51} heet^{21} sɔɔŋ^{24} praʔ^{21}kaan^{33} ni^{453} kha^{51} cɯŋ^{33} chɯa^{51} wa^{51} mɯa^{51} su^{24} nam^{33} thap^{453}

由于 理由 两 条 这 我 就 信 说 时候 你 带 军队

pai^{33} lɔ^{51} wai^{453}，liʔ^{453}bun^{24} caʔ^{21} tit^{21} taam^{33} pai^{33}.（188）

去 引诱 住 李奔 要 跟上 随 去

由于这两条理由，我相信你带军队去引诱，李奔就会上钩，自然会尾随而去。

第二种，表示个体事物的一般的具体名词使用与之对应的个体量词。①

1. เตียกังกับบุ้นตงนำทหารยี่สิบคนขับม้าติดตามไป เมื่อมาได้แปดสิบเส้น เห็นธงผาขี่ม้าเหยาะอยู่ข้างหน้า ๒๘

tia^{33}kaŋ^{33} kap^{21} bun^{51}toŋ^{33} nam^{33} thaʔ^{453}haan^{24} ji^{51}sip^{21} khon^{33} khap^{21} ma^{453} tit^{21} taam^{33} pai^{33}，mɯa^{51}

狄钢 和 温东 带领 士兵 二 十 个 驾驭 马 跟上 随 去 时候

ma^{33} dai^{51} pɛɛt^{21}sip^{21} seen^{51}，hen^{24} thoŋ^{33}pha^{24} khi^{21} ma^{453} jɔʔ^{21} ju^{21} khaaŋ^{51} na^{51}.（28）

来 得 八 十 线 见 童帕 骑 马 慢跑 在 边 前

狄钢和温东带领二十个士兵骑马尾随而去，走了大约六里，看见童帕骑着马在前面慢跑。（seen^{51}“线”是一种长度单位，一线等于四十米）

2. ลิบุ่นให้อุยกิมนำสุราเก่าร้อยปีสองไหและสิงโตทองคู่หนึ่งกับทองสามร้อยแท่งไปยังเมืองเม็ง ๘๑

liʔ^{453}bun^{24} hai^{51} ʔui^{33}kim^{33} nam^{33} suʔ^{21}ra^{33} kau^{21} rɔɔi^{453} pi^{33} sɔɔŋ^{24} hai^{24} lɛʔ^{453} siŋ^{24}to^{33} thɔɔŋ^{33} khu^{51}

李奔 让 吴金 带 酒 古 百 年 两 甑 和 狮子 黄金 对

nɯŋ^{21} kap^{21} thɔɔŋ^{33} saam^{24} rɔɔi^{453} thɛɛŋ^{51} pai^{33} jaŋ^{33} mɯaŋ^{33}meŋ^{33}.（81）

一 和 黄金 三 百 条 去 向 城 渑

李奔让吴金带着两甑百年古酒、一对金狮子和三百条黄金前往渑城。

3. หนูสิบสองตัวกำลังวิวาทกัน ๑๓๗

nu^{24} sip^{21}sɔɔŋ^{24} tua^{33} kam^{33}laŋ^{33} wiʔ^{453}waat^{51} kan^{33}.（137）

老鼠十 二 只 正在 争吵 互相

十二只老鼠正在争吵。

4. กุมภวาเห็นฝ่ายกังไสเหน็ดเหนื่อยแล้วจึงให้ช้างห้าสิบเชือกเข้าช่วยทัพราบ ๒๐๕

kum^{33}phaʔ^{453}wa^{33} hen^{24} faai^{21} kaŋ^{33}sai^{24} net^{21}nɯai^{21} lɛɛu^{453} cɯŋ^{33} hai^{51} chaaŋ^{453} ha^{51}sip^{21} chɯak^{51}

贡帕瓦 见 方面 冈塞 疲乏 了 就 让 象 五 十 头

khau^{51} chuai^{51} thap^{453}raap^{51}.（205）

进 帮助 军队 平

贡帕瓦见冈塞方面疲乏了，就让五十头大象前来助战。

① 注意一个名词不一定只有一个个体量词，如 thaʔ^{453}nu^{33}（ธนู）有 khan^{33}（คัน）、luuk^{51}（ลูก）和 dɔɔk^{21}（ดอก），mai^{453}（ไม้）有 ton^{51}（ต้น）、ʔan^{33}（อัน）和 phɛɛn^{21}（แผ่น）。这与名词的词义有关，如 thaʔ^{453}nu^{33} 有“弓、箭”两种意思，mai^{453} 有“树、木棍、木料”等意思。

5. แล้วกุมภวาคัดเลือกชาวไทที่ดื่มสุราได้เก่งหมื่นห้าพันคน มอบให้บุญปันและแจ้งอุบายให้ทุกคนทราบ ๒๑๑

lɛɛu^{453} kum^{33}phaʔ^{453}wa^{33} khat^{453} lɯak^{51} chaau^{33}thai^{33} thi^{51} dɯɯm^{21} suʔ^{21}ra^{33} keeŋ^{21}

然后 贡帕瓦 选 选 人 泰 的 喝 酒 厉害

mɯɯn^{21}ha^{51}phan^{33} khon^{33}，mɔɔp^{51} hai^{51} bun^{33}pan^{33} lɛʔ^{453} cɛɛŋ^{51} ʔuʔ^{21}baai^{33} hai^{51} thuk^{453}

万 五 千 个 交付 给 温班 和 说明 计谋 给 每

khon^{33} saap^{51}.（211）

人 知道

然后贡帕瓦挑选了一万五千个喝酒厉害的人交给温班，并把计策告诉每个人。

第三种，由人的称谓平行复合形成的词语用 khon^{33} “人”，并列的多个事物如果这些事物同属一类，用该类事物的个体量词；如果不同属一类，可以视名词而选用，如 chin^{453} “件” 等。另外，还有些表示的事物不明确，其中有些不是名词而是代词，对比例五、例六。

1. สูจงกำจัดแม่ลูกสองคนนี้เสีย ๒๘๔①

su^{24} coŋ^{33} kam^{33}cat^{21} mɛ^{51}luuk^{51} sɔɔŋ^{24} khon^{33} ni^{453} sia^{24}.（284）

你 必须 处理 母亲 孩子 两 个 这 掉

你必须把这母子俩处理掉。

2. ทั้งสาวทั้งแก่ทั้งเด็กทุกคนปฏิบัติกิจนั้นอย่างเป็นของธรรมดาที่สุด ไม่มีอับอายหรือเห็นแปลกอะไรเลย ๗๕②

thaŋ^{453} saau^{24} thaŋ^{453} kɛ^{21} thaŋ^{453} dek^{21} thuk^{453} khon^{33} paʔ^{21}tiʔ^{21}bat^{21} kit^{21} nan^{453} jaaŋ^{21} pen^{33} khɔɔŋ^{24}

又 姑娘 又 老 又 小孩 每 个 执行 事务 那 样 成 的

thaam^{33}maʔ^{453}da^{33} thi^{51}sut^{21}，mai^{51} mi^{33} ʔap^{21}ʔaai^{33} rɯ^{24} hen^{24} plɛɛk^{21} ʔaʔ^{21}rai^{33} ləəi^{33}.（75）

普通 的 尽 没 有 害羞 或 见 奇怪 什么 啦

所有姑娘、老妇、女孩每个人在厕所里都表现得很自然，看不出一点羞愧之情。

3. ถึงพลอยจะเคยพูดเรื่องตาอ้นว่าเป็นลูกใคร เด็กๆทุกคนก็รู้กันแล้วจากปากคนอื่นว่าตาอ้นมิใช่ลูกแท้ของพลอย ๗๕๒

thɯŋ^{24} phlɔɔi^{33} caʔ^{21} khəəi^{33} phuut^{51} rɯaŋ^{51} ta^{33}ʔon^{51} wa^{51} pen^{33} luuk^{51} khrai^{33},

即使 帕瑞 要 曾 说 事情 小温 说 是 孩子 谁

dek^{21}dek^{21} thuk^{453} khon^{33} kɔ^{51} ru^{453}cak^{21} kan^{33} lɛɛu^{453} caak^{21} paak^{21} khon^{33} ʔɯɯn^{21} wa^{51}

孩子孩子 每 个 也 知道 一起 了 从 嘴 人 其他 说

ta^{33}ʔon^{51} miʔ^{453} chai^{51} luuk^{51} thɛ^{453} khɔɔŋ^{24} phlɔɔi^{33}.（752）

小温 不 是 孩子 真 的 帕瑞

① 对比：สองพี่น้องนี้ถึงจะรักกันแต่มีความนิยมไปคนละทาง ๔๑ sɔɔŋ^{24}phi^{51}nɔɔŋ^{453}ni^{453} 两－哥哥－弟弟－这 “这两兄弟”。

② 例句来自《四朝代》，例三、五、六同。

帕瑞没说过小温是谁的孩子，但是孩子们每个人都已经从别人的嘴里知道了小温不是帕瑞的孩子。

4. ข้าขออภัยที่ข้าเหลือจานและถ้วยเพียงสิบชิ้นเท่าที่นำมานี้ ๒๔๖

kha^{51} khɔ^{24} ʔaʔ^{21}phai^{33} thi^{51} kha^{51} lɯa^{24} caan^{33} lɛʔ^{453} thuai^{51} phiaŋ^{33} sip^{21} chin^{453} thau^{51}

我　请求 无罪　的　我　剩　盘子 和　碗　仅　十　件　像

thi^{51} nam^{33} ma^{33} ni^{453}.（246）

的　带　来 这

请原谅我只剩下带来的这十个盘和碗了。

5. ก็เห็นคุณเชยมายืนหน้าตื่นๆอยู่ ในมือถือห่ออะไรห่อหนึ่ง ๒๒

kɔ^{51} hen^{24} khun^{33}chəəi^{33} ma^{33} jɯɯn^{33} na^{51} tɯɯn^{21}tɯɯn^{21} ju^{21}，nai^{33}mɯ^{33} thɯ^{24} hɔ^{21}

就 见　坤崔　来　站　脸　醒　醒 在　里 手　拿 包

ʔaʔ^{21}rai^{33} hɔ^{21} nɯŋ^{21}.（22）

什么　包　一

只见坤崔一脸惊奇地站着，手里拿着一包什么东西。

6. มีอะไรหลายอย่างในโลกนี้ที่เราอยากจะทำแล้วทำไม่ได้ ๕๙

mi^{33} ʔaʔ^{21}rai^{33} laai^{24} jaaŋ^{21} nai^{33} look^{51} ni^{453} thi^{51} rau^{33} jaak^{21} caʔ^{21} tham^{33} lɛɛu^{453} tham^{33}

有　什么　多 种　在 世界 这 的 我们 想 要　做　了　做

mai^{51} dai^{51}.（59）

不　能

在这世界上我们想做但不能做的事情有许多。

3.1.2 “名－数－量”中的数词类型

能分布在“名－数－量”中的数词位置的包括两类：基数词和概数词。

基数词是最为常见的，包括系数词和位数词以及系位组合构成的数词。这些词都可以出现在“名－数－量”中的数词位置。当这个位置出现的是 nɯŋ^{21}（หนึ่ง）“一”时需要注意“名－nɯŋ^{21}－量”结构与“名－量－nɯŋ^{21}”语序上的不同体现的是意义上的不同：“名－nɯŋ^{21}－量”表示数量的意义，强调数量为“一”；“名－量－nɯŋ^{21}”表达的意义除了数量为“一”之外还有指称的含义，即该事物个体有指称上的不定性。因此，准确地说，计量单位之前的“nɯŋ^{21}”才具备数词的功能。例如：

1. บัดนี้ทหารของเราได้เห็นสามคนนี้มาอยู่กับเจ้าเมืองเชียงแส ให้เจ้าเมืองจับตัวส่งมาให้เราภายในหนึ่งเดือน ๓๙

bat^{21} ni^{453} thaʔ^{453}haan^{24} khɔɔŋ^{24} rau^{33} dai^{51} hen^{24} saam^{24} khon^{33} ni^{453} ma^{33} ju^{21} kap^{21} cau^{51}mɯaŋ^{33}

时刻 这　士兵　的　我 得 见　三　人　这 来 在 和 主　城

chiaŋ³³sɛ²⁴, hai⁵¹ cau⁵¹mɯaŋ³³ cap²¹ tua³³ soŋ²¹ ma³³ hai⁵¹ rau³³ phaai³³ nai³³ nɯŋ²¹ dɯan³³.（39）
清塞 让 主 城 抓 身体 送 来 给 我 方面 内 一 月
现在我的士兵发现这三个人来和清塞城主在一起，请城主在一个月之内把他们抓了交给我。

2. อย่าให้เจ้าเมืองอยู่ในตำแหน่งเกินหนึ่งปี เพราะเหตุว่าผู้ใดอยู่ในอำนาจนาน ผู้นั้นจะรักในอำนาจนั้นและจะชั่วเพราะอำนาจนั้น ๕๖

ja²¹ hai⁵¹ cau⁵¹mɯaŋ³³ ju²¹ nai³³ tam³³nɛɛŋ²¹ kəən³³ nɯŋ²¹ pi³³, phrɔʔ⁴⁵³ heet²¹ wa⁵¹ phu⁵¹ dai³³ ju²¹ nai²¹
不 让 主 城 在 里 职位 超过 一 年 因为 理由 说 个 哪 在 里
ʔam³³naat⁵¹ naan³³, phu⁵¹ nan⁴⁵³ caʔ²¹ rak⁴⁵³ nai³³ ʔam³³naat⁵¹ nan⁴⁵³ lɛʔ⁴⁵³ caʔ²¹ chua⁵¹ phrɔʔ⁴⁵³
权力 久 个 那 要 爱 里 权力 那 和 要 坏 因为
ʔam³³naat⁵¹ nan⁴⁵³.（56）
权力 那
城主任期不能超过一年，因为谁长期掌握职权，谁就会贪恋权力，就会因权力而变坏。

做出上述区分，其依据是“名－nɯŋ²¹－量”是“名－数－量”当数词为“一”时的形式，是一种计量结构，表示名物的数量意义，其中的 nɯŋ²¹ 跟其他数词分布位置相同。而 nɯŋ²¹ 在“名－量－nɯŋ²¹”中分布的位置跟其他数词不同，而跟限定代词、形容词等分布位置相同，而且它还有不定指的含义，而限定代词、形容词等这些量词的后置修饰语表达的共同意义正是指称方面的意义，因此本书认为“名－量－nɯŋ²¹”主要是一种指称结构。请看表 3.1：

表 3.1 “名－nɯŋ²¹-量”与“名－量－nɯŋ²¹”
对应于“名－数－量”与“名－量－修”

语法意义	数量意义	指称意义
句法形式	名－nɯŋ²¹－量 名－sɔɔŋ²⁴－量 名－saam²⁴－量 名－thuk⁴⁵³－量 …… ↓ 名－数－量	名－量－nɯŋ²¹ 名－量－限定代词 名－量－形容词 名－量－khɔɔŋ²⁴－人称代词 …… ↓ 名－量－修

对比下面两组例句各句前后两个结构，“单位词－nɯŋ²¹”与“单位词－限定代词”相呼应，nɯŋ²¹ 与限定代词前后配合，所指相同，说明计量单位之后的 nɯŋ²¹ 具有指示限定的功能。

1. ธงผารั้งดาบไว้ขณะหนึ่ง แต่ว่าขณะนั้นทัพจิ้นใกล้เข้ามาแล้ว ๑๘๓

thoŋ^{33}pha^{24} raŋ^{453} daap^{21} wai^{453} khaʔ^{21}naʔ^{21} nɯŋ^{21}，tɛ^{21} wa^{51} khaʔ^{21}naʔ^{21} nan^{453}

童帕　勒　剑　住　时刻　一　但是 说　时刻　那

thap^{453}cin^{24} klai^{51} khau^{51} ma^{33} lɛɛu^{453}.（183）

军队　晋　近　进　来　了

童帕把剑停住了一会儿，正在这时晋国军队靠近了。

2. เจ้าพลายให้ทิ้งศพด้วงใหญ่ที่หน้าค่าย แต่ในวันรุ่งขึ้นศพด้วงใหญ่ได้หายไปและมีต้นไทรคู่หนึ่งงอกขึ้นมาตรงที่ศพนั้นถูกทิ้งไว้ ต่อมาภายหลังที่การศึกเสร็จแล้ว ชาวภูสันตองออกมาบวงสรวงต้นไทรคู่นี้อยู่เสมอเพื่อระลึกถึงพี่น้องทั้งสอง ๑๒๖-๑๒๗

cau^{51}phlaai^{33} hai^{51} thiŋ^{453} sop^{21} duaŋ^{51}jai^{21} thi^{51} na^{51} khaai^{51}，tɛ^{21} nai^{33} wan^{33}ruŋ^{51}khɯn^{51}

召湃　让 扔　尸体 当艾　处 前　营地　但 里 天　亮 上

sop^{21} duaŋ^{51}jai^{21} dai^{51} haai^{24} pai^{24} lɛʔ^{453} mi^{33} ton^{51} sai^{33} khu^{51} nɯŋ^{21} ŋɔɔk^{51} khɯn^{51} ma^{33}

尸体　当艾　已　消失　去　和　有　棵　榕　对　一　发芽　上　来

troŋ^{33} thi^{51} sop^{21} nan^{453} thuuk^{21} thiŋ^{453} wai^{453}，tɔ^{21}ma^{33} phaai^{33} laŋ^{24} thi^{51} kaan^{33}sɯk^{21} set^{21}

处　在 尸体　那　被　扔　着　接着 来　范围　后　的 事情 战争　结束

lɛɛu^{453}，chaau^{33} phu^{33}san^{24}tɔɔŋ^{33} ʔɔɔk^{21} ma^{33} buaŋ^{33}suaŋ^{24} ton^{51} sai^{33} khu^{51} ni^{453} ju^{21}

了　人　普森东　出　来　祭祀　棵　榕　对　这　在

saʔ^{21}mə^{24} phɯa^{51} raʔ^{453}lɯk^{453} thɯŋ^{24} phi^{51}nɔɔŋ^{453} thaŋ^{453} sɔɔŋ^{24}.（126-127）

经常　为了　纪念　到　兄　弟　整　两

召湃让人把当艾的尸体扔在营地前面，但是第二天尸体便消失不见了，尸体被扔的地方长出了一对榕树，后来战争结束，普森东人为了纪念这两兄弟就常常来祭祀这对榕树。

上述 nɯŋ^{21}“一”的区分有重要作用，它说明表示计量意义的基本形式是数量词结构，表达计量意义时数词必须与单位词直接连接在一起，形成的数量词是一个组合，不能被名词隔开。当然，由于 nɯŋ^{21} 本身还有量的含义，一般情况下“单位词－nɯŋ^{21}”不仅不能跟限定代词共现也不能与其他数词连用，所以虽然“名－量－nɯŋ^{21}”对应于“名－量－修”，其中的 nɯŋ^{21} 具有限定代词的功能，但 nɯŋ^{21} 并不等同于限定代词。

泰语 nɯŋ^{21} 与量词组合还需要注意一点：nɯŋ^{21} 可以省去，请对比下面例一、例二。一般情况下，当系数词的值比较大或者是位数词的时候，量词会省略；少数情况下数值较小的系数词后面的量词也可以省略，如下面例三、例四都省略了量词。

1. สำหรับการรักษาเมือง สูอาจตั้งคนโง่สักคนหนึ่งให้รักษาไว้ได้ ๒๘๔

sam^{24}rap^{21} kaan^{33}rak^{453}sa^{24} mɯaŋ^{33} su^{24} ʔaat^{21} taŋ^{51} khon^{33} ŋo^{51} sak^{21} khon^{33} nɯŋ^{21} hai^{51}

至于　的　保护　城邦 你　可能　立　人　傻 大约　人　一　让

rak^{453}sa^{24} wai^{453} dai^{51}.（284）

保护 着 能

至于保护城邦，你可以随便叫个傻瓜让他保护。

2. เมื่อกองทัพผ่านหมู่บ้านใดลิบุ๋นก็เห็นหมู่บ้านนั้นๆถูกเผาหมดสิ้น จะได้เห็นคนไทสักคนก็หาไม่ ๑๘๔①

mɯa^{51} kɔɔŋ^{33}thap^{453} phaan^{21} mu^{21}baan^{51} dai^{33} liʔ^{453}bun^{24} kɔ^{51} hen^{24} mu^{21}baan^{51} nan^{453}nan^{453}

时候 队 军 经过 群 房屋 哪 李奔 就 见 群 房屋 那 那

thuuk^{21} phau^{24} mot^{21} sin^{51}，caʔ^{21} dai^{51} hen^{24} khon^{33}thai^{33} sak^{21} khon^{33} kɔ^{51} ha^{24}mai^{51}.（184）

被 烧 完 尽 要 能 见 人 泰 大约 人 也 找 不

李奔发现，军队经过哪个村子哪个村子都被全部焚烧，连个泰人都见不到。

3. แล้วคำสินเกณฑ์คนสามพันเตรียมยกเข้าไปในแคว้นยูโร ๙๔

lɛɛu^{453} kham^{33}sin^{24} keen^{33} khon^{33} saam^{24}phan^{33} triam^{33} jok^{453} khau^{51} pai^{33} nai^{33} khwɛɛn^{453}

然后 甘信 征发 人 三 千 准备 举 进 去 里 地区

ju^{33}ro^{33}.（94）

如若

然后甘信征发了三千人准备攻入如若地区。

4. ใจหนึ่งก็อยากจะตามใจพี่เนื่อง แต่อีกใจหนึ่งก็ยังกลัวๆชอบกล ๒๒๕-๒๒๖②

cai^{33} nɯŋ^{21} kɔ^{51} jaak^{21} caʔ^{21} taam^{33} cai^{33} phi^{51}nɯaŋ^{51}，tɛ^{21} ʔiik^{21} cai^{33} nɯŋ^{21} kɔ^{51} jaŋ^{33}

心 一 也 想 要 顺 心 哥 嫩（人名）但 另 心 一 也 还

klua^{33}klua^{33} chɔɔp^{51} kon^{33}.（225-226）

怕 怕 喜欢 把戏

一颗心想顺着嫩哥，但另一颗心又担心他不认真。

有一类词表示的数量不确定，例如 baaŋ^{33}（บาง）“些”、ki^{21}（กี่）“几”、laai^{24}（หลาย）“多”、laak^{21}（หลาก）“多”、maak^{51}（มาก）“多” 以及 nɔɔi^{453}（น้อย）“少” 等，它们出现在“名－数－量”结构中表示的是概数的含义。thuk^{453}（ทุก）“每”表示周遍性的概念，tɛ^{21}laʔ^{453}（แต่ละ）“各”表示逐个的概念，也带有数目的意思。由于它们主要的功能与数词一样与量词组合，分布于“名－数－量”中的数词位置，因此本书把它们与数词放在一起讨论。上述表示数量的词分布于“名－数－量”时 laai^{24}、laak^{21} 和 maak^{51} 等除了单独使用外还可以用叠加形式，如 maak^{51}maai^{33}laai^{24}nuai^{21}ŋaan^{33}“许多工作单位”；laai^{24}、thuk^{453} 还可以用重叠的方式。

① ha^{24}mai^{51}（หาไม่）置于句末表示否定，此用法具有古语特征。

② 例句来自《四朝代》。

1. ชาวเมืองบางคนที่สูญสิ้นทรัพย์สมบัติไปเพราะความโลภของทหารจิ๋น และบางคนที่บุตรสาวหรือภรรยาถูกทหารจิ๋นฉุดคร่าไปจึงเขียนคำร้องทุกข์ไปยังลิตงเจียแต่มิได้ผล ๒๔

chaau^{33}mɯaŋ^{33} baaŋ^{33} khon^{33} thi^{51} suun^{24} sin^{51} sap^{453} som^{24}bat^{21} pai^{33} phrɔʔ^{453} khwaam^{33}

人 城 一些 个 的 消失 尽 资源 财产 去 因为 的

loop^{51} khɔɔŋ^{24} thaʔ^{453}haan^{24}cin^{24} lɛʔ^{453} baaŋ^{33} khon^{33} thi^{51} but^{21}saau^{24} rɯ^{24} phan^{33}raʔ^{453}ja^{33}

贪婪 的 士兵 晋 和 些 人 的 孩子 姑娘 或 妻子

thuuk^{21} thaʔ^{453}haan^{24}cin^{24} chut^{21}khra^{51} pai^{33} cɯŋ^{33} khian^{24} kham^{33}rɔɔŋ^{453}thuk^{453} pai^{33}

被 士兵 晋 劫掠 去 就 写 词语 诉 苦 去

jaŋ^{33} liʔ^{453}toŋ^{33}cia^{33} tɛ^{21} miʔ^{453} dai^{51} phon^{24}.（24）

向 李东家 但 没 得 结果

有一些市民由于晋国士兵的贪婪而损失财产，有一些人的女儿或者妻子被晋国士兵劫掠，就向李东家写诉状诉苦，但没有效果。

2. สูยังหนุ่มมาก ในขบวนอพยพไม่มีผู้ใหญ่มากคนนักหรือ ๔๖๔

su^{24} jaŋ^{33} num^{21} maak^{51}，nai^{33} khaʔ^{21}buan^{33} ʔop^{21}phaʔ^{453}jop^{453} mai^{51} mi^{33} phu^{51} jai^{21}

你 还 年轻 很 里 队伍 迁移 没 有 人 大

maak^{51} khon^{33} nak^{453} rɯ^{24}?（464）

多 个 很 或

你还很年轻，迁移的队伍里大人不多吗？

3. ม้าแต่ละตัวสูจงใช้คนสองคนและใหใช้หอกทั้งสิ้น และอย่าให้ผู้ใดใส่เสื้อ ๒๒๑

ma^{453} tɛ^{21}laʔ^{453} tua^{33} su^{24} coŋ^{33} chai^{453} khon^{33} sɔɔŋ^{24} khon^{33} lɛʔ^{453} hai^{51} chai^{453} hɔɔk^{21}

马 各 匹 你 要 用 人 两 人 和 让 用 矛

thaŋ^{453} sin^{51} lɛʔ^{453} ja^{21} hai^{51} phu^{51} dai^{33} sai^{21} sɯa^{51}.（221）

全 尽 和 不 让 个 哪 穿 衣服

每一匹马你要配两个人，让他们都使用矛并且不允许谁穿衣服。

4. เราต้องจมอยู่และเคลื่อนไปในกระแสของโลกรอบตัวมากเกินกว่าที่เราจะบังคับเหตุการณ์หลายๆอย่างได้ ๓๒๘

rau^{33} tɔɔŋ^{51} com^{33} ju^{21} lɛʔ^{453} khlɯan^{51} pai^{33} nai^{33} kraʔ^{21}sɛ^{24} khɔɔŋ^{24} look^{51} rɔɔp^{51}tua^{33} maak^{51} kəən^{33}

我们 要 沉 在 和 移动 去 里 潮流 的 世界 周 身 许多 超

kwa^{21} thi^{51} rau^{33} caʔ^{21} baŋ^{33}khap^{453} heet^{21}kaan^{24} laai^{24}laai^{24} jaaŋ^{21} dai^{51}.（328）

过 的 我 要 控制 理由 事务 多 多 样 能

许多事情远远超过我们所能控制的范围，我们与世沉浮，被周边的世界所推移。

5. กลิ่นหอมโชยตามลมไปทั่ว ผู้อพยพทุกๆคนมีความสดชื่นและมีความสุขบนฝั่งโขง ณ ที่นั้น ๔๙๘-๔๙๙

klin^{21} hɔɔm^{24} chooi^{33} taam^{33} lom^{33} pai^{33} thua^{51}，phu^{51}ʔop^{21}phaʔ^{453}jop^{453} thuk^{453}thuk^{453} khon^{33} mi^{33}

味道 香 飘散 随 风 去 全 者 迁移 每 每 个 有

khwaam^{33}sot^{21}chuɯɯn^{51} lɛʔ^{453} khwaam^{21}suk^{21} bon^{33} faŋ^{21}khooŋ^{24} nai^{33} thi^{51} nan^{453}.（498-499）

的　　湿润　　和　　的　幸福　上　岸公（专名）里　处　那

香味随风四处飘散，每个迁移者都体会到湄公河岸的清爽和幸福。

表示概数的方法除了使用上面的词语外还可以用基数词连用的形式，即除“一”以外相邻的两个基数词构成“名－数 1－数 2－量”结构，如 thaʔ^{453}haan^{24}sɔɔŋ^{24}saam^{24}khon^{33}（ทหารสองสามคน）士兵－两－三－个“两三个士兵”。当数的含义含有“一”时对应的形式是“名－量－sɔɔŋ^{24}（สอง‘二’）－量”如：①

1. ทันใดนั้นคนครัวคนหนึ่งชื่อสมปอยลุกขึ้นกล่าวว่า คนคนนี้อยากได้ที่ดินของเรามาก เราอย่าให้เขาผิดหวังเลย เราพอจะให้ดินแก่เขาคนละก้อนสองก้อนก็ได้ ๑๙๖

than^{33}dai^{33}nan^{453} khon^{33}khrua^{33} khon^{33} nɯŋ^{21} chɯ^{51} som^{24}pɔɔi^{33} luk^{453} khɯn^{51} klaau^{21}

及　哪　那　　人　炊事　　个　　一　　叫　　逊柏　　起身　　上　　说

wa^{51}：“khon^{33} khon^{33} ni^{453} jaak^{21} dai^{51} thi^{51}din^{33} khɔɔŋ^{24} rau^{33} maak^{51}，rau^{33} ja^{21} hai^{51}

道　　人　　人　　这　想要　得　地　土　　的　　我们　很　　我们　别　让

khau^{24} phit^{21} waŋ^{24} ləəi^{33}，rau^{33} phɔ^{33} caʔ^{21} hai^{51} din^{33} kɛ^{21} khau^{24} khon^{33} laʔ^{453} kɔɔn^{51}

他　　错　希望　啦　　我们　足够　要　　给　　土　给　　他　　人　　各　　块

sɔɔŋ^{24} kɔɔn^{51} kɔ^{51} dai^{51}.”（196）

两　块　　也　行

忽然一个名叫逊柏的厨子站起身来说道：“这个人很想得到我们的土地，别让他失望啦，我们每个人扔一两块土块给他就可以了。”

2. ไฟสว่างกลางเพดานค่อยๆดับลงทีละดวงสองดวงเหลือเพียงไฟดวงเล็กๆด้านข้าง ๑๑๐②

fai^{33} saʔ^{21}waaŋ^{21} klaaŋ^{33} phe^{33}daan^{33} khɔɔi^{51}khɔɔi^{51} dap^{21} loŋ^{33} thi^{33} laʔ^{453} duaŋ^{33} sɔɔŋ^{24}

灯　　明亮　　　中　　天花板　渐渐　渐渐　　熄　掉　次　各　　盏　　两

duaŋ^{33} lɯa^{24} phiaŋ^{33} fai^{33} duaŋ^{33} lek^{453}lek^{453} daan^{51}khaaŋ^{51}.（110）

盏　　剩　　仅　　灯　　盏　　小　小　　面　　边

天花板上明亮的电灯一盏两盏地逐渐熄灭，只剩下边上小小的灯了。

3.1.3 “名－数－量”结构的特点

“名－数－量”结构中的名词与数量词之间可以插入其他成分，如“ʔiik^{21}（อีก）再、sak^{21}（สัก）大约、khɛ^{51}（แค่）仅、phiaŋ^{33}（เพียง）仅、thaŋ^{453}（ทั้ง）整、taŋ^{51}（ตั้ง）近、kɯap^{21}（เกือบ）近、praʔ^{21}maan^{33}（ประมาณ）大约”等词。

---

① 时间单位词也有这种表达方式，如 sɔɔŋ^{24}saam^{24}pi^{33}（สองสามปี）“两三年”、pi^{33}sɔɔŋ^{33}pi^{33}（ปีสองปี）“一两年”，注意后一例不属于下一节的“名－数－名”结构。

② 例句来自潘德鼎（2011d）。

除了副词外还有反身代词、表示体范畴的助词等也可以放在两者之间。这说明“名－数－量”结构中名词和数量成分关系不紧密。

1. จันเสนรบกับทหารจิ้นอีกสองคน ๖๗

can^{33}seen^{24} rop^{453} kap^{21} tha$ʔ^{453}$haan^{24}cin^{24} $ʔ$iik^{21} sɔɔŋ^{24} khon^{33}.（67）

占森　战斗　和　士兵　晋　再　两　个

占森又和另外两个晋国士兵战斗。

2. ข้าได้ยินว่าเจ้าเมืองของสูมีบ่าวเพียงสองคนแล้วจะเป็นสุขได้อย่างไร ๑๕๒

kha^{51} dai^{51}jin^{33} wa^{51} cau^{51}mɯaŋ^{33} khɔɔŋ^{24} su^{24} mi^{33} baau^{21} phiaŋ^{33} sɔɔŋ^{24} khon^{33} lɛɛu^{453}

我　得　听见　道　主　城　的　你们　有　奴仆　仅　两　个　然后

ca$ʔ^{21}$ pen^{33} suk^{21} dai^{51} jaaŋ^{21}rai^{21}.（152）

要　是　幸福　能　样　哪

我听说你们的城主只有两个奴仆，这样他怎么能幸福？

3. ถ้าได้จินายโม้ตัวอ้วนๆขนาดนี้สัก๑๕ตัวก็พอจะไปคั่วไปป่นกิน ๑๑๔①

tha^{51} dai^{51} ci$ʔ^{21}$naai^{33}mo^{453} tua^{33} $ʔ$uan$^{51}ʔ$uan^{51} kha$ʔ^{21}$naat^{21} ni^{453} sak^{21} sip^{21}ha^{51} tua^{33} kɔ^{51}

如果　得　集奈莫（蟋蟀名）只　胖　胖　规格　这　大约　十　五　只　就

phɔ^{33} ca$ʔ^{21}$ pai^{33} khua^{51} pai^{33} pon^{21} kin^{33}.（114）

够　要　去　炒　去　研磨　吃

如果得到大约十五只这么胖的集奈莫蟋蟀就够拿去炒，拿去研磨吃了。

4. ทหารของเตียวเหลียงเองบางคนก็ไปเข้ากับชาวไกวเจา ในเมืองไกวเจาจึงแยกออกเป็นสองพวก ๒๓๙

tha$ʔ^{453}$haan^{24} khɔɔŋ^{24} tiau^{33}liaŋ^{24} $ʔ$eeŋ^{33} baaŋ^{33} khon^{33} kɔ^{51} pai^{33} khau^{51} kap^{21} chaau^{33}

士兵　的　貂良　自己　些　个　也　去　进　跟　人

kwai^{33}cau^{33}，nai^{33} mɯaŋ^{33} kwai^{33}cau^{33} cɯŋ^{33} jɛɛk^{51} $ʔ$ɔɔk^{21} pen^{33} sɔɔŋ^{24} phuak^{51}.（239）

盖州　里　城　盖州　才　分　出　成　两　群

貂良自己的士兵有些人也混进盖州人里，于是盖州城里就分成两群人。

5. ข้ามีบุตรอยู่สองคน คือเจ้าพลกับเจ้าพลาย เจ้าพลนั้นเป็นคนอ่อนแอ ๑๑๕

kha^{51} mi^{33} but^{21} ju^{21} sɔɔŋ^{24} khon^{33}，khɯ^{33} cau^{51}phon^{33} kap^{21} cau^{51}phlaai^{33}，cau^{51}phon^{33}

我　有　孩子　在　两　个　即　召澎　和　召湃　召澎

nan^{453} pen^{33} khon^{33} $ʔ$ɔɔn$^{21}ʔ$ɛ^{33}.（115）

那　是　人　软弱

我有两个孩子，即召澎和召湃，那召澎是个性格软弱的人。

“名－数－量”结构在句子和其他结构中主要做主语、宾语、定语或者它们的中心语。

---

① 例句来自《东北之子》（泰文名：ลูกอีสาน）。

1. กรมการเมืองทุกคนก็เห็นด้วยกับจุไท ๓๐๖

krom33maʔ453kaan33 mɯaŋ33 thuk453 khon33 kɔ51 hen24duai51 kap21 cuʔ21thai33.（306）

委员 城市 每 个 就 见 一起 和 朱泰

每个委员都同意朱泰。

2. เมื่อทัพผ่านล้ำแดนไทเข้าไปเมื่อใด เราจะให้ทองห้าพันแท่งเป็นค่าจ้าง ๑๗๑

mɯa51 thap453 phaan21 lam453 dɛɛn33thai33 khau51 pai33 mɯa51 dai33，rau33 caʔ21 hai51

时候 军队 过 超 地域 泰 进 去 时候 哪 我 要 给

thɔɔŋ33 ha51phan33 thɛɛŋ51 pen33 kha51 caaŋ51.（171）

黄金 五 千 条 作为 价格 雇佣

军队什么时候进入泰人地区，我就什么时候付五千条黄金做雇佣费。

3. ลำพูนเมื่อรู้ข่าวศึกก็ให้ม้าเร็วสิบคนถือหนังสือไปขอความช่วยเหลือจากแคว้นลือ ๓๐๓

lam33phun33 mɯa51 ru453 khaau21 sɯk21 kɔ51 hai51 ma453reu33 sip21 khon33 thɯ24 naŋ24sɯ24

兰蓬 时候 知 消息 敌人 就 让 信使 十 人 持 书

pai33 khɔ24 khwaam33chuai51lɯ24 caak21 khwɛɛn453lɯ33.（303）

去 求 的 帮助 从 地区 伪

兰蓬知道敌人的消息就派十个信使送信向伪城求助。

4. กำฮอดตีฝ่าออกมาได้พร้อมกับทหารสามสิบคน ๒๙๔

kam33hɔɔt51 ti33 fa21 ʔɔɔk21 ma33 dai51 phrɔɔm453 kap21 thaʔ453haan24 saam24 sip21 khon33.（294）

甘豪 打 劈 出 来 能 同时 和 士兵 三 十 个

甘豪跟三十个士兵一起突出重围。

5. ช้อยชี้ไปยังชายสูงอายุคนหนึ่งนุ่งผ้าพื้นใส่เสื้อกระบอกขาว มีเด็กผู้ชายสูงกว่าช้อยหน่อยหนึ่งเดินหิ้วชะลอมตามมาข้างๆ เด็กผู้ชายคนนั้นรูปร่างผอมโปร่ง ผิวเนื้อสองสี...ส่วนผู้ชายคนผู้ใหญ่นั้นไว้ผมมหาดไทยแบบเดิม ๑๐๗①

chɔɔi453 chi453 pai33 jaŋ33 chaai33 suuŋ24 ʔa33juʔ453 khon33 nɯŋ21 nuŋ51 pha51 phɯɯn453 sai21 sɯa51

翠依 指 去 向 男 高 年龄 个 一 穿 布 地板 穿 衣服

kraʔ21bɔɔk21 khaau24，mi33 dek21 phu51chaai33 suuŋ24 kwa21 chɔɔi453 nɔɔi21 nɯŋ21 dəən33 hiu51

圆筒 白 有 孩子 人 男 高 过 翠依 小 一 走 提

chaʔ453lɔɔm33 taam33 ma33 khaaŋ51khaaŋ51，dek21 phu51chaai33 khon33 nan453 ruup51raaŋ51 phɔɔm24

竹篓 跟随 来 边 边 孩子 人 男 个 那 图像 身体 瘦

prooŋ21，phiu24 nɯa453 sɔɔŋ24 si24……suan21 phu51chaai33 khon33 phu51jai21 nan453 wai453 phom24

单薄 皮肤 肉 两 色 至于 人 男 人 人 大 那 留 头发

maʔ453haat21thai33 bɛɛp21 dəəm33.（107）

内务部 类型 以前

① 例句来自《四朝代》，省略号为笔者所加。

翠依指着一个男子，他穿着白色圆筒服，里面还有一层布，有个比翠依小一点的男孩提着竹篓跟在旁边。那个男孩身体单薄，皮肤呈两种颜色……至于那个成年男子留着内务部侍从的旧式发型。

由于“名－数－量”结构中的名词和数量成分“数－量”关系不紧密，一般说的“名－数－量”结构是泰语主要的计量结构，是表达事物的数量意义的主要形式，是就它作为一个整体独立承担一定句法功能而言。也就是说，构成“名－数－量：计量单位”这一个分布－功能对应组需要一定的句法条件。如果“名－数－量”结构中的名词和数量成分“数－量”不能结合在一起充当主语、宾语、定语等句法成分，那么就会有两种情况出现：要么表达计量意义的不是“名－数－量”结构（如例一、例二）；要么“名－数－量”结构并不稳定，数量成分的语义指向该结构以外的其他名词（例三、四），或者做有关动词、动词短语的补语（例三到例六），这时可以通过变换法、插入法等方式分化出其中的“名－数－量”结构（对比例六和例七、例八）。

1. เกียงสุย สูรู้หรือไม่ว่าขณะข้าตรวจขบวนทัพอยู่นี้ ข้าเกิดความกลัวขึ้นอย่างหนึ่ง ๑๗๒

kiaŋ^{33}sui^{24} su^{24} ru^{453} rɯ^{24} mai^{24} wa^{51} khaʔ^{21}naʔ^{21} kha^{51} truat^{21} khaʔ^{21}buan^{33} thap^{453} ju^{21}

江随　你 知　还是 不　说　时刻　我　检查　队列　军队　在

ni^{453}，kha^{51} kəət^{21} khwaam^{33}klua^{33} khɯn^{51} jaaŋ^{21} nɯŋ^{21}.（172）

这　我　产生　的　恐惧　上来　种　一

江随，你知道吗，检阅部队的时候我产生一种恐惧感？

2. การแข่งขันในปีนั้นมีหลายอย่าง เช่นแข่งเก็บผลไม้ แข่งผ่าไม้ แข่งวิ่งขึ้นและลงจากภู แข่งควบม้าที่ริมทะเลสาบ และมีการแข่งใช้อาวุธ ๔๐๖

kaan^{33}khɛɛŋ^{21}khan^{24} nai^{33} pi^{33} nan^{453} mi^{33} laai^{24} jaaŋ^{21}，cheen^{51} khɛɛŋ^{21} kep^{21}

的　比赛　里　年　那　有　许多　种　像　比赛　收

phon^{24}laʔ^{453} mai^{453} khɛɛŋ^{21} pha^{21} mai^{453} khɛɛŋ^{21} wiŋ^{51} khɯn^{51} lɛʔ^{453} loŋ^{33} caak^{21} phu^{33}

果实　树　比赛　劈　木头　比赛　跑　上　和　下　从　山坡

khɛɛŋ^{21} khuap^{51} ma^{453} thi^{51} rim^{33} thaʔ^{453}le^{33}saap^{21} lɛʔ^{453} mi^{33} kaan^{33}khɛɛŋ^{21} chai^{453}

比赛　驾　马　地　边　湖泊　和　有　的　比赛　使用

ʔa^{33}wut^{453}.（406）

武器

那年的比赛有许多种，像收水果、劈木头、跑步上山下山、在湖边赛马，还有比赛使用武器。

3. เมื่อวันชาวข่านุถูกจับเป็นเชลยสามร้อยคน ขอให้สูนำกลับไป ๙๗

mɯa^{51}wan^{33} chaau^{33} kha^{21}nuʔ^{453} thuuk^{21} cap^{21} pen^{33} chaʔ^{453}ləəi^{33} saam^{24}rɔɔi^{453} khon^{33}，

时候　天　人　卡努　被　抓　成　俘虏　三　百　个

khɔ^{24}hai^{24} su^{24} nam^{33} klap^{21} pai^{33}.（97）

请 让 你 带 回 去

昨天卡努人被抓去，成了三百个俘虏，请你带他们回去。

昨天三百个卡努人被抓去，成了俘虏，请你带他们回去。

昨天卡努人被抓了三百个去做俘虏。

4. ส่วนความไข้นั้นในกองทัพของเราก็มีหมอรักษาอยู่มากคน และไข้เช่นนี้เมื่อชินเข้าก็จะหายไปเอง ๑๘๙

suan^{21} khwaam^{33}khai^{51} nan^{453} nai^{33} kɔɔŋ^{33}thap^{453} khɔɔŋ^{24} rau^{33} kɔ^{51} mi^{33} mɔ^{24} rak^{453}sa^{24}

至于 内容 病 那 里 队 军 的 我 也 有 医生 医治

ju^{21} maak^{51} khon^{33} lɛʔ^{453} khai^{51} cheen^{51} ni^{453} mɯɯa^{51} chin^{33} khau^{51} kɔ^{51} caʔ^{21} haai^{24} pai^{33}

在 多 个 和 病 像 这 时候 习惯 进 就 要 消失 去

ʔeeŋ^{33}.（189）

自己

至于病情，我军中也有许多医生正在医治，像这样的病到了习惯的时候就自然消除了。

至于病情，我军中也有许多正在给病人治病的医生，像这样的病到了习惯的时候就自然消除了。

至于病情，我军中也有医生正在医治许多病人，像这样的病到了习惯的时候就自然消除了。

5. มีผู้สนับสนุนฝ่ายเสนอสองคน คือคุณวุฒิ เตรียมพร้อม เป็นผู้สนับสนุนฝ่ายเสนอคนที่หนึ่งและคุณชูใจ เลิศล้ำเป็นผู้สนับสนุนฝ่ายเสนอคนที่สอง ๕๐①

mi^{33} phu^{51}saʔ^{21}nap^{21}saʔ^{21}nun^{24} faai^{21}saʔ^{21}nə^{24} sɔɔŋ^{24} khon^{33}，khɯ^{33} khun^{33}wut^{453}

有 者 支持 方面 提出 两 个 是 坤乌

triam^{33}phrɔɔm^{453} pen^{33} phu^{51}saʔ^{21}nap^{21}saʔ^{21}nun^{24} faai^{21}saʔ^{21}nə^{24} khon^{33} thi^{51} nɯŋ^{21} lɛʔ^{453}

迪蓬 是 者 支持 方面 提出 个 第 一 和

khun^{33}chu^{33}cai^{33} ləət^{51}lam^{453} pen^{33} phu^{51}saʔ^{21}nap^{21}saʔ^{21}nun^{24} faai^{21}saʔ^{21}nə^{24} khon^{33} thi^{51}

楚斋 伦兰 是 者 支持 方面 提出 个 第

sɔɔŋ^{24}.（50）

二

有正方支持者两人，即第一个坤乌·迪蓬，第二个楚斋·伦兰。

有两个正方支持者，即第一个坤乌·迪蓬，第二个楚斋·伦兰。

① 例句来自潘德鼎（2011d）。

6. เห็นม้าผูกอยู่ตัวหนึ่งหลังกระโจมนั้น ๑๒๒

hen^{24} ma^{453} phuuk^{21} ju^{21} tua^{33} nɯŋ^{21} laŋ^{24} kraʔ^{21}coom^{33} nan^{453}.（122）

见　马　拴　在　匹　一　后　尖顶帐篷　那

在那尖顶帐篷后面看见拴着一匹马。

在那尖顶帐篷后面看见一匹拴着的马。

7. เห็นม้าตัวหนึ่งผูกอยู่หลังกระโจมนั้น

hen^{24} ma^{453} tua^{33} nɯŋ^{21} phuuk^{21} ju^{21} laŋ^{24} kraʔ^{21}coom^{33} nan^{453}.

见　马　匹　一　拴　在　后　尖顶帐篷　那

看见一匹马拴在尖顶帐篷的后面。

8. เห็นม้าที่ผูกอยู่ตัวหนึ่งหลังกระโจมนั้น

hen^{24} ma^{453} thi^{51} phuuk^{21} ju^{21} tua^{33} nɯŋ^{21} laŋ^{24} kraʔ^{21}coom^{33} nan^{453}.

见　马　的　拴　在　匹　一　后　尖顶帐篷　那

在尖顶帐篷的后面看见一匹拴着的马。

3.1.4 “名－数－量”与同形结构的区别

“名－数－量”结构中的名词和数量成分“数－量”之间的关系是一种同位性的修饰关系，即该结构中的数词和量词先组合形成数量词，然后数量词结构作为名词的同位语修饰前面的名词。之所以说数量词是前面名词的同位语，是因为数量成分“数－量”可以指代前面的名词。对比下面前后文的两个句子，前文例一出现“名－数－量”结构 jiŋ^{24}saau^{24}saam^{24}naaŋ^{33}，后文例二以该结构中的数量成分 saam^{24}naaŋ^{33} 指向前面的名词 jiŋ^{24}saau^{24}，因此不是“数－名”结构。

1. ที่พื้นดินข้างล่างนั้นลิตงเจียเห็นหญิงสาวสามนางในเสื้อผ้าที่รัดตัวกำลังขี่ม้าไปมาอยู่อย่างน่าหวาดเสียวด้วยความช่ำชองและนางที่นำหน้าขับขี่ได้ผาดโผนกว่าอีกสองคนและสูงกว่าและงามยิ่งนัก ๔๓

thi^{51} phɯɯn^{453} din^{33} khaaŋ^{51} laaŋ^{51} nan^{453} liʔ^{453}toŋ^{33}cia^{33} hen^{24} jiŋ^{24} saau^{24} saam^{24} naaŋ^{33} nai^{33}

处　地板　地　边　下　那　李东家　见　女　姑娘　三　位　里

sɯa^{51}pha^{51} thi^{51} rat^{453} tua^{33} kam^{33}laŋ^{33} khi^{21} ma^{453} pai^{33} ma^{33} ju^{21} jaaŋ^{21} na^{51} waat^{21}siau^{24} duai^{51}

衣　布　的　紧　身　正在　骑　马　去　来　在　样　值得　恐惧　通过

khwaam^{33}cham^{51}chɔɔŋ^{33} lɛʔ^{453} naaŋ^{33} thi^{51} nam^{33} na^{51} khap^{21} khi^{21} dai^{51} phaat^{21}phoon^{24}

的　精通　和　位　的　带　前　驾驭　骑　得　敏捷

kwa^{21} ʔiik^{21} sɔɔŋ^{24} khon^{33} lɛʔ^{453} suuŋ^{24} kwa^{21} lɛʔ^{453} ŋaam^{33} jiŋ^{51} nak^{453}.（43）

过　再　两　个　和　高　过　和　漂亮　更　很

李东家看见下边的地面上三位穿着紧身衣的姑娘骑着马走来走去，她们骑术娴熟，令人感到恐惧。领头的姑娘比另外两位敏捷，个子更高，也更漂亮。

2. ลิตงเจียยิ้มด้วยความพอใจแล้วสั่งให้ทหารยามเปิดประตูให้สามนาง ๔๔

liʔ^{453}toŋ^{33}cia^{33} jim^{453} duai^{51} khwaam^{33}phɔ^{33}cai^{33} lɛɛu^{453} saŋ^{21} hai^{51} thaʔ^{453}haan^{24} jaam^{33}

李东家 微笑 通过 的 满意 然后 吩咐 让 士兵 警卫

pəət^{21} praʔ^{21}tu^{33} hai^{51} saam^{24} naaŋ^{33}.（44）

开 门 给 三 位

李东家满意地微笑，吩咐卫兵给三位打开城门。

泰语里有些含有数量含义的修饰结构与“名–数–量”是同形结构，但是由于其中的名词和数量成分“数–计量单位”之间的关系不构成同位性修饰关系，所以与“名–数–量”结构不完全相同。

第一种同形结构中的名词和数量成分“数–计量单位”之间的关系或多或少具有领属与被领属的性质。下面前七个例子两者之间可以插入khɔɔŋ^{24}（ของ）“的”形成名词被数量成分领有的结构；第八、九个例句可以通过变换成名词是领有者、数量成分被名词领有的领属结构，对比例十和例十一。

1. เขามิได้นึกถึงความตายและความโหดร้ายต่อราษฎรทั้งสองฝ่าย ๑๖๑

khau^{24} miʔ^{453} dai^{51} nɯk^{453} thɯŋ^{24} khwaam^{33}taai^{33} lɛʔ^{453} khwaam^{33}hoot^{21}raai^{453} tɔ^{21}

他 没 能 想 到 的 死亡 和 的 残忍 对

raat^{51}saʔ^{21}dɔɔn^{33} thaŋ^{453} sɔɔŋ^{24} faai^{21}.（161）

百姓 整 两 方面

他没有想到双方老百姓的死亡，也没有想到自己有多残忍。

2. เจ้าเมืองทุกแคว้นเต็มใจที่จะต่อสู้กับทัพจิ๋น ๑๖๔

cau^{51}mɯaŋ^{33} thuk^{453} khwɛɛn^{453} tem^{33}cai^{33} thi^{51} caʔ^{21} tɔ^{21}su^{51} kap^{21} thap^{453}cin^{24}.（164）

主 城 每 地区 满 心 的 要 对 斗争 和 军队 晋

每个地区的城主都愿意为和晋军发生战争而做好准备。

3. ทัพสองฝ่ายพบกันที่หมู่บ้านตองสา ๒๘๔

thap^{453} sɔɔŋ^{24} faai^{21} phop^{453} kan^{33} thi^{51} mu^{21}baan^{51} tɔɔŋ^{33}sa^{24}.（284）

军队 两 方面 遇见 互相 处 群 房子 洞撒

双方军队在洞撒村相遇。

4. แต่เมื่อทัพจิ๋นเดินทางต่อไปน้ำยิ่งหายากขึ้น ทหารที่เป็นไข้เพิ่มขึ้นทุกวันและทหารจิ๋นต้องกินน้ำสกปรกที่มีโคลนตม น้ำบางแห่งทหารจิ๋นดื่มเข้าไปก็เกิดพิษในร่างกาย มีอาการคลุ้มคลั่ง ไล่ทำร้ายเพื่อนของตนเอง แล้วในที่สุดก็ล้มตาย น้ำบางแห่งเมื่อดื่มเข้าไปทหารจิ๋นก็หมดกำลังล้มลงที่นั้นเอง และตัวแข็งลิ้นแข็งไม่อาจจะพูดอะไรได้อีก ๑๘๙

tɛ^{21} mɯa^{51} thap^{453}cin^{24} dəən^{33} thaaŋ^{33} tɔ^{21}pai^{33} nam^{453} jiŋ^{51} ha^{24} jaak^{51} khɯn^{51},

但 时候 军队 晋 走 路 接下去 水 越 找 难 上

thaʔ^{453}haan^{24} thi^{51} pen^{33}khai^{51} phəəm^{51} khɯn^{51} thuk^{453} wan^{33} lɛʔ^{453} thaʔ^{453}haan^{24}cin^{24}
士兵 的 成 感冒 增加 上来 每 天 和 士兵 晋
tɔɔŋ^{51} kin^{33} nam^{453} sok^{21}kaʔ^{21}prok^{21} thi^{51} mi^{33} khloon^{33} tom^{33}，nam^{453} baaŋ^{33} hɛɛŋ^{21}
必须 喝 水 脏 的 有 泥土 软泥 水 些 地方
thaʔ^{453}haan^{24}cin^{24} dɯɯm^{21} khau^{51} pai^{33} kɔ^{51} kəət^{21} phit^{453} nai^{33} raaŋ^{51}kaai^{33}，mi^{33} ʔa^{33}kaan^{33}
士兵 晋 喝 进 去 就 发生 毒 里 形状 身体 有 症状
khlum^{453}khlaŋ^{51} lai^{51} tham^{33} raai^{453} phɯan^{51} khɔɔŋ^{24} ton^{33}ʔeeŋ^{33}，lɛɛu^{453} nai^{33} thi^{51}sut^{21}
疯狂 赶 做 坏 朋友 的 自身 自己 之后 在 的 尽
kɔ^{51} lom^{453} taai^{33}，nam^{453} baaŋ^{33} hɛɛŋ^{21} mɯa^{51} dɯɯm^{21} khau^{51} pai^{33} thaʔ^{453}haan^{24}cin^{24}
就 跌 死 水 些 地方 时候 喝 进 去 士兵 晋
kɔ^{51} mot^{21} kam^{33}laŋ^{33} lom^{453} loŋ^{33} thi^{51} nan^{453} ʔeeŋ^{33} lɛʔ^{453} tua^{33} khɛŋ^{24} lin^{453} khɛŋ^{24}
就 尽 力量 倒 下 地 那 自己 和 身体 硬 舌头 硬
mai^{51} ʔaat^{21} caʔ^{21} phuut^{51} ʔaʔ^{21}rai^{33} dai^{51} ʔiik^{21}.（189）
不 可能 要 说 什么 能 再

晋军继续行走，水越来越难找，感冒的士兵每天都在增加，士兵们只得喝混有泥巴的脏水。有些地方的水，士兵们喝下去之后就会中毒，变得疯狂起来，追杀自己的伙伴，最后倒地而死；有些地方的水，喝下去之后全身软弱无力，身体变硬，舌头也变硬，再也说不出话来。

5. สิ่งแรกคือทองมากมายที่ข้าซ่อนไว้ในถ้ำหลายแห่ง ๓๔๖

siŋ^{21} rɛɛk^{51} khɯ^{33} thɔɔŋ^{33} maak^{51}maai^{33} thi^{51} kha^{51} sɔɔn^{51} wai^{453} nai^{33} tham^{51} laai^{24} hɛɛŋ^{21}.（346）
东西 第一是 黄金 许多 的 我 藏 住 里 洞 多 处
第一件东西是我藏在多处洞穴里的黄金。

6. เมื่อพ้นแดนที่มีคนไทแล้ว ข้าใช้เวลามากขึ้นในการทำความคุ้นเคยกับผู้คนบางแห่งข้าจะพักอยู่ในหมู่บ้านเป็นแรมเดือน ๔๒๘

mɯa^{51} phon^{453} dɛɛn^{33} thi^{51} mi^{33} khon^{33}thai^{33} lɛɛu^{453}，kha^{51} chai^{453} we^{33}la^{33} maak^{51} khɯn^{51} nai^{33}
时候 过 地域 的 有 人 泰 了 我 用 时间 多 上 里
kaan^{33}tham^{33} khwaam^{33}khun^{453}khəəi^{33} kap^{21} phu^{51}khon^{33} baaŋ^{33} hɛɛŋ^{21} kha^{51} caʔ^{21} phak^{453} ju^{21} nai^{33}
的 做 的 熟悉 和 个人 些 处 我 要 住 在 里
mu^{21}baan^{51} pen^{33} rɛɛm^{33} dɯan^{33}.（428）
群 房子 成 下半月 月

越过有泰人居住的地方，我花了更多的时间熟悉各个地方的人们，下半月我就住在他们的村子。

7. ขณะนั้นท้าวคำปูนกับท้าวฮอดกำลังรุกปีกซ้ายของฝ่ายขุนสายไปยี่สิบเส้น ม้าเร็วก็มาบอกข่าวว่าปีกซ้ายฝ่ายตนซึ่งกาไสยคุมอยู่นั้นมีข้าศึกยกออกจากป่าเข้าโจมตี กลายเป็นศึกสองด้าน ๒๔๒

khaʔ^{21}naʔ^{21} nan^{453} thaau^{453}kham^{33}puun^{33} kap^{21} thaau^{453}hɔɔt^{51} kam^{33}laŋ^{33} ruk^{453} piik^{21} saai^{453} khɔɔŋ^{24}
时刻 那 陶甘奔 和 陶桦 正在 攻打 翼 左 的

faai21 khun24saai24 pai33 ji51sip21 seen51，ma453reu33 kɔ51 ma33 bɔɔk21 khaau21 wa51 piik21 saai453 faai21

方面 坤赛 去 二 十 线 马 快 就 来 告诉 消息 说 翼 左 方面

ton33 suɯŋ51 ka33sai24 khum33 ju21 nan453 mi33 kha51sɯk21 jok453 ʔɔɔk21 caak21 pa21 khau51 coom33ti33,

自己 的 加赛 控制 在 那 有 奴仆 敌人 举 出 从 森林 进 攻击 打

klaai33 pen33 sɯk21 sɔɔŋ24 daan51.（292）

变 成 敌人 两 面

陶甘奔和陶桦率军攻入坤赛左翼八百米的时候，信使就来告诉说加赛指挥的左翼遭遇到从森林出来的敌人，这样他们要面对两侧的敌人了。

8. ทหารไทสี่ด้านก็ระดมยิงธนูไปยังทัพจิ๋น ๓๔๙

tha?453haan24thai33 si21 daan51 kɔ51 ra?453dom33 jiŋ33 tha?453nu33 pai33 jaŋ33 thap453cin24.（349）

士兵 泰 四 面 就 聚居 射 弓箭 去 向 军队 晋

四面的泰军就一齐朝晋军射箭。

9. ในบ้านเมืองทุกแห่ง ความจริงของชีวิตเป็นดังนี้ ๓๗๕

nai33 baan51mɯaŋ33 thuk453 hɛɛŋ21 khwaam33ciŋ33 khɔɔŋ24 chi33wit453 pen33 daŋ33 ni453.（375）

里 村子 城市 每 处 的 真实 的 生活 是 像 这

在国家的每个地方，生活的真实面貌都是这样。

10. เตียวเหลียงเห็นชายเขาด้านหนึ่ง ริมทุ่งนั้นมีต้นไม้ขึ้นงาม เขาจึงให้ทหารตั้งค่ายอยู่ด้านนั้น ๓๓๘–๓๓๙

tiau33liaŋ24 hen24 chaai33 khau24 daan51 nɯŋ21，rim33 thuŋ51 nan453 mi33 ton51 mai453 khɯn51

貂良 见 边缘 山 面 一 边 平地 那 有 棵 树 长

ŋaam33， khau24 cɯŋ33 hai51 tha?453haan24 taŋ51 ju21 daan51 nan453.（338-339）

茂盛 他 就 让 士兵 立 在 面 那

貂良见一侧山沿是平地，长着茂盛的树木，他就让士兵在那一侧安营扎寨。

11. สีเภาชูดาบขึ้นสูงแล้วฟาดลงมา เสาหินขาดเป็นสองท่อน เขาหยิบขึ้นมาท่อนหนึ่ง แล้วโยนลงไปอีกด้านหนึ่งของลูกเนินและกล่าวว่า เราไม่มีอะไรเหลืออีกแล้วในดินแดนนี้ จงเดินต่อไปเถิด ๓๖๘

si24phau33 chu33 daap21 khɯn51 suuŋ24 lɛɛu453 faat51 loŋ33 ma33，sau24 hin24 khaat21 pen33 sɔɔŋ24 thɔɔn51,

西保 举 剑 上 高 然后 劈 下 来 柱 石 断 成 两 段

khau24 jip21 khɯn51 ma33 thɔɔn51 nɯŋ21，lɛɛu453 joon33 loŋ33 pai33 ʔiik21 daan51 nɯŋ21 khɔɔŋ24 luuk51

他 拾 上 来 段 一 然后 扔 下 去 再 面 一 的 个

nəən33 lɛ?453 klaau21 wa51：“rau33 mai51 mi33 ʔa?21rai33 lɯa24 ʔiik21 lɛɛu453 nai33 din33dɛɛn33 ni453, coŋ33

小丘 和 说 道 我们 没 有 什么 剩 再 了 里 地 地域 这 要

dəən33 tɔ21pai33 thəət21.”（368）

走 接 去 吧

西保高高地举起剑，然后劈下来把石柱砍成了两段，他拾起其中一段把它扔到小丘的另一侧，说道：“在这个地方我们再也没有什么剩下的了，继续走下去吧。”

“名－数－量”结构与这种同形结构不同，其中的名词和数量成分“数－量”之间是同位修饰关系，不是领属修饰关系，所以不能通过插入其他成分或变换而形成领属结构。请对比：

ชีวิตครึ่งหนึ่ง	ครึ่งหนึ่งของชีวิต
chi^{33}wit^{453} khrɯŋ^{51} nɯŋ^{21}	khrɯŋ^{51} nɯŋ^{21} khɔɔŋ^{24} chi^{33}wit^{453}
生命 半 一	半 一 的 生命
หมาตัวหนึ่ง	*ตัวหนึ่งของหมา
ma^{24} tua^{33} nɯŋ^{21}	*tua^{33} nɯŋ^{21} khɔɔŋ^{24} ma^{24}
狗 只 一	只 一 的 狗

第二种同形结构中的名词和数量成分“数－计量单位”之间的关系是一般的修饰关系，数量成分表示名词的规模、容量等，所以也不同于“名－数－量”结构。

1. ทัพของฝ่ายไทนั้นมีกำลังสามหมื่นคน ๑๘๐

thap^{453} khɔɔŋ^{24} faai^{21} thai^{33} nan^{453} mi^{33} kam^{33}laŋ^{33} saam^{24} mɯɯn^{21} khon^{33}.（180）

军队 的 方面 泰 那 有 力量 三 万 人

泰方军队有三万人兵力。

2. ลาวอ้ายจึงนำขบวนร้อยห้าสิบแพของคนไทไปเทียบที่ฝั่งขวา ๔๙๘

laau^{33}ʔaai^{51} cɯŋ^{33} nam^{33} khaʔ^{21}buan^{33} rɔɔi^{453}ha^{51}sip^{21} phɛ^{33} khɔɔŋ^{24} khon^{33}thai^{33} pai^{33}

劳艾 就 率领 队列 百 五 十 船 的 人 泰 去

thiap^{51} thi^{51} faŋ^{21} khwa^{24}.

靠近 地 岸 右

劳艾就率领一百五十条船的队伍靠近右岸。（498）

3. อีกสองวันคนตระเวนตามสายน้ำเบื้องล่างมาบอกสีเภาว่า ได้พบหมู่บ้านแปดสิบหลังคาเรือนอยู่ริมน้ำตอนใต้ แต่ไม่พบผู้คนในหมู่บ้านนั้น อีกสามวันต่อมาหน่วยตระเวนบนภูมาแจ้งว่า เบื้องหลังของภูมีบ้านสี่สิบหลังตั้งอยู่ ที่นั่นหน่วยตระเวนเห็นสิ่งของและเสบียงของขบวนอพยพที่ถูกปล้นไป ๓๙๑

ʔiik^{21} sɔɔŋ^{24} wan^{33} khon^{33} traʔ^{21}ween^{33} taam^{33} saai^{24} nam^{453} bɯaŋ^{51} laaŋ^{51} ma^{33} bɔɔk^{21} si^{24}phau^{33}

再 两 天 人 四处考察 沿 带 水 面 下 来 告诉 西保

wa^{51}: dai^{51} phop^{453} mu^{21}baan^{51} pɛɛt^{21}sip^{21} laŋ^{24}kha^{33}rɯan^{33} ju^{21} rim^{33} nam^{453} tɔɔn^{33} tai^{51}, tɛ^{21} mai^{51}

说 得 遇见 群 房子 八 十 屋顶 房子 在 边 河 段 南 但是 没

phop^{453} phu^{51}khon^{33} nai^{33} mu^{21}baan^{51} nan^{453}，ʔiik^{21} saam^{24} wan^{33} tɔ^{21}ma^{33} nuai^{21} traʔ^{21}ween^{33} bon^{33}

遇见 个 人 里 群 房屋 那 再 三 天 接着 来 单位 四处考察 上

phu^{33} ma^{33} cɛɛŋ^{51} wa^{51}： bɯaŋ^{51} laŋ^{24} khɔɔŋ^{24} phu^{33} mi^{33} baan^{51} si^{21}sip^{21} laŋ^{24} taŋ^{51} ju^{21},

山 来 报告 说 面 后 的 坡 有 房子 四 十 栋 建立 在

thi^{51} nan^{51} nuai^{21} traʔ^{21}ween^{33} hen^{24} siŋ^{21}khɔɔŋ^{24} lɛʔ^{453} saʔ^{21}biaŋ^{33} khɔɔŋ^{24} khaʔ^{21}buan^{33}

地 那 单位 四处考察 见 东西 东西 和 干粮 的 队伍

ʔop^{21}phaʔ^{453}jop^{453} thi^{51} thuuk^{21} plon^{51} pai^{33}.（391）

迁移　　的　被　抢劫 去

再过两天，沿着下方水流的考察分队来告诉西保：南方的河边有个八十户人家的村子，但是没遇见村里的人；接着又过了三天，到山上的考察分队来报告说：山后有四十栋房子，在那里见到了迁移队伍被抢走的东西和干粮。

对比分析上述两种同形结构和“名－数－量”结构可以发现，同形结构的名词和数量成分“数－计量单位”之间的关系之所以不具有同位性，是因为其中的计量单位不是个体量词，从层次分析的角度看，虽然“名－数－计量单位”与“名－数－量”结构层次一样，但其中的计量单位与量词性质不一样，带有比较实在的名物含义；从语义指向分析的角度看“名－数－计量单位”中的数量成分及其计量单位与前面的名词没有同一性。而“名－数－量”结构中的名词和数量成分“数－量”之间之所以具有同位性关系正因为其中表示个体事物的名词与对应的表示事物类别的个体量词具有同一性的特点。可见，“名－数－量”结构的同位修饰关系是由个体量词造成的。

3.2　名－数－名

3.2.1　“名－数－名”中的名词类型

泰语常见的计量结构除了“名－数－量”之外还有“名－数－名”结构，其中第二个名词由于与前面的名词在词汇表现上同一因而也称为反响量词。①这种计量结构在内部成分的关系、充当的句法成分以及表达的语法意义都跟“名－数－量”结构一致，也有人将之看成是“名－数－量”结构的一种形式。但这种结构有自己的特点，表现在以下几方面。

第一，出现于该结构的名词以抽象名词为主，对抽象名词包括言词、消息、奖励等词进行计量一般需要引进反响量词。

1. คนบางคนเมื่อมั่นคงอยู่ในอำนาจจะผยองยิ่งนัก ๖๒②

khon^{33} baaŋ^{33} khon^{33} mɯɯa^{51} man^{51}khoŋ^{33} ju^{21} nai^{33} ʔam^{33}naat^{51} caʔ^{21} phaʔ^{21}jɔɔŋ^{24} jiŋ^{51} nak^{453}.（62）

人　些　人　时候 稳　固　在 里　权力　要　骄横　越 很

有些人当手中的权力稳固的时候就会骄横。

① 也称为拷贝型量词。

② khon^{33}“人”是抽象名词的依据在于它跟“生命、理由”等抽象名词一样使用“名－数－名”的计量结构。

2. สูทำลายทหารจิ๋นไปแล้วนับไม่ถ้วน ไฉนมาร้องไห้แก่ชีวิตเพียงหนึ่งชีวิต ๒๓๓

su^{24} tham^{33}laai^{33} thaʔ^{453}haan^{24}cin^{24} pai^{33} lɛɛu^{453} nap^{453} mai^{51} thuan^{51}，chaʔ^{21}nai^{24} ma^{33}

你　破坏　士兵　晋　去　了　数　不　全　为什么　来

rɔɔŋ^{453}hai^{51} kɛ^{21} chi^{33}wit^{454} phiaŋ^{33} nɯŋ^{21} chi^{33}wit^{453}.（233）

叫唤 哭泣 给　生命　仅　一　生命

你消灭了数不清的晋国士兵，为什么就为区区一条生命哭泣？

3. การศึกนั้นผลจะเป็นอย่างไรย่อมขึ้นต่อเหตุหลายเหตุ เมื่อสูไม่พอใจสูจะฆ่าผู้ช่วยเหลือเช่นนี้แล้วจะให้ข้าร่วมมือต่อไปได้อย่างไร ๑๓๒

kaan^{33}sɯk^{21} nan^{453} phon^{24} caʔ^{21} pen^{33} jaaŋ^{21}rai^{33} jɔɔm^{51} khɯn^{51}tɔ^{21} heet^{21} laai^{24} heet^{21},

事务 战争　那　结果 要　是　样　哪　总是　产生 对　理由 多　理由

mɯa^{51} su^{24} mai^{51} phɔ^{33}cai^{33} su^{24} caʔ^{21} kha^{51} phu^{51}chuai^{51}lɯa^{24} cheen^{51} ni^{453} lɛɛu^{453} caʔ^{21}

时候　你　不 满足 心　你　要　杀　人　帮助　像　这　了　要

hai^{51} kha^{51} ruam^{51}mɯ^{33} tɔ^{21}pai^{33} dai^{51} jaaŋ^{21}rai^{33}？（132）

让　我　参加 手　接 下去 能　样　哪

战争吧，结果是怎么样取决于很多条件，你不满意就杀助手，这样你让我怎么和你继续合作下去？

4. แต่มีบุคลจำพวกหนึ่งที่พอใจในการใช้กำลังกายทรมานและเข่นฆ่าผู้อื่นด้วยวิธีแปลกหลายอย่างลิตงเจียดูเหมือนจะร้ายกว่าคนโบราณเหล่านั้น เพราะว่าคนโหดร้ายสมัยดั้งเดิมจะทำร้ายได้ก็แต่เฉพาะแก่คนน้อยคน ๔๑๒

tɛ^{21} mi^{33} buk^{21}khon^{33} cam^{33}phuak^{51} nɯŋ^{21} thi^{51} phɔ^{33}cai^{33} nai^{33} kaan^{33}chai^{453} kam^{33}laŋ^{33} kaai^{33}

但 有　人士　种　一　的 足够 心　里　的　使用　力量　身体

thɔʔ^{453}raʔ^{453}maan^{33} lɛʔ^{453} kheen^{21} kha^{51} phu^{51}ʔɯn^{21} duai^{51} wiʔ^{453}thi^{33} plɛɛk^{21} laai^{24} jaaŋ^{21},

折磨　和　打扁　杀　人　别　通过　方法　奇怪 许多　种

liʔ^{453}toŋ^{33}cia^{33} du^{33} mɯan^{24} caʔ^{21} raai^{453} kwa^{21} khon^{33} boo^{33}raan^{33} lau^{21} nan^{453}，phrɔʔ^{453}

李东家　看　像　要　坏　过　人　古代　些　那　因为

wa^{51} khon^{33} hoot^{21}raai^{453} saʔ^{21}mai^{24} daŋ^{51}dəəm^{33} caʔ^{21} tham^{33} raai^{453} dai^{51} kɔ^{51} tɛ^{21}

说　人　残忍　时代　像　以前　要　做　邪恶　能 就　只

chaʔ^{21}phɔʔ^{453} kɛ^{21} khon^{33} nɔɔi^{453} khon^{33}.（412）

特别　给　人　少　人

但是有一种人以使用武力通过奇怪的方式折磨和残杀别人而感到满足，李东家看起来比那些古代人还坏，因为以前的坏人只是针对少数人。

5. นับว่าเป็นงานที่สนุกเอิกเกริกงานหนึ่ง ๓๘๑①

nap^{453} wa^{51} pen^{33} ŋaan^{33} thi^{51} saʔ^{21}nuk^{21} ʔəək^{21}kəʔ^{21}rəək^{21} ŋaan^{33} nɯŋ^{21}.（381）

算　说　是　工作　的　有趣　热烈　工作　一

① 例句来自《四朝代》。

算是一件有趣的工作。

第二，表示区划单位的名词和器官名称也使用反响量词。

1. พวกเขาเดินทางเลียบไปตามลำแคว และอีกสามวันก็มาถึงด่านนอกเมืองซำหง ด่านนี้ตั้งอยู่บนที่สูง มองเห็นค่ายๆหนึ่งอยู่บนทางเดินข้างภูเขาไกล ออกไปข้างหน้า พวกของสีเภาเห็นเมืองๆหนึ่งตั้งอยู่บนฝั่งแม่น้ำโขง ๔๕๙

phuak^{51}khau^{24} dəən^{33} thaaŋ^{33} liap^{51} pai^{33} taam^{33} lam^{33}khwɛ^{33}，lɛʔ^{453} ʔiik^{21} saam^{24} wan^{33} kɔ^{51} ma^{33}

们 他 走 路 沿 去 沿着 条 河 和 再 三 天 就 来

thɯŋ^{24} daan^{21} nɔɔk^{51} mɯaŋ^{33} sam^{33}hoŋ^{24}，daan^{21} ni^{453} taŋ^{51} ju^{21} bon^{33} thi^{51} suuŋ^{24}，

到 关口 外 城市 桑洪 关口 这 建 在 上 地方 高

mɔɔŋ^{33} hen^{24} khaai^{51} khaai^{51} nɯŋ^{21} ju^{21} bon^{33} thaaŋ^{33} dəən^{33} khaaŋ^{51} phu^{33} khau^{24}，klai^{33}

望 见 营地 营地 一 在 上 路 走 边 山 山坡 远

ʔɔɔk^{21} pai^{33} khaaŋ^{51} na^{51} phuak^{51} khɔɔŋ^{24} si^{24}phau^{33}，hen^{24} mɯaŋ^{33} mɯaŋ^{33} nɯŋ^{21} taŋ^{51}

出 去 边 前 团伙 的 西保 见 城 城 一 建

ju^{21} bon^{33} faŋ^{21} mɛ^{51}nam^{453}khooŋ^{24}.（459）

在 上 岸 妈妈 水 公（专名）

他们沿着河流走，三天之后来到了桑洪城外的关隘，这个关隘建在高处，可以望见山边的路上有一个营地，在遥远的前方，可以看见湄公河岸边有一座城市。

2. คนก็คือสัตว์ชนิดหนึ่ง มีขาสองขา แต่ทว่าเป็นสัตว์ที่มีอำนาจยิ่งใหญ่ที่สุดในโลก ๑๕๗①

khon^{33} kɔ^{51} khɯ^{33} sat^{21} chaʔ^{453}nit^{453} nɯŋ^{21}，mi^{33} kha^{24} sɔɔŋ^{24} kha^{24}，tɛ^{21}thaʔ^{453}wa^{51} pen^{33}

人 就 是 动物 种 一 有 腿 两 腿 但是 是

sat^{21} thi^{51} mi^{33} ʔam^{33}naat^{51} jiŋ^{51}jai^{21} thi^{51}sut^{21} nai^{33} look^{51}.（157）

动物 的 有 权力 越 大 的 尽 里 世界

人就是一种动物，有两条腿，但是却是拥有世上最大权力的动物。

第三种，表示地点的有些名词使用反响量词。这些名词多属于建筑物，如 khu^{33}（คู）沟渠、saʔ^{21}phaan^{33}（สะพาน）桥梁、faai^{24}（ฝาย）堤坝等，包括房子的各小类（如 rɯan^{33}เรือน 干栏、hɔɔŋ^{51}ห้อง 房间、rooŋ^{33}โรง 棚子、baan^{51}บ้าน 住宅、raan^{453}ร้าน 店铺）以及 laŋ^{24}kha^{33}（หลังคา）屋脊，也有自然处所如 kɔʔ^{21}（เกาะ）“岛屿”，与上述区划单位一样，这些词都具有处所词的性质。

表示个体事物的具体名词也有不少是使用反响量词的。其中包括个别动物如象、马，但使用的场合较为正式，指与国王、皇室有关的象、马。②除此之外，使用反响量词的个体事物不是很多，但也不算少，其中有些是日常生活常见到的。如：

① 例句来自潘德鼎（2011c）。

② 有人认为这是特定历史时期语法规范的结果，参考纳瓦婉·潘图梅塔（2011）[45]。

1. รักษาหมอมิรู้จักกี่หมอก็ไม่เห็นมันดีขึ้น ๕๘๘①

rak^{453}sa^{24} mɔ^{24} miʔ^{453} ru^{453}cak^{21} ki^{21} mɔ^{24} kɔ^{51} mai^{51} hen^{24} man^{33} di^{33} khɯn^{51}.（588）

医治　医生 不　知道　几 医生 也 不　见　它　好　上

不知有几个医生来医治还不见病情好转。

2. ยามิรู้จักกี่ขนาน หมอมิรู้จักกี่หมอก็ได้มาเพราะแม่เชยเขาหามาให้ทั้งนั้น ๕๘๙

ja^{33} miʔ^{453} ru^{453}cak^{21} ki^{21} khaʔ^{21}naan^{24}，mɔ^{24} miʔ^{453} ru^{453}cak^{21} ki^{21} mɔ^{24} kɔ^{51} dai^{51} ma^{33} phrɔʔ^{453}

药 不　知道　几　剂　医生 不　知道　几 医生 也　得　来　因为

mɛ^{51}chəəi^{33} khau^{24} ha^{24} ma^{33} hai^{51} thaŋ^{453}nan^{453}.（589）

小崔　她　找　来　给　整　那

不知道几剂药、几个医生，全部都是靠小崔找来才得到的。

3. แม้แต่ใบไม้สักใบก็ไม่มีกระดิก ๖๔๘

mɛ^{453}tɛ^{21} bai^{33} mai^{453} sak^{21} bai^{33} kɔ^{51} mai^{51} mi^{33} kraʔ^{21}dik^{21}.（648）

即便 仅 叶　树　大约　片　就　不　有　晃动

就连一片树叶都不晃动。

4. คุณพระสรรค์ก็ออกเดินนำหน้าไปทางดาดฟ้าเรือ ไปหยุดอยู่ตรงประตูทาสีขาวประตูหนึ่ง ๗๕๗

khun^{33}phraʔ^{453}san^{24} kɔ^{51} ʔɔɔk^{21} dəən^{33} nam^{33} na^{51} pai^{33} thaaŋ^{33} daat^{21}fa^{453} rɯa^{33}，pai^{33}

坤帕桑　就　出　走　带领　前 去　路　甲板　船　去

jut^{21} ju^{21} troŋ^{33} praʔ^{21}tu^{33} tha^{33} si^{24} khaau^{24} praʔ^{21}tu^{33} nɯŋ^{21}.（757）

停　在 处所　门　涂 色　白　门　一

坤帕桑就走在前面带领他们去甲板，停在一扇漆成白色的门边。

3.2.2　名－修－数－名：一种与“名－数－名”不同的计量结构

“名－数－名”结构当中有一种是“名 1－修－数－名 2”，由于名 2 等同于名 1 但不等于“名 1－修”，因此常称为半反响量词。②与之相比，“名－数－名”中作为计量单位的第二个名词与前面的第一个名词完全同形，因此也叫全反响量词。由于名词加上修饰语可以组合形成许多合成名词，所以“名 1－修－数－名 2”及其中的半反响量词在泰语计量结构中属于常见的类型。

---

① 例句来自《四朝代》，下面例二、三、四同。例一、二第二个 mɔ^{24}（หมอ）“医生”前加有询问数量的疑问词。

② 一般见到的是对名词前一音节即中心语的反响，但也有反响后一音节的，如 เนื้อเรื่องสองเรื่อง nɯa^{453}rɯaŋ^{51}sɔɔŋ^{24}rɯaŋ^{51} “两项内容”，เทวสถานสองสถาน the^{33}waʔ^{453}saʔ^{21}thaan^{24}sɔɔŋ^{24}saʔ^{21}thaan^{24} “两处神灵领地”，ทองลิ่มสี่ลิ่ม thɔɔŋ^{33}lim^{51}si^{21}lim^{51} “四条金条”，ดักชุดสิบชุด dak^{21}chut^{453}sip^{21}chut^{453} “十个渔具”（dak^{21}chut^{453} ดักชุด 是一种渔具），กองทัพทัพหนึ่ง kɔɔŋ^{33}thap^{453}thap^{453} nɯŋ^{21} “一支军队”。

1. หนังสือร้องมีมากนัก ที่ข้าได้อ่านแล้วสองใบมีข้อที่พวกสูร้องสองข้อ ข้อหนึ่งคือแคว้นจิ้นเก็บภาษีมากไป ข้อสองคือทหารจิ้นฉุดคร่าหญิงไท ๒๔

naŋ^{24}sɯ^{24}rɔɔŋ^{453} mi^{33} maak^{51} nak^{453}，thi^{51} kha^{51} dai^{51} ʔaan^{21} lɛɛu^{453} sɔɔŋ^{24} bai^{33} mi^{33} khɔ^{51} thi^{51}

书 诉求 有 多 很 的 我 得 看 了 两 份 有 条目 的

phuak^{51}su^{24} rɔɔŋ^{453} sɔɔŋ^{24} khɔ^{51}，khɔ^{51} nɯŋ^{21} khɯ^{33} khwɛɛn^{453}cin^{24} kep^{21} pha^{33}si^{24}

们 你 诉求 两 条 条 一 是 地区 晋 收 税

maak^{51} pai^{33}，khɔ^{51} sɔɔŋ^{24} khɯ^{33} thaʔ^{453}haan^{24}cin^{24} chut^{21}khra^{51} jiŋ^{24} thai^{33}.（24）

多 去 条 二 是 士兵 晋 劫掠 女 泰

诉状有很多，我所看的两份有两条诉求：第一条是晋国税收太重，第二条是晋国士兵劫掠泰女。

2. คราวนี้คำพูดแต่ละคำที่ทูตไททั้งสองกล่าวออกมาสำแดงชัดแล้วว่า คนไทยังโง่และยังเถื่อนเช่นเดิมเช่นนี้แล้วเราจะนับคนไทเป็นเผ่าเท่าเทียมกับเราได้อย่างไร ๑๗๐

khraau^{33} ni^{453} kham^{33} phuut^{51} tɛ^{21}laʔ^{453} kham^{33} thi^{51} thuut^{51} thai^{33} thaŋ^{453} sɔɔŋ^{24} klaau^{21}

次 这 词 说 各 词 的 使节 泰 整 两 说

ʔɔɔk^{21} ma^{33} sam^{24}dɛɛŋ^{33} chat^{453} lɛɛu^{453} wa^{51}：khon^{33}thai^{33} jaŋ^{33} ŋo^{51} lɛʔ^{453} jaŋ^{33} thɯan^{21}

出 来 表达 清晰 了 说 人 泰 还 傻 和 还 野蛮

cheen^{51}dəəm^{33}，cheen^{51} ni^{453} lɛɛu^{453} rau^{33} caʔ^{21} nap^{453} khon^{33}thai^{33} pen^{33} phau^{21} thau^{51}

像 以前 像 这 了 我 要 算 人 泰 是 族 像

thiam^{33} kap^{21} rau^{33} dai^{51} jaaŋ^{21}rai^{33}.（170）

匹配 和 我 能 样 哪

现在两个泰国使节说的每个词都清楚地表明，泰人还像以前那样愚昧，那样野蛮，既然如此，我们怎么能把他们看作是可以跟我们平起平坐的民族呢？

3. มีขนนกกระจอกเทศปักข้างหมวกทั้งสองข้าง มือทั้งสองจับบังเหียนหลังเหยียดตรง ๒๑๘

mi^{33} khon^{24} nok^{453} kraʔ^{21}cɔɔk^{21} theet^{51} pak^{21} khaaŋ^{51} muak^{21} thaŋ^{453} sɔɔŋ^{24} khaaŋ^{51},

有 羽毛 鸟 喜鹊 外国 插 沿 帽 整 两 边

mɯ^{33} thaŋ^{453} sɔɔŋ^{24} cap^{21} baŋ^{33}hian^{24} laŋ^{24} jiat^{21} troŋ^{33}.（218）

手 整 二 抓 马嚼子 背 伸 直

两边帽檐都插上异邦喜鹊的羽毛，他两手抓住马嚼子，挺直背。

4. คือเขาจะแยกกันเป็นอิสระเป็นเมืองเล็กหลายเมือง ๕๐๘

khɯ^{33} khau^{24} caʔ^{21} jɛɛk^{51} kan^{33} pen^{33} ʔit^{21}saʔ^{21}raʔ^{21} pen^{33} mɯaŋ^{33} lek^{453} laai^{24} mɯaŋ^{33}.（508）

是 人家 要 分 互相 成 自由 成 城市 小 多 城市

是人家获得自由，要分离成许多城邦。

5. ครั้นเวลาสองยามคณะของเตียวเหลียงพ้นออกจากป่าและมาถึงทุ่งนาแห่งหนึ่ง มีโรงนาเล็กโรงหนึ่งตั้งอยู่ ๗๓

khran^{453} we^{33}la^{33} sɔɔŋ^{24} jaam^{33} khaʔ^{453}naʔ^{453} khɔɔŋ^{24} tiau^{33}liaŋ^{24} phon^{453} ʔɔɔk^{21} caak^{21}

当 时候 两 点 团队 的 貂良 超过 出 从

pa^{21} lɛʔ^{453} ma^{33} thɯŋ^{24} thuŋ^{51} na^{33} hɛɛŋ^{21} nɯŋ^{21}，mi^{33} rooŋ^{33} na^{33} lek^{453} rooŋ^{33} nɯŋ^{21}.（73）
森林 和 来 到 平地 田 处 一 有 棚子 田 小 棚子 一
凌晨两点的时候，貂良的人马从森林里走出来，进入了田峒，那里有一个田棚。

6. ถัดชานไปมีห้องใหญ่สองห้องขนานกัน ระหว่างห้องสองห้องเป็นห้องโถงยาว จะเรียกว่าห้องโถงก็ไม่ถนัดนัก เพราะขนาดย่อมกว่า ๘๖①

that^{21} chaan^{33} pai^{33} mi^{33} hɔɔŋ^{51} jai^{21} sɔɔŋ^{24} hɔɔŋ^{51} khaʔ^{21}naan^{24} kan^{33}，raʔ^{453}waaŋ^{21} hɔɔŋ^{51}
接下 阳台 去 有 房间 大 两 间 平行 互相 之间 房间
sɔɔŋ^{24} hɔɔŋ^{51} pen^{33} hɔɔŋ^{51} thooŋ^{24} jaau^{33}，caʔ^{21} riak^{51} wa^{51} hɔɔŋ^{51} thooŋ^{24} kɔ^{51} mai^{51}
两 间 是 房间 宽敞 大 要 叫 说 房间 宽敞 也 不
thaʔ^{21}nat^{21} nak^{453} phrɔʔ^{453} khaʔ^{21}naat^{21} jɔɔm^{51} kwa^{21}.（86）
合适 很 因为 规模 细小 过
挨着阳台有两个大房间互相平行，两个房间之间是大厅，因为规格比大厅要小，所以叫做大厅并不太适合。

7. พ้นจากที่นี่ไปสูจะพ้นจากแคว้นลือ ทางที่สูจะไปนั้นกันดารนัก และเป็นเทือกเขาหลายสิบเทือก ๓๘๙

phon^{453} caak^{21} thi^{51} ni^{51} pai^{33} su^{24} caʔ^{21} phon^{453} caak^{21} khwɛɛn^{453}lɯ^{33}，thaaŋ^{33} thi^{51} su^{24}
过 从 地 这 去 你们 要 过 从 地区 仂 路 的 你们
caʔ^{21} pai^{33} nan^{453} kan^{33}daan^{33} nak^{453}，lɛʔ^{453} pen^{33} thɯak^{51} khau^{24} laai^{24} sip^{21} thɯak^{51}.（389）
要 去 那 偏僻 很 和 成 山脉 山 许多 十 山脉
走过这里你们就离开仂人地区，你们要前往的路很偏僻，有十多条山脉呢。

“名－修－数－名”结构之所以不同于“名－数－名”不仅在于其中作为计量单位的半反响量词跟前面的名词成分在词汇形式上不同，而且还由于它与前面的合成名词之间具有上下位词之间的大、小类关系，所以整个结构表示类别的含义较为明显。也就是说，分布在“名－修－数－名”这项分布里的第二个名词从意义和形式上与名词区别开来，作为纯粹的计量单位。

3.2.3 “名－数－名”和“名－修－数－名”结构的特点

“名－数－名”和“名－修－数－名”在内部成分的关系、充当的句法成分方面跟前面所述的“名－数－量”结构一致，如其中的名词与数量成分之间可以插入ʔiik^{21}等其他成分，两者之间是一种同位性的修饰关系。这两种结构作为名词计量表达的方式，其稳定性依赖于一定的句法条件，否则名词与数量成分之间的联系就会变得疏远，分别与结构外的其他成分发

① 例句来自《甘医生》（泰文名：เขาชื่อกานต์）。

生关系，从而引起歧义，如例二中的名词 hɔɔŋ^{51}sam^{24}rap^{21}rap^{453}rɔɔŋ^{33}khaʔ^{453}naʔ^{453}khon^{33}thai^{33} “专门为泰方代表团准备的房间”是前面动词 mi^{33} “有”的宾语，而数量成分 si^{21}sip^{21}pɛɛt^{21} hɔɔŋ^{51} “四十八个”除了作为名词的修饰语外也可以理解为动词“有”或动词短语“有专门为泰方代表团准备的房间”的补语。此外，有些结构也表达数量的含义，但并不是名、数、量三者作为一个整体共同出现，如例三。

1. แคว้นไทที่เป็นแคว้นใหญ่อีกสองแคว้นคือแคว้นเม็งและแคว้นไต๋ พลอยได้เป็นอิสระไปด้วยจากความพยายามอันกล้าหาญของชาวลือและชาวเชียงแส ๔๘๒

khwɛɛn^{453}thai^{33} thi^{51} pen^{33} khwɛɛn^{453} jai^{21} ʔiik^{21} sɔɔŋ^{24} khwɛɛn^{453} khɯ^{33} khwɛɛn^{453}meŋ^{33} lɛʔ^{453}
地区 泰 的 是 区域 大 再 两 地区 是 地区 渑 和

khwɛɛn^{453}tai^{24}，phlɔɔi^{33} dai^{51} pen^{33} ʔit^{21}saʔ^{21}raʔ^{21} pai^{33} duai^{51} caak^{21} khwaam^{33}
地区 傣 偶然而得 得 成 自由 去 通过 从 的

phaʔ^{453}ja^{33}jaam^{33} ʔan^{33} kla^{51} haan^{24} khɔɔŋ^{24} chaau^{33}lɯ^{33} lɛʔ^{453} chaau^{33} chiaŋ^{33}sɛ^{24}.（482）
努力 的 强壮 勇敢 的 人 仂 和 人 清塞

另外两个较大的泰人地区是渑人地区和傣人地区，这两个地区依靠仂人和清塞人的勇敢、努力偶然获得自由。

2. แล้วซุนโปนำกุมภวากับธงผาไปยังตึกใหญ่ซึ่งเตรียมไว้รับรองทูตไท ซุนโปกล่าวว่าตึกนี้มี”ห้องสำหรับรับรองคณะคนไทสี่สิบแปดห้อง แต่สูมาเพียงสองคนถ้าไม่รวมคนแบกหาม ขอให้สูพักที่นี่ตามสบายเถิด เพราะว่านานวันกว่าที่สูจะเข้าเฝ้ากษัตริย์ของเราได้ ๑๔๘

lɛɛu^{453} sun^{33}po^{33} nam^{33} kum^{33}phaʔ^{453}wa^{33} kap^{21} thoŋ^{33}pha^{24} pai^{33} jaŋ^{33} tɯk^{21} jai^{21} sɯŋ^{51}
然后 孙博 带 贡帕瓦 和 童帕 去 到 楼 大 的

triam^{33} wai^{453} rap^{453} rɔɔŋ^{33} thuut^{51} thai^{33}，sun^{33}po^{33} klaau^{21} wa^{51}：“tɯk^{21} ni^{453} mi^{33}
准备 着 接 容纳 使节 泰 孙博 说 道 大楼 这 有

hɔɔŋ^{51} sam^{24}rap^{21} rap^{453} rɔɔŋ^{33} khaʔ^{453}naʔ^{453} khon^{33}thai^{33} si^{21}sip^{21}pɛɛt^{21} hɔɔŋ^{51}，tɛ^{21} su^{24}
房间 专门 接 容纳 团队 人 泰 四 十 八 房间 但 你

ma^{33} phiaŋ^{33} sɔɔŋ^{24} khon^{33} tha^{51} mai^{51} ruam^{33} khon^{33} bɛɛk^{21} haam^{24}，khɔ^{24}hai^{51} su^{24}
来 仅仅 两 人 如果 不 包括 人 扛 抬 请 给 你们

phak^{453} thi^{51} ni^{51} taam^{33} saʔ^{21}baai^{33} thəət^{21}，phrɔʔ^{453} wa^{51} naan^{33} wan^{33} kwa^{21} thi^{51}
住 地 这 依据 舒服 吧 因为 说 久 天 等 的

su^{24} caʔ^{21} khau^{51} fau^{51} kaʔ^{21}sat^{21} khɔɔŋ^{24} rau^{33} dai^{51}.”（148）
你 要 进 拜见 皇上 的 我 能

然后孙博带着贡帕瓦和童帕到为泰方使节准备的大楼，孙博说：“这栋楼有四十八个专门为泰方代表团准备的房间，但是如果不算抬架的役夫你们只派来了两个人。祝愿你们舒舒服服地在这里住下，因为要等到我们的皇上接见你们还要花很长的时间。”

3. สูอยู่ใกล้แคว้นไท ได้ข่าวหรือไม่ว่าลิบุ๋นยึดเมืองในแคว้นไทได้กี่เมืองแล้ว ๑๙๘

su^{24} ju^{21} klai^{51} khwɛɛn^{453}thai^{33}，dai^{51} khaau^{21} rɯ^{24} mai^{51} wa^{51} liʔ^{453}bun^{24} jɯt^{453} mɯaŋ^{33} nai^{33}

你 在 近 地域 泰 得 消息 还是 没 说 李奔 夺取 城市 里

khwɛɛn^{453}thai^{33} dai^{51} ki^{21} mɯaŋ^{33} lɛɛu^{453}？（198）

区域 泰 得 几 城市 了

你离泰人的地方近，得到李奔夺得几个泰人城市的消息了吗？

3.3 数－名

3.3.1 “数－名”中的名词类型

泰语计量结构除了以上常见的两种之外，还有一些形式：数－名、数－量－名、名－数。本节介绍“数－名”结构。

“数－名”结构中的数词位置一般是基数词，但也包括 thuk^{453}“每”、baaŋ^{33}“一些”等词。这些词与名词联系紧密，中间不能插入其他成分；组合形成的整个“数－名”结构在句中主要作主语、宾语等。经常使用“数－名”作为计量方式的名词有以下几种：

第一种是平行复合形成的名词，表示集体名称。“数－名”结构中的数值就是组成这种名词的所有个体，如例一 sɔɔŋ^{24}phi^{51}nɔɔŋ^{453}“两兄弟”是指哥哥、弟弟各一人，共有两人。

1. สองพี่น้องช่วยมารดาทำไร่อยู่ชานเมืองเชียงแสและสองพี่น้องมีนิสัยต่างกัน ๔๑

sɔɔŋ^{24} phi^{51}nɔɔŋ^{453} chuai^{51} maan^{33}da^{33} tham^{33} rai^{51} ju^{21} chaan^{33} mɯaŋ^{33} chiaŋ^{33}sɛ^{24} lɛʔ^{453} sɔɔŋ^{24}

两 哥哥 弟弟 帮助 母亲 做 地 在 郊区 城 清塞 和 两

phi^{51}nɔɔŋ^{453} mi^{33} niʔ^{453}sai^{24} taaŋ^{21} kan^{33}.（41）

哥哥 弟弟 有 性情 不同 互相

两兄弟在清塞城郊下地帮母亲干活，两兄弟性情不同。

2. สูจงเห็นแก่ชาวไต๋และสองแม่ลูกเถิด ๒๕๖

su^{24} coŋ^{33} hen^{24} kɛ^{21} chaau^{33}tai^{24} lɛʔ^{453} sɔɔŋ^{24} mɛ^{51}luuk^{51} thəət^{21}.（256）

你 必须 见 在 人 傣 和 两 母亲 孩子 吧

请你看在傣人和我们母子俩的份上吧。

3. เด็กทั้งสองก็หลับตาและผู้เป็นบิดาจูงบุตรทั้งสองกระโจนลงจากกำแพงเมืองแต่สามพ่อลูกคลานไปได้เล็กน้อยก็ขาดใจตาย ๓๐๕

dek^{21} thaŋ^{453} sɔɔŋ^{24} kɔ^{51} lap^{21} ta^{33} lɛʔ^{453} phu^{51} pen^{33} biʔ^{21}da^{33} cuuŋ^{33} but^{21} thaŋ^{453} sɔɔŋ^{24}

孩子 整 两 就 闭 眼 和 人 是 父亲 牵手 孩子 整 两

kraʔ^{21}coon^{33} loŋ^{33} caak^{21} kam^{33}phɛɛŋ^{33} mɯaŋ^{33} tɛ^{21} saam^{24} phɔ^{51}luuk^{51} khlaan^{33} pai^{33}
跳 下 从 墙壁 城 但 三 父亲 孩子 爬 去
dai^{51} lek^{453} nɔɔi^{453} kɔ^{51} khaat^{21} cai^{33} taai^{33}.（305）
得 小 小 就 断 心 死

两个孩子就闭上眼，做父亲的牵着他们从城墙上跳下去，父子仨爬了一下就断气死掉。

4. สองน้าหลานกินข้าวเย็นอิ่มจนพุงกาง ๒๖๑①

sɔɔŋ^{24} na^{453}laan^{24} kin^{33} khau^{51}jen^{33} ʔim^{21} con^{33} phuŋ^{33} kaaŋ^{33}.（261）
两 阿姨 侄子 吃 饭 傍晚 饱 直到 小腹 撑

姨侄俩吃晚饭吃饱得肚子都撑起来了。

5. ขณะที่สองสามีภรรยากินข้าวยังไม่ทันเสร็จ ไฟฟ้าก็ดับลง ๑๐๖②

khaʔ^{21}naʔ^{21} thi^{51} sɔɔŋ^{24} sa^{24}mi^{33}phan^{33}raʔ^{453}ja^{33} kin^{33} khau^{51} jaŋ^{33} mai^{51} than^{33} set^{21}
时刻 的 两 丈夫 妻子 吃 饭 还 不 及 结束
fai^{33}fa^{453} kɔ^{51} dap^{21} loŋ^{33}.（106）
火 天 就 熄灭 下

夫妻俩吃饭还没来得及结束电就停了。

第二种是表示人的天然属性或类别的词语，如 chaai^{33}“男”、jiŋ^{24}“女”。这些词语受数词修饰，对它们进行计量时可以直接加上数词。

1. ข้าต้องชะงักอยู่เพราะเห็นคนสองคนที่หลุมศพนั้น คนหนึ่งคือลำพูนพี่ชายของบัวคำ อีกคนหนึ่งคือกุฉิน สองชายนั้นคุกเข่าก้มหน้าอยู่ที่หลุมศพ ๔๒๕

kha^{51} tɔɔŋ^{51} chaʔ^{453}ŋak^{453} ju^{21} phrɔʔ^{453} hen^{24} khon^{33} sɔɔŋ^{24} khon^{33} thi^{51} lum^{24} sop^{21}
我 必须 突然停下 在 因为 见 人 两 人 处 洞 尸体
nan^{453}, khon^{33} nɯŋ^{21} khɯ^{33} lam^{33}phun^{33}, phi^{51} chaai^{33} khɔɔŋ^{24} bua^{33}kham^{33}, ʔiik^{21} khon^{33}
那 个 一 是 兰蓬 哥姐 男 的 博甘 再 个
nɯŋ^{21} khɯ^{33} kuʔ^{21}chin^{24} sɔɔŋ^{24} chaai^{33} nan^{453} khuk^{453} khau^{21} kom^{51} na^{51} ju^{21} thi^{51} lum^{24}
一 是 古勤 两 男 那 跪下 膝盖 低 脸 在 地 洞
sop^{21}.（425）
尸体

我必须停住，因为我看见有两个人在坟边，一个是博甘的哥哥兰蓬，另一个是古勤，那两个男人在那里低头下跪。

---

① 例句来自潘德鼎（2011d）。

② 例句来自《甘医生》。

2. จันดีว่าทำให้สามเด็กหญิงหัวเราะขักๆ ๒๔๐①

can^{33}di^{33} wa^{51} tham^{33}hai^{51} saam^{24} dek^{21}jiŋ^{24} hua^{24}rɔʔ^{453} khak^{21}khak^{21}.（240）

占迪　说　做　得　三　孩子 女　笑　哈哈

占迪说得三个女孩哈哈大笑。

3. สามสาวเตรียมหมวกกันแดดมาพร้อม ๒๗๒②

saam^{24} saau^{24} triam^{33} muak^{21} kan^{33} dɛɛt^{21} ma^{33} phrɔɔm^{453}.（272）

三　姑娘 准备　帽子　防　阳光　来　准备好

三个姑娘准备好遮阳帽。

第三种，有些普通名词可以和数词组合。这些词既有表达一般的具体事物的，也有表达较为抽象的概念的；使用的数词一般以基数词为主，概数词也可以。从总体上看，这些名词多少有些抽象的含义。

1. ชาติจิ๋นของเรากว้างใหญ่มีอำนาจแผ่ไปทั้งเจ็ดแม่น้ำ ปกครองมนุษย์ในดินแดนเจ็ดภาษา ๖๑

chaat^{51}cin^{24} khɔɔŋ^{24} rau^{33} kwaaŋ^{51} jai^{21} mi^{33} ʔam^{33}naat^{51} phɛ^{21} pai^{33} thaŋ^{453} cet^{21}

民族　晋　的　我　广阔　大　有　全力　扩展 去　整　七

mɛ^{51}nam^{453}，pok^{21}khrɔɔŋ^{33} maʔ^{453}nut^{453} nai^{33} din^{33} dɛɛn^{33} cet^{21} pha^{33}sa^{24}.（61）

妈妈 水　统治　人类　里　地　地区　七　语言

我们晋族土地广大，跨越整整七条河流，统治的人民遍布使用七种语言的地区。

2. เวลานั้นข้าเป็นที่ปรึกษาเหมือนสองคนที่นั่งข้างสูอยู่เวลานี้ งานของที่ปรึกษาคือให้ความเห็น และให้คำแนะนำ ที่ปรึกษาไม่มีอำนาจสั่ง ไม่มีอำนาจบังคับ เขาทำเช่นนั้นไม่ได้ สองที่ปรึกษาที่นั่งอยู่ข้างหน้าข้าเวลานี้รู้ดี สูตำหนิที่ปรึกษามิได้ สูต้องตำหนิตัวของสูเองหากงานมีความพลาด ๔๘๔

we^{33}la^{33} nan^{453} kha^{51} pen^{33} thi^{51}prɯk^{21}sa^{24} mɯan^{24} sɔɔŋ^{24} khon^{33} thi^{51} naŋ^{51} khaaŋ^{51} su^{24} ju^{21} we^{33}la^{33}

时候　那　我　是　的 咨询　像　两　人 的　坐　边　你 在　时候

ni^{453}，ŋaan^{33} khɔɔŋ^{24} thi^{51}prɯk^{21}sa^{24} khɯ^{33} hai^{51} khwaam^{33}hen^{24} lɛʔ^{453} hai^{51} kham^{33} nɛʔ^{453}nam^{33}，

这　工作　的　的　咨询　是　给　的　看 和　给　词语　介绍

thi^{51}prɯk^{21}sa^{24} mai^{51} mi^{33} ʔam^{33}naat^{51} saŋ^{21}, mai^{51} mi^{33} ʔam^{33}naat^{51} baŋ^{33}khap^{453}, khau^{24} tham^{33} cheen^{51}

的 咨询　没　有　权力　命令 没　有　权力　强制　他　做　像

nan^{453} mai^{51} dai^{51}，sɔɔŋ^{24} thi^{51}prɯk^{21}sa^{24} thi^{51} naŋ^{51} ju^{21} khaaŋ^{51} na^{51} kha^{51} we^{33}la^{33} ni^{453} rɯ^{453} di^{33}，su^{24}

那 不 能　两　的　咨询　的 坐 在 边　前 我　时候 这 知 好 你

tam^{33}niʔ^{21} thi^{51}prɯk^{21}sa^{24} miʔ^{453} dai^{51}，su^{24} tɔɔŋ^{51} tam^{33}niʔ^{21} tua^{33} khɔɔŋ^{24} su^{24} ʔeeŋ^{33}，

指责　的　咨询　不　能　你 应该　指责　自身　的　你 自己

---

① 例句来自《东北之子》。

② 例句来自潘德鼎（2011d）。

haak^{21} ŋaan^{33} mi^{33} khwaam^{33}phlaat^{51}.（484）

如果 工作 有 的 失误

那时候我和现在坐在你旁边的这两个人一样是顾问，顾问的工作是提供意见、给予指导，顾问没有权力命令，也没有权力强制，他不能那样做。我前面坐着的两位顾问心里明白，如果工作有失误，你不能指责顾问，你应该自责。

3. บางเวลาที่นางอยู่ในห้องโดยลำพัง ขุนสายจะเข้ามาทำความหยาบคายต่างๆ ๒๕๔

baaŋ^{33} we^{33}la^{33} thi^{51} naaŋ^{33} ju^{21} nai^{33} hɔɔŋ^{51} dooi^{33} lam^{33}phaŋ^{33}，khun^{24}saai^{24} caʔ^{21} khau^{51}

一些 时间 的 妇人 在 里 房间 通过 单独 坤赛 要 进

ma^{33} tham^{33} khwaam^{33}jaap^{21}khaai^{33} taaŋ^{21}taaŋ^{21}.（254）

来 做 的 卑鄙 不同 不同

有些时候，她一个人在房间里，坤赛就进来干各种勾当。

4. สูเคยเข้าไปหาแม่ทัพได้ทุกเวลาจงเข้าไปเถิดแต่กุมภวาสั่งไว้มิให้ผู้ใดถืออาวุธเข้าไป ๑๓๔

su^{24} khəəi^{33} khau^{51} pai^{33} ha^{24} mɛ^{51}thap^{453} dai^{51} thuk^{453} we^{33}la^{33} coŋ^{33} khau^{51} pai^{33} thəət^{21}，tɛ^{21}

你 曾 进 去 找 妈妈 军队 能 每 时候 就 进 去 吧 但

kum^{33}phaʔ^{453}wa^{33} saŋ^{21} wai^{453} miʔ^{453} hai^{51} phu^{51} dai^{33} thɯ^{24} ʔa^{33}wut^{453} khau^{51} pai^{33}.（134）

贡帕瓦 吩咐 了 不 让 人 哪 拿 武器 进 去

你曾经每个时候都可以进去找将军，那就进去吧。但是将军吩咐了不能让任何人拿着武器进去。

5. กะทิรู้ได้เองว่า ตาหมายถึงใครคนหนึ่งก็กำลังมองดูดวงจันทร์บนฟ้าอยู่ตอนนี้เหมือนกัน ใครคนที่หัวใจของกะทิร่ำร้องเรียกหาอยู่ทุกลมหายใจ ๓๔①

kaʔ^{21}thiʔ^{453} ru^{453} dai^{51} ʔeeŋ^{33} wa^{51}：ta^{33} maai^{24} thɯŋ^{24} khrai^{33} khon^{33} nɯŋ^{21} kɔ^{51}

佳蒂 知道 能 自己 说 外公 意思 到 谁 人 一 就

kam^{33}laŋ^{33} mɔɔŋ^{33} du^{33} duaŋ^{33} can^{33} bon^{33} fa^{453} ju^{21} tɔɔn^{33} ni^{453} mɯan^{24} kan^{33}，khrai^{33}

正在 望 看 个 月亮 上 天 在 时候 这 像 互相 谁

khon^{33} thi^{51} hua^{24}cai^{33} khɔɔŋ^{24} kaʔ^{21}thiʔ^{453} ram^{51}rɔɔŋ^{453} riak^{51} ha^{24} ju^{21} thuk^{453} lom^{33}haai^{24}cai^{33}.（34）

人 的 头 心 的 佳蒂 哭泣 叫唤 找 在 每 气 排除 心

佳蒂知道外公说的是有那么一个人，每次呼吸佳蒂的心都在呼唤的那个人，此刻也同样望着天上的月亮。

① 例句来自《佳蒂的幸福》(泰文名：ความสุขของกะทิ)。注意此例译成汉语用动量词“次”，例七同。

6. พูดแล้วแม่ก็ก้มหน้าร้องไห้ไปพลาง เอาชายผ้าแถบย้อมก้านดอกกรรณิการ์ที่แม่ห่มอยู่ขึ้นซับน้ำตาไปพลาง เหมือนหนึ่งใจแม่จะขาด ๒๐①

phuut^{51} lɛɛu^{453} mɛ^{51} kɔ^{51} kom^{51} na^{51} rɔɔŋ^{453}hai^{51} pai^{33} phlaaŋ^{33}，ʔau^{33} chaai^{33} pha^{51}

说　完　妈妈 就　低　脸　叫唤 哭泣 去　一边　用　边缘　布

thɛɛp^{21} jɔɔm^{453} kaan^{51} dɔɔk^{21} kan^{33}niʔ^{453}ka^{33} thi^{51} mɛ^{51} hom^{21} ju^{21} khɯn^{51} sap^{453}

花纹　染　茎　花　夜花　的 妈妈　盖　在　上　拭

nam^{453}ta^{33} pai^{33} phlaaŋ^{33}，mɯan^{24} nɯŋ^{21} cai^{33} mɛ^{51} caʔ^{21} khaat^{21}.（20）

水　眼　去　一边　像　一　心　妈妈 要　断

妈妈说完就低头哭泣，用盖着有夜花茎花纹的布拭擦眼泪，仿佛整颗心都要碎了。

7. ถึงฉันจะไม่ได้พบแม่พลอยมานาน ถ้าจะนับถึงป่านนี้ก็แรมเดือน ฉันก็ยังคิดถึงแม่พลอยอยู่ทุกลมหายใจเข้าออก ๒๓๘

thɯŋ^{24} chan^{24} caʔ^{21} mai^{51} dai^{51} phop^{453} mɛ^{51}phlɔɔi^{33} ma^{33} naan^{33}，tha^{51} caʔ^{21} nap^{453}

即便　我　要　没　能　碰见　帕瑞　来　久　如　要　数

thɯŋ^{24} paan^{21}ni^{453} kɔ^{51} rɛɛm^{33} dɯan^{33}，chan^{24} kɔ^{51} jaŋ^{33} khit^{453} thɯŋ^{24} mɛ^{51}phlɔɔi^{33} ju^{21}

到　现在　就 下半月　月　我　也　还　想　到　帕瑞　在

thuk^{453} lom^{33}haai^{24}cai^{33} khau^{51} ʔɔɔk^{21}.（238）

每　风　排除 心　进　出

虽然我很久没见到你了，如果算算时间到现在也有半个月了，但是每次呼吸我都还是会想到你。

8. ช้อยนั่งฟังพลอยพูดอย่างมีสมาธิ ตาจ้องอยู่ที่หน้าพลอยเหมือนกับว่าจะพยายามจดจำทุกคำพูด ๓๔๓

chɔɔi^{453} naŋ^{51} faŋ^{33} phlɔɔi^{33} phuut^{51} jaaŋ^{21} saʔ^{21}ma^{33}thiʔ^{453}，ta^{33} cɔɔŋ^{51} ju^{21} thi^{51} na^{51}

翠依　坐　听　帕瑞　说　样　入定　眼　盯　着　处　脸

phlɔɔi^{33} mɯan^{24} kap^{21} wa^{51} caʔ^{21} phaʔ^{453}ja^{33}jaam^{33} cot^{21} cam^{33} thuk^{453} kham^{33} phuut^{51}.（343）

帕瑞　好像 和　说　要　努力　写下 记　每　词语　说

翠依坐着认真地听帕瑞，眼睛盯在帕瑞的脸上，好像要努力记住她说的每个词语。

9. อย่างนี้ต้องหัดทุกวันวันละสามเวลา ๓๗๖

jaaŋ^{21} ni^{453} tɔɔŋ^{51} hat^{21} thuk^{453} wan^{33} wan^{33} laʔ^{453} saam^{24} we^{33}la^{33}.（376）

样　这 需要 练习　每　天　天　每　三　时间

需要每天都这样练习，每天三次。

① 例句来自《四朝代》，例七、八、九同。

3.3.2 “数－名”的语体色彩

前面所考察的“数－名”结构出现的语言环境比较丰富多样。同时，需要注意“数－名”结构具有一定的语体色彩，经常出现在标题、简称、成语等，具有简练的特点。其中以媒体领域最为常见。

1. บัตรราคา1000บาททุกที่นั่ง มีจำนวนจำกัดเพียง400ที่นั่งเท่านั้น（20141115，ไทยรัฐ）

bat^{21} ra^{33}kha^{33} nɯŋ^{21} phan^{33} baat^{21} thuk^{453} thi^{51}naŋ^{51}，mi^{33} cam^{33}nuan^{33} cam^{33}kat^{21}

卡　价格　一　千　铢　每　地方　坐　有　数量　有限

phiaŋ^{33} si^{21}rɔɔi^{453} thi^{51}naŋ^{51} thau^{51}nan^{453}.

仅　四　百　地方　坐　相当于　那

每个座位票价一千铢，数量有限仅有四百个座位。（沙炎报 2014 年 11 月 15 日某条新闻的标题）

2. ตามล่า3กำภูชา ฆ่าเจ้าของรีสอร์ท（20141101，dailynews）①

taam^{33} la^{51} saam^{24} kam^{33}phu^{33}cha^{33} kha^{51} cau^{51} khɔɔŋ^{24} ri^{33}sɔɔt^{21}.

跟随　找　三　柬埔寨　杀　主人　的　里绍

搜寻三个柬埔寨人，杀害旅店主人。（dailynews 报 2014 年 11 月 1 日某新闻的标题，รีสอร์ท ri^{33}sɔɔt^{21} “里绍”借自英文 resort “度假胜地”）

3. 10สามเณรธรรมมาสน์ทองไหว้สังเวยชนีสถาน4ตำบล（20141011，พระเรื่อง）

sip^{21} saam^{24}maʔ^{453}neen^{33} thaam^{33} maat^{51} thɔɔŋ^{33} wai^{51} saŋ^{24}wəəi^{33}chaʔ^{453}ni^{33}saʔ^{21}thaan^{24}

十　小和尚　达摩　黄金　黄金　朝拜　佛教圣地

si^{21} tam^{33}bon^{33}.

四　处

十个小和尚朝拜四个佛教圣地。（帕伦报 2014 年 10 月 11 日某新闻的标题）

4. ตำรวจไทยไม่ได้จับแพะคดีฆ่าสองนักท่องเที่ยว（20141011，dailynews）

tam^{33}ruat^{21} thai^{33} mai^{51} dai^{51} cap^{21} phɛʔ^{453} khaʔ^{453}di^{33} kha^{51} sɔɔŋ^{24} nak^{453}thɔɔŋ^{51}thiau^{51}.

警察　泰　没　得　抓　替罪羊　案件　杀　两　人　旅游

泰国警察没有抓到杀害两名旅客的替罪羊。（dailynews 报 2014 年 10 月 11 日某新闻的标题）

5. หนึ่งชั่วโมง หนึ่งปี หนึ่งผู้ฟัง หนึ่งผู้ชม（广告语）

nɯŋ^{21} chua^{51}mooŋ^{33} nɯŋ^{21} pi^{33} nɯŋ^{21} phu^{51}faŋ^{33} nɯŋ^{21} phu^{51}chom^{33}.

一　小时　一　年　一　者　听　一　者　观赏

一小时，一年，一位听众，一位观众。

---

① กำภูชา“柬埔寨”书写有误。

泰语中的“数－名”结构，泰国学术界一般认为是欧化句法，文教界则大力推广规范形式。除了各级学校的语文考试外，社会媒体也通过各种形式不断反对使用“数－名”结构，用积极影响的方式普及“名－数－量”结构。如曼谷教育广播（92.00HZ）专门开设“语法知识”节目，每周六、日 19:30-20:00 播出，其中 2015 年 5 月 31 日讲解的内容包括“数－名”结构的知识。讲解者举出下面一组例句并分析指出：根据泰语规则，数词后面应该加上量词而不能加名词；“数－名”结构是受外国语言影响所致的，不符合泰语规则，正确的说法应是“名－数－量”结构。

1. สองโจรถูกจับเมื่อวานที่ชลบุรี

sɔɔŋ^{24} coon^{33} thuuk^{21} cap^{21} mɯɯa^{51}waan^{33} thi^{51} chon^{33}buʔ^{21}ri^{33}.

两　小偷　被　抓　昨天　处　春武里

2. โจรสองคนถูกจับเมื่อวานที่ชลบุรี

coon^{33} sɔɔŋ^{24} khon^{33} thuuk^{21} cap^{21} mɯɯa^{51}waan^{33} thi^{51} chon^{33}buʔ^{21}ri^{33}.

小偷　两　个　被　抓　昨天　处　春武里

昨天在春武里有两个小偷被抓了。

从“数－名”结构中的名词类型来看，除了表人的词语外，所涉及的范围较广，甚至已经包括了一些个体事物。但是从总体上看，出现于“数－名”结构名词位置的主要是集体名词和抽象名词。[①]换句话说，“数－名”结构中的名词给人一种类的、泛指的概念。如下面例五是讲经节目里的一个问句。当时的语境是：某僧人为迎接 2015 年佛诞节讲经，桌子上有两种书籍：佛教类和休闲娱乐类，僧人问听众选择哪一类阅读。

1. พันชีวิตของสูไม่อาจจะล้างกรรมที่สูทำไว้ได้ ๗๕

phan^{33} chi^{33}wit^{453} khɔɔŋ^{24} su^{24} mai^{51} ʔaat^{21} caʔ^{21} laaŋ^{453} kam^{33} thi^{51} su^{24} tham^{33} wai^{453} dai^{51}.（75）

千　生命　的　你 不 可能 要 洗刷 业报 的 你　做　留　能

即使你有一千条性命也不能洗涮你的罪过。

2. ชาวจิ๋นมีคำกล่าวว่า หนึ่งรูปพูดได้กว่าหนึ่งพันคำ ๔๐๔

chaau^{33}cin^{24} mi^{33} kham^{33} klaau^{21} wa^{51} nɯɯŋ^{21} ruup^{51} phuut^{51} dai^{51} kwa^{21} nɯɯŋ^{21}phan^{33}

人　晋　有　词　说　说　一　图画　说　得　过　一　千

kham^{33}.（404）

词

① 包括英语借词。

晋人有句话说，一幅画比一千个词说得更多。

3. ทุกคน ทุกเพศ ทุกวัย ทุกระดับความรู้ได้ใช้เวลาว่างไปหาความรู้ทางด้านวิทยาศาสตร์สาขาต่างๆ เหล่านี้เพื่อจะได้เป็นหลักในการปรับปรุงชีวิต ความเป็นอยู่ของเราได้สะดวกสบายขึ้นในอนาคตด้วย ๒๐๒①

thuk^{453} khon^{33} thuk^{453} pheet^{51} thuk^{453} wai^{33} thuk^{453} raʔ^{453}dap^{21} khwaam^{33}ru^{453} dai^{51}
每 人 每 性别 每 年龄 每 层次 的 知道 能

chai^{453} we^{33}la^{33} waaŋ^{51} pai^{33} ha^{24} khwaam^{33}ru^{453} thaaŋ^{33} daan^{51} wit^{453}thaʔ^{453}ja^{33}saat^{21}
用 时间 空闲 去 找 的 知道 方面 领域 科学

sa^{24}kha^{24} taaŋ^{21}taaŋ^{21} lau^{21} ni^{453} phɯa^{51} caʔ^{21} dai^{51} pen^{33} lak^{21} nai^{33} kaan^{33}prap^{21}pruŋ^{33}
分科 不同 不同 些 这 为了 要 得 成 基础 里 的 改善

chi^{33}wit^{453} khwaam^{33}pen^{33}ju^{21} khɔɔŋ^{24} rau^{33} dai^{51} saʔ^{21}duak^{21} saʔ^{21}baai^{33} khɯn^{51} nai^{33}
生活 的 活 在 的 我们 能 便利 舒服 上 里

ʔaʔ^{21}na^{33}khot^{453} duai^{51}.（202）
将来 也

每个人，不分性别、年龄和受教育程度，都能把空闲时间用在获取不同学科领域的科学知识上，以便将来把我们的生活改善得便利而舒服。

4. บ้านริมคลองจึงมีสามสาวต่างวัยเข้าครอบครองในช่วงที่เจ้าของบ้านไม่อยู่ กะทิยืดอกกับคำว่า สามสาว ๒๖๐

baan^{51} rim^{33} khlɔɔŋ^{33} cɯŋ^{33} mi^{33} saam^{24} saau^{24} taaŋ^{21} wai^{33} khau^{51} khrɔɔp^{51}khrɔɔŋ^{33} nai^{33}
房子 旁 运河 就 有 三 姑娘 不同 年龄段 进 管理 里

chuaŋ^{51} thi^{51} cau^{51} khɔɔŋ^{24} baan^{51} mai^{51} ju^{21}，kaʔ^{21}thiʔ^{453} jɯɯt^{51} ʔok^{21} kap^{21} kham^{33} wa^{51}
时间段 的 主人 的 房子 不 在 佳蒂 伸 胸 和 词语 说

saam^{24} saau^{24}.（260）
三 姑娘

主人不在的时候，就有三个不同年龄段的姑娘过来打理这河边房子，佳蒂对三个姑娘的说法感到自豪。

5. ถามว่าสองหนังสือนี้โยมเอาอันไหน（节目对话）

thaam^{24} wa^{51} sɔɔŋ^{24} naŋ^{24}sɯ^{24} ni^{453} joom^{33} ʔau^{33} ʔan^{33} nai^{24}?
问 道 两 书 这 父母 要 个 哪

就问这两种书籍你们要哪种？

① 例句来自潘德鼎（2011d），下一例同。

3.4　数－量－名

3.4.1　“数－量－名”的特点

现代泰语“数－量－名”结构较为少见，只有极个别名词如 sat^{21}（สัตว์）“动物”、ʔak^{21}sɔɔn^{24}（อักษร）“辅音、字母”使用。一般情况下，对“动物”一词进行计量采用“名－数－量”。对比下面的两个例句：例一中，表示周遍性的词语 thuk^{453}（ทุก）“每”、量词 tua^{33}（ตัว）“只”和名词 sat^{21} 前后排列在一起；例二中，thuk^{453} 和 tua^{33} 组合形成数量词之后一起后置修饰 sat^{21}；两种结构都表达“每只动物”的意思，细微的差别是例一 thuk^{453}tua^{33}sat^{21} 作为一个整体充当 thua^{51}（ทั่ว）“遍布、全部”的中心语后一起做谓语的地点状语；例二是做句子主语的中心成分。

1. เมื่อได้ระบายความคับแค้นใจกันทั่วทุกตัวสัตว์แล้ว ต่างก็แยกย้ายกันไป การประชุมก็จบลงเพียงเท่านี้ ๒๒๕①

mɯɯa^{51} dai^{51} raʔ^{453}baai^{33} khwaam^{33}khap^{453}khɛɛn^{453}cai^{33} kan^{33} thua^{51} thuk^{453} tua^{33} sat^{21}

时候　得　发泄　的　怨恨　心　一起　遍布　每　只　动物

lɛɛu^{453}，taaŋ^{21} kɔ^{51} jɛɛk^{51} jaai^{453} kan^{33} pai^{33}，kaan^{33}praʔ^{21}chum^{33} kɔ^{51} cop^{21} loŋ^{33} phiaŋ^{33}

了　大家　就　分　移　一起　去　的　会议　就　结束　掉　仅仅

thau^{51} ni^{453}.（225）

像　这

每只动物全都把怨气发泄完之后，就各自走散，会议就这样结束了。

2. สัตว์ทุกตัวในเมืองก็หลับอย่างสงบ ๙๔

sat^{21} thuk^{453} tua^{33} nai^{33} mɯɯaŋ^{33} kɔ^{51} lap^{21} jaaŋ^{21} saʔ^{21}ŋop^{21}.（94）

动物　每　只　里　城市　就　入睡　样　安稳

城里的每只动物就安心入睡了。

3. ถึงแม้ว่าจะจำข้อความและถ้อยคำได้ทูกตัวอักษร จดหมายนั้นก็รู้สึกว่ายังใหม่อยู่ทุกครั้งที่เอาออกมาอ่าน ๒๔๐-๒๔๑②

thɯŋ^{24}mɛ^{453} wa^{51} caʔ^{21} cam^{33} khɔ^{51}khwaam^{33} lɛʔ^{453} thɔɔi^{51}kham^{33} dai^{51} thuk^{453} tua^{33} ʔak^{21}sɔɔn^{24}，

到　即便　说　要　记　条　内容　和　词语　词语　能　每　个　字母

cot^{21}maai^{24} nan^{453} kɔ^{51} ru^{453}sɯk^{21} wa^{51} jaŋ^{33} mai^{21} ju^{21} thuk^{453} khraŋ^{453} thi^{51} ʔau^{33} ʔɔɔk^{21}

记下　标记　那　也　感觉　说　还　新　在　每　次　的　拿　出

① 例句来自潘德鼎（2011c），下例同。

② 例句来自《四朝代》，ทูก 字疑有误，下一例也来自《四朝代》。

ma33 ʔaan21.（240-241）

来 看

虽然信里的内容和词语帕瑞都能记住其中的每个字母，但是每次拿出来读的时候都觉得是新鲜的。

4. จดหมายของลูกแต่ละฉบับ พลอยอ่านแล้วอ่านอีก จนจำข้อความได้ทุกตัวอักษร ๗๖๔

cot21maai24 khɔɔŋ24 luuk51 tɛ21laʔ453 chaʔ21bap21，phlɔɔi33 ʔaan21 lɛɛu453 ʔaan21 ʔiik21，

记下 标记 的 孩子 各 封 帕瑞 读 了 读 又

con33 cam33 khɔ51khwaam33 dai51 thuk453 tua33 ʔak21sɔɔn24.（764）

直到 记 条 内容 得 每 个 字母

孩子们的每一封信，帕瑞都读了又读，直到把每个字母都记得了。

"数－量－名"结构除了出现在上述标准泰语的教科书和文学名著外，还出现在某些方言文献中，具有一定的方言性质，如下面的例句来自东北方言的民间文学名著。①

1. หลิงเห็นเอี้ยงแอ่วไม้ ขึ้นสู่เขาทอง หลายตัวสัตว์ วิ่งพลันหาด้าว（98）

liŋ33 hen24 ʔiaŋ51 ʔɛɛu21 mai453，khɯn51 su21 khau24 thɔɔŋ33，laai24 tua33 sat21 wiŋ51 phlan33

猴 见 鸟名 玩 树 上 到 山 黄金 多 只 动物 跑 立即

ha24 daau51.

找 地方

猴子看见鸟儿在树上玩耍，就上到了黄金山，许多动物纷纷跑到自己该去的地方。

2. นางนาถน้อย ผันฝ้ายค่อยไป ข้อมห้วยน้อย ปีนตาดเหวซัน หลายตัวสัตว์ ล่ำแยงนางน้อย（108）

naaŋ33 naat51 nɔɔi453 phan24faai51 khɔɔi51 pai33 khaam51 huai51 nɔɔi453 pin33 taat21 heeu24

妇人 依靠 小 行走 慢 去 跨 溪 小 爬 水滩 谷

chan33 laai24 tua33 sat21 lam51 jɛɛŋ33 naaŋ33 nɔɔi453.

陡 许多 只 动物 硬皮 钻 妇人 小

公主慢慢地行走，跨过了小溪，爬过了瀑布和溪谷，许多动物纷纷想来要公主。

对于泰语"数－量－名"结构，现有研究还有很多不足，目前能够明确指出的是两点：这种结构表示计量的意义，并承担主语、宾语等句法成分。但由于"数－量－名"结构使用范围和语料本身的局限，暂不能对其中的内部各成分的关系进行分析，看不出出现在标准泰语和方言文献中的少数"数－量－名"和与之对应的"名－数－量"在语义、语用上有什么差别。

---

① 例句来自《库鲁嫡娥》（泰文名：ขูลูนางอั้ว），又如北部方言 pɛɛt21tua33ma24"八条狗"，参考嫡塔丽娅·兰贾代。

3.4.2 “数－量－名”与同形结构的区别

与“数－量－名”结构形式上相同的结构有以下三种：

泰语有一种容器量词，这种量词是由个体量词加上与之对应的名词构成的合成词。无论是现代还是以前，这种“量－名”式合成词前面加上数词呈现为“数－量－名”形式，该形式中的“量－名”仍作为一个整体大多都充当容量单位，其中的量词实际上并没有脱离名词。因此，这种形式的“数－量－名”是一种“数－计量单位”结构。

1.（ชาวบ้าน）สองหลังคาเรือน　　（อ้อย）สามคันรถ

（chaau^{33}baan^{51}） sɔɔŋ^{24} laŋ^{24}kha^{33} rɯan^{33}　　（ʔɔɔi^{51}） saam^{24} khan^{33} rot^{453}

人民 房子　两　个　房子　　甘蔗　三　辆　车

两户（村民）　　三车（甘蔗）

2. ขณะเดินกลับพ่อเล่าว่าเคยชวนลุงเมฆไปใส่เบ็ดที่บึงใหญ่แห่งหนึ่ง กว่าจะไปถึงต้องค้างคืนถึงสองคืน พอพากันเกี่ยวไส้เดือนได้สองสามคันเบ็ด ลุงเมฆก็แก้ผ้าวิ่งโทงๆขึ้นไปอยู่บนบก ๒๑๐①

khaʔ^{21}naʔ^{21} dəən^{33} klap^{21} phɔ^{51} lau^{51} wa^{51} khəəi^{33} chuan^{33} luŋ^{33} meek^{51} pai^{33} sai^{21} bet^{21}

时候　走　回　爸爸 讲　说　曾　请　伯伯 迈（人名）去 放 鱼钩

thi^{51} bɯŋ^{33} jai^{21} hɛɛŋ^{21} nɯŋ^{21}， kwa^{21} caʔ^{21} pai^{33} thɯŋ^{24} tɔɔŋ^{51} khaaŋ^{453} khɯɯn^{33} thɯŋ^{24}

处 池　大　个　一　过 要　去　到　需要　睡　夜　到

sɔɔŋ^{24} khɯɯn^{33}， phɔ^{51} pha^{33} kan^{33} kiau^{21} sai^{51}dɯan^{33} dai^{51} sɔɔŋ^{24} saam^{24} khan^{33} bet^{21}

两　夜　等　带　一起 收　肠子 月　得　两　三　把　鱼钩

luŋ^{33} meek^{51} kɔ^{51} kɛ^{51} pha^{51} wiŋ^{51} thooŋ^{33}thooŋ^{33} khɯn^{51} pai^{33} ju^{21} bon^{33} bok^{21}. （210）

伯伯 迈（人名）就 解 衣 跑　赤裸 赤裸　上　去　在　上　陆地

回来的时候爸爸讲到，曾经请迈伯伯到一个大池塘放鱼钩，需要睡上两个夜晚才会收鱼钩，等到收得两三鱼钩的蚯蚓时迈伯伯就解开衣服到陆地上奔跑。

3. ขนมจีนสักสองลำเรือก็จะไม่พอ ๓๘๔②

khaʔ^{21}nom^{24} cin^{33} sak^{21} sɔɔŋ^{24} lam^{33} rɯa^{33} kɔ^{51} caʔ^{21} mai^{51} phɔ^{33}. （384）

糕点　中国 大约　两　只　船　也　要　不　够

大约两船糕点也不够。

4. หนังสือ๒เล่มสมุดฝรั่ง　สาส์สมเด็จ เล่ม๑ หน้า๓๐๓

naŋ^{24}sɯ^{24} sɔɔŋ^{24} leem^{51} saʔ^{21}mut^{21} faʔ^{21}raŋ^{21}.

书籍　两　本　本子　西方

两本书

---

① 例句来自《东北之子》。

② 例句来自《四朝代》。

5. ทรงพิมพ์แจกเป็นหนังสือ๖เล่มสมุด สาส์สมเด็จ เล่ม๓ หน้า๒๑๔

soŋ33 phim33 cɛɛk21 pen33 naŋ24sɯ24 hok21 leem51 saʔ21mut21.

钦（敬辞）印 分 成 书籍 六 本 本子

印了分成六本书。

6. เที่ยวนี้บรรทุกระวางเต็มหมดจนถึงกะลันตัน ไม่มีที่จะรับศินค้าต้องบอกปัดกว่า๖ลำเรือ สาส์สมเด็จ เล่ม๓ หน้า๕๑

thiau51 ni453 ban33thuk453 raʔ453waaŋ33 tem33 mot21 con33 thɯŋ24 kaʔ21lan33tan33，mai51

趟 这 载 运输 满 全 直 到 加兰丹 没

mi33 thi51 caʔ21 rap453 sin24kha453，tɔɔŋ51 bɔɔk21 pat21 kwa21 hok21 lam33 rɯa33.

有 的 要 接 钱 收购 需要 告诉 拒绝 过 六 只 船

这趟船载满了，直到加兰丹都不可能再接收商品了，必须告诉人家已经拒绝了六船商品了。

7. ลามไปไหม้เรือนพระอภัยพิทักษ์ กรรมการราษฎร แล ฉางข้าวหลวงรวม ๓๐ หลังเรือน（จ.ม. เหตุพระราชกิจฯ ภาค๒๓ หน้า ๓๘）

laam33 pai33 mai51 rɯan33 phraʔ453ʔaʔ21phai33phiʔ453thak453 kam33maʔ453kaan33

蔓延 去 烧 房子 专名 委员

raat51saʔ21dɔɔn33 lɛ33 chaaŋ24 khaau51 luaŋ24 ruam33 saam24sip21 laŋ24 rɯan33.

百姓 和 仓 粮 皇家 共 三 十 栋 房子

大火蔓延到委员、百姓的房子以及皇家粮仓一共三十栋。

8. ที่ฯข้าฯอยู่มีเรือนอยู่๑๐หลังเรือน（จม๓หน้า๕๖.เหติเกี่ยวกับเขมรและญวนในร.）（จ.ม. เหตุเกี่ยวกับเขมรและญวนในร.๓ หน้า ๕๖）

thi51 kha51 ju21 mi33 rɯan33 ju21 sip21 laŋ24 rɯan33.①

地 我 住 有 房子 在 十 栋 房子

我住的地方有十栋房子。

上述同形结构说明计量单位可以以合成词的形式出现，这种计量单位除了容器量词之外还有一种形式，也呈现为“量－名”形式，充当计量单位的这种“量－名”形式也是一个合成词。这种合成词当中还有一部分，其中的“量词”和“量－名”式合成词是上、下位词关系。这些形式的“数－量－名”也是一种“数－计量单位”结构。

1. บันไดขึ้นสู่ศาลาทอดยาว ลุงตองจัดเสาสีขาวมาตั้งไว้เป็นระยะ ประดับยอดเสาด้วยดอกไม้หลากสี พร้อมกับตามประทีปทุกขั้นบันได ๗๖②

ban33dai33 khɯn51 su21 sa24la33 thɔɔt51 jaau33，luŋ33 tɔɔŋ33 cat21 sau24 si24 khaau24 ma33

楼梯 上 到 亭子 延伸 长 伯伯 东（人名）安排 柱 色 白 来

① 此处泰文省略符号ฯ省略的内容不清，故未有转写和翻译。

② 例句来自《佳蒂的幸福》。

taŋ^{51} wai^{453} pen^{33} raʔ^{453}jaʔ^{453}，praʔ^{21}dap^{21} jɔɔt^{51} sau^{24} duai^{51} dɔɔk^{21}mai^{453} laak^{21} si^{24}

立　着　成　距离　修饰　尖端　柱　用　花　树　许多 色

phrɔɔm^{453} kap^{21} taam^{33} praʔ^{21}thiip^{51} thuk^{453} khan^{51} ban^{33}dai^{33}.（76）

同时　和　跟　灯　每　台阶　楼梯

楼梯往上就到伸得长长的亭子，东伯伯把柱子弄成白色，每相隔一段就竖立一根柱子，用多种颜色的花朵装饰柱子的顶端，楼梯的每个台阶都点缀着灯火。

2. กานต์ก้มมองดูภรรยา หล่อนยืนต่ำกว่าเขาสองสามขั้นบันได ๘๔①

kaan^{33} kom^{51} mɔɔŋ^{33} du^{33} phan^{33}raʔ^{453}ja^{33}，lɔɔn^{21} jɯɯn^{33} tam^{21} kwa^{21} khau^{24} sak^{21} sɔɔŋ^{24}

甘（人名）低 望　看　妻子　她　站　矮　过　他 大约　两

saam^{24} khan^{51} ban^{33}dai^{33}.（84）

三　台阶 楼梯

甘医生低头看着妻子，妻子站着比他矮大约两三个台阶。

3. พลอยแลเห็นผู้คนที่อยู่ข้างนอกนั้นก้มลงกราบไหว้เจ้าคุณพ่อกันแทบทุกตัวคน ๑๗๖②

phɔɔi^{33} lɛ^{33} hen^{24} phu^{51} khon^{33} thi^{51} ju^{21} khaaŋ^{51} nɔɔk^{51} nan^{453} kom^{51} loŋ^{33} kraap^{21} wai^{51} cau^{51}khun^{33}

帕瑞 看 见　个　人　的 在　边　外　那　低头 下　跪　拜　召坤

phɔ^{51} kan^{33} thɛɛp^{51} thuk^{453} tua^{33} khon^{33}.（176）

爸爸 一起 将近　每　只　人

帕瑞看见外面几乎每个人都低头跪拜爸爸。

4. บรรดาภรรยาข้าราชการที่มีโอกาสจะเข้าเฝ้าได้เป็นต้องเข้าเฝ้าเกือบทุกตัวคน ๗๗๒

ban^{33}da^{33} phan^{33}raʔ^{453}ja^{33} kha^{51} raat^{51}chaʔ^{453}kaan^{33} thi^{51} mi^{33} ʔo^{33}kaat^{21} caʔ^{21} khau^{51} fau^{51} dai^{51} pen^{33}

所有　妻子　奴仆　公务　的 有　机会　要　进　拜见 能 是

tɔɔŋ^{51} khau^{51} fau^{51} kɯap^{21} thuk^{453} tua^{33} khon^{33}.（772）

需要　进　拜见 将近　每　只　人

所有公务员的妻子只要有机会觐见国王每个人都需要觐见。

第二种，平行复合形成的集体名词除了直接前加数词外还可以同时加上加数词、量词形成计量结构。这种结构中的“数－量”和“名”的关系是一种同位关系，与例四、例五并没有差别。③

1. เขามากันทั้งสองคนพี่น้อง ๑๔๓④

khau^{24} ma^{33} kan^{33} thaŋ^{453} sɔɔŋ^{24} khon^{33} phi^{51}nɔɔŋ^{453}.（143）

他们　来　一起　全　两　个　哥哥 妹妹

他们两兄妹一起来。

① 例句来自《甘医生》。

② 例句来自《四朝代》，下例同。注意此处量词的含义不能按后面的名词和汉语翻译分析。

③ 这种结构早在素可泰时期就已存在。

④ 例句来自《四朝代》。

2. เราสองคนแม่ลูกอยู่คอนโดกลางเมือง ๖๓①

rau33 sɔɔŋ24 khon33 mɛ51luuk51 ju21 khɔɔn33do33 klaaŋ33 mɯaŋ33. （63）

我们 两 个 母亲 孩子 在 公寓 中心 城市

我们母女俩就住在市中心的公寓。

3. สองคนพ่อลูกมาเวียนเทียนกันรึ หลวงปู่ทักหว้าเมื่อหว้าเข้าไปกราบ ๑๗๐②

"sɔɔŋ24 khon33 phɔ51luuk51 ma33 wian33 thian33 kan33 rɯʔ453？"luaŋ24 pu21 thak453 wa51 mɯa51

两 个 父亲 孩子 俩 绕 烛 一起 吗 銮（敬称）爷爷 打招呼 瓦（人名）时

wa51 khau51 pai33 kraap21. （170）

瓦 进 去 敬拜

"父子俩一起来绕烛吗？" 小瓦上前敬拜的时候，当和尚的銮爷爷打招呼说道。

4. สูทั้งสองคน ต้องมาลำบากอยู่ในถ้ำนี้เพราะความโหดร้ายของทหารจิ๋น จึงเข้ามาเยี่ยม ๓๘

su24 thaŋ453 sɔɔŋ24 khon33 tɔɔŋ51 ma33 lam33baak21 ju21 nai33 tham51 ni453 phrɔʔ453

你们 整 两 人 需要 来 困难 在 里 洞 这 因为

khwaam33hoot21raai453 khɔɔŋ24 thaʔ453haan24cin24，cɯŋ33 khau51 ma33 jiam51. （38）

的 残忍 的 士兵 晋 才 进 来 看望

由于晋军的残忍，你们两个人不得不逃到这个洞里避难，我们特地来看望。

5. ขณะนี้ข้ารักษาเมืองอยู่ หากสูจะมีน้ำใจต่อข้า เมืองเม็งจะเป็นของเราทั้งสอง ๑๑๐

khaʔ21naʔ21 ni453 kha51 rak453sa24 mɯaŋ33 ju21，haak21 su24 caʔ21 mi33 nam453cai33 tɔ21 kha51，

时刻 这 我 保护 城 在 如果 你 要 有 水 心 对 我

mɯaŋ33meŋ33 caʔ21 pen33 khɔɔŋ24 rau33 thaŋ453 sɔɔŋ24. （110）

城 渑 要 成 东西 我们 整 两

此刻由我保护城池，如果你对我有感情的话，渑城就是我们俩的了。

第三种结构也由数词、计量单位和名词前后排列构成，但实际上是一种领属结构，因为其中的数量成分和名词之间可以加上 khɔɔŋ24（ของ）"的"，不过这种领属结构与例八、例九不同，不能变换成"名－数－计量单位"。

1. ขณะนั้นชายหนุ่มผู้หนึ่งนั่งม้าเข้ามาในเมือง ศีรษะโพกผ้าเหลือง เขามองขวามองซ้าย นัยน์ตาเบิกกว้างที่เห็นคนทั้งสองข้างทางนั่งคุกเข่าในขณะที่เขานั่งตัวตรงอยู่บนหลังม้า ๒๘

khaʔ21naʔ21 nan453 chaai33 num21 phu51 nɯŋ21 naŋ51 ma453 khau51 ma33 nai33 mɯaŋ33，

时刻 那 男 青年 个 一 坐 马 进 来 里 城

si24saʔ21 phook51 pha51 lɯaŋ24，khau24 mɔɔŋ33 khwa24 mɔɔŋ33 saai453，nai33 ta33 bəək21

头部 缚 布 黄 他 望 右 望 左 眼 眼 睁

① 例句来自《佳蒂的幸福》。

② 例句潘德鼎（2011d）。

kwaaŋ^{51} thi^{51} hen^{24} khon^{33} thaŋ^{453} sɔɔŋ^{24} khaaŋ^{51} thaaŋ^{33} naŋ^{51} khuk^{453} khau^{21} nai^{33}

广大 的 见 人 整 两 边 路 坐 跪下 膝盖 里

khaʔ^{21}naʔ^{21} thi^{51} khau^{24} naŋ^{51} tua^{33} troŋ^{33} ju^{21} bon^{33} laŋ^{24} ma^{453}. （28）

时刻 的 他 坐 身 直立 在 上 背 马

那时候一个男青年骑马进到城里来，他头包黄布，左顾右盼，眼睛睁得大大的，发现路两边的人都跪着，他自己却骑在马背上直立着身子。

2. คนเหล่านี้เป็นใคร ที่อยู่สองข้างไหล่เขา ๔๖๙

khon^{33} lau^{21} ni^{453} pen^{33} khrai^{33}，thi^{51} ju^{21} sɔɔŋ^{24} khaaŋ^{51} lai^{21} khau^{24}. （469）

人 些 这 是 谁 的 在 两 边 背 山

在山脊两边的这些人是谁？

3. บนสองฟากแม่น้ำและพ้นจากนั้นไปเป็นเทือกเขายาวเหยียดไปข้างหน้า ๔๙๘

bon^{33} sɔɔŋ^{24} faak^{51} mɛ^{51}nam^{453} lɛʔ^{453} phon^{453} caak^{21} nan^{453} pai^{33} pen^{33} thɯak^{453} khau^{24}

上 两 对岸 妈妈 水 和 过 从 那 去 是 山脉 山

jaau^{33} jiat^{21} pai^{33} khaaŋ^{51} na^{51}. （498）

长 伸 去 边 前

河流两岸以及从此过去，都是向前延伸的山脉。

4. ไม่ว่าสูจะอยู่ที่ใด สูจงนึกถึงว่าเรามาจากแหล่งกำเนิดเดียวกัน และเราทั้งสองฝั่งโขงจะพูดภาษาเดียวกันตลอดไป ๕๑๑

mai^{51} wa^{51} su^{24} caʔ^{21} ju^{21} thi^{51} dai^{33}，su^{24} coŋ^{33} nɯk^{453} thɯŋ^{24} wa^{51} rau^{33} ma^{33} caak^{21}

不 说 你们 要 在 地 哪 你们 必须 想 到 说 我们 来 从

lɛɛŋ^{21} kam^{33}nəət^{21} diau^{33} kan^{33} lɛʔ^{453} rau^{33} thaŋ^{453} sɔɔŋ^{24} faŋ^{21} khooŋ^{24} caʔ^{21} phuut^{51}

地方 诞生 同一 一起 和 我们 整 两 岸 公（专名）要 说

pha^{33}sa^{24} diau^{33} kan^{33} taʔ^{21}lɔɔt^{21} pai^{33}.（511）

语言 同一 一起 一直 去

不管你们在哪里，你们都要意识到我们来自同一个地方，湄公河两岸永远都说同样的语言。

5. เมื่อมาถึงอีกฝั่งหนึ่งของลำน้ำอู เป็งหยงมอบเด็กทั้งหมดให้ธงผา ๕๐

mɯa^{51} ma^{33} thɯŋ^{24} ʔiik^{21} faŋ^{21} nɯŋ^{21} khɔɔŋ^{24} lam^{33}nam^{453}ʔu^{33}，peŋ^{33}joŋ^{24} mɔɔp^{51}

时候 来 到 再 岸 一 的 条 河 乌（专名） 宾永 交付

dek^{21} thaŋ^{453} mot^{21} hai^{51} thoŋ^{33}pha^{24}. （50）

孩子 全部 完 给 童帕

来到乌河的另一个岸边，宾永把所有的孩子都交给了童帕。

6. รุ่งเช้าจากวันที่ดวงเดือนจะขึ้นข้างแรม สองฟากของลาดเขาเรียงรายด้วยคนจาม ๔๗๖

ruŋ^{51} chau^{453} caak^{21} wan^{33} thi^{51} duaŋ^{33} dɯan^{33} caʔ^{21} khɯn^{51} khaaŋ^{51} rɛɛm^{33}，sɔɔŋ^{24} faak^{51}

亮 早 从 天 的 个 月亮 要 上 边 下半月 两 对面

khɔɔŋ²⁴ laat⁵¹ khau²⁴ riaŋ³³ raai³³ duai⁵¹ khon³³ caam³³.（476）
的 倾斜 山 并列 排 通过 人 占婆
将要进入下半月那天天亮的时候，占婆人站着排列在斜坡的两面。

7. แล้วเขาได้เห็นว่าบนสองฝั่งของแม่น้ำโขงที่ทอดไปข้างหน้านั้นเป็นทุ่งกว้างที่ค่อยๆลาดลงมายังฝั่ง ๔๙๘

lɛɛu⁴⁵³ khau²⁴ dai⁵¹ hen²⁴ wa⁵¹ bon³³ sɔɔŋ²⁴ faŋ²¹ khɔɔŋ²⁴ mɛ⁵¹nam⁴⁵³khooŋ²⁴ thi⁵¹ thɔɔt⁵¹ pai³³
然后 他 得 见 说 上 两 岸 的 妈妈 水 公（专名）的延伸 去
khaaŋ⁵¹ na⁵¹ nan⁴⁵³ pen³³ thuŋ⁵¹ kwaaŋ⁵¹ thi⁵¹ khɔɔi⁵¹khɔɔi⁵¹ laat⁵¹ loŋ³³ ma³³ jaŋ³³ faŋ²¹.（498）
边 前 那 是 平地 宽广 的 渐渐 渐渐 倾斜 下 来 向 岸
然后他看到向前延伸的湄公河两岸平原面积广阔，地势逐渐向河岸倾斜。

8. เจ้าพลายก็เตรียมคนสนิทของตนสิบห้าคนไปซุ่มไว้อีกด้านหนึ่งของห้องอาหาร ๑๐๒

cau⁵¹phlaai³³ kɔ⁵¹ triam³³ khon³³ saʔ²¹nit²¹ khɔɔŋ²⁴ ton³³ sip²¹ha⁵¹ khon³³ pai³³ sum⁵¹
召湃 就 准备 人 亲密 的 自己 十 五 人 去 藏
wai⁴⁵³ ʔiik²¹ daan⁵¹ nɯŋ²¹ khɔɔŋ²⁴ hɔɔŋ⁵¹ ʔa³³haan²⁴.（102）
着 再 面 一 的 房间 食物
召湃就准备了十五个亲信在餐厅的另一面藏着。

9. เมื่อข้ามถึงแคว้นลือ ข้าเกิดความคิดว่าข้าควรจะเดินทางไปให้ถึงปลายสุดอีกด้านหนึ่งของแม่น้ำนี้ เพื่อว่าข้าจะเป็นคนแรกและอาจเป็นคนเดียวที่เดินทางตลอดสายของลำน้ำโขง ๔๒๙

mɯa⁵¹ khaam⁵¹ thɯŋ²⁴ khwɛɛn⁴⁵³lɯ³³, kha⁵¹ kəət²¹ khwaam³³khit⁴⁵³ wa⁵¹ kha⁵¹ khuan³³ caʔ²¹ dəən³³
时候 跨 到 地区 仂 我 产生 的 想 说 我 应该 要 走
thaaŋ³³ pai³³ hai⁵¹ thɯŋ²⁴ plaai³³ sut²¹ ʔiik²¹ daan⁵¹ nɯŋ²¹ khɔɔŋ²⁴ mɛ⁵¹nam⁴⁵³ ni⁴⁵³,
路 去 让 到 末端 最 再 面 一 的 妈妈 水 这
phɯa⁵¹ wa⁵¹ kha⁵¹ caʔ²¹ pen³³ khon³³ rɛɛk⁵¹ lɛʔ⁴⁵³ ʔaat²¹ pen³³ khon³³ diau³³ thi⁵¹ dəən³³
为了 说 我 要 成 人 第一 和 或许 是 人 惟一 的 走
thaaŋ³³ taʔ²¹lɔɔt²¹ saai²⁴ khɔɔŋ²⁴ lam³³nam⁴⁵³khooŋ²⁴.（429）
路 一直 线条 的 条 河 公（专名）
走到仂人地区的时候我有了一种想法，为了成为第一个或许也是惟一一个走完整条湄公河的人，我应该走到这条河的另一端。

3.5 名－数

“名－数”结构也是一种重要的计量方式，时常见到。“名－数”结构中的数词都是基数词，thuk⁴⁵³“每”、baaŋ³³“些”等难以发现分布在其中的数词位置。“名－数”结构中的名词，总体上分为三种：

第一种，表示人的天然属性或类别的词语及其平行复合词。

1. ลิตงเจียพอใจท่าทีของนางยิ่งนักและสั่งให้ยามเปิดประตูกำแพงให้หญิงทั้งสาม ๔๕

liʔ^{453}toŋ^{33}cia^{33} phɔ^{33}cai^{33} tha^{51}thi^{33} khɔɔŋ^{24} naaŋ^{33} jiŋ^{51} nak^{453} lɛʔ^{453} saŋ^{21} hai^{51} jaam^{33}

李东家　足够　心　姿势 次　的　妇女 越　很　和　命令 让　门卫

pəət^{21} praʔ^{21}tu^{33} kam^{33}phɛɛŋ^{33} hai^{51} jiŋ^{24} thaŋ^{453} saam^{24}.（45）

打开　门　城墙　给　女　整　三

李东家对她的表现很满意，命令门卫替三个女子打开城门。

2. สักครู่ เฒ่าหนึ่งนุ่งผ้าโสร่งเก่าๆไม่สวมเสื้อ มีผ้าขาวม้าพาดบ่าหิ้วถุงผ้าหนักๆขึ้นมาวางลงพลางพูดว่า ๙๕①

sak^{21} khru^{51} thau^{51} nɯŋ^{21} nuŋ^{51} pha^{51} saʔ^{21}rooŋ^{21} kau^{21}kau^{21} mai^{51} suam^{24} sɯa^{51} mi^{33}

大约 会儿 老头　一　穿　布　筒裙　旧　旧　没　穿　衣服 有

pha^{51}khaau^{24}ma^{453} phaat^{51} ba^{21} hiu^{51} thuŋ^{24} pha^{51} nak^{21}nak^{21} khɯn^{51} ma^{33} waaŋ^{33} loŋ^{33}

布　白　马　搭　肩膀 提　袋　布　重　重　上　来　放　下

phlaaŋ^{33} phuut^{51} wa^{51}.（95）

一边　说　道

大约一会儿，一个老头穿着老旧的沙笼裙，没有穿衣服，肩上搭着布条，提着很重的布袋上来放好，同时说道。

3. คืนนั้นสีเภาให้แสนภูนำคนห้าร้อยอ้อมไปทางหลังภู　มีหนุ่มทั้งสามจากหมู่บ้านชายแดนนำทางครั้นใกล้รุ่งก็ไปถึงหมู่บ้านนั้น แสนภูนำคนล้อมหมู่บ้านไว้ ๓๙๑

khɯɯn^{33} nan^{453} si^{24}phau^{33} hai^{51} sɛɛn^{24}phu^{33} nam^{33} khon^{33} ha^{51}rɔɔi^{453} ʔɔɔm^{51} pai^{33}

夜间　那　西保　让　森普　带　人　五　百　间接　去

thaaŋ^{33} laŋ^{24} phu^{33}，mi^{33} num^{21} thaŋ^{453} saam^{24} caak^{21} mu^{21}baan^{51} chaai^{33} dɛɛn^{33} nam^{33}

路　后　山　有 男青年 整　三　从　群 村子　边缘　区域　带

thaaŋ^{33}，khran^{453} klai^{51} ruŋ^{51} kɔ^{51} pai^{33} thɯŋ^{24} mu^{21}baan^{51} nan^{453}，sɛɛn^{24}phu^{33} nam^{33}

路　时候　近　亮　就 去　到　群　村子　那　森普　带

khon^{33} lɔɔm^{453} mu^{21}baan^{51} wai^{453}.（391）

人　包围　群　村子　住

那晚上西保让森普带五百人绕路去到山后，由来自边界村子的三个男青年带路，天快亮的时候就到了那个村子，森普带人将村子围住。

4. บัดนี้ข้าได้ข่าวว่าหัวหน้าของสู หญิงอีกสองและเด็กอีกหนึ่งถูกกักไว้ที่ซำหง ๔๖๓

bat^{21} ni^{453} kha^{51} dai^{51} khaau^{21} wa^{51} hua^{24}na^{51} khɔɔŋ^{24} su^{24}，jiŋ^{24} ʔiik^{21} sɔɔŋ^{24} lɛʔ^{453} dek^{21}

时候 这　我　得　消息　说　头　前　的　你们　女　再　两　和　孩子

ʔiik^{21} nɯŋ^{21} thuuk^{21} kak^{21} wai^{453} thi^{51} sam^{33}hoŋ^{24}.（463）

再　一　被　监禁 住　处　桑洪

① 例句来自《东北之子》。

现在我得到消息说，你们的首领、两个女人和一个孩子被监禁在桑洪。

5. คืนนั้นพี่น้องทั้งสองหย่อนตัวลงจากกำแพงเมือง ๑๑๙

khɯɯn33 nan453 phi51nɔɔŋ453 thaŋ453 sɔɔŋ24 jɔɔn21 tua33 loŋ33 caak21 kam33phɛɛŋ33 mɯaŋ33.（119）

夜 那 哥哥弟弟 整 两 垂 身体 下 从 墙壁 城

那一夜两兄弟用绳子把自己从城墙上吊下来。

第二种，不同属一类的并列的多个事物。由于这些事物不属于同一类，其个体量词往往不同，所以对它们并列形成的事物进行计量时不用对应的个体量词。

1. ทันใดนั้นที่ท้ายขบวนมีหินก้อนใหญ่เป็นอันมากถล่มลงมาจากข้างบนแล้วซัดพาคนและวัวหลายสิบที่ขนเสบียงตกไปยังหาดเบื้องล่าง คนไทส่งเสียงให้รู้กันตั้งแต่ท้ายถึงหัวขบวน เมื่อมองขึ้นไปพวกเขาได้เห็นคนจำนวนมากเรียงรายอยู่ พวกนั้นช่วยกันถล่มก้อนหินลงมาอีก ๓๙๐

than33dai33nan453 thi51 thaai453 khaʔ21buan33 mi33 hin24 kɔɔn51 jai21 pen33 ʔan33 maak51

突然 处 尾部 队伍 有 石 块 大 成 个 大

thaʔ21lom21 loŋ33 ma33 caak21 khaaŋ51 bon33 lɛɛu453 sat453 pha33 khon33 lɛʔ453 wua33 laai24

塌落 下 来 从 边 上 然后 飘 带 人 和 黄牛 多

sip21 thi51 khon24 saʔ21biaŋ33 tok21 pai33 jaŋ33 haat21 bɯaŋ51 laaŋ51，khon33thai33 soŋ21

十 的 搬 干粮 掉 下 向 沙滩 面 下 人 泰 发出

siaŋ24 hai51 ru453 kan33 taŋ51tɛ21 thaai453 thɯŋ24 hua24 khaʔ21buan33，mɯa51 mɔɔŋ33 khɯn51

声音 让 知 互相 建 从 尾部 到 头部 队列 时候 望 上

pai33 phuak51khau24 dai51 hen24 khon33 cam33nuan33 maak51 riaŋ33 raai33 ju21，phuak51

去 们 他 得 见 人 数量 多 并列 排 在 群

nan453 chuai51 kan33 thaʔ21lom21 kɔɔn51 hin24 loŋ33 ma33 ʔiik21.（390）

那 帮助 互相 塌落 块 石头 下 来 再

突然队伍的尾部有许多大块的石头从上面滚落下来，把搬运粮草的几十个人和马撞倒掉到下面的沙滩上。许多泰人大声叫喊，让队伍里从头到尾的人都知道。抬头一看，只见有许多人并排在上面，继续把石头朝他们滚下来。

2. อาจารย์หญิงแต่ละคนอยู่กันห้องละคน ผิดกับนักศึกษาซึ่งอยู่กันห้องละสองคน มีเตียงคนละเตียง ตู้เสื้อผ้าและโต๊ะเขียนหนังสืออย่างละหนึ่ง ออกแบบมาเรียบร้อยเท่ากันทุกห้อง ส่วนห้องน้ำนั้นเป็นห้องรวมมีหลายห้องติดๆกัน ๙๖-๙๗①

ʔa33caan33 jiŋ24 tɛ21laʔ453 khon33 ju21 kan33 hɔɔŋ51 laʔ453 khon33，phit21 kap21 nak453sɯk21sa24

老师 女 各 个 在一起 房间 各 个 错 跟 人 研究

sɯŋ51 ju21 kan33 hɔɔŋ51 laʔ453 sɔɔŋ24 khon33，mi33 tiaŋ33 khon33 laʔ453 tiaŋ33，tu51

的 在一起 房间 各 两 个 有 床 人 各 床 柜

① 例句来自潘德鼎（2011d）。

sɯa^{51} pha^{51} lɛʔ^{453} toʔ^{453} khian^{24} naŋ^{24}sɯ^{24} jaaŋ^{21} laʔ^{453} nɯŋ^{21}，ʔɔɔk^{21} bɛɛp^{21} ma^{33}

衣服 布　和 桌　写　书　种　各　一　出　式样　来

riap^{453}rɔɔi^{453} thau^{51} kan^{33} thuk^{453} hɔɔŋ^{51}，suan^{21} hɔɔŋ^{51} nam^{453} nan^{453} pen^{33} hɔɔŋ^{51}

完好　像　一起　每　间　至于 房间　水　那　是　房间

ruam^{33} mi^{33} laai^{24} hɔɔŋ^{51} tit^{21}tit^{21} kan^{33}.（96－97）

集体　有　多　间　挨近挨近 一起

每个女老师住一个房间，而学生每两个住一间，每人一张床，每人都安排好了一个衣柜和一张书桌。卫生间是公共的，一间紧挨着一间。

第三种，除上述两种以外的一般名词。“名－数”结构中的这部分名词范围较广，既有表示个体事物的也有表示集体概念的，既有具体事物也有抽象事物。

1. ลิตงเจียมอบทหารสองพันให้หันตง ๒๙

liʔ^{453}toŋ^{33}cia^{33} mɔɔp^{51} thaʔ^{453}haan^{24} sɔɔŋ^{24} phan^{33} hai^{51} han^{24}toŋ^{33}.（29）

李东家　交付　士兵　两　千　给　韩东

李东家把两千名士兵交付给韩东。

2. ซิฉุยให้ทหารค้นหาศพทั้งสองแล้วนำศพมาเผาทำพิธีให้และให้เชลยไทนำอัฐิกลับไปให้ภรรยาของคนทั้งสอง ๓๕๑

siʔ^{453}chui^{24} hai^{51} thaʔ^{453}haan^{24} khon^{453} ha^{24} sop^{21} thaŋ^{453} sɔɔŋ^{24} lɛɛu^{453} nam^{33} sop^{21} ma^{33}

西崔　让　士兵　寻找　找 尸体　整　两　然后　带　尸体 来

phau^{24} tham^{33} phiʔ^{453}thi^{33} hai^{51} lɛʔ^{453} hai^{51} chaʔ^{453}lɔɔi^{33} thai^{33} nam^{33} ʔat^{21} klap^{21} pai^{33}

烧　做　仪式　给　和　让　俘虏　泰　带　骨灰 回　去

hai^{51} phan^{33}raʔ^{453}ja^{33} khɔɔŋ^{24} khon^{33} thaŋ^{453} sɔɔŋ^{24}.（351）

给　妻子　的　人　整　两

西崔派士兵找回两人的尸体然后举行火化仪式，让俘虏把骨灰带回去给两人的遗孀。

3. ใจพลอยเต้นระทึกไปด้วยความประหม่า ตาทั้งสองจ้องดูธรณีประตูนั้นเขม็งและมือทั้งสองนั้นก็กำแน่น พลอยรู้สึกว่าเหงื่อมือออกเปียกไปหมดในอุ้งมือ เท้าทั้งสองข้างที่เดินตามแม่ก็ก้าวช้าลง ๓๔①

cai^{33} phlɔɔi^{33} teen^{51} raʔ^{453}thɯk^{453} pai^{33} duai^{51} khwaam^{33}praʔ^{21}ma^{21}，ta^{33} thaŋ^{453} sɔɔŋ^{24} cɔɔŋ^{51} du^{33}

心 帕瑞 跳　惊险　去 通过　的　怯场　眼 整　两　盯　看

tha^{33}raʔ^{453}ni^{33} praʔ^{21}tu^{33} nan^{453} khaʔ^{21}meŋ^{24} lɛʔ^{453} mɯ^{33} thaŋ^{453} sɔɔŋ^{24} nan^{453} kɔ^{51} kam^{33}

门槛　门　那　紧紧　和　手　整　两　那　也　握

nɛɛn^{51}，phlɔɔi^{33} ru^{453}sɯk^{21} wa^{51} ŋɯa^{21} mɯ^{33} ʔɔɔk^{21} piak^{21} pai^{33} mot^{21} nai^{33} ʔuŋ^{51} mɯ^{33}，

紧　帕瑞　感觉　说　汗　手　出　湿　去　全　里　手心 手

thau^{453} thaŋ^{453} sɔɔŋ^{24} khaaŋ^{51} thi^{51} dəən^{33} taam^{33} mɛ^{51} kɔ^{51} kaau^{51} cha^{453} loŋ^{33}.（34）

① 例句来自《四朝代》。

脚 整 两 边 的 走 跟 妈妈 也 迈进 慢 下

帕瑞心跳得厉害，两眼紧盯着门槛，两手握得紧紧的，她感到手上冒出的汗把手心都弄湿了，跟着妈妈走的两脚也慢了下来。

4. เจ้าพลายจะให้ข้าสองคนกินอำเภอภูเวียงซึ่งมีลูกบ้านพันเศษ ข้าจึงอาสา ๑๒๑

cau^{51}phlaai^{33} caʔ^{21} hai^{51} kha^{51} sɔɔŋ^{24} khon^{33} kin^{33} ʔam^{33}phə^{33} phu^{33}wiaŋ^{33} sɯŋ^{51} mi^{33} luuk^{51}baan^{51}

召湃 要 给 我 两 人 吃 县 普允 的 有 子 房

phan^{33} seet^{21}，kha^{51} cɯŋ^{33} ʔa^{33}sa^{24}.（121）

千 余 我 才 自愿

召湃封给我们两人拥有一千多个村民的普允县，我们就自愿了。

5. "บัดนี้" จามเดวีกล่าวต่อไปกับจามทั้งสอง สูทั้งสองจงไปยังค่ายของทหารซำหงคนหนึ่ง และอีกคนหนึ่งไปยังค่ายของไท จงไปบอกแก่หัวหน้าของทั้งสองฝ่ายให้มายังค่ายของเราพรุ่งนี้ข้ากับผู้ใหญ่ทั้งสองของข้าจะฟังคดีของเขาแล้วจึงค่อยคิดการต่อไป ๔๗๘

"bat^{21} ni^{453}，"caam^{33}de^{33}wi^{33} klaau^{21} tɔ^{21}pai^{33} kap^{21} caam^{33} thaŋ^{453} sɔɔŋ^{24}，"su^{24} thaŋ^{453}

时候 这 占德维 说 接 下去 跟 占婆 整 两 你们 整

sɔɔŋ^{24} coŋ^{33} pai^{33} jaŋ^{33} khaai^{51} khɔɔŋ^{24} thaʔ^{453}haan^{24} sam^{33}hoŋ^{24} khon^{33} nɯŋ^{21} lɛʔ^{453}

两 必须 去 朝 营地 的 士兵 桑洪 个 一 和

ʔiik^{21} khon^{33} nɯŋ^{21} pai^{33} jaŋ^{33} khaai^{51} khɔɔŋ^{24} thai^{33}，coŋ^{33} pai^{33} bɔɔk^{21} kɛ^{21} hua^{24}na^{51}

再 个 一 去 向 营地 的 泰 必须 去 告诉 给 头 前

khɔɔŋ^{24} thaŋ^{453} sɔɔŋ^{24} faai^{21} hai^{51} ma^{33} jaŋ^{33} khaai^{51} khɔɔŋ^{24} rau^{33} phruŋ^{51}ni^{453}，kha^{51}

的 整 双 方面 让 来 向 营地 的 我 明天 我

kap^{21} phu^{51}jai^{21} thaŋ^{453} sɔɔŋ^{24} khɔɔŋ^{24} kha^{51} caʔ^{21} faŋ^{33} khaʔ^{453}di^{33} khɔɔŋ^{24} khau^{24} lɛɛu^{453}

和 人 大 整 两 的 我 要 听 案件 的 他们 然后

cɯŋ^{33} khɔɔi^{51} khit^{453} kaan^{33} tɔ^{21}pai^{33}."（478）

才 慢慢 想 事务 接 下去

"现在，"占德维继续对两个占婆人说，"你们俩，一个去桑洪的营地，另一个去泰人的营地，告诉双方的首领明天来我们的营地，我和我的两位大人要听取他们的案件，然后再继续做打算。"

6. ปัญหาหนึ่งของทุกวันนี้คือรัฐบาลแทบทุกรัฐบาลเห็นว่า กรุงเทพฯคือประเทศไทยมากเกินไป ๒๗๗①

pan^{33}ha^{24} nɯŋ^{21} khɔɔŋ^{24} thuk^{453} wan^{33} ni^{453} khɯ^{33} rat^{453}thaʔ^{453}baan^{33} thɛɛp^{51} thuk^{453}

问题 一 的 每 天 这 是 政府 将近 每

rat^{453}thaʔ^{453}baan^{33} hen^{24} wa^{51} kruŋ^{33}theep^{51} khɯ^{33} praʔ^{21}theet^{51}thai^{33} maak^{51} kəən^{33} pai^{33}.（277）

政府 见 说 曼谷 是 国家 泰 太 超过 去

如今的一个问题是几乎每届政府都认为曼谷对泰国的重要性太大了。

① 例句来自潘德鼎（2011d）。

7. ทหารจิ้นยังคงล้อมกุมภวา ธงผา และจันเสนไว้ ชาวไททั้งสามฆ่าฟันทหารจิ้นตายไปอีกมากคน ทหารจิ้นเห็นคนไททั้งสามมีฝีมือเข้มแข็งก็มิกล้าเข้าใกล้ และเมื่อคนไททั้งสามขับม้าตรงเข้ารบกับทหารจิ้น คนใดคนนั้นก็ถูกฟันตาย แต่เมื่อคนใดชักม้าหนี คนไททั้งสามก็มิได้ติดตาม ปล่อยให้หนีไปโดยดี ทหารจิ้นกลัวฝีมือคนไททั้งสามอยู่ และเห็นว่าสู้จะทำให้ตัวตายได้ง่าย แต่การถอยหนีจะทำให้รอดตายได้แน่นอน ดังนั้นเมื่อคนไททั้งสามขับม้าเงื้อดาบเข้ามา ทหารจิ้นก็ชักม้าหลีกทางให้สิ้น คนไททั้งสามกับพวกที่ตามมาจึงฝ่าทหารจิ้นไปได้ ๖๗

thaʔ^{453}haan^{24}cin^{24} jaŋ^{33} khoŋ^{33} lɔɔm^{453} kum^{33}phaʔ^{453}wa^{33} thoŋ^{33}pha^{24} lɛʔ^{453} can^{33}seen^{24}
士兵 晋 仍旧 还 包围 贡帕瓦 童帕 和 占森

wai^{453}，chaau^{33}thai^{33} thaŋ^{453} saam^{24} kha^{51} fan^{33} thaʔ^{453}haan^{24}cin^{24} taai^{33} pai^{33} ʔiik^{21}
住 人 泰 整 三 杀 砍 士兵 晋 死 去 再

maak^{51} khon^{33}，thaʔ^{453}haan^{24}cin^{24} hen^{24} khon^{33}thai^{33} thaŋ^{453} saam^{24} mi^{33} fi^{24}mɯɯ^{33} kheem^{51}
多 人 士兵 晋 见 人 泰 整 三 有 手艺 浓烈

khɛŋ^{24} kɔ^{51} miʔ^{453} kla^{51} khau^{51} klai^{51} lɛʔ^{453} mɯa^{51} khon^{33}thai^{33} thaŋ^{453} saam^{24} khap^{21}
硬 也 不 敢 进去 近 和 时候 人 泰 整 三 驾驭

ma^{453} troŋ^{33} khau^{51} rop^{453} kap^{21} thaʔ^{453}haan^{24}cin^{24} khon^{33} dai^{33} khon^{33} nan^{453} kɔ^{51} thuuk^{21}
马 直 进 战 和 士兵 晋 个 哪 个 那 就 被

fan^{33} taai^{33}. tɛ^{21} mɯa^{51} khon^{33} dai^{33} chak^{453} ma^{453} ni^{24}，khon^{33}thai^{33} thaŋ^{453} saam^{24} kɔ^{51}
砍 死 但 时候 个 哪 抽 马 逃 人 泰 整 三 也

miʔ^{453} dai^{51} tit^{21} taam^{33}，plɔɔi^{21} hai^{51} ni^{24} pai^{33} dooi^{33} di^{33}. thaʔ^{453}haan^{24}cin^{24} klua^{33}
不 得 跟随 跟随 放 让 逃 去 通过 好 士兵 晋 怕

fi^{24}mɯɯ^{33} khon^{33}thai^{33} thaŋ^{453} saam^{24} ju^{21} lɛʔ^{453} hen^{24} wa^{51} kaan^{33}su^{51} caʔ^{21} tham^{33}hai^{51}
手艺 人 泰 整 三 在 和 见 说 的 战斗 要 做 得

tua^{33} taai^{33} dai^{51} ŋaai^{51} tɛ^{21} kaan^{33}thɔɔi^{24}ni^{24} caʔ^{21} tham^{33}hai^{51} rɔɔt^{51} taai^{33} dai^{51} nɛ^{51}nɔɔn^{33}，
自己 死 得 容易 但 的 撤退 逃 要 做 得 脱离 死 能 一定

daŋ^{33} nan^{453} mɯa^{51} khon^{33}thai^{33} thaŋ^{453} saam^{24} khap^{21} ma^{453} ŋɯa^{453} daap^{21} khau^{51} ma^{33}，
像 那 时候 人 泰 整 三 驾驭 马 举 剑 进 来

thaʔ^{453}haan^{24}cin^{24} kɔ^{51} chak^{453} ma^{453} liik^{21} thaaŋ^{33} hai^{51} sin^{51}，khon^{33}thai^{33} thaŋ^{453} saam^{24}
士兵 晋 就 抽 马 避 路 给 全 人 泰 整 三

kap^{21} phuak^{51} thi^{51} taam^{33} ma^{33} cɯŋ^{33} fa^{21} thaʔ^{453}haan^{24}cin^{24} pai^{33} dai^{51}. （67）
和 团伙 的 跟随 来 才 冲 士兵 晋 去 能

晋国士兵还在包围贡帕瓦、童帕和占森，三个人继续杀死了很多人，晋兵看见三人武艺高强便不敢靠近，三人骑马径直跟谁交锋谁就被砍死，但是谁调转马头逃离，他们也不追杀，放敌人安全逃脱。晋兵害怕他们的武艺，认为战斗只会使自己身亡，撤退则肯定能保全性命，于是当他们骑马挥剑杀来，晋兵就全都调转马头避开，三个人和随从得以突出重围。

“名－数”结构中名词和数词的关系不紧密，中间可以插入其他成分，如ʔiik^{21}“再”等，经常加的是 thaŋ^{453}“所有、全、整”。这种“名－数”结构在句中经常做主语、宾语和定语。

1. สูจงนำทหารห้าพันยันทัพเตียวเหลียงไว้ ส่วนทหารอีกแปดพันข้าจะนำเข้ารบกับลิตงเจีย ๖๙

su^{24} coŋ^{33} nam^{33} thaʔ^{453}haan^{24} ha^{51}phan^{33} jan^{33} thap^{453} tiau^{33}liaŋ^{24} wai^{453}，suan^{21} thaʔ^{453}haan^{24} ʔiik^{21}

你 必须 带 士兵 五 千 抵抗 军队 貂良 住 至于 士兵 再

pɛɛt^{21}phan^{33} kha^{51} caʔ^{21} nam^{33} khau^{51} rop^{453} kap^{21} liʔ^{453}toŋ^{33}cia^{33}.（69）

八 千 我 要 带 进 战 和 李东家

你就带五千士兵把貂良的军队抵抗住，至于另外的八千士兵我要来对付李东家。

2. งันสุยได้คนทั้งหมดเก้าหมื่นก็รีบยกทัพเดินทางไป ๒๐๘

ŋan^{33}sui^{24} dai^{51} khon^{33} thaŋ^{453} mot^{21} kau^{51}mɯɯn^{21} kɔ^{51} riip^{51} jok^{453} thap^{453} dəən^{33}

安绥 得 人 全 完 九 万 就 赶紧 举 军队 走

thaaŋ^{33} pai^{33}.（208）

路 去

安绥得到总共九万人就立即率军上路。

3. เจ้าเมืองทั้งสามก็รีบยกทหารมายังเมืองภูสันตอง ๑๓๐

cau^{51}mɯaŋ^{33} thaŋ^{453} saam^{24} kɔ^{51} riip^{51} jok^{453} thaʔ^{453}haan^{24} ma^{33} jaŋ^{33} mɯaŋ^{33}

主 城 整 三 就 立即 举 士兵 来 向 城

phu^{33}san^{24}tɔɔŋ^{33}.（130）

普森东

三位城主就立即带兵朝普森东城来。

4. แล้วบุญปันให้ทหารถือหนังสือไปยังเจ้าเมืองทั้งสอง ๕๘

lɛɛu^{453} bun^{33}pan^{33} hai^{51} thaʔ^{453}haan^{24} thɯ^{24} naŋ^{24}sɯ^{24} pai^{33} jaŋ^{33} cau^{51}mɯaŋ^{33} thaŋ^{453} sɔɔŋ^{24}.（58）

然后 温班 让 士兵 持 书 去 到 主 城 整 两

然后温班让士兵带着信件去找两位城主。

5. ทัพทั้งสองก็ตรงไปยังเมืองเม็ง ชาวบ้านตามทางต้อนรับทัพทั้งสองเป็นอันดี ๑๐๖

thap^{453} thaŋ^{453} sɔɔŋ^{24} kɔ^{51} troŋ^{33} pai^{33} jaŋ^{33} mɯaŋ^{33}meŋ^{33}，chaau^{33} baan^{51} taam^{33} thaaŋ^{33}

军队 整 两 就 直 去 向 城 渑 人 村 跟随 路

tɔɔn^{51} rap^{453} thap^{453} thaŋ^{453} sɔɔŋ^{24} pen^{33} ʔan^{33} di^{33}.（106）

接住 接 军队 整 两 成 个 好

两军就径直朝渑城而去，村民们跟在路边隆重欢迎。

由于“名－数”结构中名词和数词的关系不紧密，整个结构作为一个整体表达事物的数量需要稳定的句法条件，如果句法环境不稳定，结构中的成分就会分离出来与结构外的其他成分发生关系如例一。因此，有些结构也表达数量的含义，但要么“名－数”结构不稳定，如例二；要么不是“名－数”结构，如例三。

1. เขาให้ทหารออกสำรวจก็รู้ว่าเมืองนี้มีแม่น้ำกว้างและลึกล้อมสามด้าน ด้านเหนือเท่านั้นมีกำแพงป้องกัน และมีประตูเมืองอยู่สอง มีหอคอยมั่นคง ๒๓๕

khau^{24} hai^{51} thaʔ^{453}haan^{24} ʔɔɔk^{21} sam^{24}ruat^{21} kɔ^{51} ru^{453} wa^{51} mɯaŋ^{33} ni^{453} mi^{33} mɛ^{51}nam^{453}

他　让　士兵　出　搜查　就　知　说　城市　这　有　妈妈 水

kwaaŋ^{51} lɛʔ^{453} lɯk^{453} lɔɔm^{453} saam^{24} daan^{51}, daan^{51} nɯa^{24} thau^{51} nan^{453} mi^{33} kam^{33}phɛɛŋ^{33}

宽广　和　深　包围　三　面　面　北　仅　那　有　墙壁

pɔɔŋ^{51} kan^{33} lɛʔ^{453} mi^{33} praʔ^{21}tu^{33} mɯaŋ^{33} ju^{21} sɔɔŋ^{24}，mi^{33} hɔ^{24} khɔɔi^{33} man^{51} khoŋ^{33}. （235）

抵抗 反对 和　有　门　城　在　两　有　楼　等　稳定 固定

他让士兵出去搜查，这座城三面临河，水深而广。只有北面有城墙保护，有两个城门（或有城门两个）和坚固的瞭望塔。

2. ขณะนั้นเขาเหลือทหารอยู่พันห้าร้อย ๒๓๐

khaʔ^{21}naʔ^{21} nan^{453} khau^{24} lɯa^{24} thaʔ^{453}haan^{24} ju^{21} phan^{33}ha^{51}rɔɔi^{453}. （230）

时刻　那　他　剩　士兵　在　千　五　百

那时候他剩下一千五百名士兵。

那时候他剩下士兵一千五百名。

3. กุมภวาเรียกทหารได้หกพัน ๑๒๔

kum^{33}phaʔ^{453}wa^{33} riak^{51} thaʔ^{453}haan^{24} dai^{51} hok^{21}phan^{33}. （124）

贡帕瓦　叫　士兵　得　六　千

贡帕瓦征收士兵得六千名。

3.6　计量表达在分布上的歧异

根据上面五节可以归纳泰语计量结构有以下几种类型：

表 3.2　　泰语各类计量结构

名－数－量	常见的	ทหารยี่สิบคน thaʔ^{453}haan^{24}ji^{51}sip^{21}khon^{33} 士兵－二－十－名
名－数－名	常见的	คนยี่สิบคน khon^{33}ji^{51}sip^{21}khon^{33} 人－二－十－人
数－名	不太常见	เจ็ดแม่น้ำ cet^{21}mɛ^{51}nam^{453} 七－妈妈－水
数－量－名	个别	ทุกตัวสัตว์ thuk^{453}tua^{33}sat^{21} 每－只－动物
名－数	常见的	ทหารสองพัน thaʔ^{453}haan^{24}sɔɔŋ^{24}phan^{33} 士兵－两－千

前面分析上述五种结构各自的内部关系，根据名词成分和数量成分之间是否可以插入其他成分，计量结构存在是否依靠一定的句法条件可以将

上述类型归并为两组：

第一组，名－数－量、名－数－名以及名－数。

这一组名词成分在前，数量成分在后，中间可以插入包括副词在内的其他成分，说明数量成分对前面的名词成分具有一定的述谓功能。两者组合成的计量结构只有作为一个整体出现在主语、宾语和定语位置上才呈现为同位性修饰关系。

第二组，数－名、数－量－名。

数量成分居前，名词成分居后，两者紧密结合表达事物的数量含义。

上述两者对立说明，表达计量意义数词必须与单位词直接连接在一起，而且数词必须放在单位词之前。第一组相对于第二组而言是泰语常见的计量结构，因而，泰语常见的计量结构作为体词结构表达的数量含义不是很纯粹。

实际上，第一组中的“名－数－量、名－数－名”内部的数量成分“数－量”（包括前面叙述到的“一”หนึ่ง**nɯŋ**^{21}）、“数－名”正符合“数－计量单位”这个特点，所以才表示计量的含义。第二组中的名词成分包括量名式合成名词在内多少有些类别的含义，因此具有计量单位的功能。这造成了泰语里能承担计量单位的成分不仅仅是单音节词而且还有大量的多音节合成词。

下面从计量表达的角度具体分析计量表达在分布上的分歧。从各语言都具有的计量方式开始分析，看看泰语对时间、空间等如何计量。

表示时间单位、长度单位的词语用来计量时间、空间等较抽象的概念。其中“年龄、距离、价格”等抽象名词可以出现也可以不出现，抽象名词不出现的时候这些词语直接和数词组合，但它们不能计量自身，而对应的抽象名词同样也不能反响形成“名－数－名”结构，由于抽象名词出现时量词可以省略，此时有的抽象名词的“名－数”结构仍可以描述个体事物的年龄、数量等特点。这类名词泰语有以下三种计量方式：

第一种，抽象名词出现

1. ระหว่างทางพันน้อยเด็กไทอายุแปดขวบป่วย ๕๘

raʔ^{453}waaŋ^{21} thaaŋ^{33} phan^{33}nɔɔi^{453} dek^{21} thai^{33} ʔa^{33}juʔ^{453} pɛɛt^{21} khuap^{21} puai^{21}. （58）

之间 路 攀内 孩子 泰 年龄 八 岁 生病

一个八岁的泰族孩子攀内在路上生病了。

2. เมื่อเข้ามาในระยะแปดวากำพลเห็นทหารประจำตัวของขุนสายเดินตรงมา ๒๘๙

mɯa^{51} khau^{51} ma^{33} nai^{33} raʔ^{453}jaʔ^{453} pɛɛt^{21} wa^{33} kam^{33}phon^{33} hen^{24} thaʔ^{453}haan^{24} praʔ^{21}cam^{33} tua^{33}

时候 进 来 里 距离 八 哇 甘蓬 见 士兵 日常 身体

khɔɔŋ^{24} khun^{24}saai^{24} dəən^{33} troŋ^{33} ma^{33}. （289）

的 坤赛 走 直 来

走了有十六米距离的时候，甘蓬看见坤赛的卫兵径直走过来。（wa^{33}“哇”是一种

长度单位，一哇等于两米）

3. ท้าวคำปูนก็เดินทัพไปยังวัดป่าลายซึ่งอยู่ห่างจากเมืองไต๋เป็นระยะม้าเดินสิบวัน ๒๕๕

thaau^{453}kham^{33}puun^{33} kɔ^{51} dəən^{33} thap^{453} pai^{33} jaŋ^{33} wat^{453}pa^{21}laai^{33} sɯŋ^{51} ju^{21} haaŋ^{21} caak^{21}

陶甘奔　就　走　军队　去　向　寺　巴莱　的　在　疏远　从

mɯaŋ^{33}tai^{24} pen^{33} raʔ^{453}jaʔ^{453} ma^{453} dəən^{33} sip^{21} wan^{33}.（255）

城　傣　是　距离　马　走　十　天

陶甘奔就行军到巴莱寺，从傣城骑马到巴莱寺要十天。

4. แต่เกราะที่ขุนสายสวมนั้นเนื้อดี ซื้อมาจากเมืองโลยางราคาสี่ร้อยชั่ง ๒๘๙

tɛ^{21} krɔʔ^{21} thi^{51} khun^{24}saai^{24} suam^{24} nan^{453} nɯa^{453} di^{33}，sɯ^{453} ma^{33} caak^{21} mɯaŋ^{33} lo^{33}jaaŋ^{33}

但 盔甲　的　坤赛　戴　那　质地　好　买　来　从　城　洛阳

ra^{33}kha^{33} si^{21} rɔɔi^{453} chaŋ^{51}.（289）

价 格　四　百　昌

但坤赛的盔甲质地好，是从洛阳城买来的，大概有五百公斤。（chaŋ^{51}“昌”是一种重量单位，一昌等于一点二千克）

5. เขาธาไนยนี้ด้านเหนือเป็นหน้าผาสูง มีความกว้างสิบเส้น ๒๙

khau^{24}tha^{33}nai^{33} ni^{453} daan^{51} nɯa^{24} pen^{33} na^{51}pha^{24} suuŋ^{24}, mi^{33} khwaam^{33}kwaaŋ^{51} sip^{21} seen^{51}.（29）

塔奈山　这　面　北　是　悬崖　高　有　的　广　十　线

塔奈山北面是悬崖，有四百米宽。

第二种，抽象名词省略

1. อีกหนึ่งเดือนข้าจะกลับมาเอาอาวุธนี้คืน ๓

ʔiik^{21} nɯŋ^{21} dɯan^{33} kha^{51} caʔ^{21} klap^{21} ma^{33} ʔau^{33} ʔa^{33}wut^{453} ni^{453} khɯɯn^{33}.（3）

再　一　月　我　要　回　来　要　武器　这　还

再过一个月我就回来要回这武器。

2. ครั้นปีต่อมากษัตริย์จิ้นอ๋องปกครองได้ครบสิบปี ๑๔๕

khran^{453} pi^{33} tɔ^{21}ma^{33} kaʔ^{21}sat^{21} cin^{51}ʔɔɔŋ^{24} pok^{21}khrɔɔŋ^{33} dai^{51} khrop^{453} sip^{21} pi^{33}.（145）

当　年　接 下来　国王　晋王　统治　得　满　十　年

接下来的一年晋王在位满十年。

3. ชายนั้นเดินมาอีกห้าวาจะถึงที่ลิตงเจียยืนเล็งธนูอยู่ ๓๓

chaai^{33} nan^{453} dəən^{33} ma^{33} ʔiik^{21} ha^{51} wa^{33} caʔ^{21} thɯŋ^{24} thi^{51} liʔ^{453}toŋ^{33}cia^{33} jɯɯn^{33} leŋ^{33}

男　那　走　来　又　五　哇　要　到　地　李东家　站　瞄

thaʔ^{453}nu^{33} ju^{21}.（33）

准　弓 在

那男子又走了十米，到了李东家站着瞄准目标的地方。

4. พอพ้นทัพจิ้นไปได้สี่สิบเส้น ธงผากลับม้ามาต่อสู้กับเซ็กโปต่อไปอีก ๑๘๓

phɔ33 phon453 thap453cin24 pai33 dai51 si21sip21 seen51，thoŋ33pha24 klap21 ma453 ma33 tɔ21su51 kap21

一旦 逃离 军队 晋 去 得 四 十 线 童帕 回 马 来 斗 奋斗 和

sek453po33 tɔ21pai33 ʔiik21.（183）

瑟伯 接着 下去 又

离开晋军一千五百多米之后，童帕又调转马头回来继续和瑟伯打。

第三种，量词省略

1. กุยเยียนนี้มีบุตรชายคนหนึ่งชื่อกุยวัง อายุสิบหก รูปร่างงาม ๒๐๔

kui33jian33 ni453 mi33 but21 chaai33 khon33 nɯŋ21 chɯ51 kui33waŋ33 ʔa33juʔ453 sip21hok21

圭简 这 有 孩子 男 个 一 叫 圭旺 年龄 十 六

ruup51 raaŋ51 ŋaam33.（204）

图像 样子 英俊

圭简有个儿子，名叫圭旺，年龄十六岁，长得英俊。

2. เมื่อสีเมฆมาถึงค่ายของขุนจาด เห็นทหารจำนวนหนึ่งกำลังเก็บสิ่งของในค่ายชุลมุลอยู่ ๑๐๖

mɯa51 si24meek51 ma33 thɯŋ24 khaai51 khɔɔŋ24 khun24caat21，hen24 thaʔ453haan24 cam33nuan33

时候 西明 来 到 营地 的 坤乍 见 士兵 数量

nɯŋ21 kam33laŋ33 kep21 siŋ21 khɔɔŋ24 nai33 khaai51 chun33mun33 ju21.（106）

一 正在 收拾 东西 东西 里 营地 混乱 在

西明来到坤乍的营地，看见一定数量的士兵正在慌乱地收拾东西。

3. แพจำนวนหนึ่งพลิกคว่ำที่น้ำโจนและที่แก่งน้ำ ๔๙๘

phɛ33 cam33nuan33 nɯŋ21 phlik453 khwam51 thi51 nam453 coon33 lɛʔ453 thi51 kɛɛŋ21 nam453.（498）

筏 数量 一 翻 盖 处 水 跳跃 和 处 石滩 水

一部分筏子在水流湍急的地方和石滩翻沉了。

上述抽象名词省略说明这些词语可以直接和数词组合，但这些词语不能计量自身。实际上，泰语还有许多词语可以和数词组合充当计量单位。这些词和时间单位词、长度单位词一样属于名词。

数－计量单位

1. ทุกวันอาทิตย์พ่อแม่จะหุงข้าวมากกว่าปกติเผื่อว่าลูกๆจะกลับมากิน 99 ①

thuk453 wan33ʔa33thit453 phɔ51 mɛ51 caʔ21 huŋ24 khau51 maak51 kwa21 pok21kaʔ21tiʔ21 phɯa21 wa51

每 天 太阳 父亲 母亲 要 煮 饭 许多 过 平时 以防 说

luuk51luuk51 caʔ21 klap21 ma33 kin33.

孩子 孩子 要 回 来 吃

每个星期天，父母亲都要比平时多煮些饭，以便孩子们回来吃。

① 例句来自潘德鼎（2011d）。

2. ตากำลังพับจดหมายใส่ซอง สีหน้าของตาขณะมองตรงมาที่กะทิดูเหนื่อยล้าและโรยแรงไม่ต่างจากศาลาริมน้ำหลังนี้ ที่ผ่านแดด ผ่านฝน ผ่านโลกมานานจนทุกอณูเนื้อไม้อาบอิ่มด้วยอดีต และไม่ปราถนาใดในอนาคตอีกแล้ว ๒๗-๒๘①

ta33 kam33laŋ33 phap453 cot21maai24 sai21 sɔɔŋ33，si24 na51 khɔɔŋ24 ta33 khaʔ21naʔ21 mɔɔŋ33

外公 正在 叠 记下 标记 放 信封 色 脸 的 外公 时刻 望

troŋ33 ma33 thi51 kaʔ21thiʔ453 du33 nɯai21 la453 lɛʔ453 rooi33 rɛɛŋ33 mai51 taaŋ21 caak21

直 来 处 佳蒂 看 疲倦 疲乏 和 凋落 力气 不 不同 从

sa24la33 rim33 nam453 laŋ24 ni453 thi51 phaan21 dɛɛt21 phaan21 fon24 phaan21 look51 ma33

亭子 边 水 座 这 的 经过 阳光 经过 雨 经过 世界 来

naan33 con33 thuk453 ʔaʔ21nu33 nɯa453 mai453 ʔaap21 ʔim21 duai51 ʔaʔ21dit21 lɛʔ453 mai51

久 直到 每 分子 肉 木 浸泡 饱 通过 过去 和 不

pra33thaʔ21na24 dai33 nai33 ʔaʔ21na33khot453 ʔiik21 lɛɛu453.（27－28）

期望 哪 里 将来 再 了

外公正在把信叠好放进信封里，他朝佳蒂望的时候脸色苍老，就像河边的亭子，经过风雨，来到这个世界已经很久了，那些木料的每个分子都浸满了时间的流水，对将来已经不再有什么期望。

3. คนเราเมื่อให้ของกำนัลผู้ใดมักจะประสงค์บางอย่างตอบแทน คราวนี้จิ้นต้องการสิ่งใดตอบแทน ๘๖

khon33 rau33 mɯa51 hai51 khɔɔŋ24 kam33nan33 phu51 dai33 mak453 caʔ21 praʔ21soŋ24 baaŋ33 jaaŋ21 tɔɔp21

人 我们 时候 给 东西 赠送 人 谁 经常 要 意图 些 样 答

thɛɛn33，khraau33 ni453 cin24 tɔɔŋ51kaan33 siŋ21 dai33 tɔɔp21 thɛɛn33.（86）

代替 次 这 晋 需要 东西 哪 答 代替

我们人要是把东西赠送给谁总是希望得到某些东西作回报，这次晋国需要我们回报什么东西。

上述两类名词跟许多语言一样直接与数词组合表示计量。不仅如此，泰语还有一些名词在分布、功能上与上述词语没有什么不同。其依据是：这些名词和数词可以直接结合，中间无须加上一个计量单位，即采取“数－名”的计量结构。

数－名

1. เราจะพบความรักของสองหัวใจที่ถูกดึงดูดเข้าหากันเพราะความที่นิยมในน้ำใจของกันและกัน ๔๓๑

rau33 caʔ21 phop453 khwaam33rak453 khɔɔŋ24 sɔɔŋ24 hua24cai33 thi51 thuuk21 dɯŋ33 duut21 khau51 ha24

我们 要 遇见 的 爱 的 两 头 心 的 被 拉 吸引 进 找

kan33 phrɔʔ453 khwaam33 thi51 niʔ453jom33 nai33 nam453cai33 khɔɔŋ24 kan33 lɛʔ453 kan33.（431）

互相 因为 内容 的 喜欢 里 水 心 的 互相 和 互相

① 例句来自《佳蒂的幸福》。

我们将会看到由于倾慕对方而互相吸引的两颗心之间的爱情。

2. ข้ารู้อยู่ว่าคนเผ่าใดที่เข้าไปอยู่ในกำแพงของจิ๋น คนเผ่านั้นในที่สุดจะกลายเป็นชาวจิ๋นไปสิ้น ดังคำที่ว่าทะเลหลวงของจิ๋นทำให้ทุกแม่น้ำต้องเค็มไป๒๔๔

kha^{51} ru^{453} ju^{21} wa^{51} khon^{33} phau^{21} dai^{33} thi^{51} khau^{51} pai^{33} ju^{21} nai^{33} kam^{33}phɛɛŋ^{33} khɔɔŋ^{24}

我 知 在 说 人 族 哪 的 进 去 在 里 城墙 的

cin^{24}，khon^{33} phau^{21} nan^{453} nai^{33} thi^{51}sut^{21} caʔ^{21} klaai^{33} pen^{33} chaau^{33}cin^{24} pai^{33} sin^{51}，

晋 人 族 那 里 的 尽 要 变 成 人 晋 去 全

daŋ^{33} kham^{33} thi^{51} wa^{51} thaʔ^{453}le^{33} luaŋ^{24} khɔɔŋ^{24} cin^{24} tham^{33}hai^{51} thuk^{453} mɛ^{51}nam^{453}

像 话 的 说 海洋 大 的 晋 做 得 每 妈妈 水

tɔɔŋ^{51} khem^{33} pai^{33}. （244）

必须 咸 去

我明白哪个族群进入晋人的城墙之内生活，哪个族群最后就会完全变成晋人。正如有句话说，晋人的海洋使得每条河流都变咸了。

前文说过，泰语个体量词表示天然单位，与数词直接结合形成数量词，前面加上名词呈现为“名－数－量”结构。如下：

名－数－量

1. ทหารยี่สิบคนของคำอ้ายก็ตรูกันเข้ามาฆ่ากำฮาดตาย ๓๑๐

thaʔ^{453}haan^{24} ji^{51}sip^{21} khon^{33} khɔɔŋ^{24} kham^{33}ʔaai^{51} kɔ^{51} tru^{33} kan^{33} khau^{51} ma^{33} kha^{51}

士兵 二 十 名 的 甘艾 就 蜂拥 一起 进 来 杀

kam^{33}haat^{51} taai^{33}.（310）

甘哈 死

甘艾的二十名士兵蜂拥而上，把甘哈杀死。

2. อุยกิมมอบทองสามร้อยแท่งสิงโตทองคำหนึ่งคู่และสุราเก่าร้อยปีให้แก่ขุนจาด ๘๖

ʔui^{33}kim^{33} mɔɔp^{51} thɔɔŋ^{33} saam^{24}rɔɔi^{453} thɛɛŋ^{51} siŋ^{24}to^{33} thɔɔŋ^{33} kham^{33} nɯŋ^{21} khu^{51} lɛʔ^{453}

吴金 交付 黄金 三 百 条 狮子 黄金 块 一 对 和

suʔ^{21}ra^{33} kau^{21} rɔɔi^{453} pi^{33} hai^{51} kɛ^{21} khun^{24}caat^{21}. （86）

酒 古 百 年 给 于 坤乍

吴金把三百条黄金、一对金狮子和百年古酒交给坤乍。

3. สุนัขป่าตัวหนึ่งแอบเข้ามาคาบย่ามไปซึ่งมีทั้งเนื้อย่างที่เหลือและจดหมายของนางเอื้องคำ ๑๑๑

suʔ^{21}nak^{453} pa^{21} tua^{33} nɯŋ^{21} ʔɛɛp^{21} khau^{51} ma^{33} khaap^{51} jaam^{51} pai^{33} sɯŋ^{51} mi^{33} thaŋ^{453}

狗 野 只 一 偷偷地 进 来 叼 行囊 去 的 有 又

nɯa^{453} jaaŋ^{51} thi^{51} lɯa^{24} lɛʔ^{453} cot^{21}maai^{24} khɔɔŋ^{24} naaŋ^{33} ʔɯaŋ^{51}kham^{33}. （111）

肉 烤 的 剩下 和 记下 标记 的 妇人 恩甘

一只野狗偷偷地过来叼走了行囊，剩下的烤肉和恩甘的信件都在里面。

不过，这些个体量词在分布、功能上跟普通的具体名词并无不同。请

看下面的 "名–数–名"结构，名词"phɛ^{33}竹筏、khon^{33}人、fa^{21}隔板、rɔɔŋ^{51}缝隙、khan^{51}台阶"等也直接与数词结合，跟上面的个体量词"khon^{33}个、thɛɛŋ^{51}条、tua^{33}只"等并无不同。

名–数–名（含"名–名–一"）

1. ทันใดนั้นลาวอ้ายลุกขึ้นถามจันดาว่าที่สูบอกมานั้นเกี่ยวกับดินแดนฝั่งขวาของแม่น้ำโขงทางฝั่งซ้ายที่แพของคนไทหนึ่งร้อยห้าสิบแพกับแพของชาวมังไปเทียบอยู่นั้น สูจะให้ความรู้แก่เราได้อย่างไรบ้าง ๕๐๕

than^{33}dai^{33}nan^{453} laau^{33}ʔaai^{51} luk^{453} khɯn^{51} thaam^{24} can^{33}da^{33} wa^{51}："thi^{51} su^{24} bɔɔk^{21}
及 哪 那 劳艾 起身 上 问 占达 说 的 你 告诉
ma^{33} nan^{453} kiau^{21} kap^{21} din^{33} dɛɛn^{33} faŋ^{21} khwa^{24} khɔɔŋ^{24} mɛ^{51}nam^{453}khooŋ^{24}，thaaŋ^{33}
来 那 关系 和 土 地区 岸 右 的 妈妈 水 公（专名）方面
faŋ^{21} saai^{453} thi^{51} phɛ^{33} khɔɔŋ^{24} khon^{33}thai^{33} nɯŋ^{21}rɔɔi^{453}ha^{51}sip^{21} phɛ^{33} kap^{21} phɛ^{33}
岸 左 的 筏 的 人 泰 一 百 五 十 筏 和 筏
khɔɔŋ^{24} chaau^{33}moŋ^{453} pai^{33} thiap^{51} ju^{21} nan^{453}，su^{24} caʔ^{21} hai^{51} khwaam^{33}ru^{453} kɛ^{21} rau^{33}
的 人 蒙 去 靠 在 那 你 要 给 的 知道 给 我
dai^{51} jaaŋ^{21}rai^{33} baaŋ^{51}？"（505）
能 样 哪 些

忽然劳艾起身问占达："你所说的是关于湄公河右岸的，我们泰人的一百五十只竹筏和蒙人的竹筏已经前去靠近的左岸，你能给我们介绍关于它的知识吗？"

2. เมื่อคนทั้งสองออกไปนอกห้องเหลือกันสองต่อสอง คุณสายก็เริ่มอธิบายให้พลอยฟังถึงการมีเรือนการเป็นผัวเป็นเมีย แล้วมีลูก และคนที่มีลูกกับคนคนหนึ่งนั้นอาจไปมีลูกกับคนอื่นอีกก็ได้ ๑๔๐①

mɯa^{51} khon^{33} thaŋ^{453} sɔɔŋ^{24} ʔɔɔk^{21} pai^{33} nɔɔk^{51} hɔɔŋ^{51} lɯa^{24} kan^{33} sɔɔŋ^{24} tɔ^{21} sɔɔŋ^{24}
时候 人 整 两 出 去 外 房间 剩下 一起 两 对 两
khun^{33}saai^{24} kɔ^{51} rəəm^{51} ʔaʔ^{21}thiʔ^{453}baai^{33} hai^{51} phlɔɔi^{33} faŋ^{33} thɯŋ^{24} kaan^{33}mi^{33}rɯan^{33}
坤萨 就 开始 解释 给 帕瑞 听 到 的 有 家
kaan^{33}pen^{33}phua^{24}pen^{33}mia^{33} lɛɛu^{453} mi^{33} luuk^{51} lɛʔ^{453} khon^{33} thi^{51} mi^{33} luuk^{51} kap^{21}
的 成为 夫 成为 妻 然后 有 孩子 和 人 的 有 孩子 和
khon^{33} khon^{33} nɯŋ^{21} nan^{453} ʔaat^{21} pai^{33} mi^{33} luuk^{51} kap^{21} khon^{33} ʔɯɯn^{21} ʔiik^{21} kɔ^{51} dai^{51}.（140）
人 人 一 那 可能 去 有 孩子 和 人 别 又 也 可以

两人出去屋外只剩下坤萨和帕瑞的时候，坤萨开始向帕瑞解释结婚然后生小孩的事。跟一个人生了孩子的人还可以去和别人生孩子。

3. เพราะมันเป็นครั้งสุดท้ายที่พลอยจะลงจากเรือนที่อยู่มาตั้งแต่เกิด ฝาเรือนทุกฝาจะมีตำหนิรอยอย่างไรที่พลอยรู้จักดี ตำหนิและรอยต่างๆเหล่านั้นก็ดูเหมือนจะเด่นออกมาให้เห็นได้ชัดในคราวนี้ ร่องกระ

① 例句来自《四朝代》。

ดานทุกร่องที่พลอยเคยนั่งทับนอนทับและแอบทิ้งของลงไปข้างล่าง ดูเหมือนจะเรียกร้องให้พลอยหยุดล่ำลา จนถึงขั้นบันไดแต่ละขั้นที่เคยถัดขึ้นลงและราวบันไดที่เคยโหนเล่นกับคุณเชยเป็นประจำ ดูเหมือนจะโตกว่าเก่า เด่นกว่าเก่า เพิ่มความสำคัญขึ้นในคราวที่จะจากกันไปวันนี้ ๒๖[①]

phrɔʔ^{453} man^{33} pen^{33} khraŋ^{453} sut^{21} thaai^{453} thi^{51} phlɔɔi^{33} caʔ^{21} loŋ^{33} caak^{21} rɯan^{33} thi^{51}

因为 它 是 次 尽 尾部 的 帕瑞 要 下 从 房子 的

ju^{21} ma^{33} taŋ^{51}tɛ^{21} kəət^{21}，fa^{24} rɯan^{33} thuk^{453} fa^{24} caʔ^{21} mi^{33} tam^{33}niʔ^{21} rɔɔi^{33} jaaŋ^{21}rai^{33}

在 来 建 从 出生 隔板 房子 每 隔板 要 有 疤痕 痕迹 样 哪

thi^{51} phlɔɔi^{33} ru^{453}cak^{21} di^{33}， tam^{33}niʔ^{21} lɛʔ^{453} rɔɔi^{33} taaŋ^{21}taaŋ^{21} lau^{21} nan^{453} kɔ^{51} du^{33}

的 帕瑞 知道 好 疤痕 和 痕迹 不同 不同 些 那 也 看

mɯan^{24} caʔ^{21} deen^{21} ʔɔɔk^{21} ma^{33} hai^{51} hen^{24} dai^{51} chat^{453} nai^{33} khraau^{33} ni^{453}，rɔɔŋ^{51}

像 要 明显 出 来 让 见 得 清晰 里 次 这 缝隙

kaʔ^{21}daan^{33} thuk^{453} rɔɔŋ^{51} thi^{51} phlɔɔi^{33} khəəi^{33} naŋ^{51} thap^{453} nɔɔn^{33} thap^{453} lɛʔ^{453} ʔɛɛp^{21}

木板 每 缝隙 的 帕瑞 曾 坐 压 睡 压 和 偷偷地

thiŋ^{453} khɔɔŋ^{24} loŋ^{33} pai^{33} khaaŋ^{51} laaŋ^{51}，du^{33} mɯan^{24} caʔ^{21} riak^{51} rɔɔŋ^{453} hai^{51} phlɔɔi^{33}

扔 东西 下 去 面 下 看 像 要 叫 叫唤 让 帕瑞

jut^{21} lam^{51}la^{33}，con^{33} thɯŋ^{24} khan^{51} ban^{33}dai^{33} tɛ^{21}laʔ^{453} khan^{51} thi^{51} khəəi^{33} that^{21} khɯn^{51}

停 离开 直 到 台阶 楼梯 各 台阶 的 曾经 接着 上

loŋ^{33} lɛʔ^{453} raau^{33} ban^{33}dai^{33} thi^{51} khəəi^{33} hoon^{24} leen^{51} kap^{21} khun^{33}chəəi^{33} pen^{33}

下 和 栏杆 楼梯 的 曾经 晃 玩 和 坤崔 成

praʔ^{21}cam^{33} du^{33} mɯan^{24} caʔ^{21} to^{33} kwa^{21} kau^{21} deen^{21} kwa^{21} kau^{21} phəəm^{51} khwaam^{33}

日常 看 像 要 大 过 以前 显眼 过 以前 增加 的

sam^{24}khan^{33} khɯn^{51} nai^{33} khraau^{33} thi^{51} caʔ^{21} caak^{21} kan^{33} pai^{33} wan^{33}ni^{453}.（26）

重要 上 里 次 的 要 离开 互相 去 天 这

这是帕瑞最后一次从出生以来就住的房子走下来，房子的每块隔板有什么坏了的痕迹她心里都知道，那些各种不同的痕迹此刻也看似异常清晰。木板之间的每个缝隙，她曾经坐在上面，躺在上面，偷偷地往下面扔东西，看似也在呼唤她不要离开，曾经上上下下地走过楼梯的每个台阶，曾经和坤崔常常一起在摇晃的楼梯栏杆上玩要，今天要分离的时候台阶、栏杆看起来都比以往大，比以往显眼，比以往重要。

此外，同一个名词其计量表达既可以用这种方式也可以用那种方式，似乎难以总结出固定的规则。这些名词涉及的范围很广，有个体名词（如“河流”）、抽象名词（如“人”）、表示人的自然类别的词语（如“男青年、伙子”）以及器官名词（如“乳房”）。甚至同一个句子同一个词前后用结构完全相反的计量方式，如“官邸”，“女青年、姑娘”。

① 例句来自《四朝代》。

mɛ^{51}nam^{453} 河流：数－名（例子见上），名－数－量（含名－量－“一”），名－数

1. ถึงแม่น้ำสายหนึ่งเตียวเหลียงพาทหารลุยข้ามไปและให้หยุดพักกินอาหาร ณ ริมน้ำนั้นขณะนั้นเป็นเวลาใกล้ค่ำแล้ว ๗๒

thɯŋ^{24} mɛ^{51}nam^{453} saai^{24} nɯŋ^{21} tiau^{33}liaŋ^{24} pha^{33} thaʔ^{453}haan^{24} lui^{33} khaam^{51} pai^{33} lɛʔ^{453} hai^{51} jut^{21}
到 妈妈 水 条 一 貂良 带 士兵 蹚 跨 去 和 让 停
phak^{453} kin^{33} ʔa^{33}haan^{24} nai^{33} rim^{33} nam^{453} nan^{453}，khaʔ^{21}naʔ^{21} nan^{453} pen^{33} we^{33}la^{33} klai^{51}
休息 吃 食物 在 边 水 那 时刻 那 是 时候 近
kham^{51} lɛɛu^{453}.（72）
晚上 了

到了一条河流，貂良带士兵蹚水而过，让大家在水边停下来休息吃东西。那时候是快接近晚上了。

2. พูดถึงทำเลเล่า มีแม่น้ำสองสายสบกัน ๔๙๙

phuut^{51} thɯŋ^{24} tham^{33}le^{33} lau^{51}，mi^{33} mɛ^{51}nam^{453} sɔɔŋ^{24} saai^{24} sop^{21} kan^{33}.（499）
说 到 地点 呢 有 妈妈 水 两 条 汇合 一起

说到方位呢，有两条河流汇合在一起。

3. มีดินแดนอีกมากทางใต้จากที่นี่สำหรับคนไทจะไปอยู่ได้ แต่มันมิใช่ดินแดนบนฝั่งแม่น้ำโขง มันเป็นดินแดนบนอีกฝั่งแม่น้ำหนึ่ง ผืนแผ่นดินตามแม่น้ำที่ว่านี้มีความอุดมยิ่งนัก สูจะนำคนของเราไปที่นั่นก็ได้ แต่ข้าไม่แนะนำให้ทำ ๕๐๒-๕๐๓

mi^{33} din^{33} dɛɛn^{33} ʔiik^{21} maak^{51} thaaŋ^{33} tai^{51} caak^{21} thi^{51} ni^{51} sam^{24}rap^{21} khon^{33}thai^{33} caʔ^{21}
有 土地 地域 再 许多 路向 南 从 地 这 特地 人 泰 要
pai^{33} ju^{21} dai^{51}， tɛ^{21} man^{33} miʔ^{453} chai^{51} din^{33} dɛɛn^{33} bon^{33} faŋ^{21} mɛ^{51}nam^{453}khooŋ^{24}，
去 在 能 但 它 不 是 土地 地域 上 岸 妈妈 水 公（专名）
man^{33} pen^{33} din^{33} dɛɛn^{33} bon^{33} ʔiik^{21} faŋ^{21} mɛ^{51}nam^{453} nɯŋ^{21}，phɯɯn^{24} phɛɛn^{21} din^{33}
它 是 土地 地域 上 再 岸 妈妈 水 一 张 片 土地
taam^{33} mɛ^{51}nam^{453} thi^{51} wa^{51} ni^{453} mi^{33} khwaam^{33}ʔuʔ^{21}dom^{33} jiŋ^{51} nak^{453}，su^{24} caʔ^{21} nam^{33} khon^{33}
沿着 妈妈 水 的 说 这 有 的 肥沃 越 很 你 要 带 人
khɔɔŋ^{24} rau^{33} pai^{33} thi^{51} nan^{51} kɔ^{51} dai^{51}，tɛ^{21} kha^{51} mai^{51} nɛʔ^{453} nam^{33} hai^{51} tham^{33}.（502－503）
的 我们 去 地 那 也 行 但 我 不 介绍 带 让 做

从这里往南去还有许多土地，泰人可以前往那里生活，但那不属于湄公河岸，而是另一条河的岸边，所说的这块土地非常肥沃，你可以带我们的人到那里去，但是我不建议那样做。

khon^{33} 人：名－数－名，数－名，名－数

1. แต่เราควรเอาคนยี่สิบคนไปขับไล่ลิตงเจียให้พ้นจากแคว้นลือก่อนที่เราจะรบกับจิ๋นกลางสนาม ๔๒

tɛ^{21} rau^{33} khuan^{33} ʔau^{33} khon^{33} ji^{51}sip^{21} khon^{33} pai^{33} khap^{21} lai^{51} liʔ^{453}toŋ^{33}cia^{33} hai^{51} phon^{453} caak^{21}
但是 我们 应 要 人 二 十 人 去 驾驭 赶 李东家 让 脱离 从

khwɛɛn^{453}lɯ^{33} kɔɔn^{21} thi^{51} rau^{33} caʔ^{21} rop^{453} kap^{21} cin^{24} klaaŋ^{33} saʔ^{21}naam^{24}.（42）

地区　仂　前　的　我们 要　战斗　和　晋　中　战场

但是我们应该在和晋军在战场上较量之前用二十个人去把李东家从仂人地区赶走。

2. ครั้นรุ่งเช้าทั้งสามคนเดินทางต่อไป เป็งหยงนั้นอ่อนเพลียลง เตียวเลียงกับเตียวลกต้องชะลอม้าไปข้างๆ ครั้นเที่ยงวันทั้งสามคนลงนั่งพักใต้ต้นไม้ ๗๓

khran^{453} ruŋ^{51} chau^{453} thaŋ^{453} saam^{24} khon^{33} dəən^{33} thaaŋ^{33} tɔ^{21}pai^{33}，peŋ^{33}joŋ^{24} nan^{453}

当　亮　早　整　三　人　走　路　接 下去　宾永　那

ʔɔɔn^{21} phlia^{33} loŋ^{33}，tiau^{33}liaŋ^{24} kap^{21} tiau^{33}lok^{453} tɔɔŋ^{51} chaʔ^{453}lɔ^{33} ma^{453} pai^{33} khaaŋ^{51}khaaŋ^{51}，

软 疲倦　下　貂良　和　貂洛　需要　放慢　马　去　边　边

khran^{453} thiaŋ^{51}wan^{33} thaŋ^{453} saam^{24} khon^{33} loŋ^{33} naŋ^{51} phak^{453} tai^{51} ton^{51} mai^{453}.（73）

当　定　天　整　三　人　下　坐　休息　底　棵　树

天一亮三人继续赶路，宾永疲倦了，貂良和貂洛需要放慢马的速度走在他边上，正午的时候三人在树下坐着休息。

3. แล้วบุญปันให้ลำพวนและกุฉินพักในเรือนตนและนางบุญฉวีรับรองคนทั้งสองเป็นอันดี ๔๐

lɛɛu^{453} bun^{33}pan^{33} hai^{51} lam^{33}phuan^{33} lɛʔ^{453} kuʔ^{21}chin^{24} phak^{453} nai^{33} rɯan^{33} ton^{33} lɛʔ^{453} naaŋ^{33}

然后 温班　让　兰蓬　和　古勤　休息　里 房子 自己 和　妇人

bun^{33}chaʔ^{21}wi^{24} rap^{453} rɔɔŋ^{33} khon^{33} thaŋ^{453} sɔɔŋ^{24} pen^{33} ʔan^{33} di^{33}.（40）

温查维　接　垫　人　整　两　成 个　好

然后温班让兰蓬和古勤在自己的房子里休息，温查维热情地接待了他们两人。

num^{21} 男青年、伙子：名－数－量（含名－量－“一”），名－数，数－名

1. กุมภวาจึงให้จับสลากหาคนแทนพันน้อยและได้แสนพูหนุ่มไทอีกคนหนึ่งแทน ๓๕๒

kum^{33}phaʔ^{453}wa^{33} cɯŋ^{33} hai^{51} cap^{21} saʔ^{21}laak^{21} ha^{24} khon^{33} thɛɛn^{33} phan^{33}nɔɔi^{453} lɛʔ^{453}

贡帕瓦　就　让　抓　签条　找　人　代替　攀内　和

dai^{51} sɛɛn^{24}phu^{33} num^{21} thai^{33} ʔiik^{21} khon^{33} nɯŋ^{21} thɛɛn^{33}.（352）

得　森普　男青年　泰　再　个　一　代替

贡帕瓦就让人抓阄代替攀内，结果得到了另一个青年森普。

2. ตกยามสามหนุ่มไททั้งสองก็ออกมาจากบึง ๓๕๓

tok^{21} jaam^{33} saam^{24} num^{21} thai^{33} thaŋ^{453} sɔɔŋ^{24} kɔ^{51} ʔɔɔk^{21} ma^{33} caak^{21} bɯŋ^{33}.（353）

到　更　三　青年　泰　整　两　就　出　来　从　池塘

到了三更半夜，两个泰族青年就从池塘里出来。

3. เตียวเหลียงวางหนังสือที่อ่านอยู่แล้วหันไปกล่าวแก่สองหนุ่มไทว่า ๓๕๓

tiau^{33}liaŋ^{24} waaŋ^{33} naŋ^{24}sɯ^{24} thi^{51} ʔaan^{21} ju^{21} lɛɛu^{453} han^{24} pai^{33} klaau^{21} kɛ^{21} sɔɔŋ^{24} num^{21}

貂良　放　书籍　的　看　在　了　转向 去　说　给　两　青年

thai^{33} wa^{51}.（353）

泰　说

貂良放下正在看的书转过来对两位泰族青年说。

乳房：名－数－名，名－数－量，数－名①

1. ถ้ามันกอดตีเลยนะเอื้อย โธ่ ฝ่ามือข้างเดียวจะปิดนมสองนมนั่นมิดหรือ ๔๔

tha^{51} man^{33} kɔɔt^{21} ti^{33} ləəi^{33} naʔ^{453} ʔɯai^{51} tho^{51} fa^{21} mɯ^{33} khaaŋ^{51} diau^{33} caʔ^{21} pit^{21} nom^{33}

如果 他　抱　打　啦　呢　姐姐　唉　掌　手　边　唯一 要　遮　乳房

sɔɔŋ^{24} nom^{33} nan^{51} mit^{453} rɯ^{24}？（44）

两　乳房　那　紧　吗

如果他要抱起来呢，姐姐啊，只用一边的手怎么能遮住两个乳房呢？

2. ได้ยินนมสองเต้าของป้าบัวศรีกระทบกันดังปัวะๆ ๗๑

dai^{51}jin^{33} nom^{33} sɔɔŋ^{24} tau^{51} khɔɔŋ^{24} pa^{51} bua^{33}si^{24} kraʔ^{21}thop^{453} kan^{33} daŋ^{33} puaʔ^{21}puaʔ^{21}.（71）

得 听见 乳房 两　个　的　阿姨 博西　碰撞　互相　大　啪　啪

听见博西阿姨的两个乳房相互碰撞，发出啪啪的声音。

3. แม่จะโยนตัวไปมาเป็นจังหวะๆ บางทีก็มีเสียงสองเต้านมแม่ฟัดถูกกันดังปัวะ ๖๐

mɛ^{51} caʔ^{21} joon^{33} tua^{33} pai^{33} ma^{33} pen^{33} caŋ^{33}waʔ^{21} caŋ^{33}waʔ^{21}，baaŋ^{33} thi^{33} kɔ^{51} mi^{33}

妈妈 要　扔　身体　去　来　成　节奏　节奏　一些　次　就　有

siaŋ^{24} sɔɔŋ^{24} tau^{51} nom^{33} mɛ^{51} fat^{453} thuuk^{21} kan^{33} daŋ^{33} puaʔ^{21}.（60）

声音　两　乳房 乳房 妈妈 甩　碰撞　互相　大　啪

妈妈有节奏地晃动身子，有时两个乳房发出甩动碰撞的声音。

4. ลูกสาวญวนใส่เสื้อชั้นในคอหิ้วหลวมๆทำให้คูนเห็นสองเต้าได้ชัดเจน ๘๗

luuk^{51} saau^{24} juan^{33} sai^{21} sɯa^{51} chan^{453} nai^{33} khɔ^{33} hiu^{51} luam^{24}luam^{24} tham^{33}hai^{51}

孩子　女　越南　穿　衣服　层　里　脖子 提　松　松　做　得

khuun^{33} hen^{24} sɔɔŋ^{24} tau^{51} dai^{51} chat^{453}ceen^{33}.（87）

昆（人名）见 两 乳房 得　清楚

越南女孩穿着宽松的内衣，让小昆清楚地看到两个乳房。

官邸：名－数－量，数－名②

ตำหนักแต่ละหลังมีบรรยากาศแตกต่างกันไป บางตำหนักก็ขายขนมขายน้ำอบแป้งร่ำเครื่องหอม บางตำหนักก็เปิดเป็นห้างขายผ้าขายแพรและเครื่องใช้ต่างๆตลอดจนเครื่องเพชร ๙๑

tam^{33}nak^{21} tɛ^{21}laʔ^{453} laŋ^{24} mi^{33} ban^{33}ja^{33}kaat^{21} tɛɛk^{21}taaŋ^{21} kan^{33} pai^{33}，baaŋ^{33} tam^{33}nak^{21}

官邸　各　座　有　气氛　不同 不同 互相 去　些　官邸

kɔ^{51} khaai^{24} khaʔ^{21}nom^{24} khaai^{24} nam^{453} ʔop^{21} pɛɛŋ^{51} ram^{51} khrɯaŋ^{51} hɔɔm^{24}，baaŋ^{33}

就　卖　糕点　卖　水　薰　粉　熏　东西　香　些

---

① 以下例句来自《东北之子》。

② 例句来自《四朝代》。

tam^{33}nak^{21} kɔ^{51} pəət^{21} pen^{33} haaŋ^{51} khaai^{24} pha^{51} khaai^{24} phrɛ^{33} lɛʔ^{453} khrɯaŋ^{51} chai^{453}

官邸 就 打开 成 商场 卖 布匹 卖 绸缎 和 东西 用

taaŋ^{21}taaŋ^{21} taʔ^{21}lɔɔt^{21} con^{33} khrɯaŋ^{51} pheet^{51}.（91）

不同 不同 一直 直到 东西 钻石

每座官邸的气氛都互不相同，有一些官邸卖糕点卖熏香，有些官邸开成商场，卖布匹绸缎以及各种用具甚至还卖钻石。

女青年、姑娘：名－数－量，数－名①

หญิงสาวสามคนกำลังนั่งอยู่ใต้ร่มไม้ริมหาดที่ไปอาบน้ำตอนเช้า มีหาบครุวางอยู่ใกล้ๆสามหาบ พอทิดจุ่นพาคูนกับจันดีไปนั่งลงใกล้ๆสักห้าวา แกก็พูดกับพวกอีสาวจนคูนฟังไม่ทัน คูนสังเกตดูสามสาวเหมือนจะอายุเกือบเท่าเอื้อยคำกอง นุ่งผ้าซิ่นกลางเก่ากลางใหม่เหมือนๆกัน แต่ผ้าขาวม้าที่รัดรอบอกมีสีต่างๆกัน ๓๕๓

jiŋ^{24} saau^{24} saam^{24} khon^{33} kam^{33}laŋ^{33} naŋ^{51} ju^{21} tai^{51} rom^{51} mai^{453} rim^{33} haat^{21} thi^{51} pai^{33}

女 姑娘 三 个 正在 坐 在 下 树荫 树 边 沙滩 的 去

ʔaap^{21} nam^{453} tɔɔn^{33} chau^{453}，mi^{33} haap^{21} khruʔ^{453} waaŋ^{33} ju^{21} klai^{51}klai^{51} saam^{24} haap^{21}，

洗澡 水 时候 早 有 担子 水桶 放 在 近 近 三 担

phɔ^{33} thit^{453}cun^{21} pha^{33} khuun^{33} kap^{21} can^{33}di^{33} pai^{33} naŋ^{51} loŋ^{33} klai^{51}klai^{51} sak^{21} ha^{51}

一 提尊（人名）带 昆（人名）和 占迪（人名）去 坐 下 近 近 约 五

wa^{51}，kɛ^{33} kɔ^{51} phuut^{51} kap^{21} phuak^{51}ʔi^{33}saau^{24} con^{33} khuun^{33} faŋ^{33} mai^{51} than^{33}，khuun^{33}

哇 他 就 说 和 们 前缀 姑娘 直到 昆（人名）听 不 及 昆（人名）

saŋ^{24}keet^{21} duu^{33} saam^{24} saau^{24} mɯan^{24} caʔ^{21} ʔa^{33}juʔ^{453} kɯap^{21} thau^{51} ʔɯai^{51}kham^{33}kɔɔŋ^{33}，

注意 看 三 姑娘 像 要 年龄 将近 像 姐姐 甘贡

nuŋ^{51} pha^{51} sin^{51} klaaŋ^{33} kau^{21} klaaŋ^{33} mai^{21} mɯan^{24}mɯan^{24} kan^{33}，tɛ^{21} pha^{51}khaau^{24}ma^{453}

穿 布 筒裙 中 旧 中 新 像 像 互相 但是 布 白 马

thi^{51} rat^{453} rɔɔp^{51} ʔok^{21} mi^{33} si^{24} taaŋ^{21}taaŋ^{21} kan^{33}.（353）

的 拴 周 胸 有 色 不同 不同 互

早晨洗澡的沙滩边上树荫下坐着三位姑娘，旁边放着三担水，提尊带着小昆和占迪过去，一坐在附近十米的地方他就跟姑娘们攀谈起来，小昆听都来不及听。小昆注意到三位姑娘的年龄跟甘贡姐相仿，都穿着半新半旧的筒裙，只是胸口包的布条不一样。

以上事实说明，泰语里还有一部分名词在语法分布和语法功能上和用来计量时间、空间的单位词完全一致，对这些名词进行一个个地计量的方式并没有定则，从这个角度看，泰语名词的计量表达还存在歧异。因此，可以说泰语名词与数词搭配，量词可有可无。

① 例句来自《东北之子》。

3.7 各计量结构在结构上的联系和语义上的差异

3.7.1 名－数－量与名－数－名

“名－数－量”在整个结构上与“名－数－名”平行，在计量单位的词汇表现上与“名－修－数－名”一致。从历史上看，“名－数－量”是通过个体量词替换“名－数－名”中的第二个名词发展而来，因为现今使用“名－数－量”的一些词语，史料表明曾经存在过与之对应的“名－数－名”、“名－修－数－名”，如下面的例子是四世王到五世王时期的语料，虽然这些语料不能把当时 “名－数－名”结构各方面的特点都完全地反映出来，但在一定程度上说明了“名－数－名”结构在历史上存在过，但后来发生了变化，其中的第二名词被替换成个体量词。①

1. กระเบือ ๗ กระเบือ　　　　ม้าเทศสำหรับเทียมรถม้าหนึ่ง

kraʔ^{21}bɯa^{33} cet^{21} kraʔ^{21}bɯa^{33}　ma^{453} theet^{51} sam^{24}rap^{21} thiam^{33} rot^{453} ma^{453} nɯŋ^{21}

水牛　七　水牛　　马　国外　专门　配　车　马　一

七头水牛　　　　一匹套车的外国马

แรดสองแรด

rɛɛt^{51} sɔɔŋ^{24} rɛɛt^{51}

犀牛　两　犀牛

两头犀牛

2. ขวดแก้วรูปมงกฎเจ้าแผ่นดินอังกฤษขวดหนึ่ง

khuat^{21} kɛɛu^{51} ruup^{51} moŋ^{33}kot^{21} cau^{51}phɛɛn^{21}din^{33} ʔaŋ^{33}krit^{21} khuat^{21} nɯŋ^{21}

瓶子　玉　图案　王冠　　主　块　地　英国　瓶子　一

一个画有英王王冠图案的玉瓶

3. หม้อน้ำเงิน ๖หม้อ ฯ น้ำทองขาว๒หม้อ

mɔ^{51} nam^{453}ŋəən^{33} hok^{21} mɔ^{51}　mɔ^{51} nam^{453}thɔɔŋ^{33}khaau^{24} sɔɔŋ^{24} mɔ^{51}

锅　水　银　六　锅　锅　水　黄金　白　两　锅

六个水银锅　　　　两个镍锅

ม่อน้ำเงิน๗ม่อ

mɔ^{51} nam^{453}ŋəən^{33}　cet^{21} mɔ^{51}

锅　水　银　七　锅

七个水银锅

① 语料来自于素朗西·塔农萨沙贡（สุรางศรี ทะนงศักดิ์สกุล）。

从共时上看这种替换作用体现在ʔan^{33}（อัน）之上最为明显。量词ʔan^{33}使用范围很广，是泰语的泛用量词。①泛用量词ʔan^{33} 用于计量结构时其计量的名物是除了动植物等具有生命的事物以外的任何东西；当说话者不强调这些事物的特点时可以一律用ʔan^{33}，这种情况经常出现在非正式的口语语体中；有时候说话者记不起与具体事物对应的个体量词，也可以笼统地用ʔan^{33}来做计量单位，外国人说泰语时经常会出现这种情况；另外当语言中出现新事物新概念时，根据该名词属于上述几节所述的类型使用相应的量词，比如抽象名词可以使用 jaaŋ^{21}“样”、chaʔ^{453}nit^{453}“种”等个体量词或反响量词（包括半反响量词），如果一时没有合适的量词也可以使用ʔan^{33}。如：

1. เมื่อกุมภวากลับเข้าค่ายแล้วเขาให้ทำเครื่องทำลายกำแพงสามอัน ทำด้วยซุงใหญ่ ๒๓๖

mɯɯa^{51} kum^{33}phaʔ^{453}wa^{33} klap^{21} khau^{51} khaai^{51} lɛɛu^{453} khau^{24} hai^{51} tham^{33} khrɯaŋ^{51} tham^{33}laai^{33}

时候 贡帕瓦 回 进 营地 了 他 让 做 器具 破坏

kam^{33}phɛɛŋ^{33} saam^{24} ʔan^{33}，tham^{33} duai^{51} suŋ^{33} jai^{21}.（236）

墙壁 三 个 做 用 松木 大

贡帕瓦回到营地，让人用大松木做了三个破坏城墙的器具。

2. คำแนะนำอันหนึ่งที่ติดตามมาและที่ทำความล่มจมให้ข้าคือ ๔๖๒

kham^{33} nɛʔ^{453}nam^{33} ʔan^{33} nɯŋ^{21} thi^{51} tit^{21} taam^{33} ma^{33} lɛʔ^{453} thi^{51} tham^{33} khwaam^{33}lom^{51}com^{33}

词 介绍 带 个 一 的 跟 跟随 来 和 的 做 的 崩溃

hai^{51} kha^{51} khɯ^{33}.（462）

给 我 是

随之而来的促使我崩溃的一项提议就是……

因此，对于使用“名－数－名”结构进行计量的词语来说，可以在反响量词、个体量词、泛用量词三者之间选择一种作为一个个计量时的计量单位。三者的差别在于：反响量词强调事物较抽象的概念，如下面第一列中的包指衣兜、裤兜等，包括里面装的东西，桌子包括桌子上的饭菜；个体量词强调事物的形状类别，如第二列中的包指扁平的物体，桌子指有体型、有脚的物体；泛用量词表示一般的计量，没有什么附加的含义。如下：

1. กระเป๋าสองกระเป๋า	กระเป๋าสองใบ	กระเป๋าสองอัน	两个包
kraʔ^{21}pau^{24} sɔɔŋ^{24} kraʔ^{21}pau^{24}	kraʔ^{21}pau^{24} sɔɔŋ^{24} bai^{33}	kraʔ^{21}pau^{24} sɔɔŋ^{24} ʔan^{33}	
包 两 包	包 两	包 两 个	
2. โต๊ะสองโต๊ะ	โต๊ะสองตัว	โต๊ะสองอัน	两个桌子
toʔ^{453} sɔɔŋ^{24} toʔ^{453}	toʔ^{453} sɔɔŋ^{24} tua^{33}	toʔ^{453} sɔɔŋ^{24} ʔan^{33}	
桌子 两 桌子	桌子 两 张	桌子 两 个	

① 也专门用于小棍、尺子等扁平而细小的物件。

3.7.2　数－名与名－数－名

“名－数－名”结构中由于数量成分“数－名”是前面名词的同位性修饰语，因此在一定的语境下可以省略名词呈现为“数－名”结构。从“数－名”结构的角度看，实际上，除了前面列举的三种名词之外，“数－名”结构中的名词还有很大一部分，这部分名词的计量形式是“名－数－名”，只是在日常的实际使用中名词没有出现，因而呈现为“数－名”结构，完全可以把与之对应的名词补上。

1. แล้วขุนสายให้แบ่งทหารเป็นสี่ทัพ แยกย้ายไปทั้งสี่ทิศของเชียงแส ๓๐๓

lɛɛu^{453} khun^{24}saai^{24} hai^{51} bɛɛŋ^{21} thaʔ^{453}haan^{24} pen^{33} si^{21} thap^{453}，jɛɛk^{51} jaai^{453} pai^{33}

然后　坤赛　让　分　士兵　成　四 军队　分　迁移　去

thaŋ^{453} si^{21} thit^{453} khɔɔŋ^{24} chiaŋ^{33}sɛ^{24}.（303）

整　四 方向　的　清塞

然后坤赛将士兵分成四个分队，分别派往清塞的四个方向。

2. เป็นอันว่าสี่ชีวิตชักขบวนเดินเรียงหนึ่งตามกันลงลิฟต์มา และเปลี่ยนเป็นเรียงหน้ากระดานเมื่อออกสู่ถนนในซอย กะทิหยุดกึกเมื่อถึงทางเข้าที่ทำการไปรษณีย์ และหันไปบอกว่า หนูขอเข้าไปคนเดียวได้ไหมคะ ได้สิ ได้ สามเสียงตอบพร้อมกัน แม้จะด้วยเสียงสูงต่ำต่างกันไป ๑๐๘①

pen^{33} ʔan^{33} wa^{51} si^{21} chi^{33}wit^{453} chak^{453} khaʔ^{21}buan^{33} dəən^{33} riaŋ^{33} nɯŋ^{21} taam^{33} kan^{33}

成　个　说　四　生命　抽　队列　走　并列　一　跟随 一起

loŋ^{33} lip^{453} ma^{33} lɛʔ^{453} plian^{21} pen^{33} riaŋ^{33} na^{51} kraʔ^{21}daan^{33} mɯa^{51} ʔɔɔk^{21} su^{21} thaʔ^{21}non^{24}

下 电梯　来　和　改变　成　并列　面　木板　时候　出　到　路

nai^{33} sɔɔi^{33}，kaʔ^{21}thiʔ^{453} jut^{21} kɯk^{21} mɯa^{51} thɯŋ^{24} thaaŋ^{33} khau^{51} thi^{51} tham^{33}

里　巷子 佳蒂（人名）停　突然 时候　到　路　进　地　做

kaan^{33}prai^{33}saʔ^{21}ni^{33} lɛʔ^{453} han^{24} pai^{33} bɔɔk^{21} wa^{51}：nu^{24} khɔ^{24} khau^{51} pai^{33} khon^{33} diau^{33}

事务　邮政　和　转　去　告诉　说　我　请　进　去　人　单独

dai^{51} mai^{24} khaʔ^{453}，dai^{51} siʔ^{21} dai^{51}，saam^{24} siaŋ^{24} tɔɔp^{21} phrɔɔm^{453} kan^{33} mɛ^{453} caʔ^{21}

能　不　吗　可以 啊 可以　三　声音　答　同时　一起 即便 要

duai^{51} siaŋ^{24} suuŋ^{24} tam^{21} taaŋ^{21} kan^{33} pai^{33}.（108）

通过 声音　高　低　不同 互相　去

四个人前后排成一列去乘电梯下来，到巷子里的路的时候改成并列的一排，走到进入邮局的路时佳蒂突然停住，转过去问道：“我可以一个人进去邮局吗？”“可以啊，可以。”三个声音同时回答，虽然他们的声调高低各不相同。

① 例句来自《佳蒂的幸福》。

3. ข้าไม่เคยขอสิ่งใดจากผู้ใดและสามสิ่งที่ข้าจะออกปากขอก่อนตายได้ตามประเพณี ข้าก็จะไม่ขอจากสู แต่ข้าจะขอให้สูได้สิ่งใดสิ่งหนึ่งในสามสิ่งก่อนประหารข้า ๓๔๖

kha^{51} mai^{51} khəəi^{33} khɔ^{51} siŋ^{21} dai^{33} caak^{21} phu^{51} dai^{33} lɛʔ^{453} saam^{24} siŋ^{21} thi^{51} kha^{51} caʔ^{21}
我 不 曾 求 东西 哪 从 人 谁 和 三 东西 的 我 要

ʔɔɔk^{21} paak^{21} khɔ^{24} kɔɔn^{21} taai^{33} dai^{51} taam^{33} praʔ^{21}phe^{33}ni^{33}，kha^{51} kɔ^{51} caʔ^{21} mai^{51} khɔ^{24}
出 嘴 求 前 死 得 跟 礼俗 我 也 要 不 求

caak^{21} su^{24}，tɛ^{21} kha^{51} caʔ^{21} khɔ^{24}hai^{51} su^{24} dai^{51} siŋ^{21} dai^{33} siŋ^{21} nɯŋ^{21} nai^{33} saam^{24} siŋ^{21}
从 你 但 我 要 求 给 你 得 东西 哪 东西 一 里 三 东西

kɔɔn^{21} praʔ^{21}haan^{24} kha^{51}.（346）
前 处死 我

我不曾向谁请求过任何东西，按照我们的习俗，我死前可以有权得到三个东西，但是这三个东西我也不向你要，相反我希望你在处死我之前得到这三件东西中的任何一件。

4. เพื่อให้เขาปล่อยข้า ข้าเสนอสิ่งตอบแทนสามสิ่ง แต่ละสิ่งมีค่าไม่น้อยกว่าชีวิตของคนคนหนึ่ง ๔๘๑

phɯa^{51} hai^{51} khau^{24} plɔɔi^{21} kha^{51}，kha^{51} saʔ^{21}nə^{24} siŋ^{21} tɔɔp^{21} thɛɛn^{33} saam^{24} siŋ^{21}，
为了 让 他 放 我 我 建议 东西 答 代替 三 东西

tɛ^{21}laʔ^{453} siŋ^{21} mi^{33} kha^{51} mai^{51} nɔɔi^{453} kwa^{21} chi^{33}wit^{453} khɔɔŋ^{24} khon^{33} khon^{33} nɯŋ^{21}.（481）
各 东西 有 价格 不 少 过 生命 的 人 人 一

为了让他放我，我建议给他三件东西作为报答，每件的价值不低于一个人的生命。

5. เพราะไม่ใช่กิริยาของมนุษย์แต่เป็นกิริยาของกบในท้องนาที่ยืนสองขาไม่ได้ ๑๕๐

phrɔʔ^{453} mai^{51} chai^{51} kiʔ^{21}riʔ^{453}ja^{33} khɔɔŋ^{24} maʔ^{453}nut^{453} tɛ^{21} pen^{33} kiʔ^{21}riʔ^{453}ja^{33} khɔɔŋ^{24} kop^{21} nai^{33}
因为 不 是 行为 的 人类 但 是 行为 的 青蛙 里

thɔɔŋ^{453} na^{33} thi^{51} jɯɯn^{33} sɔɔŋ^{24} kha^{24} mai^{51} dai^{51}.（150）
空地 田 的 站 两 腿 不 能

因为不是人类的行为，而是田野里的连两条腿都不能站立的青蛙的行为。

与原形相比，这种省略形式把“数－名”当作一个整体，相对淡化了对名词的计量含义，这正适合出现在讲究便捷的媒体领域。这种“数－名”结构与“名－数－名”之间存在是否强调数量含义的差别，数量的含义本身并没有因为不强调就消失了。①

不过，也应该注意“数－名”和“名－数－名”是两种不同的结构，根据各自内部成分的关系，两者属于不同的组属。“数－名”结构除了很大一部分可以还原成“名－数－名”结构以外还有一些类型无法还原成对应的

① 维金·帕努蓬（1970，1989）[68] 也指出了这一点。

“名－数－名”形式；有一些虽然可以还原，但是“数－名”和“名－数－名”结构之间表达的意思存在差异，即：“数－名”结构由于本身具有一定的述谓性质，其陈述的对象指向该结构之外的事物；而“名－数－名”结构只要在句法条件满足的情况下就是一个完整的计量结构，其中的“数－名”其语义指向前面的名词。请对比下面表示身体器官的词语，其中“phom^{24}mi^{33}sɔɔŋ^{24}ŋa^{33}”中由于 sɔɔŋ^{24}ŋa^{33}“两根象牙”指向计量结构之外的 phom^{24}“我”，所以句子不成立。可见，“数－名”在结构上和在语义上都有不同于“名－数－名”的地方。

1. ช้างมีสองงา	ช้างมีงาสองงา
chaaŋ^{453} mi^{33} sɔɔŋ^{24} ŋa^{33}.	chaaŋ^{453} mi^{33} ŋa^{33} sɔɔŋ^{24} ŋa^{33}.
大象 有 两 象牙	大象 有 象牙 两 象牙
大象长着两根象牙。	大象有两根象牙。
2. *ผมมีสองงา	ผมมีงาสองงา
phom^{24} mi^{33} sɔɔŋ^{24} ŋa^{33}.	phom^{24} mi^{33} ŋa^{33} sɔɔŋ^{24} ŋa^{33}.
我 有 两 象牙	我 有 象牙 两 象牙
我长着两根象牙。	我有两根象牙。

3.7.3 名－数与名－数－量、名－数－名

“名－数”结构中的名词成分和数量成分的关系与“名－数－量”、“名－数－名”完全是一致的，因此除了并列的多个事物采用的“名－数”结构以外其他的所有“名－数”结构都是“名－数－量”、“名－数－名”省略计量单位而形成的。①从“名－数”结构的角度看，判断在排列上呈现为“名－数”顺序的一系列词语是不是计量结构就看能否补出与之对应的量词。如果一个结构看似“名－数”结构但无法还原为“名－数－量”或“名－数－名”形式，或者虽然能还原但还原前后表达的意思改变，那么这种结构就不是 “名－数”计量结构，如下：

1. คูนเห็นแหของลุงกาและลุงเข้มตาใหญ่กว่าของพ่อจึงถามพ่อว่า ทำไมไม่เหมือนกัน พ่อจึงอธิบายว่าแหทอดปลามีขนาดต่างๆกัน เช่นแหหนึ่งนิ้ว แหสองนิ้ว แหสี่นิ้ว และแหโป้ เป็นต้น ถามอีกว่าทำไมจึงเรียกเป็นนิ้ว พ่อก็บอกว่าฝืนไหนเอานิ้วชี้สอดเข้าตาแหครือๆก็เรียกว่าหนึ่งนิ้ว ถ้าตาแหผืนไหนกว้างพอเอานิ้วสอดเข้าไปสองหรือสามนิ้วก็เรียกว่าแหสอง แหสาม ๑๙๕②

khuun^{33} hen^{24} hɛ^{24} khɔɔŋ^{24} luŋ^{33} ka^{33} lɛʔ^{453} luŋ^{33} kheem^{51} ta^{33} jai^{21} kwa^{21} khɔɔŋ^{24} phɔ^{51} cɯŋ^{33}
昆（人名）见 网 的 伯伯 加（人名）和 伯伯 肯（人名）眼 大 过 的 爸爸 就

① 有人也持类似的观点，参考潘德鼎（2011c）[137]。

② 例句来自《东北之子》，ฝืน 字疑有误。

thaam^{24} phɔ^{51} wa^{51}： tham^{33}mai^{33} mai^{51} mɯan^{24} kan^{33}. phɔ^{51} cɯŋ^{33} ʔa^{33}thiʔ^{453}baai^{33}

问 爸爸 说 为什么 不 相同 相互 爸爸 就 解释

wa^{51} hɛ^{24} thɔɔt^{51} pla^{33} mi^{33} khaʔ^{21}naat^{21} taaŋ^{21}taaŋ^{21} kan^{33}，cheen^{51} hɛ^{24} nɯŋ^{21} niu^{453} hɛ^{24}

说 网 投 鱼 有 规格 不同 不同 互相 像 网 一 指 网

sɔɔŋ^{24} niu^{453} hɛ^{24} si^{21} niu^{453} lɛʔ^{453} hɛ^{24} po^{51} pen^{33}ton^{51}. thaam^{24} ʔiik^{21} wa^{51}： tham^{33}mai^{33}

两 指 网 四 指 和 网 拇指 是 开始 问 再 说 为什么

cɯŋ^{33} riak^{51} pen^{33} niu^{453}. phɔ^{51} kɔ^{51} bɔɔk^{21} wa^{51} phɯɯn^{24} nai^{24} ʔau^{33} niu^{453} chi^{453} sɔɔt^{21}

就 叫 做 指 爸爸 就 告诉 说 张 哪 用 手指 指 穿

khau^{51} ta^{33} hɛ^{24} khrɯɯ^{33}khrɯɯ^{33} kɔ^{51} riak^{51} wa^{51} nɯŋ^{21} niu^{453}，tha^{51} ta^{33} hɛ^{24} phɯɯn^{24} nai^{24}

进 眼 网 网 网 就 叫 说 一 指 如果 眼 网 张 哪

kwaaŋ^{51} phɔ^{33} ʔau^{33} niu^{453} sɔɔt^{21} khau^{51} pai^{33} sɔɔŋ^{24} rɯ^{24} saam^{24} niu^{453} kɔ^{51} riak^{51} wa^{51}

广 足够 用 手指 穿 进 去 两 或 三 指 就 叫 说

hɛ^{24} sɔɔŋ^{24} hɛ^{24} saam^{24}. （195）

网 两 网 三

小昆见加伯伯和肯伯伯的网比爸爸的网眼大就问为什么，爸爸解释道：撒渔的网有各种不同的规格，例如一指网、二指网、四指网和拇指网。小昆又问为什么用“指”这个词，爸爸告诉说，哪张网能用食指穿过网眼就叫一指，如果哪张的网眼足够大可以用两个或三个食指穿过就叫做二指网、三指网。

2. บัดนี้ขุนจาดให้ข้านำขบวนมารับนางยมโดยไปวิวาห์เพื่อแคว้นเราทั้งสองจะเป็นไมตรีกันต่อไป ๙๑

bat^{21} ni^{453} khun^{24}caat^{21} hai^{51} kha^{51} nam^{33} khaʔ^{21}buan^{33} ma^{33} rap^{453} naaŋ^{33} jom^{33}dooi^{33}

时候 这 坤乍 让 我 带 队伍 来 接 姑娘 云兑

pai^{33} wiʔ^{453}wa^{33} phɯa^{51} khwɛɛn^{453} rau^{33} thaŋ^{453} sɔɔŋ^{24} caʔ^{21} pen^{33} mai^{33}tri^{33} kan^{33}

去 结婚 为了 地区 我 整 两 要 成 友谊 互相

tɔ^{21}pai^{33}. （91）

接 下去

现在坤乍让我带领队伍来接云兑姑娘去办婚礼，以使我们两个地区继续友好下去。

3 .เมืองเราทั้งสองมีไมตรีกันมานาน
และการปกครองก็มีเจ้าเมืองสืบตระกูลปกครองในแบบเดียวกัน ๑๒๓

mɯaŋ^{33} rau^{33} thaŋ^{453} sɔɔŋ^{24} mi^{33} mai^{33}tri^{33} kan^{33} ma^{33} naan^{33} lɛʔ^{453} kaan^{33}pok^{21}khrɔɔŋ^{33} kɔ^{51} mi^{33}

地方 我们 整 两 有 友谊 互相 来 久 和 的 统治 也 有

cau^{51}mɯaŋ^{33} sɯɯp^{21} traʔ^{21}kuun^{33} pok^{21}khrɔɔŋ^{33} nai^{33} bɛɛp^{21} diau^{33} kan^{33}. （123）

主 城 继承 家族 统治 里 模式 同一 互相

我们两国的友谊由来已久，统治的模式也都同样是由城主家族世袭 。

“名－数”结构虽然是由“名－数－量”、“名－数－名”省略而来，但是它也有自己的特点，即"名－数"和"数－名"一样具有简练的特点，具有一定的语体色彩。例如它们都可以出现在一些诗歌之中。①在古代的文献中同样早已有它们的身影。②

1. ได้อยู่ชั้นสามตามกันมา รวมหญิงห้าชายสองสบายใจ ๘

dai^{51} ju^{21} chan^{453} saam^{24} taam^{33} kan^{33} ma^{33} ruam^{33} jiŋ^{24} ha^{51} chaai^{33} sɔɔŋ^{24} saʔ^{21}baai^{33} cai^{33}. （8）

得 住 层 三 挨近 互相 来 汇集 女 五 男 二 舒服 心

住的房间紧挨着都在三层，五个女的两个男的大家都感觉舒服。

2. ทั้งห้าหญิงสองชายไม่ขายหน้า ว่าเราไม่เสียทีที่เกิดมากำแพงล้ำค้ำฟ้าได้มาชม ๒๘

thaŋ^{453} ha^{51} jiŋ^{24} sɔɔŋ^{24} chaai^{33} mai^{51} khaai^{24} na^{51} wa^{51} rau^{33} mai^{51} sia^{24} thi^{33} thi^{51} kəət^{21} ma^{33}

整 五 女 二 男 没 卖 脸 说 我们 不 失 样子 的 生 来

kam^{33}phɛɛŋ^{33} lam^{453} kham^{453} fa^{453} dai^{51} ma^{33} chom^{33}. （28）

城墙 超过 支撑 天 得 来 观看

五个女的两个男的都不丢脸，能来看名闻天下的长城也不冤枉这一生了。

3. ตูพี่น้องท้องเดียวห้าคน ผู้ชายสามผู้ญิงโสง

tu^{33} phi^{51}nɔɔŋ^{453} thɔɔŋ^{453} diau^{33} ha^{51} khon^{33} phu^{51}chaai^{33} saam^{24} phu^{51} jiiŋ^{24} sooŋ^{24}.

我们 兄姐 弟妹 肚 同一 五 个 个 男 三 个 女 两

我们同胞兄弟姐妹五个，三个男的，两个女的。

4. สองนางลาหมอเถ้า ไปบอกแก่สองเจ้า

sɔɔŋ^{24} naaŋ^{33} la^{33} mɔ^{24} thau^{51} pai^{33} bɔɔk^{21} kɛ^{21} sɔɔŋ^{24} cau^{51}.

两 妇人 离开 巫师 老 去 告诉 给 两 主人

两个侍女离开老巫师去告诉两位公主。

5. สองอ่อนท้าวยินดียิ่งนา

sɔɔŋ^{24} ʔɔɔn^{21} thaau^{453} jin^{33}di^{33} jiŋ^{51} na^{33}.

两 年轻 王者 听 高兴 很 啊

两位年轻的公主很高兴啊。

6. เราจึ่งเห็นสามไท้ธิราชผู้มีบุญ

rau^{33} cɯŋ^{21} hen^{24} saam^{24} thai^{453} thiʔ^{453}raat^{51} phu^{51} mi^{33} bun^{33}.

我们 就 见 三 王者 王者的 个 有 恩德

我们就看见三位有恩德的王者。

① 例一、二来自蒙·銮·宾玛拉贡（หม่อมหลวงปิ่นมาลากุล）。

② 例句分别来自兰甘亨石碑和《帕罗赋》（ลิลิตพระลอ）。

3.8 泰语量词的分类功能

量词，称为单位词是从计量这一功能说的。单位词这个名称表示事物的测量标准，典型的是度量衡单位，包括规范性的标准度量衡单位和较为原始的度量衡单位，如物理学“力”用牛，一般的可用马力，水用升、斤，时间用年、月、日、小时、分、秒等，都是人们通过规定俗成的方式达成的，是人为给定的标准；由于用于不可数名词，所以英文称为 mass-classifiers。一般说的部分量词、集体量词、借用量词，实际上承担的也是单位词的功能，只不过它们与度量衡单位使用范围不同，既用于可数名词也用于不可数名词。但是这些标准都是用对其进行计量的名物之外的实体做单位。

量词与它们不同，不是人为从外部加上的标准，而是依据要计量的事物内部得出的标准，这就是所谓“自然单位”（或称天然单位）一名的由来。这一名称包含有两方面的含义：

第一，自然单位以“一个实体”为量。度量衡单位都有量的含义，例如“两斤米”和“两吨米”，数词相同而量不同是由于计量单位“斤”、“吨”所表示的量不同。与度量衡单位相比，自然单位可以说是不表量的。如一座桥的长度固然可大可小，但都用“座”。从另一个方面看，自然单位以“一”为量，一座桥的长度可大可小但实际上都是一座，所表的量都为“一”；“一牛”（古语）和“一头牛”，有“头”无“头”，所表的量都为“一”；这是因为“座”、“头”等的量跟数词“一”同一。“一头牛”和“一条牛”（方言）、“一头牛”和“三头牛”，都是以“一”为基本的量。可见，常说量词不表示“量”，实际上量词表量为“一”。

第二，自然单位与实体同类。度量衡单位不表示所要计量的事物属于哪一类，没有类别的含义。例如“两升水”和“两公斤水”，计量单位“升”、“公斤”揭示的是容积和重量的不同，而不是“升”、“公斤”所指与水同为一类。与度量衡单位相比，自然单位必须与实体识别为同一类，即语义上与名词所指的名物在类别上同一。如“一头牛、一头象”，量词“头”不等于“牛”、“象”身体上的一个部分，而表示牛、象等巨型动物。也就是说，自然单位本身就含有类别的功能。

可见，量词不仅仅有计量的功能，还有指类的作用，用于指明个体事物及其类别。一般来说，泰语“名－数－量”结构中的量词没有显示出对事物的指类作用，这是因为前面的名词表示的事物明确，这种类别功能与名词含义混同而处于被隐藏的状态。有两种验证方法：第一种，选择 ka^{33}（กา）、kluai^{51}（กล้วย）特别是 kluai^{51} 这样的多义名词来验证。观察下面的例一、例二，如果没有量词 tua^{33} 不能将第一个 ka^{33} 理解为乌鸦；没有量词 bai^{33} 也不能将第二个 ka^{33} 理解为水壶。①kluai^{51} 也是依靠量词才能明确其含义。第二种，保持数词和名词不变，把个体量词换成反响量词、泛用量词ʔan^{33}，这时类别的含义就丧失了。观察下面的例三、例四，baan^{51}（บ้าน）“房子”、tiaŋ^{33}（เตียง）“床”用个体量词 laŋ^{24} 所指属于带有顶的一类事物，分有顶无顶；用对应的反响量词、泛用量词，所指的事物分别属于抽象的、一般的范畴，与有顶无顶的类别无关。最后看看例五、例六名词所指相关，如果将一个个体量词改换为另外一个个体量词，所指就会改变；将个体量词换成泛用量词，所指的事物就不甚了然了，如 kun^{33}cɛ^{33}sɔɔŋ^{24}ʔan^{33} 是两把钥匙还是两把锁，thaʔ^{453}nu^{33}sɔɔŋ^{24}ʔan^{33} 是两枚箭还是两把弓，只有根据具体的语言环境才能确定。

1. กาสองตัว	กาสองใบ		
ka^{33} sɔɔŋ^{24} tua^{33}	ka^{33} sɔɔŋ^{24} bai^{33}		
乌鸦 两 只	水壶 两 个		
两只乌鸦	两个水壶		
2. กล้วยสองต้น	กล้วยสองลูก		
kluai^{51} sɔɔŋ^{24} ton^{51}	kluai^{51} sɔɔŋ^{24} luuk^{51}		
芭蕉 两 棵	芭蕉 两 个		
两棵芭蕉	两个芭蕉		
3. บ้านสองบ้าน	บ้านสองหลัง	บ้านสองอัน	两个房子
baan^{51} sɔɔŋ^{24} baan^{51}	baan^{51} sɔɔŋ^{24} laŋ^{24}	baan^{51} sɔɔŋ^{24} ʔan^{33}	
房子 两 房子	房子 两 栋	房子 两 个	
4. เตียงสองเตียง	เตียงสองหลัง	เตียงสองอัน	两张床
tiaŋ^{33} sɔɔŋ^{24} tiaŋ^{33}	tiaŋ^{33} sɔɔŋ^{24} laŋ^{24}	tiaŋ^{33} sɔɔŋ^{24} ʔan^{33}	
床 两 床	床 两 张	床 两 个	
5. กุญแจสองดอก	กุญแจสองชุด	กุญแจสองอัน②	
kun^{33}cɛ^{33} sɔɔŋ^{24} dɔɔk^{21}	kun^{33}cɛ^{33} sɔɔŋ^{24} chut^{453}	kun^{33}cɛ^{33} sɔɔŋ^{24} ʔan^{33}	
钥匙 两 把	钥匙 两 把	钥匙、锁 两 个	
两把钥匙	两把钥匙	两把钥匙，两把锁	
6. ธนูสองลูก	ธนูสองดอก	ธนูสองคัน	ธนูสองอัน
thaʔ^{453}nu^{33} sɔɔŋ^{24} luuk^{51}	thaʔ^{453}nu^{33} sɔɔŋ^{24} dɔɔk^{21}	thaʔ^{453}nu^{33} sɔɔŋ^{24} khan^{33}	thaʔ^{453}nu^{33} sɔɔŋ^{24} ʔan^{33}
箭 两 枚	箭 两 枚	弓 两 把	箭、弓 两 个
两枚箭	两枚箭	两把弓	两枚箭，两把弓

① 也可以把 ka^{33}（กา）理解为两个不同的词，即偶然同音的两个词，后文 khon^{33}（คน）“人、次”，saau^{24}（สาว）“姑娘、抽取”同。

② กุญแจ 可以指钥匙（ลูกกุญแจ），也可以指锁头（แม่กุญแจ），所指相关；语言环境比较明确的情况下，一般都会将 ลูก 或 แม่ 省略。参看潘德鼎（2011d）[101]。

量词的指类作用，不仅指明个体事物和事物的类别，而且用于指明词语所属的意义范畴。如果说上面的分类功能多少还是语义上的，这种指明词语的意义范畴却完全是语法上的，下面的 khon[33]（คน）、saau[24]（สาว）以及 thai[24]（ไถ）依靠后面的量词指明其词性特征。

คนสองคน	คนสองครั้ง
khon[33] sɔɔŋ[24] khon[33]	khon[33] sɔɔŋ[24] khraŋ[453]
人 两 人	搅拌 两 次
两个人	搅拌两次
สาวสองคน	สาวสองครั้ง
saau[24] sɔɔŋ[24] khon[33]	saau[24] sɔɔŋ[24] khraŋ[453]
姑娘 两 个	年轻、抽取 两 次
两个姑娘	年轻两次，抽取两次
ไถสองคัน	ไถสองครั้ง
thai[24] sɔɔŋ[24] khan[33]	thai[24] sɔɔŋ[24] khraŋ[453]
犁 两 把	犁 两 次
两把犁	犁两次

可见，分类功能集语义、语法于一身。如果为一般量词所遮蔽把作为自然单位的量词简单地等同于其他单位词，否认其分类功能显然是不符合语言事实的；否认量词对名词具有指明别类的作用也是不恰当的。本书的分类功能主要是指量词对名词有区分别类的作用，把这种功能纳入语法领域讨论。

第一，量词的分类功能不是词汇意义上的分类，尤其与逻辑、认知上的分类有所不同。量词的分类功能不一定代表人们认识事物的规律。例如，泰语用 tua[33] 来计量动物，也用来计量文字、衣物等，但不能认为泰国人把文字、衣物看成动物；用 bai[33] 来计量苹果，但不能认为泰国人把苹果看成扁平状的事物；用 chɯak[51] 来计量训象，更不能认为泰国人认为大象是绳子。如果把量词的分类功能等同于认知上的范畴，就好比根据任何一种语言里都会描述的“太阳东升西落”而认为太阳围绕地球转。据此，可以把量词与其他具有区别意义的语言成分区分开。

第二，从计量结构的角度看，分类功能的存在离不开“名－数－量”等分布环境，特别是受数词修饰的“数∽”环境。[①]上文说过泰语表达名物的数量含义必须采用数词前置的方式，任何一个名词包括合成词只要一分布于这样的环境中充当计量单位就具有抽象的类别的含义，如“数－名”中的名词和“名－数－名”中的第二个名词。当然，不同的分布环境体现

① 本书符号∽表示名词、量词等体词性成分，下同。

的分类功能有些差异。如泛用量词ʔan^{33}用于指称可以代替任何事物，表人的量词 phu^{51} 也常用于指称结构表示各类人，但ʔan^{33} 在计量结构中不能代替人、动植物，phu^{51} 也不能出现在计量结构中。这说明了“名－数－量”中的量词具有较为严格的类别意义。至于这种意义的具体区别是什么不属于语法领域的问题。

分类功能的这些特点从共时的层面进一步揭示了量词有多种来源，其中有两种来源需要注意区分。量词的这两种源头都与词汇系统中呈现为上下位词关系的词语有关。第一种，源头有类别意义，它们作为量词用时在源头的基础上保持、增强或改变类别意义。这种情况一般来说源头是类别名词。如 khon^{33}（คน）指抽象意义上的人的概念，用作半反响量词来计量由其充当中心语的合成词保持了源头的本来含义；但当它用于由表人的 phu^{51} 组合而成的名词时，由于 phu^{51}（ผู้）在类别意义上比它含义更强更准确，两相对比，强化了源头的表人的含义。①又如 dɔɔk^{21} 指花，用作半反响量词保留了原有的花类的含义，但用作 kun^{33}cɛ^{33}（กุญแจ）“钥匙”的量词不仅改变类别意义，而且产生了朵状物的含义，因为钥匙并不是花。因此还可以用于计量“蘑菇”等。对于这种情况，类别名词本身的类别含义与其作为不同名词的自然单位所表现出来的类别功能并不是一回事。

1. คนกลางสองคน	ผู้ชายสองคน
khon^{33}klaaŋ^{33} sɔɔŋ^{24} khon^{33}	phu^{51}chaai^{33} sɔɔŋ^{24} khon^{33}
人　中　两　人	人　男　两　个
两个中间人	两个男人
2. ดอกกุหลาบเจ็ดดอก	กุญแจสองดอก
dɔɔk^{21} kuʔ^{21}laap^{21} cet^{21} dɔɔk^{21}	kun^{33}cɛ^{33} sɔɔŋ^{24} dɔɔk^{21}
花　玫瑰　七　朵	钥匙　两　把
七朵玫瑰花	两把钥匙

第二种，源头本身没有类别意义，它们作为量词用时在源头之外产生了类别意义。如“khan^{33}（把子）、daam^{51}（把子）和 laŋ^{24}（顶子）”是有关事物的一部分，并没有类别意义，用作量词才产生了类别意义。如同汉语“两头牛、两尾鱼”，不能认为牛是头，鱼是尾；即使能理解牛属于有头的动物或大型动物，鱼属于有尾巴的动物，但也不能认为这是民族认知凸显所致，因为还可以说两只牛、两条鱼。②

① 不能将泰语计量用的量词 khon^{33} 换成 phu^{51}，这与有些台语不同，参考李方桂（2005c）。

② 笔者并不否认其他学者的观点，如“转喻生成，隐喻扩展”也是有道理的。

รถสองคัน	ปากกาสองด้าม	เรือนสองหลัง
rot^{453} sɔɔŋ^{24} khan^{33}	paak^{21}ka^{33} sɔɔŋ^{24} daam^{51}	rɯan^{33} sɔɔŋ^{24} laŋ^{24}
车 两 辆	嘴巴 乌鸦 两 支	房子 两 栋
两辆车	两支笔	两栋房子

3.9 泰汉计量结构和量名关系对比

泰语常见的计量结构表达计量含义不很纯粹，名词成分与数量成分只有作为一个整体出现在一定的句法位置上才能纯粹地表达事物的数量；泰语里不是所有表示名物含义的词语都能将实体单位和实体本身区分开，有一部分词语如抽象事物、表人天然类别的词语等由其采用的计量结构决定了没有做出这种区分的必要。

现代汉语计量结构主要采用“数－量－名”，“数－名”、“名－数－量”与古语遗存和文体语体有关。“数－量－名”结构中的“数－量”位于名词之前，中间不能插入其他成分，因此现代汉语“数－量－名”结构是一种纯粹的计量结构。值得注意的是，现代汉语平行复合的集体名词如“兄弟”一词与普通的名词不同既可以采用“两个兄弟”的形式，也可以采用“两兄弟、兄弟俩”的结构，与对应的泰语词相近，说明这类词在这两种语言中占有相同的地位。

泰语计量结构的多样性颇似魏晋以前的汉语，但是各计量结构在计量表达的整个系统中的地位和作用很不一样，如当时的汉语主要的计量结构是“数－名”，而现代泰语以“名－数－量、名－数－名”为常，见表 3.3。在汉语史上，殷虚卜辞早就出现“羌百羌、羌十人”等现象，个体量词的端倪出现在替换反响量词的语法位置上，这成为有些学者对所萌之芽是不是量词进行判断的标准，认为先秦汉语量词已处于萌芽期。有人还进一步从亲属语验证这一观点。

表 3.3　　现代泰语与古代汉语计量结构对比

计量结构	现代泰语		魏晋以前的汉语	
名－数－量	常见的	thaʔ^{453}haan^{24}ji^{51}sip^{21}khon^{33} 士兵－二－十－名	“比较少见的”、“非常普遍”	珠二斗、马十匹
名－数－名	常见的	khon^{33}ji^{53}sip^{21}khon^{33} 人－二－十－人	个别	羌百羌、人十有六人、玉十玉、田十田、牛三百五十牛、羊卅八羊
数－名	不太常见	cet^{21}mɛ^{51}nam^{453} 七－妈妈－水	“最常见的”	一言以蔽之
数－量－名	个别	thuk^{453}tua^{33}sat^{21} 每－只－动物	已经存在	一箪食一瓢饮
名－数	常见的	thaʔ^{453}haan^{24}sɔɔŋ^{24}phan^{33} 士兵－两－千	“比较少见的”	牛一、羊一

研究表明，泰、汉量词可互为参考但不易做类比，这其中之一就是“反响量词”，泰语 chaaŋ^{453} saam^{24} chaaŋ^{453}（象－三－象）、khon^{33} sɔɔŋ^{24} khon^{33}（人－二－人）这样的现象容易使人将之与殷周“羌百羌、田十田”等联系起来。乍一看两者能互相启发，但实际上，从语法系统性的角度来看，“名－数－名”只是泰语常见的计量结构之一种，至多只是其中的半反响型因避免了“词的同一性”而在词汇形式上能充分地将量名转换的句法过程表现出来而已，真正能反映量词从名词分化出来的过程不能只倚靠这一计量结构的存在，还需要综合考虑计量表达、指称表达以及类别结构中量词是否从分布和功能两方面都从名词分化出来。何况根据有关文献，泰语不少的具体名词在 19 世纪中后期还存在“名－数－名”，到了现代才使用“名－数－量”，这短短一百年的时间里发生了替换本身就说明，使用量词的句法规则也是在较晚的时期才逐渐成为规范的。

可见，从计量的角度看泰语量词与名词的关系较为密切，而现代汉语量词大致能从名词中区别、分化出来，只是在古代汉语里“（量词是）一种特殊的名词”（王力，1958，2009）[272]，而且“单位词还没有从名词中分化出来，只是名词中的一小类”（郭锡良，2007）[261]。①

3.10　小　结

本章从计量功能的角度，考察泰语各类计量结构特别是“名－数－量”以外的结构，发现：

一般语法书未见有或少见有深入研究的泰语量词分布有三项：“数－名”、“数－量－名”以及“名－数”。发现这些分布特别“数－名”（如 cet^{21}mɛ^{51}nam^{453} 七－妈妈－水、sɔɔŋ^{24}thi^{51}prɯk^{21}sa^{24} 两－的－咨询）的价值在于它在一定程度上说明了泰语某些名词不需要量词可以受数词修饰。

泰语除了常见的“名－数－量”、“名－数－名”以外存在上述三种计量结构，构成计量表达方式的整个系统，这些结构尽管在语用、语义上有些差异，但作为计量表达的方式它们都具有一定的联系，其语法意义也没有太大的差别，即都表示事物的数量含义。从计量表达的系统性看，表达计量意义必须采用“数∽”形式，其中数词后面的成分可以是多音节的合成词。

① 另“单位词是名词的一种，它表示人、物的单位，经常和数目字一起用，所以又叫做‘量词’。不同类的事物有不同的单位词，所以又叫做‘类别词’（classifiers）”。（王力，1989）

在常见的“名－数－量”计量结构中，量词起到两种作用。[①]

第一种，一般单位词的计量功能。“名－数－量”结构中的个体量词、“名－数－名”结构中的反响量词充当事物的计量单位，跟数词组合之后放在名词后面一起做数量成分。因此，无论就分布还是功能上都与度量衡量词、部分量词、集体量词以及借用量词等其他量词类型一样。从这个角度看，尽管它们在词义上与其他量词有差异，但这种差异对整个结构表达数量意义并没有影响，因此可归入“名－数－量：计量单位”之中，强调量词跟其他类型的单位词的共性。

第二种，自然单位的分类功能。个体量词、反响量词与其他类型的量词的不同之处在于除了计量功能之外它们还具有分类的功能，就此项功能来讲它们与词汇中呈现上、下位词关系的词语有紧密的联系但也不完全等同。作为自然单位这两种量词特别是其中的个体量词同时兼有计量和分类两种功能，可归入“名－数－量：自然单位”之中，表示与其他类型的单位词的差异。

① 此处“名－数－量”结构包括“名－数－名”。

第四章　量词在“名－量－修”分布中的功能：指称单位*

4.1　“名－量－修”中的名词类型

泰语指称结构之一采用“名－量－修”格式，构成“名－量－修”中的名词类型有以下四种。①

第一种，一般的具体名词，包括天然事物、生物、器具等，数量庞大。

1. พระจันทร์ดวงโตเปล่งรัศมีอวดความงามอยู่กลางฟ้า เห็นกระต่ายในดวงจันทร์ชัดถนัดตา สามชีวิตบนระเบียงชมจันทร์ราวถูกสะกด ตาพูดลอยๆว่า อยู่ที่ไหนก็ดูพระจันทร์ดวงเดียวกัน ๓๔②

phraʔ^{453}can^{33} duaŋ^{33} to^{33} pleeŋ^{21} rat^{453}saʔ^{21}mi^{24} ʔuat^{21} khwaam^{33}ŋaam^{33} ju^{21} klaaŋ^{33} fa^{453}，hen^{24}
月亮　个　大　发出　光辉　炫耀　的　美丽　在　中　天　见

kraʔ^{21}taai^{21} nai^{33} duaŋ^{33} can^{33} chat^{453} thaʔ^{21}nat^{21} ta^{33}，saam^{24} chi^{33}wit^{453} bon^{33} raʔ^{453}biaŋ^{33} chom^{33} can^{33}
兔子　里　个　月亮　清　清楚　眼　三　生命　上　走廊　看　月亮

raau^{33} thuuk^{21} saʔ^{21}kot^{21}，ta^{33} phuut^{51} lɔɔi^{33}lɔɔi^{33} wa^{51} ju^{21} thi^{51} nai^{24} kɔ^{51} du^{33} phraʔ^{453}can^{33} duaŋ^{33}
像　被　克制　外公　说　漂浮　漂浮　说　在　地　哪　也　看　月亮　个

diau^{33} kan^{33}.（34）
同一　互相

天空中大个的月亮发出光辉好像在炫耀美，月亮中的玉兔清晰可见，三个人在走廊上像不曾见过月亮一样看着月亮，外公漫不经心地说在哪里都看同一个月亮。

2. เตียวเหลียงหนีมาจนถึงเวลาเย็นก็ถึงทางสามแพร่งแห่งหนึ่งแล้วเตียวเหลียงให้ทหารขึ้นไปดูบนลูกเนิน ๗๒

tiau^{33}liaŋ^{24} ni^{24} ma^{33} con^{33} thɯŋ^{24} we^{33}la^{33} jen^{33} kɔ^{51} thɯŋ^{24} thaaŋ^{33} saam^{24} phrɛɛŋ^{51} hɛɛŋ^{21} nɯŋ^{21}
貂良　逃　来　直　到　时候　傍晚　就　到　路　三　岔道　个　一

---

* 本章部分内容曾发表于《民族语文》2016年第4期，该文在“泰语量词两种分布对应两种功能”（薄文泽 2012）的基础上发现泰语量词还存在第三类分布即在“名＋量＋形”分布中起到连接修饰语和中心语的作用，体现出台语量词计量、分类以外的第三种功能，文章发表后被《中国人民大学书报资料中心·语言文字学》2017年第3期全文转载。参看《泰语量词的连接作用》（载于《民族语文》2016年第4期）。

① 有关指称结构参看本章第十节。

② 例句来自《佳蒂的幸福》。

lɛɛu^{453} tiau^{33}liaŋ^{24} hai^{51} thaʔ^{453}haan^{24} khɯn^{51} pai^{33} du^{33} bon^{33} luuk^{51} nəən^{33}. （72）

然后 貂良 让 士兵 上 去 看 上 个 小丘

貂良一直逃到傍晚，到了一个三岔路口，他让士兵上小丘去察看。

3.จากนั้นเจ้าพลายก็เรียกทหารคนสนิทมา ๑๑๖

caak^{21} nan^{453} cau^{51}phlaai^{33} kɔ^{51} riak^{51} thaʔ^{453}haan^{24} khon^{33} saʔ^{21}nit^{21} ma^{33}. （116）

从 那 召湃 就 叫 士兵 个 亲密 来

召湃从那以后就召集亲密的士兵过来谋划。

4. ขุนจาดตายในระหว่างที่ล้อมภูสันตอง แล้วเจ้าพลายลูกคนเล็กของขุนจาดขึ้นสืบอำนาจต่อจากขุนจาด เจ้าพลายยังล้อมเมืองภูสันตองไว้ต่อไปขณะที่เจ้าพลบุตรคนใหญ่ของขุนจาดได้ลี้ภัยจากเมืองเม็งไปอยู่กับเราที่เมืองลือ ๔๘๒

khun^{24}caat^{21} taai^{33} nai^{33} raʔ^{453}waaŋ^{21} thi^{51} lɔɔm^{453} phu^{33}san^{24}tɔɔŋ^{33}，lɛɛu^{453} cau^{51}phlaai^{33} luuk^{51} khon^{33}

坤乍 死 里 之间 的 包围 普森东 然后 召湃 孩子 个

lek^{453} khɔɔŋ^{24} khun^{24}caat^{21} khɯn^{51} sɯɯp^{21} ʔam^{33}naat^{51} tɔ^{21} caak^{21} khun^{24}caat^{21}，cau^{51}phlaai^{33} jaŋ^{33}

小 的 坤乍 上 继承 权力 接 从 坤乍 召湃 还

lɔɔm^{453} mɯaŋ^{33} phu^{33}san^{24}tɔɔŋ^{33} wai^{453} tɔ^{21}pai^{33} khaʔ^{21}naʔ^{21} thi^{51} cau^{51}phon^{33} but^{21} khon^{33} jai^{21} khɔɔŋ^{24}

包围 城 普森东 住 接下去 时候 的 召澎 孩子 个 大 的

khun^{24}caat^{21} dai^{51} li^{453} phai^{33} caak^{21} mɯaŋ^{33}meŋ^{33} pai^{33} ju^{21} kap^{21} rau^{33} thi^{51} mɯaŋ^{33}lɯ^{33}. （482）

坤乍 得 躲 灾害 从 城 渑 去 在 和 我们 处 城 仂

坤乍在包围普森东的过程中死去，他的小儿子召湃接着继承了王位，召湃继续包围普森东，而大儿子召澎则从渑城来到我们仂城避难。

5. ทัพชนิดนี้สำหรับหลอกเด็ก เราจึงไม่ได้มีไว้ สูน่าจะรู้ว่าในการศึกไม่เคยประกฏว่าทัพชนิดนี้จะชนะทหารเดินเท้าได้ ๑๖๒

thap^{453} chaʔ^{453}nit^{453} ni^{453} sam^{24}rap^{21} lɔɔk^{21} dek^{21}，rau^{33} cɯŋ^{33} mai^{51} dai^{51} mi^{33} wai^{453}，su^{24} na^{51}caʔ^{21} ru^{453}

军队 种 这 专门 骗 小孩 我们 才 没 得 有 着 你 可能 知

wa^{51} nai^{33} kaan^{33}sɯk^{21} mai^{51} khəəi^{33} praʔ^{21}kot^{21} wa^{51} thap^{453} chaʔ^{453}nit^{453} ni^{453} caʔ^{21} chaʔ^{453}naʔ^{453}

说 里 的 战斗 没 曾 显示 说 军队 种 这 要 胜利

thaʔ^{453}haan^{24} dəən^{33} thau^{453} dai^{51}. （162）

士兵 走 脚 能

这种军队是专门骗小孩看的，我们没有这种军队，你也知道在战斗中这种兵种从没打败过步兵。

第二种是少数专名。地名、国名等一般不出现在“名－量－修”结构中，但在存在同名的情况下少数专名可以出现，出现人名有时是为了强调同一个人的不同状态。不过这种情况不多，常见的是人名作为被解释的词语后面加上同位语，这时该结构中的量词可用 khon^{33}，更多地用 phu^{51}，这两个词都是表人的量词，但是后者与包括 khon^{33} 在内的其他量词不同的是它主要分布于“名－量－修”中，一般不出现在计量结构里。

1. เข็มเมืองคนมั่งมีแห่งเมืองภูสันตองก็นำเงินของตนทั้งหมดมามอบให้แก่สีเมฆ ให้ทหารเอาเงินนั้นหลอมเป็นหัวลูกธนูบ้าง คันธนูบ้าง ใช้ยิง ข้าศึกต่อไป ชาวเมืองคนอื่นๆก็กระทำตามเข็งเมือง ๑๑๗

khem^{24}mɯaŋ^{33} khon^{33} maŋ^{51} mi^{33} hɛɛŋ^{21} mɯaŋ^{33} phu^{33}san^{24}tɔɔŋ^{33} kɔ^{51} nam^{33} ŋəən^{33} khɔɔŋ^{24} ton^{33}
肯勐　个　富　有　的　城　普森东　就　带　银　的　自己

thaŋ^{453} mot^{21} ma^{33} mɔɔp^{51} hai^{51} kɛ^{21} si^{24}meek^{51}，hai^{51} thaʔ^{453}haan^{24} ʔau^{33} ŋəən^{33} nan^{453} lɔɔm^{24} pen^{33}
全部　完　来　托付　给　给　西明　让　士兵　拿　银　那　锻造　成

hua^{24} luuk^{51} thaʔ^{453}nu^{33} baaŋ^{51} khan^{33} thaʔ^{453}nu^{33} baaŋ^{51} chai^{453} jiŋ^{33} kha^{51} sɯk^{21} tɔ^{21}pai^{33}，chaau^{33}
头　枚　箭　些　把　弓　些　用　射　奴仆　战斗　接着　下去　人

mɯaŋ^{33} khon^{33} ʔɯn^{21}ʔɯn^{21} kɔ^{51} kraʔ^{21}tham^{33} taam^{33} khem^{24}mɯaŋ^{33}.（117）
城　个　其他　其他　就　做　跟　肯勐

普森东城富有的肯勐把自己全部的银子都交付给西明，让士兵拿去锻造成箭头、弓把继续射敌人。城里的其他人就效仿他。

2. คนนั้นคือคุณเชย คุณเชยคนเก่าที่ยังมิได้เปลี่ยนแปลงไปเลย ๑๔๗①

khon^{33} nan^{453} khɯ^{33} khun^{33}chəəi^{33}，khun^{33}chəəi^{33} khon^{33} kau^{21} thi^{51} jaŋ^{33} miʔ^{453} dai^{51} plian^{21} plɛɛŋ^{33}
人　那　是　坤崔　坤崔　个　旧　的　还　不　曾　改变　变化

pai^{33} ləəi^{33}.（147）
去　呢

那人是坤崔，还没有改变的以前的坤崔。

3. ทั่วเมืองเม็งรู้ดีว่าเจ้าผู้พี่ไม่เคยสนใจในการสู้รบ จะถนัดก็แต่การล่าสัตว์เพียงเพื่อใช้เป็นอาหาร ส่วนเจ้าพลายผู้น้องนั้นล่าคนมามากนัก เกิดเป็นชายไม่ควรจะท้าผู้อ่อนฝีมือกว่า เจ้าพลายจงมาสู้กับข้าเถิด ๑๓๘②

thua^{51} mɯaŋ^{33}meŋ^{33} ru^{453} di^{33} wa^{51} cau^{51} phu^{51} phi^{51} mai^{51} khəəi^{33} son^{24}cai^{33} nai^{33} kaan^{33}su^{51}rop^{453}，
整　城　渑　知　好　说　主人　个　哥哥　不　曾　关注　心　里　的　战斗

caʔ^{21} thaʔ^{21}nat^{21} kɔ^{51} tɛ^{21} kaan^{33}la^{51}sat^{21} phiaŋ^{33} phɯa^{51} chai^{453} pen^{33} ʔa^{33}haan^{24}，suan^{21} cau^{51}phlaai^{33}
要　擅长　也　只　的　狩猎　动物　仅　为了　使用　成　食物　至于　召湃

phu^{51} nɔɔŋ^{453} nan^{453} lau^{51} la^{51} khon^{33} ma^{33} maak^{51} nak^{453}，kəət^{21} pen^{33} chaai^{33} mai^{51} khuan^{33} caʔ^{21} tha^{453}
个　年少　那　呢　狩猎　人　来　许多　很　生　成　男　不　该　要　挑战

phu^{51} ʔɔɔn^{21} fi^{24}mɯ^{33} kwa^{21}，cau^{51}phlaai^{33} coŋ^{33} ma^{33} su^{51} kap^{21} kha^{51} thəət^{21}.（138）
人　软　手艺　过　召湃　必须　来　打　和　我　吧

整个渑城都知道兄长不曾关心打斗，要打也只是为了找食物而进行的狩猎，而弟

① 例句来自·《四朝代》。

② nɔɔŋ^{453}（น้อง）有“弟弟、妹妹”和“年少、年小于”的意思，对比 phi^{51}（พี่）只有“哥哥、姐姐”的意思。

弟召湃呢，他杀的人已经很多了，生为男子汉不该向比自己软弱的人挑衅，召湃来跟我打吧。

4. เตียวเหลียงผู้นี้ข้าเคยได้ยินชื่ออยู่ ๒๒๓

tiau^{33}liaŋ^{24} phu^{51} ni^{453} kha^{51} khəəi^{33} dai^{51}jin^{33} chɯ^{51} ju^{21}. （223）

貂良 个 这 我 曾 得 听见 名字 在

这个貂良，我曾听到过他的名字。

第三种，用个体量词的抽象名词。“名－量－修”中的抽象名词可以用“项、种、条”等个体量词。这个位置上的名词 khon^{33}“人”可以用 phu^{51}“个”。

1. จงเอาคนผู้นี้ไปจัดการด้วยความเป็นธรรม ๑๙๕

coŋ^{33} ʔau^{33} khon^{33} phu^{51} ni^{453} pai^{33} cat^{21} kaan^{33} duai^{51} khwaam^{33}pen^{33}tham^{33}. （195）

务必 拿 人 个 这 去 处理 事务 通过 的 是 公正

务必公正地把这个人处理掉。

2. เราควรจะใช้ทำประโยชน์ประการใดเพื่อประโยชน์ของคนไทด้วยกัน ๘๗

rau^{33} khuan^{33} caʔ^{21} chai^{453} tham^{33} praʔ^{21}joot^{21} praʔ^{21}kaan^{33} dai^{33} phɯa^{51} praʔ^{21}joot^{21} khɔɔŋ^{24}

我们 应该 要 使用 做 利益 项 哪 为了 利益 的

khon^{33}thai^{33} duai^{51} kan^{33}. （87）

人 泰 也 一起

为了泰人的利益我们应该要实现什么利益。

3. ซิฉุยกับปอทงเห็นงันสุยยืนเฉยอยู่มิสั่งการประการใดก็เข้าไปหาและกล่าวว่า ๒๒๓

siʔ^{453}chui^{24} kap^{21} pɔ^{33}thoŋ^{33} hen^{24} ŋan^{33}sui^{24} jɯɯn^{33} chəəi^{24} ju^{21} miʔ^{453} saŋ^{21} kaan^{33} praʔ^{21}kaan^{33} dai^{33}

西崔 和 博通 见 安绥 站 安静 在 不 吩咐 事务 项 哪

kɔ^{51} khau^{51} pai^{33} ha^{24} lɛʔ^{453} klaau^{21} wa^{51}. （223）

就 进 去 找 和 说 道

西崔和博通见到安绥静静地站着不吩咐哪项事务就进去说道。

4. แต่ถ้าใครจะกล่าวว่านางเป็นผู้โชคดีผู้นั้นกล่าวไม่ผิด บัวคำมีความรัก ผู้ใดมีความรักในหัวใจ ไม่ว่าจะเป็นความรักชนิดใด ผู้นั้นเป็นผู้มีโชค ส่วนผู้มีอำนาจ ไม่ว่าจะเป็นอำนาจชนิดใดก็ตามที ถ้าเขาไม่มีความรัก ถึงแม้เขาจะมีอำนาจเหนือทุกคนในโลกนี้หรือเหนือดินแดนทุกแห่งในโลกนี้ เขาจะมิใช่ผู้ที่สวรรค์โปรด ๔๓๒

tɛ^{21} tha^{51} khrai^{33} caʔ^{21} klaau^{21} wa^{51} naaŋ^{33} pen^{33} phu^{51} chook^{51} di^{33} phu^{51} nan^{453} klaau^{21} mai^{51} phit^{21},

但 如果 谁 要 说 说 妇人 是 人 运气 好 个 那 说 没 错

bua^{33}kham^{33} mi^{33} khwaam^{33}rak^{453}, phu^{51} dai^{33} mi^{33} khwaam^{33}rak^{453} nai^{33} hua^{24}cai^{33}, mai^{51} wa^{51} caʔ^{21}

博甘 有 的 爱 个 哪 有 的 爱 里 头 心 不 说 要

pen^{33} khwaam^{33}rak^{453} chaʔ^{453}nit^{453} dai^{33}, phu^{51} nan^{453} pen^{33} phu^{51} mi^{33} chook^{51}，suan^{21} phu^{51} mi^{33}

是 的 爱 种 哪 个 那 是 人 有 运气 至于 人 有

ʔam^{33}naat^{51}, mai^{51} wa^{51} caʔ^{21} pen^{33} ʔam^{33}naat^{51} chaʔ^{453}nit^{453} dai^{33} kɔ^{51} taam^{33} thi^{33}, tha^{51} khau^{24} mai^{51}

权力　不　说　要　是　权力　种　哪　也　跟随　样子　如果　他　没

mi^{33} khwaam^{33}rak^{453}，thuɯŋ^{24}mɛ^{453} khau^{24} caʔ^{21} mi^{33} ʔam^{33}naat^{51} nɯa^{51} thuk^{453} khon^{33} nai^{33} look^{51} ni^{453}

有　的　爱　即便　即便　他　要　有　权力　上　每　人　里　世界　这

rɯ^{24} nɯa^{24} din^{33} dɛɛn^{33} thuk^{453} hɛɛŋ^{21} nai^{33} look^{51} ni^{453}，khau^{24} caʔ^{21} miʔ^{453} chai^{51} phu^{51} thi^{51}

或　上　土地　地域　每　处　里　世界　这　他　要　不　是　人　的

saʔ^{21}wan^{24}proot^{21}.（432）

天堂　喜欢

但如果谁要说博甘是运气好的人那么他说得没错，博甘有爱，哪个人心里有爱，不管是哪种爱，他就是运气好的人。至于有权力的人，不管是哪种权力，如果他没有爱，哪怕他拥有超过这个世界上所有人之上的权力还是超过这个世界上任何地方之上的权力，他都不是上天眷顾的人。

5. มีงานการอย่างใหญ่ต้องตระเตรียมมากก็จะพูดกันว่า ราวกับรับซาเรวิช ๑๑๕①

mi^{33} ŋaan^{33} kaan^{33} jaaŋ^{21} jai^{21} tɔɔŋ^{51} traʔ^{21}triam^{33} maak^{51} kɔ^{51} caʔ^{21} phuut^{51} kan^{33} wa^{51} raau^{33} kap^{21}

有　工作　事务　种　大　要　准备　非常　就　要　说　一起　说　像　和

rap^{453} sa^{33}re^{33}wit^{453}.（115）

接　萨列维

有大件的工作要准备，大家就会说“像招待萨列维一样”。

6. ช้อยก็รู้ความข้อนั้นด้วยความเห็นใจ ๒๑๒

chɔɔi^{453} kɔ^{51} ru^{453} khwaam^{33} khɔ^{51} nan^{453} duai^{51} khwaam^{33}hen^{24}cai^{33}.（212）

翠依　也　知道　内容　个　那　通过　的　见　心

翠依也带着理解的心态知道这个秘密。

由形容词、动词等谓词性成分派生而来的抽象名词，即结构较复杂、较长的指称结构也有可以出现在“名－量－修”中的名词位置的。

1. ข้าไม่อยากเห็นสูสู้กับทหารจิ๋นเวลานี้　จึงมาที่นี่　ข้าได้เห็นหันตงนำทหารสองพันมุ่งมาทางนี้ หากสูจะสู้กับทหารสองพันนี้ก็พอจะสู้ ได้และชาวไทอีกมากก็จะช่วย แต่เวลานี้สูรู้อยู่แล้วว่าทหารจิ๋นเข้าไปอยู่ในใจกลางเมืองลือ หากเราจะทำการรุนแรงประการใดชาวเมืองจะถูกฆ่าฟันตายสิ้น ๓๐

kha^{51} mai^{51} jaak^{21} hen^{24} su^{24} su^{51} kap^{21} thaʔ^{453}haan^{24}cin^{24} we^{33}la^{33} ni^{453} cɯŋ^{33} ma^{33} thi^{51} ni^{51}，kha^{51}

我　不　想　见　你　战斗　和　士兵　晋　时候　这　就　来　地　这　我

dai^{51} hen^{24} han^{24}toŋ^{33} nam^{33} thaʔ^{453}haan^{24} sɔɔŋ^{24}phan^{33} muŋ^{51} ma^{33} thaaŋ^{33} ni^{453}，haak^{21} su^{24} caʔ^{21}

得　见　韩东　带　士兵　两　千　朝　来　路　这　如果　你　要

su^{51} kap^{21} thaʔ^{453}haan^{24} sɔɔŋ^{24}phan^{33} ni^{453} kɔ^{51} phɔ^{33} caʔ^{21} su^{51} dai^{51} lɛʔ^{453} chaau^{33}thai^{33} ʔiik^{21} maak^{51}

战斗和　士兵　两　千　这　也　足够　要　战斗　得　和　人　泰　再　多

① 例句来自《四朝代》，下例同。

kɔ^{51} caʔ^{21} chuai^{51}，tɛ^{21} we^{33}la^{33} ni^{453} su^{24} ru^{453} ju^{21} lɛɛu^{453} wa^{51} thaʔ^{453}haan^{24}cin^{24} khau^{51} pai^{33} ju^{21}

也 要 帮助 但 时候 这 你 知 在 了 说 士兵 晋 进 去 在

nai^{33} cai^{33} klaaŋ^{33} mɯaŋ^{33}lɯ^{33}，haak^{21} rau^{33} caʔ^{21} tham^{33} kaan^{33}run^{33}rɛɛŋ^{33} praʔ^{21}kaan^{33} dai^{33}，

里 心 中 城 仂 如果 我们 要 做 的 暴力 项 哪

chaau^{33} mɯaŋ^{33} caʔ^{21} thuuk^{21} kha^{51} fan^{33} taai^{33} sin^{51}.（30）

人 城 要 被 杀 砍 死 全

我不想见到你这个时候和晋兵战斗才来这里，我见到韩东带着两千士兵朝这边来，如果你要和这两千人拼也是可以的，很多泰人也会来助战。但是你知道晋兵现在已经进入仂城的中心，如果我们有什么暴动，市民就会全部被杀死。

2. การฟ้อนรำชุดใหญ่ของเชียงแสสูยังไม่ได้เห็น ๕๐

kaan^{33}fɔɔn^{453}ram^{33} chut^{453} jai^{21} khɔɔŋ^{24} chiaŋ^{33}sɛ^{24} su^{24} jaŋ^{33} mai^{51} dai^{51} hen^{24}.（50）

的 舞蹈 舞蹈 套 大 的 清塞 你 还 没 能 见

你还没有见过清塞的大型舞蹈。

3. กระแสน้ำจะถูกกั้นโดยทำนบฉันใด ความเจริญจะถูกกั้นโดยความเป็นศัตรูกันฉันนั้น ความจริงข้อนี้ขุนนางจิ๋นน่าจะรู้อยู่ ๑๕๗

kraʔ^{21}sɛ^{24} nam^{453} caʔ^{21} thuuk^{21} kan^{51} dooi^{33} tham^{33}nop^{453} chan^{24} dai^{33}，khwaam^{33}caʔ^{21}rəən^{33} caʔ^{21}

流体 水 要 被 阻挡 通过 堤坝 像 哪 的 繁荣 要

thuuk^{21} kan^{51} dooi^{33} khwaam^{33}pen^{33}sat^{21}tru^{33}kan^{33} chan^{24} nan^{453}，khwaam^{33}ciŋ^{33} khɔ^{51} ni^{453}

被 堵住 通过 的 成为 敌人 互相 像 那 的 真实 个 这

khun^{24}naaŋ^{33} cin^{24} na^{51}caʔ^{21} ru^{453} ju^{21}.（157）

官员 晋 应该 知 在

水流怎么被堤坝阻挡，繁荣就怎么被敌意阻碍，晋国官员应该明白这个道理。

4. ที่ข้าต้องกล่าวอีกอย่างหนึ่งซึ่งเป็นเรื่องธรรมดาของพวกสู แต่เป็นเรื่องประหลาดของชาวจิ๋น คือว่าในการแข่งขันของหญิง ๔๐๘

thi^{51} kha^{51} tɔɔŋ^{51} klaau^{21} ʔiik^{21} jaaŋ^{21} nɯŋ^{21} sɯŋ^{51} pen^{33} rɯaŋ^{51} tham^{33}maʔ^{453}da^{33} khɔɔŋ^{24}

的 我 必须 说 再 样 一 的 是 事情 普通 的

phuak^{51}su^{24}，tɛ^{21} pen^{33} rɯaŋ^{51} praʔ^{21}laat^{21} khɔɔŋ^{24} chaau^{33}cin^{24} khɯ^{33} wa^{51} nai^{33}

们 你 但 是 事情 奇怪 的 人 晋 是 说 在

kaan^{33}khɛɛŋ^{21} khan^{24} khɔɔŋ^{24} jiŋ^{24}.（408）

的 比赛 的 女人

另一件我必须要说的是在你们看来是一种正常现象，但是对晋人来说非常奇怪，这就是女人也参加比赛。

第四种，使用反响量词的抽象名词和其他名词。由于在“名–量–修”结构中使用反响量词导致重复，所以这种名词不很多，其构成的

“名－量－修”结构也比较简单、短小。

1. เมื่ออำนาจเด็ดขาดไม่ควรอยู่กับคนคนเดียว และไม่ควรอยู่กับฝูงชน อำนาจเด็ดขาดก็ควรอยู่แก่คนคณะหนึ่งคณะใดเล่าจะควรป กครองแคว้นลือใหม่ยิ่งกว่าคณะของเรา ๕๖

mɯɯa^{51} ʔam^{33}naat^{51} det^{21}khaat^{21} mai^{51} khuan^{33} ju^{21} kap^{21} khon^{33} khon^{33} diau^{33} lɛʔ^{453} mai^{51} khuan^{33} ju^{21}

时候 权力 坚决 不 该 在 和 人 人 唯一 和 不 该 在

kap^{21} fuuŋ^{24} chon^{33}，ʔam^{33}naat^{51} det^{21}khaat^{21} kɔ^{51} khuan^{33} ju^{21} kɛ^{21} khon^{33} khaʔ^{453}naʔ^{453} nɯŋ^{21}，

和 群 人 权力 坚决 也 该 在 给 人 团体 一

khaʔ^{453}naʔ^{453} dai^{33} lau^{51} caʔ^{21} khuan^{33} pok^{21}khrɔɔŋ^{33} khwɛɛn^{453}lɯ^{33} mai^{21} jiŋ^{51} kwa^{21} khaʔ^{453}naʔ^{453}

团体 哪 呢 要 该 统治 地区 仂 新 越 过 团体

khɔɔŋ^{24} rau^{33}.（56）

的 我们

既然决策权不应该集中在单独的一个人手里，也不应该分散在广大的人群中，那么就应该给予一个团体中的人。哪个团体比我们的团队更适合统治新的仂城呢？

2. คนคนนี้ต้องการเป็นนายเหนือแคว้นยูโรด้วยการแต่งงาน ๙๑

khon^{33} khon^{33} ni^{453} tɔɔŋ^{51}kaan^{33} pen^{33} naai^{33} nɯa^{24} khwɛɛn^{453} ju^{33}ro^{33} duai^{51} kaan^{33}tɛɛŋ^{21}ŋaan^{33}.

人 人 这 需要 是 主人 上 地区 如若 通过 的 造 工作

（91）

这个人想要通过联姻成为如若地区的主人。

3. เรามีทางรอดอยู่ทางหนึ่ง ๑๑๘

rau^{33} mi^{33} thaaŋ^{33} rɔɔt^{51} ju^{21} thaaŋ^{33} nɯŋ^{21}.（118）

我们 有 路 脱离 在 路 一

我们有一种逃离的方法。

4. ขอ ให้บิดาถอยทัพไปหาทางเดินทางอื่นเถิด เราคงจะไปเหยียบเมืองลือได้เร็ววันกว่าที่จะผ่านไปทางช่องเขานี้ ๑๘๗

khɔ^{24}hai^{51} biʔ^{21}da^{33} thɔɔi^{24} thap^{453} pai^{33} ha^{24} thaaŋ^{33} dəən^{33} thaaŋ^{33} ʔɯɯn^{21} thəət^{21}，rau^{33}

请求 让 父亲 退 军队 去 找 路 走 路 其他 吧 我们

khoŋ^{33}caʔ^{21} pai^{33} jiap^{21} mɯaŋ^{33}lɯ^{33} dai^{51} reu^{33} wan^{33} kwa^{21} thi^{51} caʔ^{21} phaan^{21} pai^{33} thaaŋ^{33} chɔɔŋ^{51}

可能 要 去 踏 城 仂 得 快 天 过 的 要 经过 去 路 缝隙

khau^{24} ni^{453}.（187）

山 这

希望父亲退兵去寻找其他的路线吧，那样我们可能比经过这个山口还能更快地践踏仂城。

5.พอมาได้สี่สิบเส้นก็พบกับกองทหารไทอีกกองหนึ่ง ๒๐๓

phɔ^{33} ma^{33} dai^{51} si^{21}sip^{21} seen^{51} kɔ^{51} phop^{453} kap^{21} kɔɔŋ^{33} thaʔ^{453}haan^{24}thai^{33} ʔiik^{21} kɔɔŋ^{33} nɯŋ^{21}.

刚 来 得 四 十 线 就 遇 和 队 士兵 泰 再 队 一

（203）刚来了一点六公里就遇见了一个泰人部队。

6.สีเภาได้ยินเสียงเสียงหนึ่งก็รู้ว่ามีคนไทเข้ามาในเมืองซำหง เมื่อเขามองไป เขาเห็นลาวอ้ายยืนอยู่ที่นั่น ๔๖๕

si^{24}phau^{33} dai^{51}jin^{33} siaŋ^{24} siaŋ^{24} nɯŋ^{21} kɔ^{51} ru^{453} wa^{51} mi^{33} khon^{33}thai^{33} khau^{51} ma^{33} nai^{33} mɯaŋ^{33}

西保 得 听见 声音 声音 一 就 知 说 有 人 泰 进 来 里 城

sam^{33}hoŋ^{24}，mɯa^{51} khau^{24} mɔɔŋ^{33} pai^{33}，khau^{24} hen^{24} laau^{33}ʔaai^{51} jɯɯn^{33} ju^{21} thi^{51} nan^{51}.

桑洪 时候 他 望 去 他 见 劳艾 站 在 地 那

（365）

西保听到一个声音就明白有泰人潜入桑洪城，他往外一看，劳艾就站在那里。

以上是能出现于“名－量－修”结构中的名词类型。下面两种结构表面上看属于“名－量－修”，但实际上并不是，原因在于其中的量词不是前面名词的个体量词。①

第一种结构，该结构中的中心语是名词，但量词不是个体量词而是集体量词、部分量词或是借自容器的量词。

1. ข้าขออาสาออกไปล่าสัตว์ป่าที่เขาธาไนยเหล่านี้ให้สิ้นไป ๒๙

kha^{51} khɔ^{24} ʔa^{33}sa^{24} ʔɔɔk^{21} pai^{33} la^{51} sat^{21} pa^{21} thi^{51} khau^{24}tha^{33}nai^{33} lau^{21} ni^{453} hai^{51} sin^{51} pai^{33}.

我 请 自愿 出 去 猎 动物 野 的 山 塔奈 些 这 让 完结 去

（29）

我请求出去猎取塔奈山的这些野生动物。

2. นักบวชพวกนี้ครองผ้าสีไพลและโกนศีรษะ ๔๑

nak^{453}buat^{21} phuak^{51} ni^{453} khrɔɔŋ^{33} pha^{51} si^{24}phlai^{33} lɛʔ^{453} koon^{33} si^{24}saʔ^{21}.（41）

人 出家 些 这 穿 布 黄色 和 剃 头

这些出家人穿黄袍，剃光头。

3. พอดีบ่าวอีกผู้หนึ่งถือจานของหวานออกมา เจ้าพลจึงถามว่าสูจะเอาของหวานจานนี้ไปให้ใคร ๑๐๓

phɔ^{33}di^{33} baau^{21} ʔiik^{21} phu^{51} nɯŋ^{21} thɯ^{24} caan^{33} khɔɔŋ^{24} waan^{24} ʔɔɔk^{21} ma^{33}，cau^{51}phon^{33} cɯŋ^{33}

足够 好 奴仆 再 个 一 拿 盘 东西 甜 出 来 召澎 就

thaam^{24} wa^{51}: “su^{24} caʔ^{21} ʔau^{33} khɔɔŋ^{24} waan^{25} caan^{33} ni^{453} pai^{33} hai^{51} khrai^{33}？”（103）

问 道 你 要 要 东西 甜 盘 这 去 给 谁

恰好一个奴仆拿着装甜点的盘子出来，召澎就问道：“你要把这盘甜点送去给谁？”

4. ข้างบัลลังก์นั้นมีมังกรทองคู่หนึ่งตั้งอยู่ ถ้ากดเครื่องกลไกเมื่อใดมังกรคู่นี้จะเชิดหัวผงกขึ้นเหมือนจะกัดคนหน้าบัลลังก์นั้นและ จะมีเสียงคำรามออกจากปากมังกร ๑๕๑

khaaŋ^{51} ban^{33}laŋ^{33} nan^{453} mi^{33} maŋ^{33}kɔɔn^{33} thɔɔŋ^{33} khu^{51} nɯŋ^{21} taŋ^{51} ju^{21}，tha^{51} kot^{21} khrɯaŋ^{51}

边 宝座 那 有 龙 黄金 对 一 立 着 如果 按 机器

① 本节研究“名-量-修”结构中的名词类型，为了平衡下一节的篇幅，也涉及其中的量词。

kon^{33}kai^{33} mɯa^{51} dai^{33} maŋ^{33}kɔɔn^{33} khu^{51} ni^{453} caʔ^{21} chəət^{51} hua^{24} phaʔ^{21}ŋok^{21} khɯn^{51} mɯan^{24} caʔ^{21}

机械 时候 哪 龙 对 这 要 伸 头 翘 起 像 要

kat^{21} khon^{33} na^{51} ban^{33}laŋ^{33} nan^{453} lɛʔ^{453} caʔ^{21} mi^{33} siaŋ^{24} kham^{33}raam^{33} ʔɔɔk^{21} caak^{21} paak^{21}

咬 人 前 宝座 那 和 要 有 声音 咆哮 出 从 嘴

maŋ^{33}kɔɔn^{33}.（151）

龙

那宝座边有一对黄金做的龙，一旦按下机关，这对龙就要伸起头，从嘴里发出咆哮的声音，像要咬住宝座前的人。

5. เราเกิดมาเป็นมนุษย์อยู่ใต้ฟ้าเดียวกับคนแคว้นอื่น ๑๕๓

rau^{33} kəət^{21} ma^{33} pen^{33} maʔ^{453}nut^{453} ju^{21} tai^{51} fa^{453} diau^{33} kap^{21} khon^{33} khwɛɛn^{453} ʔɯɯn^{21}.（153）

我们 生 来 是 人类 在 下 天 同一 和 人 地区 其他

我们生来就是跟其他地区的人在同一片天空下生活的人。

6. สูอาจจะถือเป็นกฎธรรมดาว่าสิ่งใดที่อยู่ในชั้นเดียวกันจะช่วยกัน และสิ่งใดที่ต่ำกว่าจะต้องรับใช้สิ่งที่สูงกว่า แต่ที่สูแบ่งคนเป็นชั้ นสูงและชั้นต่ำนั้นสูทำผิดมาก คนมีอยู่ชั้นเดียวเพราะคนเท่าเทียมกัน แต่ว่าพวกสูกำลังแยกคนเป็นนายชั้นหนึ่งและที่เป็นทาสอีกชั้นหนึ่งนี่ผิดกฎธรรมดา ๑๕๘

su^{24} ʔaat^{21} caʔ^{21} thɯ^{24} pen^{33} kot^{21} tham^{33}maʔ^{453}da^{33} wa^{51} siŋ^{21} dai^{33} thi^{51} ju^{21} nai^{33} chan^{453} diau^{33} kan^{33}

你们 可能 要 持 成 规则 普通 说 东西 哪 的 在 里 层 同一 一起

caʔ^{21} chuai^{51} kan^{33} lɛʔ^{453} siŋ^{21} dai^{33} thi^{51} tam^{21} kwa^{21} caʔ^{21} tɔɔŋ^{51} rap^{453} chai^{453} siŋ^{21} thi^{51} suuŋ^{24} kwa^{21},

要 帮助 互相 和 东西 哪 的 低 过 要 必须 接 用 东西 的 高 过

tɛ^{21} thi^{51} su^{24} bɛɛŋ^{21} khon^{33} pen^{33} chan^{453} suuŋ^{24} lɛʔ^{453} chan^{453} tam^{21} nan^{453} su^{24} tham^{33} phit^{21} maak^{51},

但 的 你 分开 人 成 层 高 和 层 低 那 你 做 错 非常

khon^{33} mi^{33} ju^{21} chan^{453} diau^{33} phrɔʔ^{453} khon^{33} thau^{51} thiam^{33} kan^{33}，tɛ^{21} wa^{51} phuak^{51}su^{24} kam^{33}laŋ^{33}

人 有 在 层 同一 因为 人 相当 匹配 互相 但 说 们 你 正在

jɛɛk^{51} khon^{33} pen^{33} naai^{33} chan^{453} nɯŋ^{21} lɛʔ^{453} thi^{51} pen^{33} thaat^{51} ʔiik^{21} chan^{453} nɯŋ^{21}，ni^{51} phit^{21} kot^{21}

分离 人 成 主人 层 一 和 的 成 奴隶 再 层 一 这 错 规则

thaam^{33}maʔ^{453}da^{33}.（158）

普通

你们可能认为同一层级的东西会互相帮助，哪个东西层级低就必须服务比它层级高的东西是普遍的法则。但是你们把人分成高阶层和低阶层，你们做错了。人只有一个阶层，因为人人平等。但是你们正在把人分离成不同的阶级，主人一层，奴隶又另一层，这与普遍的法则不符。

7. กองทัพขนาดนี้พอจะขับไล่ข้าศึกได้ถึงมุมโลก เพียงแต่ทวนของทหารที่ชูอยู่ข้างหน้าก็อาจจะค้ำฟ้าได้สูยังจะกลัวสิ่งใดหรือ ๑๗๓

kɔɔŋ^{33}thap^{453} khaʔ^{21}naat^{21} ni^{453} phɔ^{33} caʔ^{21} khap^{21} lai^{51} kha^{51} sɯk^{21} dai^{51} thɯŋ^{24} mum^{33} look^{51}，phiaŋ^{33}

队 军 规模 这 足够 要 驾驭 赶 奴仆 敌人 能 到 角落 世界 仅

tɛ^{21} thuan^{33} khɔɔŋ^{24} thaʔ^{453}haan^{24} thi^{51} chu^{33} ju^{21} khaaŋ^{51} na^{51} kɔ^{51} ʔaat^{21} caʔ^{21} kham^{453} fa^{453} dai^{51}, su^{24}

但 矛 的 士兵 的 举 在 边 前 也 可能 要 支撑 天 能 你

jaŋ^{33} caʔ^{21} klua^{33} siŋ^{21} dai^{33} rɯ^{24}?

还 要 怕 东西 哪 还是

这种规模的部队足够把敌人赶到世界的任何一个角落，仅仅是前面的士兵举着的长矛就可以撑得起天空，你还怕什么东西呢？（173）

8. แล้วกุมภวาเร่งทัพไปดักอยู่ทางเชิงเขาอีกด้านหนึ่ง ๑๙๐

lɛɛu^{453} kum^{33}phaʔ^{453}wa^{33} reeŋ^{51} thap^{453} pai^{33} dak^{21} ju^{21} thaaŋ^{33} chəəŋ^{33} khau^{24} ʔiik^{21} daan^{51}

然后 贡帕瓦 加快 军队 去 诱捕 在 路 底部 山 再 面

nɯŋ^{21}.（190）

一

然后贡帕瓦加快军队的步伐前去山脚的一侧设下埋伏。

9. แล้วฝนห่าใหญ่ก็กระหน่ำลงมาอย่างไม่ลืมหูลืมตา ๖๕๖①

lɛɛu^{453} fon^{24} ha^{21} jai^{21} kɔ^{51} kraʔ^{21}nam^{21} loŋ^{33} ma^{33} jaaŋ^{21} mai^{51} lɯɯm^{33} hu^{24} lɯɯm^{33} ta^{33}.（656）

然后 雨 阵 大 就 打击 下 来 样 不 忘记 耳朵 忘记 眼睛

然后大雨就没头没脑地打下来。

第二种，该结构中的中心语也是名词，但量词是动量词。由于动量词对动作行为不对名物进行计量，这种结构不是“名－量－修”指称结构。

1. ทุกข์ของเชียงแสครั้งนี้หนักยิ่งนัก ๔๒

thuk^{453} khɔɔŋ^{24} chiaŋ^{33}sɛ^{24} khraŋ^{453} ni^{453} nak^{21} jiŋ^{51} nak^{453}.（42）

痛苦 的 清塞 次 这 重 越 很

这次清塞的痛苦很深。

2. จุไทกรมการเมืองผู้หนึ่งกล่าวว่าเหตุการณ์ครั้งนี้เราทั้งปวงก็มิอาจจะแก้ไขให้ได้ดียิ่งกว่าสู หากสูจะคิดประการใดจะสู้หรือจะยอมต่อจิ้น ข้าเชื่อว่าทุกคนจะทำตามทั้งสิ้น ๔๐

cuʔ^{21}thai^{33} krom^{33}maʔ^{453}kaan^{33} mɯaŋ^{33} phu^{51} nɯŋ^{21} klaau^{21} wa^{51}: “heet^{21} kaan^{33} khraŋ^{453} ni^{453} rau^{33}

朱泰 委员 城 个 一 说 道 理由 事务 次 这 我们

thaŋ^{453} puaŋ^{33} kɔ^{51} miʔ^{453} ʔaat^{21} caʔ^{21} kɛ^{51} khai^{24} hai^{51} dai^{51} di^{33} jiŋ^{51} kwa^{21} su^{24}, haak^{21} su^{24} caʔ^{21} khit^{453}

全 群 都 不 可能 要 解决 开 让 得 好 越 过 你 如果 你 要 想

praʔ^{21}kaan^{33} dai^{33} caʔ^{21} su^{51} rɯ^{24} caʔ^{21} jɔɔm^{33} tɔ^{21} cin^{24}, kha^{51} chɯa^{51} wa^{51} thuk^{453} khon^{33} caʔ^{21} tham^{33}

项 哪 要 斗争 或 要 愿 对 晋 我 相信 说 每 人 要 做

taam^{33} thaŋ^{453} sin^{51}.”（40）

沿 全 尽

一个城市委员朱泰说道：“这次事件我们全都不可能比你解决得好，如果你想采取

① 例句来自《四朝代》。

哪种处理，是要斗争还是对晋国妥协，我相信每个人都会服从。”

3. ทหารไทครั้งนั้นซึ่งเป็นญาติเป็นพ่อและเป็นสหายของเราไม่ได้กลับไปแจ้งข่าวแพ้แก่ครอบครัวเลย ๖๒

thaʔ^{453}haan^{24}thai^{33} khraŋ^{453} nan^{453} sɯŋ^{51} pen^{33} jaat^{51} pen^{33} phɔ^{51} lɛʔ^{453} pen^{33} saʔ^{21}haai^{24} khɔɔŋ^{24} rau^{33}

士兵　泰　次　那　的　是　亲戚　成　父亲　和　是　朋友　的　我们

mai^{51} dai^{51} klap^{21} pai^{33} cɛɛŋ^{51} khaau^{21} phɛ^{453} kɛ^{21} khrɔɔp^{51}khrua^{33} ləəi^{33}.（62）

不　能　回　去　汇报　信息　败　给　家庭　啦

参加那次战斗的士兵是我们的亲戚，是我们的父辈，是我们的朋友，他们都战死了，再也不能回去把失败的消息告诉家里啦。

4. เพราะเป็นคำสั่งครั้งสุดท้ายของผู้ตาย ๓๘๑

phrɔʔ^{453} pen^{33} kham^{33} saŋ^{21} khraŋ^{453} sut^{21} thaai^{453} khɔɔŋ^{24} phu^{51}taai^{33}.（381）

因为　是　词　吩咐　次　尽头　后　的　人　死

因为是死者最后的嘱托。

5. กองทัพของกษัตริย์จิ้นต้องเสียทีแก่คนฮวนจนต้องแตกทัพเสียแคว้นไทครั้งนี้　ความอัปยศมีแก่จิ้นมากนัก ลิปุ้นได้ไต่สวนการศึกครั้งนี้แล้ว ในบรรดาเรื่องต่างๆที่ได้พบนั้นได้ความว่า เตียวเหลียงกับเตียวลกทำตัวเป็นเพื่อนคนไทเกินควร ๗๘

kɔɔŋ^{33}thap^{453} khɔɔŋ^{24} kaʔ^{21}sat^{21}cin^{24} tɔɔŋ^{51} sia^{24} thi^{33} kɛ^{21} khon^{33}huan^{33} con^{33} tɔɔŋ^{51} tɛɛk^{21} thap^{453} sia^{24}

队　军　的　皇帝　晋　需要　失　样子　给　人　番　直　需要　裂　军队　失

khwɛɛn^{453}thai^{33} khraŋ^{453} ni^{453}，khwaam^{33}ʔap^{21}paʔ^{21}jot^{453} mi^{33} kɛ^{21} cin^{24} maak^{51} nak^{453}，liʔ^{453}bun^{24} dai^{51}

地区　泰　次　这　的　耻辱　有　给　晋　许多　很　李奔　得

tai^{21} suan^{24} kaan^{33}sɯk^{21} khraŋ^{453} ni^{453} lɛɛu^{453} nai^{33} ban^{33}da^{33} rɯaŋ^{51} taaŋ^{21}taaŋ^{21} thi^{51} dai^{51} phop^{453} nan^{453}

询　问　的　战斗　次　这　了　里　所有　事情　不同　不同的　得　遇见　那

dai^{51} khwaam^{33} wa^{51} tiau^{33}liaŋ^{24} kap^{21} tiau^{33}lok^{453} tham^{33} tua^{33} pen^{33} phɯan^{51} khon^{33}thai^{33} kəən^{33}

得　内容　说　貂良　和　貂洛　做　身体　成　朋友　人　泰　超过

khuan^{133}.（78）

应该

皇帝的军队在蛮族面前丢了脸，失去了泰人地区，给晋国带来了耻辱。李奔问询了影响这次战争的所有因素，认为失败的原因在于貂良和貂洛过于亲近泰人，与泰人做朋友。

第二种结构中的中心语包括前文分析过的由派生而来的结构。这种结构虽能出现在“名－量－修”之中，但如果其中的量词不是与名词对应的个体量词，而仍然是与谓词或谓词结构对应的动量词，那么这种结构并不是“名－量－修”。①

① 这部分“名－量－修”结构也可以认为是“动－量－修”作为一个整体加上 kaan^{33}、khwaam^{33} 等派生而成的。

1. การขับไล่ทัพจิ๋นไปได้ในครั้งนี้ไม่ใช่เพราะชาวไทเชียงแสโดยลำพัง ๕๕

kaan^{33} khap^{21} lai^{51} thap^{453}cin^{24} pai^{33} dai^{51} nai^{33} khraŋ^{453} ni^{453} mai^{51} chai^{51} phrɔʔ^{453} chaau^{33}thai^{33}

的 驱使 赶 军 晋 去 能 里 次 这 不 是 因为 人 泰

chiaŋ^{33}sɛ^{24} dooi^{33} lam^{33}phaŋ^{33}. （55）

清塞 通过 单独

这次能够赶走晋军不只是由于清塞人自己的努力。

2. เพราะว่าทุกคนต่อสู้โดยไม่ยอมหันหลังให้ข้าศึก ทุกคนตายในทุ่งนี้โดยมิยอมให้มีบาดแผลจากเบื้องหลัง ชาวจิ๋นแม้จะชนะแต่ก็กลัวน้ำใจคนไทอยู่ ด้วยเหตุนี้ขอให้พวกเราอย่าคิดถึงความพ่ายแพ้ครั้งนั้นแต่จงคิดถึงความกล้าหารของคนไทรุ่นก่อนและที่เราแพ้ครั้งนั้นเพราะฝ่ายจิ๋นมีแม่ทัพซึ่งมีปัญญาเลิศคือจูโกเหลียงแต่ครั้งนี้แม่ทัพของจิ๋นคือลิตงเจียที่เราจับได้แล้วปล่อยตัวไป ๖๒

phrɔʔ^{453} wa^{51} thuk^{453} khon^{33} tɔ^{21}su^{51} dooi^{33} mai^{51} jɔɔm^{33} han^{24} laŋ^{24} hai^{51} kha^{51} sɯk^{21}，thuk^{453} khon^{33}

因为 说 每 人 斗争 通过 不 愿意 转 背 给 奴仆 敌人 每 人

taai^{33} nai^{33} thuŋ^{51} ni^{453} dooi^{33} miʔ^{453} jɔɔm^{33} hai^{51} mi^{33} baat^{21} phlɛ^{24} caak^{21} bɯaŋ^{51} laŋ^{24}，chaau^{33}cin^{24}

死 里 平地 这 通过 不 愿意 让 有 伤口 伤口 从 面 后 人 晋

mɛ^{453} caʔ^{21} chaʔ^{453}naʔ^{453} tɛ^{21} kɔ^{51} klua^{33} nam^{453}cai^{33} khon^{33}thai^{33} ju^{21}，duai^{51} heet^{21} ni^{453} khɔ^{24}hai^{51}

即使 要 胜利 但 也 怕 水 心 人 泰 在 由于 理由 这 请求 让

phuak^{51}rau^{33} ja^{21} khit^{453} thɯŋ^{24} khwaam^{33}phaai^{51}phɛ^{453} khraŋ^{453} nan^{453} tɛ^{21} coŋ^{33} khit^{453} thɯŋ^{24}

们 我 别 想 到 的 失败 次 那 但 必须 想 到

khwaam^{33}kla^{51}haan^{24} khɔɔŋ^{24} khon^{33}thai^{33} run^{51} kɔɔn^{21} lɛʔ^{453} thi^{51} rau^{33} phɛ^{453} khraŋ^{453} nan^{453} phrɔʔ^{453}

的 勇敢 的 人 泰 辈 前 和 的 我们 失败 次 那 因为

faai^{21}cin^{24} mi^{33} mɛ^{51}thap^{453} sɯŋ^{51} mi^{33} pan^{33}ja^{33} lɘət^{51} khɯ^{33} cu^{33}ko^{33}liaŋ^{24} tɛ^{21} khraŋ^{453} ni^{453}

方面 晋 有 妈妈 军队 的 有 智慧 杰出 是 诸葛亮 但 次 这

mɛ^{51}thap^{453} khɔɔŋ^{24} cin^{24} khɯ^{33} liʔ^{453}toŋ^{33}cia^{33} thi^{51} rau^{33} cap^{21} dai^{51} lɛɛu^{453} plɔɔi^{21} tua^{33} pai^{33}. （62）

妈妈 军队 的 晋 是 李东家 的 我们 抓 得 然后 放 身体 走

因为每个人都要抗争，每个人都愿意战死，每个人都不愿把背朝向敌人，每个人都不愿意有来自背后的伤口，所以晋人虽然取胜但也害怕我们的精神。请大家不要孤立地看那次失败，而要记住上一辈泰人的勇敢，那一次我们之所以失败是因为晋国有诸葛亮，他是具有杰出智慧的将领，但这次晋国的将领是李东家，是我们抓到过又放走的手下败将。

3. บางทีการรวมกันนี้จะไม่ยั่งยืน แต่เราคาดได้ว่าในการรบคราวหน้านี้เขาจะรวมกันเพื่อต้านทานทัพจิ๋น นี่เป็นประการหนึ่งที่จะทำให้เราชนะคนไทได้ไม่ง่าย ๑๖๕

baaŋ^{33} thi^{33} kaan^{33}ruam^{33}kan^{33} ni^{453} caʔ^{21} mai^{51} jaŋ^{51}jɯɯn^{33} tɛ^{21} rau^{33} khaat^{51} dai^{51} wa^{51} nai^{33} kaan^{33}

一些 次 的 聚合 一起 这 要 不 永久 但 我们 预测 能 说 里 的

rop^{453} khraau^{33} na^{51} ni^{453} khau^{24} caʔ^{21} ruam^{33} kan^{33} phɯa^{51} taan^{51}thaan^{33} thap^{453}cin^{24}，ni^{51} pen^{33}

战斗 次 前 这 他 要 聚合 一起 为了 抵抗 军队 晋 这 是

praʔ^{21}kaan^{33} nɯŋ^{21} thi^{51} caʔ^{21} tham^{33}hai^{51} rau^{33} chaʔ^{453}naʔ^{453} khon^{33}thai^{33} dai^{51} mai^{51} ŋaai^{51}.

项　　一　的　要　做　得 我们　取胜　　人　泰　得　不　容易

（164）

这种暂时聚合可能不能维持得很久，但我们能预测假如他们像上一次那样为了抵抗我军而联合在一起战斗，那么这将是我们不容易战胜泰人的一个原因。

4.2　“名－量－修”中的量词类型

能出现在“名－量－修”结构中的量词有如下两种，第一种是个体量词，包括 jaaŋ^{21} “样”、phu^{51} “个” 和ʔan^{33} “个”。

1. อยู่มาวันหนึ่งเมื่อกุมภวากลับจากสนามรบก็ให้ทหารยามที่เฝ้าหน้ากระโจมไปเชิญบุญห้วยมาแล้วกุมภวายื่นดาบเล่มหนึ่งให้บุญห้วยและถามว่า"สูเคยเห็นดาบเล่มนี้หรือไม่"๑๓๓

ju^{21} ma^{33} wan^{33} nɯŋ^{21} mɯa^{51} kum^{33}phaʔ^{453}wa^{33} klap^{21} caak^{21} saʔ^{21}naam^{24} rop^{453} kɔ^{51} hai^{51} thaʔ^{453}haan^{24}

在 来　天　一　时候　　贡帕瓦　　回　从　　场地　战斗　就　让　士兵

jaam^{33} thi^{51} fau^{51} na^{51} kraʔ^{21}coom^{33} pai^{33} chəən^{33} bun^{33}huai^{51} ma^{33}，lɛɛu^{453} kum^{33}phaʔ^{453}wa^{33} jɯɯn^{51}

哨岗 的　守　前　帐篷　去　请　温会　来　然后　贡帕瓦　递

daap^{21} leem^{51} nɯŋ^{21} hai^{51} bun^{33}huai^{51} lɛʔ^{453} thaam^{24} wa^{51}：“su^{24} khəəi^{33} hen^{24} daap^{21} leem^{51} ni^{453} rɯ^{24}

剑　把　一　给　温会　和　问　道　你　曾　见　剑　把　这　或

mai^{51}？”（133）

没

有一天贡帕瓦从战场回来，就让守卫在帐篷前面的哨兵去请温会来，他把一把剑递给温会问道：“你曾见过这把剑没有？”

2. ส่วนสีบุญผู้พี่นั้นหาสนใจเรื่องของจูโกเหลียงหรือของการรบใดๆไม่ แต่สนใจนักบวชประเภทหนึ่งซึ่งผ่านไปมาทางเมืองเชียงแสเป็นครั้งคราว๔๑

suan^{21} si^{24}bun^{33} phu^{51} phi^{51} nan^{453} ha^{24} son^{24}cai^{33} rɯaŋ^{51} khɔɔŋ^{24} cu^{33}ko^{33}liaŋ^{24} rɯ^{24} khɔɔŋ^{24} kaan^{33}rop^{453}

至于　西温　个　哥哥　那　找 关注 心　事　　的　　诸葛亮　还是　的　的 战斗

dai^{33}dai^{33} mai^{51}，tɛ^{21} son^{24}cai^{33} nak^{453}buat^{21} praʔ^{21}pheet^{51} nɯŋ^{21} sɯŋ^{51} phaan^{21} pai^{33} ma^{33} thaaŋ^{33}

哪　哪　没　但 关注 心　人　出家　　种　一　的　过　去　来　路

mɯaŋ^{33} chiaŋ^{33}sɛ^{24} pen^{33} khraŋ^{453}khraau^{33}.（41）

城　清塞　是　次　次

至于哥哥西温根本不关心诸葛亮的事或战争的事，反而关注多次往来经过清塞城的一种出家人。

3. แล้วสีเมฆเขียนจดหมายหนังลูกวัวสองฉบับ มีข้อความอย่างเดียวกันเป็นความว่า ๑๑๙

lɛɛu^{453} si^{24}meek^{51} khian^{24} cot^{21}maai^{24} naŋ^{24} luuk^{51} wua^{33} sɔɔŋ^{24} chaʔ^{21}bap^{21}，mi^{33} khɔ^{51} khwaam^{33} jaaŋ^{21}

然后　西明　写　记下 标记 皮　子辈　黄牛 两　　封　　有　条　内容　样

diau^{33} kan^{33}，pen^{33} khwaam^{33} wa^{51}.（119）

同一 互相 是 内容 说

然后西明写了两封牛皮信，内容相同，说的是……

泛用量词ʔan^{33} 与其他个体量词一样能分布于“名－量－修”结构，而且该结构中与之搭配的名词、饰词的范围较广：前文提到过ʔan^{33} 分布于“名－数－量”结构时，其中的名词不能是具有生命的东西，它出现在“名－量－修”结构时名词总体上以抽象名词为主但也包括有生命的东西，这时与之对应的饰词主要是结构较复杂、较长的谓词或谓词性成分。这两点是分布于同一个位置的个体量词所不具备的。但“名-ʔan^{33}-修”结构中的ʔan^{33} 也不是纯粹的结构助词，因为从与之搭配的名词、修饰词以及整个结构的意义来看都与常说的结构助词 thi^{51}、sɯŋ^{51} 有一定的差异。参看表 4.1。

1. เสียงอันกึกก้องของกองทัพขับไล่ฝูงนกต่างๆมิให้เข้าใกล้ทัพของลิบุ๋นได้ ๑๗๒

siaŋ^{24} ʔan^{33} kɯk^{21}kɔɔŋ^{51} khɔɔŋ^{24} kɔɔŋ^{33}thap^{453} khap^{21} lai^{51} fuuŋ^{24} nok^{453} taaŋ^{21}taaŋ^{21} miʔ^{453} hai^{51}

声音 个 洪亮 的 队 军 驾驭 赶 群 鸟 种 种 不 让

khau^{51} klai^{51} thap^{453} liʔ^{453}bun^{33} dai^{51}.（172）

进 近 军队 李奔 能

部队洪亮的声音把各种鸟群都赶走了，不敢靠近李奔的军队。

2. สูเคยช่วยชีวิตข้าไว้ครั้งหนึ่งแล้ว มาคราวนี้ยังช่วยข้าไว้อีก บุญคุณอันนี้ข้าจะไม่ลืมเลย ๑๒๗

su^{24} khəəi^{33} chuai^{51} chi^{33}wit^{453} kha^{51} wai^{453} khraŋ^{453} nɯŋ^{21} lɛɛu^{453}，ma^{33} khraau^{33} ni^{453} jaŋ^{33} chuai^{51}

你 曾 帮助 性命 我 留 次 一 了 来 次 这 还 帮

kha^{51} wai^{453} ʔiik^{21}，bun^{33}khun^{33} ʔan^{33} ni^{453} kha^{51} caʔ^{21} mai^{51} lɯɯm^{33} ləəi^{33}.（127）

我 留 再 恩德 个 这 我 要 不 忘 啦

你曾救助过一次我的性命，这一次又救助我，这份恩情我将不会忘记。

3. ข้าจะมีความอันใดแจ้งแก่สูอีกก็หาไม่ ๓๕๕

kha^{51} caʔ^{21} mi^{33} khwaam^{33} ʔan^{33} dai^{33} cɛɛŋ^{51} kɛ^{21} su^{24} ʔiik^{21} kɔ^{51} ha^{24}mai^{51}.（355）

我 要 有 事情 项 哪 报告 给 你 再 也 找 没

我没有哪件事要向你报告。

4. สูคงรู้ว่าอำนาจนั้นจะสิ้นไปเมื่อใดก็ได้ เสมือนอาภรณ์ประดับตัว จะเป็นสิ่งทำให้ผู้ใดสูงขึ้นก็หาไม่แต่น้ำใจอันเมตตาของผู้ปกครองนั้นทำให้ผู้ปกครองเป็นเทพยดาของราษฎรทั้งปวง ๒๖๗

su^{24} khoŋ^{33} ru^{453} wa^{51} ʔam^{33}naat^{51} nan^{453} caʔ^{21} sin^{51} pai^{33} mɯa^{51} dai^{33} kɔ^{51} dai^{51}，saʔ^{21}mɯan^{24}

你 可能 知 说 权力 那 要 结束 去 时候 哪 也 可以 像

ʔa^{33}phɔɔn^{33} praʔ^{21}dap^{21} tua^{33} caʔ^{21} pen^{33} siŋ^{21} tham^{33}hai^{51} phu^{51} dai^{33} suuŋ^{24} khɯn^{51} kɔ^{51} ha^{24}mai^{3}，

服装 装饰 身体 要 是 东西 做 让 个 哪 高 上 也 找 不

tɛ^{21} nam^{453}cai^{33} ʔan^{33} meet^{51}ta^{33} khɔɔŋ^{24} phu^{51} pok^{21}khrɔɔŋ^{33} nan^{453} tham^{33}hai^{51} phu^{51} pok^{21}khrɔɔŋ^{33}

但 水 心 种 慈悲 的 个 统治 那 做 让 个 统治

pen^{33} theep^{51}phaʔ^{453}ja^{33}da^{33} khɔɔŋ^{24} raat^{51}saʔ^{21}dɔɔn^{33} thaŋ^{453} puaŋ^{33}.（267）

是 神灵 的 百姓 全 群

你知道权力是哪个时候都可以完结的，就像装饰身体的服装并不是可以使人高尚起来的东西。但是慈悲的情怀会使统治者成为所有老百姓的神灵。

5. เขาจะยันการโจมตีของเราได้ด้วยกำลังอันเหลือกว่าของเขาและด้วยเครื่องรบที่เหนือกว่า เราจะชนะกำลังอันเหนือกว่าได้ก็ด้วยความเร็วอันจะได้จากความเบา ๒๒๐-๒๒๑

khau^{24} caʔ^{21} jan^{33} kaan^{33}coom^{33}ti^{33} khɔɔŋ^{24} rau^{33} dai^{51} duai^{51} kam^{33}laŋ^{33} ʔan^{33} lɯa^{24} kwa^{21} khɔɔŋ^{24}

他 要 支撑 的 攻击 打 的 我 能 靠 力量 种 剩 过 的

khau^{24} lɛʔ^{453} duai^{51} khrɯaŋ^{51} rop^{453} thi^{51} nɯa^{24} kwa^{21}，rau^{33} caʔ^{21} chaʔ^{453}naʔ^{453} kam^{33}laŋ^{33} ʔan^{33}

他 和 用 工具 战斗 的 上 过 我 要 胜利 力量 种

nɯa^{24}kwa^{21} dai^{51} kɔ^{51} duai^{51} khwaam^{33}reu^{33} ʔan^{33} caʔ^{21} dai^{51} caak^{21} khwaam^{33}bau^{33}.（220-221）

上 过 能 也 靠 的 快速 个 要 得 从 的 轻便

他们依靠更强大的力量和更好的武器才能抵挡我们的进攻，我们则要依靠轻装上阵带来的快捷的活动能力才能战胜他们的强大力量。

6. บุญปันลังเลใจอยู่หลายวัน อยู่มาคืนหนึ่งบุญปันนอนไม่หลับเพราะเห็นภัยอันจะมาถึงชาวเมืองเชียงแส ๔๑

bun^{33}pan^{33} laŋ^{33}le^{33} cai^{33} ju^{21} laai^{24} wan^{33}，ju^{21} ma^{33} khɯɯn^{33} nɯŋ^{21} bun^{33}pan^{33} nɔɔn^{33} mai^{51} lap^{21}

温班 犹豫 心 在 多 天 在 来 夜 一 温班 睡 不 着

phrɔʔ^{453} hen^{24} phai^{33} ʔan^{33} caʔ^{21} ma^{33} thɯŋ^{24} chaau^{33} mɯaŋ^{33} chiaŋ^{33}sɛ^{24}.（41）

因为 见 灾难 个 要 来 到 人 城 清塞

温班犹豫了许多天，有一天夜里他睡不着，因为他想到了即将降临到清塞人的灾难。

7. เหมือนกับว่ามีต้นโพธิ์อันใหญ่คุ้มกันอยู่ให้ได้ ๖๔๖①

mɯan^{24} kap^{21} wa^{51} mi^{33} ton^{51} pho^{33} ʔan^{33} jai^{21} khum^{453} kan^{33} ju^{21} hai^{51} dai^{51}.（646）

好像 和 说 有 棵 菩提 个 大 保佑 互相 在 让 能

好像有大菩提树保佑。

8. ตามฝาบ้านก็มีจิ้งจกตุ๊กแกอันเป็นสัตว์เลื้อยคลาน ๙๐๒

taam^{33} fa^{24} baan^{51} kɔ^{51} mi^{33} ciŋ^{51}cok^{21} tuk^{453}kɛ^{33} ʔan^{33} pen^{33} sat^{21} lɯai^{453} khlaan^{33}.（902）

挨近隔板房子 就 有 壁虎 大壁虎 个 是 动物 攀岩 爬

挨着房子的隔板有壁虎、大壁虎，它们是爬行的动物。

① 例句来自《四朝代》，下例同。

表人量词 phu^{51} 也经常出现在“名－量－修”结构中的量词位置，表示种类的量词 jaaŋ^{21} 也可以分布在这个位置。分布在名词中心语及其修饰语之间的成分有个体量词，jaaŋ^{21}“样”、phu^{51}“个”和ʔan^{33}“个”以及结构助词，它们分别处于修饰关系链条上的不同阶段，时有重叠又互相补充，参看表 4.1。可见，此位置上的 jaaŋ^{21}“样”、phu^{51}“个”性质与上述ʔan^{33} 类似。由于 jaaŋ^{21} 还是动量词，可以引导修饰语修饰谓词或谓词结构，所以有时候“名-jaaŋ^{21}-修”和“谓-jaaŋ^{21}-修”杂糅在一起，如例十、例十一。

1. แล้วลิตงเจียหันไปกล่าวแก่ลิวฉุยนายกองผู้หนึ่งว่า"ลิวฉุยสูมีท่าทางองอาจพอจะข่มขวัญชาวเมืองเชียงแสได้จงไปยังเชียงแสบอกแก่บุญปันผู้เป็นนายของชาวเชียงแสว่า ๓๘-๓๙

lɛɛu^{453} liʔ^{453}toŋ^{33}cia^{33} han^{24} pai^{33} klaau^{21} kɛ^{21} liu^{33}chui^{24} naai^{33} kɔɔŋ^{33} phu^{51} nɯŋ^{21} wa^{51}:
然后 李东家 转 去 说 给 刘垂 官 军队 个 一 说
“liu^{33}chui^{24} su^{24} mi^{33} tha^{51}thaaŋ^{33} ʔoŋ^{33}ʔaat^{21} phɔ^{33} caʔ^{21} khom^{21} khwaan^{24} chaau^{33} mɯaŋ^{33}
刘垂 你 有 姿势 路 威武 足够 要 恫吓 灵魂 人 城
chiaŋ^{33}sɛ^{24} dai^{51}，coŋ^{33} pai^{33} jaŋ^{33} chiaŋ^{33}sɛ^{24} bɔɔk^{21} kɛ^{21} bun^{33}pan^{33} phu^{51} pen^{33} naai^{33}
清塞 能 必须 去 向 清塞 告诉 给 温班 个 是 主人
khɔɔŋ^{24} chaau^{33} chiaŋ^{33}sɛ^{24} wa^{51}.（38-39）
的 人 清塞 说

然后李东家转向一位军官刘垂说：“刘垂，你威武魁梧，足够压过清塞人的气势。你去清塞告诉清塞人的主人温班，就像下面这样说。”

2. ขุนจาดสงสัยว่านางจันสีผู้เป็นภรรยาหลวงของตนสมคบกับจันสรพี่ชายของนางทำการครั้งนี้ ๘๕

khun^{24}caat^{21} soŋ^{24}sai^{24} wa^{51} naaŋ^{33} can^{33}si^{24} phu^{51} pen^{33} phan^{33}raʔ^{453}ja^{33} luaŋ^{24} khɔɔŋ^{24} ton^{33}
坤乍 怀疑 说 妇人 占西 个 是 妻子 大 的 自己
som^{24}khop^{453} kap^{21} can^{33}sɔɔn^{24} phi^{51} chaai^{33} khɔɔŋ^{24} naaŋ^{33} tham^{33} kaan^{33} khraŋ^{453} ni^{453}.（85）
交往 和 占逊 哥或姐 男 的 妇人 做 事情 次 这

坤乍怀疑身为自己正妻的占西和她哥哥占逊密谋这次行动。

3. แต่สีบุญจะตอบว่านักบวชผู้ครองผ้าสีไพรบอกว่าจงมีไมตรีอย่าได้เกลียดผู้ใดถึงแม้ความคิดจะไม่ตรงกัน ๔๒①

tɛ^{21} si^{24}bun^{33} caʔ^{21} tɔɔp^{21} wa^{51} nak^{453}buat^{21} phu^{51} khrɔɔŋ^{33} pha^{51} si^{24}phlai^{33} bɔɔk^{21} wa^{51} coŋ^{33} mi^{33}
但 西温 要 答 说 人 出家 个 穿 布 黄色 告诉 说 必须 有
mai^{33}tri^{33} ja^{21} dai^{51} kliat^{21} phu^{51} dai^{33} thɯŋ^{24} mɛ^{453} khwaam^{33}khit^{453} caʔ^{21} mai^{51} troŋ^{33} kan^{33}.（42）
友谊 别 得 恨 个 哪 即便 即便 的 想 要 不 符合 互相

① 原文 ไพร 疑是 ไพล（phlai^{33} 一种姜的名称）的误写，转写时做了修改。

但是西温回答说，穿黄袍的出家人教导说即便思想不一致也不要怨恨别人要友善待人。

4. ดีแล้วละ ช่วยชีวิตสัตว์ผู้ยาก ผมเห็นด้วย .　（111）①

di^{33} lɛɛu^{453} laʔ^{453}，chuai^{51} chi^{33}wit^{453} sat^{21} phu^{51} jaak^{51} phom^{24} hen^{24}duai^{51}.

好　了　　啦　　帮助　　生命　　动物 个　困难的 我　　见　一起

好的啦，帮助困难的动物，我赞同。

5. แต่ขอให้ข้าเล่าเรื่องของนางบัวคำต่อไปก่อนที่จะกล่าวถึงการเปลี่ยนแปลงอย่างรุนแรงในทัพจิ้น ๔๐๓

tɛ^{21} khɔ^{24}hai^{51} kha^{51} lau^{51} rɯaŋ^{51} khɔɔŋ^{24} naaŋ^{33} bua^{33}kham^{33} tɔ^{21}pai^{33} kɔɔn^{21} thi^{51} caʔ^{21}

但 请求 让 我　讲述 事情　　的　　妇人　　　博甘　　接着 下去 前　的　要

klaau^{21} thɯŋ^{24} kaan^{33}plian^{21}plɛɛŋ^{33} jaaŋ^{21} run^{33}rɛɛŋ^{33} nai^{33} thap^{453}cin^{24}.（403）

讲述　　到　　的　　变化　改变　样　　激烈　　　里　军队　晋

但是请让我继续讲述博甘的事情，完了再讲晋军里发生的激烈变化。

6. ผิดกับในค่ายของเจ้าพลายซึ่งทหารเลวมีเครื่องใช้และเสบียงอย่างเลว ๑๓๓

phit^{21} kap^{21} nai^{33} khaai^{51} khɔɔŋ^{24} cau^{51}phlaai^{33} sɯŋ^{51} thaʔ^{453}haan^{24} leeu^{33} mi^{33} khrɯɯŋ^{51}

差错 和　　里　营地　　的　　　召湃　　　的　　　士兵　　坏　　有　　工具

chai^{453} lɛʔ^{453} saʔ^{21}biaŋ^{33} jaaŋ^{21} leeu^{33}.（133）

用　　　和　　　干粮　　　种　　差

和召湃的营地相比完全是两样，赵澎的士兵坏，工具和干粮也差。

7. นางลำเพานำสุราอย่างแรงมาเลี้ยง ๓๐๘

naaŋ^{33} lam^{33}phau^{33} nam^{33} suʔ^{21}ra^{33} jaaŋ^{21} rɛɛŋ^{33} ma^{33} liaŋ^{453}.（308）

妇人　　兰保　　　带　　　酒　　　种　　　烈　来　宴请

兰保拿出浓烈的酒来宴请。

8. ระหว่างการหนีกับความตายอย่างที่ชาวเมืองเชียงแสยอมทั้งเมืองนั้น　　สูจะเลือกเอาทางใด ๓๖๔

raʔ^{453}waaŋ^{21} kaan^{33}ni^{24} kap^{21} khwaam^{33}taai^{33} jaaŋ^{21} thi^{51} chaau^{33} mɯaŋ^{33} chiaŋ^{33}sɛ^{24} jɔɔm^{33}

之间　　　的 逃离 和　　的　死亡 样　　的　　人　　城市　　清塞　　愿意

thaŋ^{453} mɯaŋ^{33} nan^{453}，su^{24} caʔ^{21} lɯak^{51} ʔau^{33} thaaŋ^{33} dai^{33}？（364）

整　　城市　　　那　　你　要　　选择　要　路途　哪

在逃离和像整个清塞城的人都愿意那样的死亡之间你要选择哪种？

9. ทัพจิ้นจะพบความพินาศอย่างที่ลิบุ้นไม่เคยเห็นมาก่อน ๑๖๐

thap^{453}cin^{24} caʔ^{21} phop^{453} khwaam^{33}phiʔ^{453}naat^{51} jaaŋ^{21} thi^{51} liʔ^{453}bun^{33} mai^{51} khəəi^{33} hen^{24}

军队 晋　要　　遇　　　　的　　　　消灭　　　样　的　　李奔　　不　　　曾　　见

---

① 例句来自潘德鼎（2004d）。

ma^{33} kɔɔn^{21}.（160）

来　　前

晋军要遇到李奔此前未曾见到过的惨败。

10. แต่ว่าผู้ปกครองนั้นจะถือกฎอย่างเดียวกับราษฎรไม่ได้ ๒๕๗

tɛ^{21} wa^{51} phu^{51} pok^{21}khrɔɔŋ^{33} nan^{453} caʔ^{21} thɯ^{24} kot^{21} jaaŋ^{21} diau^{33} kap^{21} raat^{51}saʔ^{21}dɔɔn^{33}

但 说 人　　统治　　那　　要　　持　规则 样　　同一 和　　　百姓

mai^{51} dai^{51}.（257）

不　　能

但是统治者不能遵守和老百姓同样的规则。

但是统治者不能和老百姓一样遵守规则。

11. ข้อห้ามเลวทรามอย่างนั้นข้าไม่เชื่อฟัง ๔๒๓

khɔ^{51} haam^{51} leeu^{33} saam^{33} jaaŋ^{21} nan^{453} kha^{51} mai^{51} chɯa^{51} faŋ^{33}.（423）

条　　禁止　坏　卑鄙　　种　　那　　我　　不　　相信　听

如此恶劣的禁令我不听从。

这种恶劣的禁令我不听从。

表 4.1　　　　“名－量－修”中的量词与结构助词对比

量词/结构助词	名词	修饰词	修饰的性质
个体量词	与个体量词对应的名词	限定代词、形容词、序数词、时间词、方位词和由 thi^{51} 引导的定语从句	同位
量词 jaaŋ^{21}	各类型的名词	上述个体量词的各类饰词，还有谓词或谓词结构、名词和代词	限定、描述，比况
量词 phu^{51}	表人的词语，包括拟人化的动物	上述个体量词的各类饰词，此外还有谓词或谓词结构、名词（含人名）和由 sɯŋ^{51} 引导的定语从句	同位（同位性较强）
量词ʔan^{33}	包括生命类在内，范围很广，但以抽象名词为主	上述个体量词的饰词除定语从句外的各类，还有谓词或谓词结构（形成由ʔan^{33} 引导的定语从句）	以限定、描述为主，带有一定的同位性
结构助词 thi^{51}、sɯŋ^{51}	各类型的名词，sɯŋ^{51} 引导的还常修饰专名	谓词或谓词结构	限定（thi^{51}）、描述（sɯŋ^{51}）
结构助词 khɔɔŋ^{24}、hɛɛŋ^{21}	各类型的名词	名词（含专名）、代词，处所词等	领属

第二种是反响量词。这类量词出现在“名－量－修”组合时出现名、量重合的情况，因而有时就省去其中之一。一旦换成其他量词，就恢复本

来的结构。

1. เรื่องเรื่องนั้น　　เรื่องนั้น　　เรื่องอย่างนั้น　　那件事情

rɯaŋ^{51} rɯaŋ^{51} nan^{453}　　rɯaŋ^{51} nan^{453}　　rɯaŋ^{51} jaaŋ^{21} nan^{453}

事情　事情　那　　事情　那　　事情　种　那

2. เมืองเมืองใหญ่　　เมืองใหญ่　　เมืองอันใหญ่　　大城市

mɯaŋ^{33} mɯaŋ^{33} jai^{21}　　mɯaŋ^{33} jai^{21}　　mɯaŋ^{33} ʔan^{33} jai^{21}

城市　城市　大　　城市　大　　城市　个　大

3. เมื่อทหารสอดแนมมาแจ้งว่าทัพกังไสขุดคูได้เสร็จสามด้านแล้ว　ยังไม่เสร็จแต่ด้านหลังเท่านั้น กุมภวาจึงให้ทหารรีบยกเข้าโจมตีทัพของกังไส ทัพใหญ่ของกังไสยันทัพไทอยู่ด้านหลังแต่ด้านเดียวก็พอที่จะต้านทานทัพไทได้ ๒๐๕

mɯa^{51} thaʔ^{453}haan^{24} sɔɔt^{21}nɛɛm^{33} ma^{33} cɛɛŋ^{51} wa^{51} thap^{453} kaŋ^{33}sai^{24} khut^{21} khu^{33} dai^{51} set^{21} saam^{24}

时候　士兵　侦察　来　报告　说　军队　冈塞　挖　沟　得　完　三

daan^{51} lɛɛu^{453} jaŋ^{33} mai^{51} set^{21} tɛ^{21} daan^{51} laŋ^{24} thau^{51} nan^{453}, kum^{33}phaʔ^{453}wa^{33} cɯŋ^{33} hai^{51} thaʔ^{453}haan^{24}

面　了　还　没　完　仅　面　后　仅　那　贡帕瓦　就　让　士兵

riip^{51} jok^{453} khau^{51} coom^{33}ti^{33} thap^{453} khɔɔŋ^{24} kaŋ^{33}sai^{24}，thap^{453} jai^{21} khɔɔŋ^{24} kaŋ^{33}sai^{24} jan^{33}

立即　举　进入　攻击　打　军队　的　冈塞　军队　大　的　冈塞　支撑

thap^{453}thai^{33} ju^{21} daan^{51} laŋ^{24} tɛ^{21} daan^{51} diau^{33} kɔ^{51} phɔ^{33} thi^{51} caʔ^{21} taan^{51}thaan^{33} thap^{453}thai^{33} dai^{51}.

军队　泰　在　面　后　仅　面　唯一　也　足够　的　要　抵抗　军队　泰　能

（205）

侦察兵来报告说冈塞军已经在三面都挖了沟渠，只剩下后面没挖完。贡帕瓦就立即派兵攻打冈塞，冈塞大军只需在后面一面抵抗泰军，因此基本能阻挡泰军的进攻。

4. คนที่สูเห็นร้องไห้อยู่นี่หาใช่แม่ทัพไม่ เป็นเพียงคนคนหนึ่งที่เสียเพื่อนเขาไป ๒๓๓①

khon^{33} thi^{51} su^{24} hen^{24} rɔɔŋ^{453} hai^{51} ju^{21} ni^{51} ha^{24} chai^{51} mɛ^{51}thap^{453} mai^{51}，pen^{33} phiaŋ^{33}

人　的　你　见　唱　哭泣　在　这　找　是　妈妈　军队　不　是　仅仅

khon^{33} khon^{33} nɯŋ^{21} thi^{51} sia^{24} phɯan^{51} khau^{24} pai^{33}.（233）

人　人　一　的　失　朋友　他　去

你见到的哭泣着的人不是将军而仅仅是一个失去他朋友的人。

5. ที่ข้ากล่าวถึงวังอีกวังหนึ่งของสูนั้นข้าหมายถึงเช่นนี้ ๒๖๒

thi^{51} kha^{51} klaau^{21} thɯŋ^{24} waŋ^{33} ʔiik^{21} waŋ^{33} nɯŋ^{21} khɔɔŋ^{24} su^{24} nan^{453} kha^{51} maai^{24}

的　你　说　到　王宫　再　王宫　一　的　你　那　我　意思

thɯŋ^{24} cheen^{51} ni^{453}.（262）

到　像　这

我说的你的另一座王宫，我的意思是这样的。

① ha^{24}chai^{51}---mai^{51}（หาใช่---ไม่）表示否定性判断，此用法具有古语特征。

6. แล้วสูจะได้เป็นคนคนแรกที่สำรวจแม่น้ำโขง ๔๒๗

lɛɛu^{453} su^{24} caʔ^{21} dai^{51} pen^{33} khon^{33} khon^{33} rɛɛk^{51} thi^{51} sam^{24}ruat^{21} mɛ^{51}nam^{453}khooŋ^{24}. （437）

然后 你 要 能 是 人 人 第一 的 调查 妈妈 水 公（专名）

然后你就能成为第一个调查湄公河的人。

上节提到过集体量词、部分量词或是借自容器的量词表面上也可以分布在“名－量－修”之中。也就是说，除了度量衡量词外所有量词类型都能与名词、饰词组合形成指称结构。这是因为“名－量－修”中修饰语的形成是句法位置促成的，即在泰语里名词做中心语受修饰时修饰语位置靠后。中间位置的量词一方面引导修饰名词的修饰词，在名词及其修饰词之间起到连接中心语和修饰语的作用，另一方面又和修饰词先行组合，作为修饰词的中心语，整个“量－修”结构在一定条件下具有体词性，其中的量词是修饰前面名词的作为一个整体的“量－修”中的一部分。这个特点，对于分布于中间位置的其他成分也是一样的。

1. ข้ามิใช่แต่เพื่อนร่วมที่นอนกับสู แต่จะเป็นเพื่อนตลอดไปไม่ว่าจะทุกข์ปานใด ๑๐๔

kha^{51} miʔ^{453} chai^{51} tɛ^{21} phɯan^{51} ruam^{51} thi^{51} nɔɔn^{33} kap^{21} su^{24} tɛ^{21} caʔ^{21} pen^{33} phɯan^{51}

我 不 是 只 朋友 共同 处 睡 和 你 但 要 是 朋友

taʔ^{21}lɔɔt^{21} pai^{33} mai^{51} wa^{51} caʔ^{21} thuk^{453} paan^{33} dai^{33}. （104）

永远 去 不 说 要 痛苦 样 哪

我不只是和你同床共枕的朋友还是不管遇到怎样的痛苦都和你永远在一起的朋友。

2. ทางใต้นั้นเป็นทางที่เราจะขยายไปได้ เพราะดินแดนทางนั้นยังมีอีกมาก แต่มีคนน้อยและบังเอิญคนไทอยู่ในดินแดนทางนี้ คนไทจึงต้องทนต่อการขยายตัวของชาติเรา ๑๖๗

thaaŋ^{33} tai^{51} nan^{453} pen^{33} thaaŋ^{33} thi^{51} rau^{33} caʔ^{21} khaʔ^{21}jaai^{24} pai^{33} dai^{51}，phrɔʔ^{453} din^{33} dɛɛn^{33} thaaŋ^{33}

区域 南 那 是 区域 的 我们 要 扩大 去 能 因为 土地 地区 区域

nan^{453} jaŋ^{33} mi^{33} ʔiik^{21} maak^{51}，tɛ^{21} mi^{33} khon^{33} nɔɔi^{453} lɛʔ^{453} baŋ^{33}ʔəən^{33} khon^{33}thai^{33} ju^{21} nai^{33} din^{33}

那 还 有 还 许多 但 有 人 少 和 偶然 人 泰 在 里 土地

dɛɛn^{33} thaaŋ^{33} ni^{453}，khon^{33}thai^{33} cɯŋ^{33} tɔɔŋ^{51} thon^{33} tɔ^{21} kaan^{33}khaʔ^{21}jaai^{24} tua^{33} khɔɔŋ^{24} chaat^{51} rau^{33}.

地区 区域 这 人 泰 才 需要 忍受 对 的 扩张 身体 的 民族 我

（167）

南方是我们可以前去扩展的，因为那个区域的土地还有许多，而且人也少。泰人恰好就分布在这个区域上，他们才要面对我们的扩张。

3. แต่พายุบ้าและความหนาวเช่นนี้เราจะจับดาบสู้ก็มิได้ ๒๒๘

tɛ^{21} pha^{33}juʔ^{453} ba^{51} lɛʔ^{453} khwaam^{33}naau^{24} cheen^{51} ni^{453} rau^{33} caʔ^{21} cap^{21} daap^{21} su^{51} kɔ^{51}

但 大风 疯狂 和 的 冷 像 这 我们 要 拿 剑 斗争 也

miʔ^{453} dai^{51}.（228）

不　能

但是这样的狂风和严寒，我们连剑都拿不起来。

4. ความตายเช่นที่น้องของสูประสบนั้นคนดีทุกคนย่อมแสวงหา ๑๒๓

khwaam^{33}taai^{33} cheen^{51} thi^{51} nɔɔŋ^{453} khɔɔŋ^{24} su^{24} praʔ^{21}sop^{21} nan^{453} khon^{33} di^{33} thuk^{453}

的　死亡　像　的　弟弟　的　你　遇到　那　人　好　每

khon^{33} jɔɔm^{51} saʔ^{21}wɛɛŋ^{24} ha^{24}.（123）

人　一定　追求　找

像你弟弟做出的牺牲，每个好人都必定追寻。

5. เหตุนี้นอกจากเราจะได้ฝึกการรบประชิดตัวแล้ว ข้ายังได้ฝึกทหารของเราให้รวมกำลังกันเป็นการรบแบบหนัก โดยใช้เครื่องเกราะที่หนักและอาวุธที่หนัก ๓๔๐

heet^{21} ni^{453} nɔɔk^{51} caak^{21} rau^{33} caʔ^{21} dai^{51} fɯk^{21} kaan^{33}rop^{453} praʔ^{21}chit^{453} tua^{33} lɛɛu^{453},

原因 这　除　从　我们　要　得　练习　的　战斗　接触　身体　了

kha^{51} jaŋ^{33} dai^{51} fɯk^{21} thaʔ^{453}haan^{24} khɔɔŋ^{24} rau^{33} hai^{51} ruam^{33} kam^{33}laŋ^{33} kan^{33} pen^{33}

我　还　得　练习　士兵　的　我们 让　聚合　力量　一起　是

kaan^{33}rop^{453} bɛɛp^{21} nak^{21} dooi^{33} chai^{453} khrɯaŋ^{51} krɔʔ^{21} thi^{51} nak^{21} lɛʔ^{453} ʔa^{33}wut^{453} thi^{51}

的　战斗　型　重　用　使用　工具　铠甲　的　重　和　武器　的

nak^{21}.（340）

重

因此，除了要训练近距离战斗之外，我还要训练士兵们联合作战的能力，利用重的铠甲和武器进行的重量型战斗。

6. ต่อไปนี้ทุกบ้านภายในกำแพงเมืองที่จิ๋นมาสร้างไว้นี้ จะต้องเสียภาษีสำหรับให้ภรรยาข้าซื้อน้ำหอมจากโลยางมาใช้ หากสูกวนใจข้าอีก สูจะรู้ว่ามีภาษีแบบใหม่อยู่เสมอ ๒๕

tɔ^{21}pai^{33} ni^{453} thuk^{453} baan^{51} phaai^{33} nai^{33} kaam^{33}phɛɛŋ^{33} mɯaŋ^{33} thi^{51} cin^{24} ma^{33} saaŋ^{51} wai^{453} ni^{453},

接着 下去 这 每 房子 边　里　墙壁　城市　的 晋 来 建　留 这

caʔ^{21} tɔɔŋ^{51} sia^{24} pha^{33}si^{24} sam^{24}rap^{21} hai^{51} phan^{33}raʔ^{453}ja^{33} kha^{51} sɯ^{453} nam^{453}hɔɔm^{24} caak^{21} lo^{33}jaaŋ^{33}

要　必须 纳　税　专门　给　妻子　我　买　水　香　从　洛阳

ma^{33} chai^{453}，haak^{21} su^{24} kuan^{33} cai^{33} kha^{51} ʔiik^{21}，su^{24} caʔ^{21} rɯ^{453} wa^{51} mi^{33} pha^{33}si^{24} bɛɛp^{21} mai^{21} ju^{21}

来　用　如果 你们 打扰 心　我　再　你们 要　知　说　有　税　样　新　在

saʔ^{21}mə^{24}.（25）

时常

从此以后，晋人来建造的城墙之内的每个村子都必须纳税，专门给我的妻子从洛阳买来香水，如果你们再阻挠的话，你们要知道随时都会有新式的税收要交。

7. งานเวลานี้ของเราคือจัดให้คนมาอยู่ทั่วลำ　เพื่อทุกคนจะรู้สึกว่าเรือที่เรียกว่าจิ๋นนี้ปลอดภัยสำหรับเขาขอให้เราทำงานที่ว่านี้ก่อน ๓๓๐

ŋaan^{33} we^{33}la^{33} ni^{453} khɔɔŋ^{24} rau^{33} khɯɯ^{33} cat^{21} hai^{51} khon^{33} ma^{33} ju^{21} thua^{51} lam^{33}，phɯa^{51}

工作 时间 这 的 我们 是 安排 让 人 来 在 整 艘 为了

thuk^{453} khon^{33} caʔ^{21} ru^{453}sɯk^{21} wa^{51} rɯa^{33} thi^{51} riak^{51} wa^{51} cin^{24} ni^{453} plɔɔt^{21} phai^{33}

每 人 要 知道 说 船 的 叫 说 晋 这 解 灾难

sam^{24}rap^{21} khau^{24}，khɔ^{24}hai^{51} rau^{33} tham^{33} ŋaan^{33} thi^{51} wa^{51} ni^{453} kɔɔn^{21}. （330）

专门 他 请求 让 我们 做 工作 的 说 这 先

我们这时候的工作是让人把整条船坐满，以便每个人都感觉到称为晋国的这艘船对于他们来说是安全的，希望我们先做所说的这个工作。

除了这个特点之外还需要注意一点，“名－量－修”结构中的个体量词与前面的名词配合使用，由于个体量词表示名词的类别，整个结构指向的即是名词代表的实体。反响量词的表现与个体量词一致。虽然集体量词、部分量词或是借自容器的量词构成的“名－量－修”组合，其内部结构关系与个体量词是完全一致的，但是由于它们在语义上与前面的名词没有一致性，所以它们构成的“名－量－修”结构的所指与名词不完全一致。这就是前文提到的有些结构表面上是实际上不是本书所研究的“名－量－修”结构的原因。这说明，不同的量词类型，其分布产生的差异往往不是结构导致的，而是语义差异引起的。

1. หากธงผากับพวกจะคิดการกู้แผ่นดินไท พวกนี้ก็โง่เหมือนคนไทรุ่นก่อนที่โง่มากแล้ว ๔๙

haak^{21} thoŋ^{33}pha^{24} kap^{21} phuak^{51} caʔ^{21} khit^{453} kaan^{33} ku^{51} phɛɛn^{21} din^{33} thai^{33}，phuak^{51}

如果 童帕 和 群体 要 想 事情 救 片 土地 泰 群

ni^{453} kɔ^{51} ŋo^{51} mɯan^{24} khon^{33}thai^{33} run^{51} kɔɔn^{21} thi^{51} ŋo^{51} maak^{51} lɛɛu^{453}. （49）

这 也 傻 像 人 泰 辈 前 的 傻 很 了

如果童帕和他的团伙要想办法救国，这群人也像上一辈的泰人一样愚蠢。

2. เราก็จำต้องปกครองด้วยดาบต่อไป ใช่ว่าข้าจะพอใจการคุกเข่าของคนไทสกปรกพวกนี้ก็หาไม่

๒๗

rau^{33} kɔ^{51} cam^{33} tɔɔŋ^{51} pok^{21}khrɔɔŋ^{33} duai^{51} daap^{21} tɔ^{21}pai^{33}，chai^{51} wa^{51} kha^{51} caʔ^{21}

我们 也 需要 必须 统治 用 剑 接 下去 是 说 我 要

phɔ^{33}cai^{33} kaan^{33}khuk^{453}khau^{21} khɔɔŋ^{24} khon^{33}thai^{33} sok^{21}kaʔ^{21}prok^{21} phuak^{51} ni^{453} kɔ^{51}

足够 心 的 屈 膝 的 人 泰 肮脏 群 这 也

ha^{24} mai^{51}.（27）

找 没

我们要继续用剑统治下去，我并不满足于这群肮脏的泰人卑躬屈膝。

3. แต่เมื่อพ้นตัวเมืองไปเล็กน้อยก็มีชาวเมืองเชียงอันกลุ่มใหญ่วิ่งตามมา ๒๓๑

tɛ^{21} mɯa^{51} phon^{453} tua^{33} mɯaŋ^{33} pai^{33} lek^{453} nɔɔi^{453} kɔ^{51} mi^{33} chaau^{33} mɯaŋ^{33}

但 时候 脱离 身体 城 去 小 少 就 有 人 城

chiaŋ³³ʔan³³ klum²¹ jai²¹ wiŋ⁵¹ taam³³ ma³³.（231）
清恩 群 大 跑 跟随 来
但是出城不远就有大群的清恩人跟随过来。

4. คนเผ่าพันธุ์นี้สมควรจะมีแผ่นดินใหม่สำหรับเขา ๓๘๓

khon³³ phau²¹ phan³³ ni⁴⁵³ som²⁴khuan³³ caʔ²¹ mi³³ phɛɛn²¹ din³³ mai²¹ sam²⁴rap²¹ khau²⁴.（383）
人 族 种子 这 应该 要 有 片 土地 新 特地 他
这族人理应有他们的新土地。

5. เช่นเดียวกับที่สูกระทำกับทัพจิ้นก๊กอื่นๆ ๒๐๒

cheen⁵¹ diau³³ kap²¹ thi⁵¹ su²⁴ kraʔ²¹tham³³ kap²¹ thap⁴⁵³cin²⁴ kok⁴⁵³ ʔɯɯn²¹ʔɯɯn²¹.（202）
像 同一 和 的 你 做 和 军队 晋 派 其他 其他
跟你对付其他股晋军一样。

4.3 名－量－代

能出现于“名－量－修”结构中的修饰词种类繁多，其中最典型的是 ni⁴⁵³、nan⁴⁵³、noon⁴⁵³（นี้ 这，นั้น 那，โน้น 那），它们是只有限定功能的表示指示含义的代词。此外能出现于这个位置的还有其他类型的代词，具体来说主要分为如下三种：

出现在“名－量－代”格式中的人称代词用属格形式，即“各人称代词加 khɔɔŋ²⁴”，如例一；人名同样需要加表示领属关系的结构助词 khɔɔŋ²⁴ 才能修饰量词，如例二、三、四。采用属格的形式说明具有纯粹的代替功能的词语不能直接修饰量词。当领属性修饰和描述性修饰出现在一起时，领属性修饰放在描述性修饰之前，助词 khɔɔŋ²⁴ 和量词不再共现，如例五、六。

1. ในคืนนั้นนางลำเพาไปหาคำอ้ายและถามว่า กำฮาดเป็นสามีของนางสนทองคนของข้า ข้าเป็นคนให้กำฮาดกำจัดขุนสาย เหตุใดสูจึงฆ่ากำฮาดเสียเล่า ๓๑๐

nai³³ khɯɯn³³ nan⁴⁵³ naaŋ³³ lam³³phau³³ pai³³ ha²⁴ kham³³ʔaai⁵¹ lɛʔ⁴⁵³ thaam²⁴ wa⁵¹:
里 夜 那 妇人 兰保 去 找 甘艾 和 问 说
kam³³haat⁵¹ pen³³ sa²⁴mi³³ khɔɔŋ²⁴ naaŋ³³ son²⁴thɔɔŋ³³ khon³³ khɔɔŋ²⁴ kha⁵¹，kha⁵¹
甘哈 是 丈夫 的 妇人 逊通 个 的 我 我
pen³³ khon³³ hai⁵¹ kam³³haat⁵¹ kam³³cat²¹ khun²⁴saai²⁴，heet²¹ dai³³ su²⁴ cɯŋ³³ kha⁵¹
是 人 让 甘哈 处理 坤赛 理由 哪 你 就 杀
kam³³haat⁵¹ sia²⁴ lau⁵¹？（310）
甘哈 掉 呢
那天夜里，兰保去找甘艾问道：“甘哈是逊通的丈夫，逊通是我的人，是我让甘哈去处理坤赛的，你有什么理由把甘哈杀掉呢？”

2. ทั้งช้อยและพลอยมีหนังสือคนละเล่ม ของช้อยขาดมากกว่า และมีก้านธูปคนละอันสำหรับชี้ตัวหนังสือ หนังสือเล่มของช้อยนั้นมีรอยสีก้านธูปตกเปื้อนกระดาษเต็มไป ๘๙[①]

thaŋ^{453} chɔɔi^{453} lɛʔ^{453} phlɔɔi^{33} mi^{33} naŋ^{24}sɯ^{24} khon^{33} laʔ^{453} leem^{51}，khɔɔŋ^{24} chɔɔi^{453}

整 翠依 和 帕瑞 有 书 人 每 本 的 翠依

khaat^{21} maak^{51} kwa^{21} lɛʔ^{453} mi^{33} kaan^{51} thuup^{51} khon^{33} laʔ^{453} ʔan^{33} sam^{24}rap^{21} chi^{453} tua^{33}

破损 多 过 和 有 杆 香 人 每 个 特地 指 文字

naŋ^{24}sɯ^{24}，naŋ^{24}sɯ^{24} leem^{51} khɔɔŋ^{24} chɔɔi^{453} nan^{453} mi^{33} rɔɔi^{33} si^{24} kaan^{51} thuup^{51} tok^{21}

书 书 本 的 翠依 那 有 痕迹 色 杆 香 掉

pɯan^{51} kraʔ^{21}daat^{21} tem^{33} pai^{33}.（89）

沾 纸 满 去

翠依和帕瑞每人有一本书，翠依的破损更多些，每人有一根香杆特地用来指认书上的字，翠依的那本书上沾满香杆颜色的痕迹。

3. เรือลำของพลอยไปถึงวัดเอาตอนสายเต็มที่ ๓๘๓

rɯa^{33} lam^{33} khɔɔŋ^{24} phlɔɔi^{33} pai^{33} thɯŋ^{24} wat^{453} ʔau^{33} tɔɔn^{33} saai^{24} tem^{33}thi^{51}.（383）

船 个 的 帕瑞 去 到 寺庙 要 段 迟 满 地

帕瑞的船去到寺庙比较迟。

4. ตลับงาชุดของสมเด็จที่บนมีชื่อพระราชทานตลอดเถาเช่นเดียวกันเป็นชื่อดอกไม้ล้วนๆ ๔๒๘

taʔ^{21}lap^{21} ŋa^{33} chut^{453} khɔɔŋ^{24} som^{24}det^{21} thi^{51} bon^{33} mi^{33} chɯ^{51}

盒子 象牙 套 的 殿下 处 上 有 名字

phraʔ^{453} raat^{51}chaʔ^{453}thaan^{33} taʔ^{21}lɔɔt^{21} thau^{24} cheen^{51} diau^{33} kan^{33} pen^{33} chɯ^{51} dɔɔk^{21}

赐予 一直 藤条 像 同一 互相 成 名字 花

mai^{453} luan^{453}luan^{453}.（428）

树 全 全

殿下的象牙盒有国王给予的赐名，整行全都是花的名字。

5. ที่สูมาช่วยขจัดทัพจิ๋นออกจากเมืองลือนั้นสูจะทำผิดอันใดนั้นมิได้ แต่ที่สูจะกลับไปเชียงแสและทิ้งพวกข้าไว้เช่นนี้จะเป็นความผิดของสูอย่างแรง ๕๔

thi^{51} su^{24} ma^{33} chuai^{51} khaʔ^{21}caat^{21} thap^{453}cin^{24} ʔɔɔk^{21} caak^{21} mɯaŋ^{33}lɯ^{33} nan^{453} su^{24}

的 你 来 帮 消除 军队 晋 出 从 城 仂 那 你

caʔ^{21} tham^{33} phit^{21} ʔan^{33} dai^{33} nan^{453} miʔ^{453} dai^{51}，tɛ^{21} thi^{51} su^{24} caʔ^{21} klap^{21} pai^{33}

要 做 错 个 哪 那 不 行 但 的 你 要 回 去

chiaŋ^{33}sɛ^{24} lɛʔ^{453} thiŋ^{453} phuak^{51}kha^{51} wai^{453} cheen^{51} ni^{453} caʔ^{21} pen^{33} khwaam^{33}phit^{21}

清塞 和 扔 们 我 放 像 这 要 是 的 错误

① 例句来自《四朝代》，下面两例同。

khɔɔŋ^{24} su^{24} jaaŋ^{21} rɛɛŋ^{33}. （54）

的　　你　样　强烈

你来帮助我们把晋军的势力从仂城赶走，这怎么会错呢？但是你要回清塞这样把我们丢下不管，那是你很大的错误。

6. ส่วนหีบของพลอยใบเล็ก แม่ให้นางพิศแบกตามมาเลยทีเดียว ๓๑

suan^{21} hiip^{21} khɔɔŋ^{24} phlɔɔi^{33} bai^{33} lek^{453}，mɛ^{51} hai^{51} naaŋ^{33} phit^{453} bɛɛk^{21} taam^{33} ma^{33}

至于 箱子　的　　帕瑞　个　　小　　妈妈　让 妇人　披（人名）扛 跟　来

lәәi^{33} thi^{33}diau^{33}. （31）

啦　次　独一

至于帕瑞的小箱子，妈妈就让阿披扛着跟过来啦。

出现在“名－量－代”中的疑问代词常见的是 nai^{24}（ไหน 哪），nai^{24}的变体 dai^{33}（ใด 哪）也时有出现。

1. ลิตงเจียย้ายเป้าไปที่หน้าอกของชายนั้น แต่ชายนั้นยังเดินตรงไปยังลิตงเจีย ทหารจิ้นทุกคนลุกขึ้นยืนดู และขณะนั้นไม่มีเสียงอันใดแม้แต่เสียงของชายไทที่บาดเจ็บอยู่ ๓๒

liʔ^{453}toŋ^{33}cia^{33} jaai^{453} pau^{51} pai^{33} thi^{51} na^{51} ʔok^{21} khɔɔŋ^{24} chaai^{33} nan^{453}, tɛ^{21} chaai^{33} nan^{453} jaŋ^{33} dәәn^{33}

李东家　　移动　靶子 去　处　前　胸　　的　　男　　那　　但　　男　　那　　还　　走

troŋ^{33} pai^{33} jaŋ^{33} liʔ^{453}toŋ^{33}cia^{33}，thaʔ^{453}haan^{24}cin^{24} thuk^{453} khon^{33} luk^{453} khɯn^{51} jɯɯn^{33} du^{33} lɛʔ^{453}

直　　去　向　　李东家　　　士兵　　　晋　　每　　个　　起身　上　　　站　　看 和

khaʔ^{21}naʔ^{21} nan^{453} mai^{51} mi^{33} siaŋ^{24} ʔan^{33} dai^{33} mɛ^{453} tɛ^{21} siaŋ^{24} khɔɔŋ^{24} chaai^{33} thai^{33} thi^{51} baat^{21} cep^{21}

时候　　　那　没　有 声音　个　哪　即便 仅 声音　的　　男　　泰　　的　伤　　疼

ju^{21}. （32）

在

李东家把目标移到那男子的胸口，但是他还是径直朝李东家走去，晋国士兵每个人都站起身来看。那一刻万籁俱寂，即便是受伤的泰族男子也没有发出什么声音。

2. ถ้าชาวเมืงคนใดหายไปจากบ้านเกินสามวันจะถือว่าผู้นั้นไปช่วยพวกขบถ ๑๐๔

tha^{51} chaau^{33}meŋ^{33} khon^{33} dai^{33} haai^{24} pai^{33} caak^{21} baan^{51} kәәt^{21} kәәn^{33} saam^{24} wan^{33}

如果 人　　渑　　　个　　哪　消失　　去　　从　　村子　出生 超过　　三　　天

caʔ^{21} thɯ^{24} wa^{51} phu^{51} nan^{453} pai^{33} chuai^{51} phuak^{51} khaʔ^{21}bot^{21}. （104）

就　认为 说　个　　那　　去　　帮助　　团伙　　反叛

如果哪个人从家乡消失超过三天就被当作去帮助反叛者。

3. สูมีประสงค์อย่างใดจึงมาที่นี่เวลาที่มืดเช่นนี้ ๑๓๒

su^{24} mi^{33} praʔ^{21}soŋ^{24} jaaŋ^{21} dai^{33} cɯŋ^{33} ma^{33} thi^{51} ni^{51} we^{33}la^{33} thi^{51} mɯɯt^{51} cheen^{51}

你 有　　意图　　样　　哪　才　　来　处　这　时候　　的　暗淡　　样

ni^{453}？（132）

这

天这么黑你还来这里有什么意图？

nai^{24} 还有一个变体 rai^{33}（ไร），经常作为黏着语素构成疑问代词。实际上，泰语不少疑问代词就是由具有单位词功能的词语加上这个词构成的“量－代”格式发展而来的。如 thau^{51}rai^{33}（เท่าไร 多少）> thau^{51}dai^{33}（倍－哪），容易看出其原本的“量－代”组合。khrai^{33}（ใคร 谁）、ʔaʔ^{21}rai^{33}（อะไร 什么）由于语音发生变化不容易看出来，其实是经过 khon^{33}rai^{33} > khon^{33}dai^{33}（人－哪）、ʔan^{33}rai^{33} > ʔan^{33}dai^{33}（个－哪）发展而来的。还有 ŋai^{33} > jaaŋ^{21}rai^{33}（อย่างไร 怎样，什么）> jaaŋ^{21}dai^{33}（样－哪），对比下面的例句。①疑问代词中 mɯa^{51}rai^{33}（เมื่อไร 何时、什么时候），thi^{51}nai^{24}（ที่ไหน 何地、什么地方），也可以出现在“名－量－代”结构中的代词位置。

1. พนักงานผู้นั้นตอบว่า ข้าพูดได้ยากเหลือเกินว่าสีบุญเป็นคนอย่างไร อย่าให้ข้าตอบเลย ๒๕๘

pha$ʔ^{453}$nak^{453}ŋaan^{33} phu^{51} nan^{453} tɔɔp^{21} wa^{51}： kha^{51} phuut^{51} dai^{51} jaak^{51} lɯa^{24} kəən^{33}

工作人员 个 那 回答 道 我 说 得 难 超 超过

wa^{51} si^{24}bun^{33} pen^{33} khon^{33} jaaŋ^{21}rai^{33}，ja^{21} hai^{51} kha^{51} tɔɔp^{21} ləəi^{33}.（258）

说 西温 是 人 样 哪 别 让 我 回答 啦

那个工作人员回答道：“我很难说西温是怎样的人，别让我回答啦。”

2. ข้าจะอ้างเหตุอย่างไรในการขับไล่นักบวชผู้นี้ไป ๒๗๒

kha^{51} caʔ^{21} ʔaaŋ^{51} heet^{21} jaaŋ^{21}rai^{33} nai^{33} kaan^{33}khap^{21}lai^{51} nak^{453}buat^{21} phu^{51} ni^{453}

我 要 借口 理由 样 哪 里 的 驱 赶走 人 出家 个 这

pai^{33}？（272）

去

我要用什么理由做借口赶走这个出家人？

3. พวกสูมาเป็นประกันอยู่เช่นนี้จะเกิดภัยขึ้นอย่างใดก็ยากจะรู้ได้ บัดนี้เป็นโอกาสแล้วข้าจะพาหนีกลับไป ๕๘

phuak^{51}su^{24} ma^{33} pen^{33} praʔ^{21}kan^{33} ju^{21} cheen^{51} ni^{453} caʔ^{21} kəət^{21} phai^{33} khɯn^{51} jaaŋ^{21}

们 你 来 成 人质 在 像 这 要 发生 灾难 出 样

dai^{33} kɔ^{51} jaak^{51} caʔ^{21} ru^{453} dai^{51}，bat^{21} ni^{453} pen^{33} ʔo^{33}kaat^{21} lɛɛu^{453} kha^{51} caʔ^{21} pha^{33} ni^{24}

哪 也 难 要 知 能 时候 这 是 机会 了 我 要 带 逃

klap^{21} pai^{33}.（58）

回 去

你们这样来做人质，要发生什么灾难也难以知道。现在是机会了，我要带你们逃回去。

① tham^{33}mai^{33}（ทำไม）“为何”是 tham^{33}dai^{33}（ทำใด）、tham^{33}rai^{33}（ทำไร）后一音节的辅音受前一音节韵尾的语音同化而发展出来的。

4. เวลานี้งานของพวกเราก็คือการสร้างบ้านเมืองใหม่ขึ้นที่นี่ ภัยอย่างใดๆเวลานี้ไม่มี ข้าจะขอเดินทางร่วมไปกับสู ๕๑๑

we^{33}la^{33} ni^{453} ŋaan^{33} khɔɔŋ^{24} phuak^{51}rau^{33} kɔ^{51} khɯ^{33} kaan^{33}saaŋ^{51}baan^{51}mɯaŋ^{33}mai^{21}

时间 这 工作 的 们 我 就 是 的 建设 房子 地方 新

khɯn^{51} thi^{51} ni^{51}，phai^{33} jaaŋ^{21} dai^{33} jaaŋ^{21} dai^{33} we^{33}la^{33} ni^{453} mai^{51} mi^{33}，kha^{51} caʔ^{21}

上 处 这 灾 样 哪 样 哪 时间 这 没 有 我 要

khɔ^{24} dəən^{33} thaaŋ^{33} ruam^{51} pai^{33} kap^{21} su^{24}.（511）

请求 走 路 一起 去 和 你

现在我们的工作就是建设新的家园，这时候没有什么灾难，我和你一起走路去。

5. หากสูจะคืนแม่ทัพจิ้นและนายกองคนอื่นให้เราสูจะต้องการอะไรแลกเปลี่ยน ๕๑

haak^{21} su^{24} caʔ^{21} khɯɯn^{33} mɛ^{51}thap^{453}cin^{24} lɛʔ^{453} naai^{33} kɔɔŋ^{33} khon^{33} ʔɯɯn^{21} hai^{51}

如果 你们 要 还给 妈妈 军队 晋 和 老板 军队 个 别 给

rau^{33}，su^{24} caʔ^{21} tɔɔŋ^{51}kaan^{33} ʔaʔ^{21}rai^{33} lɛɛk^{51} plian^{21}.（51）

我们 你们 要 需要 什么 交换 变化

如果你要还给我们将领和其他的军官，你需要什么来交换。

6. เย็นวันนั้นคำอ้ายไปยังที่พักของสีเมฆและถามว่าสูมาคราวนี้มี"กิจอันใดหรือ "๙๙

jen^{33} wan^{33} nan^{453} kham^{33}ʔaai^{51} pai^{33} jaŋ^{33} thi^{51} phak^{453} khɔɔŋ^{24} si^{24}meek^{51} lɛʔ^{453} thaam^{24}

傍晚 天 那 甘艾 去 向 地方 休息 的 西明 和 问

wa^{51}：“su^{24} ma^{33} khraau^{33} ni^{453} mi^{33} kit^{21} ʔan^{33} dai^{33} rɯ^{24}？”（99）

说 你 来 次 这 有 事务 项 哪 吗

那天傍晚甘艾去到西明休息的地方问道：“你这次来有什么事情吗？”

出现在“名－量－代”中的指示代词是 ni^{453}、nan^{453}、noon^{453}，与之对应的 ni^{51}、nan^{51}、noon^{51}（นี่ 这，นั่น 那，โน่น 那）则不能出现。ni^{453}、nan^{453}、noon^{453} 这三个具有指示含义的代词主要的语法作用就是限定量词。

1. โจสิดบัดนี้พ้นจากตกตะลึงแล้วจึงสั่งเตียกังกับบุ้นตงว่า สูจงตามไปฆ่าฮวนคนนี้ให้ได้ ๒๘

co^{33}sit^{21} bat^{21} ni^{453} phon^{453} caak^{21} tok^{21}taʔ^{21}lɯŋ^{33} lɛɛu^{453} cɯŋ^{33} saŋ^{21} tia^{33}kaŋ^{33} kap^{21}

卓西 时刻 这 逃离 从 发呆 了 才 吩咐 狄钢 和

bun^{51}toŋ^{33} wa^{51}： su^{24} coŋ^{33} taam^{33} pai^{33} kha^{51} huan^{33} khon^{33} ni^{453} hai^{51} dai^{51}.（28）

温东 道 你 务必 跟随 去 杀 蛮族 个 这 让 能

卓西现在从惊愕中恢复出来，才吩咐狄钢和温东道：“务必跟上去把这个蛮人杀掉。”

2. คนไทคนนั้นลงจากหลังม้าคุกเข่าให้ฮูหยินของเราเดี๋ยวนี้ ๒๘

khon^{33}thai^{33} khon^{33} nan^{453} loŋ^{33} caak^{21} laŋ^{24} ma^{453} khuk^{453} khau^{21} hai^{51} hu^{33}jin^{24} khɔɔŋ^{24}

人 泰 人 那 下 从 背 马 屈 膝 给 夫人 的

rau³³ diau²⁴ni⁴⁵³. （28）

我们 片刻 这

那个泰人现在从马背上下来给我们的夫人屈膝下跪。

3. ลิตงเจียให้ทหารนำชายผู้นั้นมาและถามว่าสูชื่อใดเหตุใดจึงถูกจับมาเป็นทาส ๓๓

liʔ⁴⁵³toŋ³³cia³³ hai⁵¹ thaʔ⁴⁵³haan²⁴ nam³³ chaai³³ phu⁵¹ nan⁴⁵³ ma³³ lɛʔ⁴⁵³ thaam²⁴ wa⁵¹:

李东家 让 士兵 带 男 个 那 来 和 问 道

su²⁴ chɯ⁵¹ dai³³? heet²¹ dai³³ cɯŋ³³ thuuk²¹ cap²¹ ma³³ pen³³ thaat⁵¹? （33）

你 名 哪 理由 哪 才 被 抓 来 作 奴隶

李东家让士兵把那个男人带来并问道："你名叫什么？为什么被抓来当奴隶？"

上面三个指示代词表示距离的远近，表示指别的词语除了它们以外还有前文说过的 nɯŋ²¹，同样含有数量为"一"的是 diau³³（เดียว）"唯一、独一、同一"，别指的ʔɯɯn²¹（อื่น）"别的、其他的"等都可以出现在"名－量－代"中的代词位置。

1. ลกซุนสร้างเรือนใหญ่หลังหนึ่งไว้นอกค่ายจิ๋นเพื่อชำระคดีให้แก่คนไทที่ร้องทุกข์ว่าถูกทหารจิ๋นข่มเหงคนไทเรียกเรือนนี้ว่าเรือนลกซุน ๒๓

lok⁴⁵³sun³³ saaŋ⁵¹ rɯan³³ jai²¹ laŋ²⁴ nɯŋ²¹ wai⁴⁵³ nɔɔk⁵¹ khaai⁵¹ cin²⁴ phɯa⁵¹ cham³³raʔ⁴⁵³

骆舜 盖 房子 大 栋 一 着 外 营地 晋 为了 处理

khaʔ⁴⁵³di³³ hai⁵¹ kɛ²¹ khon³³thai³³ thi⁵¹ rɔɔŋ⁴⁵³ thuk⁴⁵³ wa⁵¹ thuuk²¹ thaʔ⁴⁵³haan²⁴cin²⁴

案件 给 给 人 泰 的 喊叫 苦 说 被 士兵 晋

khom²¹heeŋ²⁴, khon³³thai³³ riak⁵¹ rɯan³³ ni⁴⁵³ wa⁵¹ rɯan³³ lok⁴⁵³sun³³. （23）

欺凌 人 泰 叫 房子 这 说 房子 骆舜

骆舜在晋军营地外面盖了一栋大房子处理泰人控诉被晋兵欺凌的案件，泰人把这房子叫做骆舜房。

2. โล่หนังวัวอันหนึ่งๆกำบังทหารได้หกคน ๒๐๙

lo⁵¹ naŋ²⁴ wua³³ ʔan³³ nɯŋ²¹ ʔan³³ nɯŋ²¹ kam³³baŋ³³ thaʔ⁴⁵³haan²⁴ dai⁵¹ hok²¹ khon³³. （209）

盾 皮 黄牛 个 一 个 一 遮掩 士兵 能 六 个

每一个牛皮盾牌能遮掩六个士兵。

3. อีกคนหนึ่งคือลำพูนพี่ชายของนางบัวคำที่หนีลิตงเจียลงในเตาไฟ ฮวนสองคนนี้ข้าเห็นไม่สนใจทหารจิ๋นคนอื่นเลย มองมาแต่ทางสู ข้าว่าเขาจะมาทำร้ายสูเป็นแน่ จงระวังตัวไว้ ๖๕

ʔiik²¹ khon³³ nɯŋ²¹ khɯ³³ lam³³phun³³ phi⁵¹ chaai³³ khɔɔŋ²⁴ naaŋ³³ bua³³kham³³ thi⁵¹ ni²⁴

再 个 一 是 兰蓬 哥或姐 男 的 妇人 博甘 的 逃

liʔ⁴⁵³toŋ³³cia³³ pai³³ nai³³ tau³³ fai³³, huan³³ sɔɔŋ²⁴ khon³³ ni⁴⁵³ kha⁵¹ hen²⁴ mai⁵¹

李东家 去 里 炉 火 番人 两 个 这 我 见 不

son^{24}cai^{33} thaʔ^{453}haan^{24}cin^{24} khon^{33} ʔɯɯn^{21} ləəi^{33}，mɔɔŋ^{33} ma^{33} tɛ^{21} thaaŋ^{33} su^{24}，kha^{51}

留意 心　士兵　晋　个　其他　呢　望　来　只　路　你　我

wa^{51} khau^{24} caʔ^{21} ma^{33} tham^{33} raai^{453} su^{24} pen^{33} nɛ^{51}，coŋ^{33} raʔ^{453}waŋ^{33} tua^{33} wai^{453}.（65）

说　他们　要　来　做　坏　你　是　肯定　必须　小心　身体　住

还有一个是博甘的哥哥兰蓬，他在火炉里逃过了李东家。这两个番鬼，我看他们不留意其他的晋兵，只朝你这边望过来。我说，他们肯定要来取你性命，要小心。

4. กุฉินก็เลี่ยงจากการสู้รบกับทหารจิ้นคนอื่นๆ ๖๔

kuʔ^{21}chin^{24} kɔ^{51} liaŋ^{51} caak^{21} kaan^{33}su^{51}rop^{453} kap^{21} thaʔ^{453}haan^{24}cin^{24} khon^{33}

古勤　就　避开　从　的　斗　战斗　和　士兵　晋　个

ʔɯɯn^{21}ʔɯɯn^{21}.（64）

其他　其他

古勤就避开和其他晋兵战斗。

上述的语料分析显示，每种代词内部能与量词组合、出现在“名－量－代”中的代词位置的都是其中具有限定功能的一类，具有代替一类的代词除了用来提问时间词、方位词的 mɯa^{51}rai^{33}、thi^{51}nai^{24} 等词外一般都不能出现在该项分布之中。

人称代词和专名用属格形式修饰量词，有研究者认为是不存在的。①本书的语料考察表明，表示领属关系的结构助词与量词一般不共现，但加 khɔɔŋ^{24} 的人称代词、专名可以修饰量词，否定“名－量-khɔɔŋ^{24}-人称代词或专名”的存在还需要更多语料的支持。另外，还有研究者在语料中指出疑问代词 khrai^{33} 带上 khɔɔŋ^{24} 可出现于“名－量－代”中代词的位置。②本书的语料考察表明这也同样需要更多的语料来说明。

因此，本书“名－量－代”中的代词主要是指具有限定功能一类的代词，文中写为“名－量－限”中的限字是限定代词的简写，指 ni^{453}、nan^{453}、noon^{453}，这三个词表示的距离从近到远，另外还有一个 nuun^{453}（นู้น），表示离说话人的距离最远，但不包括具有代替作用的代词，后者通过加上表示领属的结构助词如 khɔɔŋ^{24} 等之后可以修饰量词这种规则需要将来进一步研究。

---

① 参看娜塔娅·比里维温（2010）[79]。

② 参看纳瓦婉·潘图梅塔。

4.4 名－量－形

“名－量－形”结构中的形容词是指广义的形容词。由于形容词数量多，语义丰富，每个词与量词组合都有些特点，本书暂且只就几种常见的形容词类型进行分析，具体地说，主要是性质形容词、区别词、状态形容词以及形容词复杂形式、形容词短语等。

第一种，性质形容词表示单纯的属性，意念上没有或少有程度的区别。表示颜色的词语有两种：一种是形容词，如 khaau^{24}（ขาว）“白”、dam^{33}（ดำ）“黑”；另一种是第一种加上 si^{24}（สี）“色” 如 si^{24}khaau^{24}（สีขาว）色－白“白色”，但不一定是谓词性的也不一定由形容词组成，如 si^{24}fa^{453}（สีฟ้า）色－天“蓝色”，si^{24}nam^{453}ŋəən^{33}（สีน้ำเงิน）色－水－银“蓝色”都是名词。因此，从结构上看，sɯa^{51}tua^{33}dam^{33}（เสื้อตัวดำ）“衣服－件－黑”与 sɯa^{51}tua^{33}si^{24}dam^{33}（เสื้อตัวสีดำ）“衣服－件－色－黑”是不同的。

1. หากปล่อยไปเช่นนี้ จะยากแก่การปกครอง ในเมืองของเราผู้น้อยและทาสจะต้องคุกเข่าแก่ผู้ใหญ่ ในเมืองลือนี้สูและฮูหยินเป็นผู้ใหญ่ เมื่อสูหรือฮูหยินผ่านไป ณ ที่ใด พึงให้ชาวลือคุกเข่าเอาศีรษะจดพื้นจนกว่าสูหรือฮูหยินผ่านไป ด้วยวิธีนี้น้ำใจอันกระด้างของชาวลือจะหมดไป ๒๖

haak^{21} plɔɔi^{21} pai^{33} cheen^{51} ni^{453} caʔ^{21} jaak^{51} kɛ^{21} kaan^{33}pok^{21}khrɔɔŋ^{33}，nai^{33} mɯaŋ^{33} khɔɔŋ^{24} rau^{33} phu^{51}
如果 放 去 样 这 要 难 给 的 管理 里 国家 的 我们 人

nɔɔi^{453} lɛʔ^{453} thaat^{51} caʔ^{21} tɔɔŋ^{51} khuk^{453} khau^{21} kɛ^{21} phu^{51} jai^{21}，nai^{33} mɯaŋ^{33}lɯ^{33} ni^{453} su^{24} lɛʔ^{453}
小 和 奴隶 要 需要 屈 膝 给 人 大 里 城 仂 这 你 和

hu^{33}jin^{24} pen^{33} phu^{51} jai^{21}，mɯa^{51} su^{24} rɯ^{24} hu^{33}jin^{24} phaan^{21} pai^{33} nai^{33} thi^{51} dai^{33}，phɯŋ^{33} hai^{51} chaau^{33}
夫人 是 人 大 时候 你 或 夫人 过 去 里 地方 哪 理应 让 人

mɯaŋ^{33} khuk^{453} khau^{21} ʔau^{33} si^{24}saʔ^{21} cot^{21} phɯɯn^{453} con^{33} kwa^{21} su^{24} rɯ^{24} hu^{24}jin^{24} phaan^{21} pai^{33}，
城 屈 膝 要 头 点 地 直到 过 你 或 夫人 过 去

duai^{51} wiʔ^{453}thi^{33} ni^{453} nam^{453}cai^{33} ʔan^{33} kraʔ^{21}daaŋ^{51} khɔɔŋ^{24} chaau^{33}lɯ^{33} caʔ^{21} mot^{21} pai^{33}.（26）
通过 方式 这 水 心 种 不顺从 的 人 仂 要 完结 去

如果这样放任下去将难以管理。在我们的国家里小人和奴隶必须向大人屈膝，在仂城你和夫人是大人，你和夫人经过哪里，理应让仂人屈膝下跪头点地直到你和夫人走过。通过这种方式，仂人的反抗精神才会消失。

2. เขาไม่มีกฎหมายเขียนไว้ให้ทุกคนได้รู้ว่าทำอย่างไรจึงเป็นความผิด เขาไม่มีพิธีอันประณีตเหมือนที่กษัตริย์ของเราทำในทุกรฤดูกาลเพื่อความสงบของบ้านเมือง ๑๗๐

khau^{24} mai^{51} mi^{33} kot^{21}maai^{24} khian^{24} wai^{453} hai^{51} thuk^{453} khon^{33} dai^{51} ru^{453} wa^{51} tham^{33}
他 没 有 规则 标记 写 着 让 每 人 得 知道 说 做

jaaŋ^{21}rai^{33} cuŋ^{33} pen^{33} khwaam^{33}phit^{21}，khau^{24} mai^{51} mi^{33} phiʔ^{453}thi^{33} ʔan^{33} praʔ^{21}niit^{51}
样 哪 才 是 的 错 他 没 有 仪式 个 精致

mɯan^{24} thi^{51} kaʔ^{21}sat^{21} khɔɔŋ^{24} rau^{33} tham^{33} nai^{33} thuk^{453} rɯʔ^{453}du^{33}kaan^{33} phɯa^{51}
像 的 皇帝 的 我们 做 里 每 季节 为了

khwaam^{33}saʔ^{21}ŋop^{21} khɔɔŋ^{24} baan^{51}mɯaŋ^{33}.（170）
的 安稳 的 村子 城市

他们没有明文规定让人知道做什么是错误的，他们没有精致的仪式，我们的皇上则为了国家的安稳制定了每个季节的仪式。

3. คนธรรมดาเหล่านี้มาตัดสินสูเพราะว่าสูพาคนมาทำลายชีวิตอันสงบของเขา ๑๙๖

khon^{33} tham^{33}maʔ^{453}da^{33} lau^{21} ni^{453} ma^{33} tat^{21}sin^{24} su^{24} phrɔʔ^{453} wa^{51} su^{24} pha^{33} khon^{33}
人 普通 些 这 来 剪 断 你 因为 说 你 带 人

ma^{33} tham^{33}laai^{33} chi^{33}wit^{453} ʔan^{33} saʔ^{21}ŋop^{21} khɔɔŋ^{24} khau^{24}.（196）
来 破坏 生活 种 安稳 的 他

这些普通人来决定怎么惩处你，因为是你率领部队来破坏他们的安稳生活。

4. เมื่อชาวเมืองเห็นบุตรคนเดียวของเจ้าเมืองไปทัพ ชาวเมืองจะมีน้ำใจสู้รบข้าศึกยิ่งขึ้น ๒๐๔

mɯa^{51} chaau^{33} mɯaŋ^{33} hen^{24} but^{21} khon^{33} diau^{33} khɔɔŋ^{24} cau^{51}mɯaŋ^{33} pai^{33} thap^{453},
时候 人 城 见 孩子 个 唯一的 的 主 城 去 军队

chaau^{33} mɯaŋ^{33} caʔ^{21} mi^{33} nam^{453}cai^{33} su^{51} rop^{453} kha^{51} sɯk^{21} jiŋ^{51} khɯn^{51}.（204）
人 城 要 有 水 心 斗 战斗 奴仆 战斗 更 上

市民见到城主唯一的孩子去参军上前线，精神更加振奋了。

5. บัดนี้เราใกล้เมืองโลยางมากแล้ว แต่ทหารของเรานี้กว่าจะถึงเมืองโลยางก็จะสิ้นไปอีกบ้าง และคงไม่พอที่จะทำลายเมืองหลวงอันกว้างใหญ่ของจิ๋น ๒๒๖

bat^{21} ni^{453} rau^{33} klai^{51} mɯaŋ^{33} lo^{33}jaaŋ^{33} maak^{51} lɛɛu^{453}，tɛ^{21} thaʔ^{453}haan^{24} khɔɔŋ^{24} rau^{33}
时刻 这 我们 近 城 洛阳 很 了 但 士兵 的 我们

ni^{453} kwa^{21} caʔ^{21} thɯŋ^{24} mɯaŋ^{33} lo^{33}jaaŋ^{33} kɔ^{51} caʔ^{21} sin^{51} pai^{33} ʔiik^{21} baaŋ^{51} lɛʔ^{453}
这 等 要 到 城 洛阳 也 要 完结 去 再 些 和

khoŋ^{33} mai^{51} phɔ^{33} thi^{51} caʔ^{21} tham^{33}laai^{33} mɯaŋ^{33} luaŋ^{24} ʔan^{33} kwaaŋ^{51} jai^{21} khɔɔŋ^{24}
可能 不 够 的 要 破坏 城市 皇家 个 宽广 大 的

cin^{24}.（226）
晋

现在我们离洛阳很近了，但是等到到了洛阳我们的士兵还要死一些，可能不够破坏晋国庞大的首都。

6. เมื่อได้เห็นความงาม น้ำเสียงและท่าทีอันน่ารักของนาง ขุนสายก็พอใจ ๒๙๗

mɯa^{51} dai^{51} hen^{24} khwaam^{33}ŋaam^{33}，nam^{453}siaŋ^{24} lɛʔ^{453} tha^{51}thi^{33} ʔan^{33} na^{51}rak^{453} khɔɔŋ^{24}
时候 得 见 的 漂亮 水 声音 和 姿势 次 个 值得 爱 的

naaŋ^{33}， khun^{24}saai^{24} kɔ^{51} phɔ^{33}cai^{33}. （297）

妇人 坤赛 就 满足 心

看见她的美貌和可爱的样子，听到她的声音，坤赛就心满意足了。

7. ในปีที่สิบเอ็ดนับตั้งแต่ได้เอกราชคืนมานั้นเอง เมืองลือและเมืองเชียงแสเกิดแผ่นดินไหวรุนแรง ชาวเมืองสิ้นชีวิตเป็นอันมาก และมีลูกอุกกาบาตลูกใหญ่ตกลงมาในเมืองลือ ๓๐๐

nai^{33} pi^{33} thi^{51}sip^{21}ʔet^{21} nap^{453} taŋ^{51}tɛ^{21} dai^{51} ʔeek^{21}kaʔ^{21}raat^{51} khɯɯn^{33} ma^{33} nan^{453}

里 年 第 十 一 数 建 从 得 独立 还 来 那

ʔeeŋ^{33}， mɯaŋ^{33}lɯ^{33} lɛʔ^{453} mɯaŋ^{33} chiaŋ^{33}sɛ^{24} kəət^{21} phɛɛn^{21}din^{33}wai^{24} run^{33}rɛɛŋ^{33}，

自己 城 仂 和 城市 清塞 发生 块 土地 摇动 激烈

chaau^{33} mɯaŋ^{33} sin^{51} chi^{33}wit^{453} pen^{33} ʔan^{33} maak^{51} lɛʔ^{453} mi^{33} luuk^{51} ʔuk^{21}ka^{33}baat^{21}

人 城 死 生命 成 个 多 和 有 块 陨石

luuk^{51} jai^{21} tok^{21} loŋ^{33} ma^{33} nai^{33} mɯaŋ^{33}lɯ^{33}. （300）

块 大 掉 下 来 里 城 仂

重新获得独立之后的第十一年，仂城和清塞发生了激烈的地震，死了很多市民，还有大块的陨石掉落到仂城里。

8. ลิตงเจียกล่าวออกไปและเขาพยุงตัวขึ้นนั่ง ทหารผู้หนึ่งใส่เสื้อผ้าครบเดินเข้ามาพร้อมกับถังน้ำและเนื้อแกะย่างที่ใส่มาบนใบไม้ใบใหญ่ ๔๔๙

liʔ^{453}toŋ^{33}cia^{33} klaau^{21} ʔɔɔk^{21} pai^{33} lɛʔ^{453} khau^{24} phaʔ^{453}juŋ^{33} tua^{33} khɯn^{51} naŋ^{51}，

李东家 说 出 去 和 他 扶持 身体 上 坐

thaʔ^{453}haan^{24} phu^{51} nɯŋ^{21} sai^{21} sɯa^{51} pha^{51} khrop^{453} dəən^{33} khau^{51} ma^{33} phrɔɔm^{453} kap^{21}

士兵 个 一 穿 衣服 布 全 走 进 来 同时 跟

thaŋ^{24} nam^{453} lɛʔ^{453} nɯa^{453} kɛʔ^{21} jaaŋ^{51} thi^{51} sai^{21} ma^{33} bon^{33} bai^{33} mai^{453} bai^{33} jai^{21}. （449）

桶 水 和 肉 羊 烤 的 放 来 上 叶 树 张 大

李东家说完话，然后扶着身体起来坐着，一个士兵穿着整齐的衣服走进来，手里还拿着水桶和放在大叶子上面的烤羊肉。

9. เหตุใดจะรอไปถึงเจ็ดวันเล่า แสนภูถาม เจ้าสาวของข้าจะเป็นสาวจามคนงามหรือจะเป็นนางไม้ใต้หุบเหวข้างล่าง ทำไมเราไม่ตัดสินใจกันเสียวันนี้ ๔๗๒

“heet^{21} dai^{33} caʔ^{21} rɔ^{33} pai^{33} thɯŋ^{24} cet^{21} wan^{33} lau^{51}？”sɛɛn^{24}phu^{33} thaam^{24}，

理由 哪 要 等 去 到 七 天 呢 森普 问

“cau^{51}saau^{24} khɔɔŋ^{24} kha^{51} caʔ^{21} pen^{33} saau^{24} caam^{33} khon^{33} ŋaam^{33} rɯ^{24} caʔ^{21} pen^{33}

主人 姑娘 的 我 要 是 姑娘 占婆 个 漂亮 还是 要 是

naaŋ^{33}mai^{453} tai^{51} hup^{21} heeu^{24} khaaŋ^{51} laaŋ^{51}？ tham^{33}mai^{33} rau^{33} mai^{51} tat^{21}sin^{24}cai^{33}

妇人 树 下 谷 谷地 边 下 为什么 我 不 砍 砍断 心

kan^{33} sia^{24} wan^{33}ni^{453}？” （472）

一起 掉 天 这

“为什么要等到七天之后呢？”森普问，“我的新娘是漂亮的占婆姑娘还是下面深谷里的树精？为什么我们今天不一起决定了呢？”

10. นางสร้อยสนออกมาจากกระโจม ถือผ้าห่มผืนใหญ่ออกมาด้วย ๕๐๐

naaŋ^{33} sɔɔi^{51}son^{24} ʔɔɔk^{21} ma^{33} caak^{21} kraʔ^{21}coom^{33} thɯ^{24} pha^{51} hom^{21} phɯɯn^{24} jai^{21}

妇人 绥逊 出 来 从 帐篷 拿 布 盖 张 大

ʔɔɔk^{21} ma^{33} duai^{51}. （500）

出 来 也

绥逊从帐篷里出来，还拿着一大张铺盖。

第二，状态形容词是形容词的一种，它们带有量级的概念或主观的感情色彩。形容词重叠式、形容词短语也属于形容词的复杂形式，它们与状态形容词一样具有描写性的特点。

1. เขาหันไปดูหน้าของขุนนางจิ๋นทุกคน แล้วกล่าวต่อไปว่าสูจะเอาความเจริญไปให้แคว้นไท แต่แล้วสูชอบอ้างถึงกำลังอันเหลือกว่าเช่นนี้ จะให้เราเข้าใจชาวจิ๋นได้อย่างไร ๑๕๙

khau^{24} han^{24} pai^{33} du^{33} na^{51} khɔɔŋ^{24} khun^{24}naaŋ^{33}cin^{24} thuk^{453} khon^{33} lɛɛu^{453} klaau^{21}

他 转 去 看 脸 的 官员 晋 每 个 然后 说

tɔ^{21}pai^{33} wa^{51}：“su^{24} caʔ^{21} ʔau^{33} khwaam^{33}caʔ^{21}rəən^{33} pai^{33} hai^{51} khwɛɛn^{453}thai^{33}，tɛ^{21}

接着 去 说 你们 要 拿 的 繁荣 去 给 地区 泰 但

lɛɛu^{453} su^{24} chɔɔp^{51} ʔaaŋ^{51} thɯŋ^{24} kam^{33}laŋ^{33} ʔan^{33} lɯa^{24} kwa^{21} cheen^{51} ni^{453}，caʔ^{21} hai^{51}

然后 你们 喜欢 引用 到 力量 个 剩下 过 像 这 要 让

rau^{33} khau^{51}cai^{33} chaau^{33}cin^{24} dai^{51} jaaŋ^{21}rai^{33}？”（159）

我们 进入 心 人 晋 能 样 哪

他转去看每个晋国官员的脸然后继续说：“你们要把繁荣带到泰族地区，但是却这么喜欢谈论如此强大的武力，这样要我们怎么相信晋人呢？”

2. ในประการที่สามบางคนอาจแย้งว่า ถึงแม้แคว้นไทต่างๆจะมารวมกันสู้ เราก็อาจจะทำลายคนไทด้วยกำลังอันเหนือกว่าได้ ชัยชนะนั้นเราคงจะมี ข้าเป็นชาวจิ๋น จะดูหมิ่นทัพจิ๋นได้อย่างไร ๑๖๖

nai^{33} praʔ^{21}kaan^{33} thi^{51}saam^{24} baaŋ^{33} khon^{33} ʔaat^{21} jɛɛŋ^{453} wa^{51} thɯŋ^{24} mɛ^{453} khwɛɛn^{453}thai^{33}

里 项 第 三 些 人 或许 争辩 说 即使 即使 地区 泰

taaŋ^{21}taaŋ^{21} caʔ^{21} ma^{33} ruam^{33} kan^{33} su^{51}，rau^{33} kɔ^{51} ʔaat^{21} caʔ^{21} tham^{33}laai^{33} khon^{33}thai^{33} duai^{51}

不同不同 要 来 聚合 一起 打斗 我们 也 可能 要 破坏 人 泰 用

kam^{33}laŋ^{33} ʔan^{33} nɯa^{24} kwa^{21} dai^{51}，chai^{33} chaʔ^{453}naʔ^{453} nan^{453} rau^{33} khoŋ^{33} caʔ^{21} mi^{33}，kha^{51} pen^{33}

力量 个 上 过 得 胜利 胜利 那 我们 或许 要 有 我 是

chaau^{33}cin^{24}，caʔ^{21} du^{33} min^{21} thap^{453}cin^{24} dai^{51} jaaŋ^{21}rai^{33}？（166）

人 晋 要 看 蔑视 军队 晋 能 样 哪

第三条，有些人或许会争辩说，即便各个泰族地区联合起来抵抗我们，我们也可以利用更强大的武力击败他们，胜利应该属于我们。我是晋人，怎么能小看晋军呢？

3. สูว่าหินก้อนนี้มีค่า ปลาตัวเล็กๆตัวหนึ่งสำหรับลูกข้าจะยังดีกว่าหินก้อนนี้ ๑๙๔-๑๙๕

su^{24} wa^{51} hin^{24} kɔɔn^{51} ni^{453} mi^{33} kha^{51}，pla^{33} tua^{33} lek^{453} lek^{453} tua^{33} nɯŋ^{21} sam^{24}rap^{21}

你 说 石头 块 这 有 价值 鱼 条 小 小 条 一 对于

luuk^{51} kha^{51} caʔ^{21} jaŋ^{33} di^{33} kwa^{21} hin^{24} kɔɔn^{51} ni^{453}.（194-195）

孩子 我 要 还 好 过 石头 块 这

你说这块石头有价值，对于我的孩子来说一条小小的鱼儿还好过这块石头。

4. แม้แต่ที่เราคิดว่าเป็นตัวเรานี้ เรายังคิดไม่ถูกต้อง ดังนี้แล้วสิ่งที่อยู่กับชีวิตอันสั้นและจำกัดของเราเช่นอำนาจจะมีค่านักหรือ ๒๖๔-๒๖๕

mɛ^{453} tɛ^{21} thi^{51} rau^{33} khit^{453} wa^{51} pen^{33} tua^{33} rau^{33} ni^{453} rau^{33} jaŋ^{33} khit^{453} mai^{51} thuuk^{21}

即便 但 的 我 想 说 是 身体 我 这 我 还 想 不 对

tɔɔŋ^{51}，daŋ^{33} ni^{453} lɛɛu^{453} siŋ^{21} thi^{51} ju^{21} kap^{21} chi^{33}wit^{453} ʔan^{33} san^{51} lɛʔ^{453} cam^{33}kat^{21}

对 像 这了 东西 的 在 和 生命 条 短 和 有限

khɔɔŋ^{24} rau^{33} cheen^{51} ʔam^{33}naat^{51} caʔ^{21} mi^{33} kha^{51} nak^{453} rɯ^{24}?（264-265）

的 我 像 权力 要 有 价格 很 吗

即便是我们认为是我们身体的，我们都想得不正确，既然是这样了诸如权力等只在我们有限而短暂的生命里存在过的东西又有多少价值呢？

5. มีกระแสลมที่เย็นจัดพัดมาจากทางเหนือ เลยลงไปอีกเป็นเทือกเขาลูกเล็กๆที่ทอดไปทางตะวันตก ๔๙๙

mi^{33} kraʔ^{21}sɛ^{24}lom^{33} thi^{51} jen^{33} cat^{21} phat^{453} ma^{33} caak^{21} thaaŋ^{33} nɯa^{24}, ləəi^{33} loŋ^{33} pai^{33} ʔiik^{21} pen^{33}

有 流体 风 的 凉 很 吹 来 从 边 北 经过 下 去 再 成

thɯak^{51} khau^{24} luuk^{51} lek^{453} lek^{453} thi^{51} thɔɔt^{51} pai^{33} thaaŋ^{33} taʔ^{21}wan^{33}tok^{21}.（499）

山脉 山 座 小 小 的 延伸 去 方面 太阳 落

有很凉的风丝从北边吹来，再经过这里下去就是小小的山脉，一直延伸到西方。

6. รถเลี้ยวโค้งแลเห็นตัวตลาดและเมืองอยู่ตรงเวิ้งข้างหน้า เป็นแอ่งเหมือนกระทะใบใหญ่มหึมา ๑๗๖①

rot^{453} liau^{453} khooŋ^{453} lɛ^{33} hen^{24} tua^{33} taʔ^{21}laat^{21} lɛʔ^{453} mɯaŋ^{33} ju^{21} troŋ^{33} wəəŋ^{453} khaaŋ^{51}

车 拐 弯 看 见 身体 市场 和 城市 在 处 弯曲处 边

na^{51}，pen^{33} ʔɛɛŋ^{21} mɯan^{24} kraʔ^{21}thaʔ^{453} bai^{33} jai^{21} maʔ^{453}hɯʔ^{21}ma^{33}.（176）

前 是 小盆地 像 平底锅 个 大 非常

车一拐弯就看见前方是盆地，像个超级大的平底锅，远远地可以看见城市和

① 例句来自潘德鼎（2011d）。

市场。

第三，区别词是做主语、定语的非谓形容词。区别词一般是成对的，分布在“名－量－形”结构中形容词位置的区别词修饰量词，也有是成对的，如 tua^{33}phu^{51}“雄的、公的”相对于 tua^{33}mia^{33}“雌的、母的”。

1. ขอให้ผู้รู้ความจริงเหล่านี้พิจารณาไปตามที่เขาคิดว่าเขารู้เถิด แต่คงจะไม่มีใครรู้ความจริงทั้งของฝ่ายเราเองและฝ่ายไทได้ถูกต้องทุกอย่างไป ยิ่งกว่านั้นยังมีอีกหลายสิ่งนักที่ปัญญาอันจำกัดของมนุษย์ไปไม่ได้ถึง หากผู้ใดเห็นด้วยกับข้าเช่นนี้ ขอได้ฟังข้าต่อไป ๑๖๘

khɔ^{24}hai^{51} phu^{51} ru^{453} khwaam^{33}ciŋ^{33} lau^{21} ni^{453} phiʔ^{453}ca^{33}raʔ^{453}na^{33} pai^{33} taam^{33} thi^{51}

请　让　人　知道　　的　　真实 些　这　　　　考虑　　　　去　　跟　　的

khau^{24} khit^{453} wa^{51} khau^{24} ru^{453} thəət^{21}，tɛ^{21} khoŋ^{33} caʔ^{21} mai^{51} mi^{33} khrai^{33} ru^{453}

他　　想　　道　　他　知道 吧　　但 或许　要　没　　有　　谁　知道

khwaam^{33}ciŋ^{33} thaŋ^{453} khɔɔŋ^{24} faai^{21} rau^{33} ʔeeŋ^{33} lɛʔ^{453} faai^{21} thai^{33} dai^{51} thuuk^{21}tɔɔŋ^{51}

的　　　真实　整　　　的　　方面 我　自己 和　方面　泰　　得 正确　　对

thuk^{453} jaaŋ^{21} pai^{33}，jiŋ^{51} kwa^{21} nan^{453} jaŋ^{33} mi^{33} ʔiik^{21} laai^{24} siŋ^{21} nak^{453} thi^{51} pan^{33}ja^{33}

每　　种　　去　　大　　过　　那　　还　有　　还　　多 东西 很　　的　　智慧

ʔan^{33} cam^{33}kat^{21} khɔɔŋ^{24} maʔ^{453}nut^{453} pai^{33} mai^{51} dai^{51} thɯŋ^{24}，haak^{21} phu^{51} dai^{33} hen^{24}

的　　有限　　　的　　　人类　　　去　没　　得　　到　　如果　　个　哪　见

duai^{51} kap^{21} kha^{51} cheen^{51} ni^{453} khɔ^{24} dai^{51} faŋ^{33} kha^{51} tɔ^{21}pai^{33}.（168）

一起　和　　我　　像　　这　请　　得　听　我 接着 下去

希望知道这些真相的人按照他认为他知道的去分析吧，但是或许没有人能全部掌握我方和泰方的所有情况，更重要的是还有许多东西是人类有限的智慧无法抵达的。如果谁同意我的这种看法，就请继续听我说下去。

2. ดังนั้นด้วยปัญญาอันจำกัด สูอาจจะทำนายผิดได้ ๑๖๙

daŋ^{33} nan^{453} duai^{51} pan^{33}ja^{33} ʔan^{33} cam^{33}kat^{21} su^{24} ʔaat^{21} caʔ^{21} tham^{33}naai^{33} phit^{21} dai^{51}.（169）

像　　那　　由于 智慧　个　　有限　　你 可能 要　　预测　　错　　能

因此，由于有限的智慧你可能预测不准。

3. ข้าจะให้ทหารของเราครึ่งหนึ่งเข้าไปในเมืองเพื่อจะเพลิดเพลินกับหญิงชาวน่ำจิว แต่ทุกคนอย่าลืมตัว อย่าทำตัวเหมือนไก่ตัวผู้ที่โก่งคอขันเมื่ออยู่ใกล้ตัวเมีย จงปกปิดมิให้หญิงเหล่านั้นรู้ว่าเรามีทหารเหลืออยู่ในค่ายนี้อีก ๒๑๑

kha^{51} caʔ^{21} hai^{51} thaʔ^{453}haan^{24} khɔɔŋ^{24} rau^{33} khrɯŋ^{51} nɯŋ^{21} khau^{51} pai^{33} nai^{33} mɯaŋ^{33} phɯa^{51} caʔ^{21}

我　要 让　　士兵　　　的　　我　　半　　一　　进　　去 里　　城　　为了 要

phləət^{51}phləən^{33} kap^{21} jiŋ^{24} chaau^{33} nam^{51}ciu^{33}, tɛ^{21} thuk^{453} khon^{33} ja^{21} lɯɯm^{33} tua^{33}, ja^{21} tham^{33} tua^{33}

喜悦 和 女 人 南州 但 每 人 别 忘 身体 别 做 身体

mɯan^{24} kai^{21} tua^{33} phu^{51} thi^{51} kooŋ^{21} khɔ^{33} khan^{24} mɯa^{51} ju^{21} klai^{51} tua^{33} mia^{33}, coŋ^{33} pok^{21} pit^{21} miʔ^{453}

像 鸡 只 公 的 抬高 脖子 啼 时候 在 近 只 母 一定 封 遮盖 不

hai^{51} jiŋ^{24} lau^{21} nan^{453} ru^{453} wa^{51} rau^{33} mi^{33} thaʔ^{453}haan^{24} lɯa^{24} ju^{21} nai^{33} khaai^{51} ni^{453} ʔiik^{21}.（211）

让 女 些 那 知 说 我 有 士兵 剩 在 里 营地 这 再

我要让一半的士兵进城去跟南州女人玩乐，但每个人都别忘记，别像公鸡一样在母鸡身边的时候只顾着伸脖子啼叫，一定要隐瞒不让那些女人知道我们还有一半士兵留在营地里。

4. โธ่เอ๋ย ปิติยังไม่เคยเห็นอูฐตัวจริงเลย เคยเห็นแต่ในรูป คิดอยากจะเลี้ยงอูฐเสียแล้ว ๓๔①

tho^{51} ʔəəi^{24} piʔ^{21}tiʔ^{21} jaŋ^{33} mai^{51} khəəi^{33} hen^{24} ʔuut^{21} tua^{33} ciŋ^{33} ləəi^{33}，khəəi^{33} hen^{24} tɛ^{21}

哎呀 啊 比迪 还 不 曾 见 骆驼 头 真 呢 曾 见 只

nai^{33} ruup^{51}， khit^{453} jaak^{21} caʔ^{21} liaŋ^{453} ʔuut^{21} sia^{24} lɛɛu^{453}.（34）

里 图像 想 想要 要 养 骆驼 失 了

哎呀，比迪还不曾见过真实的骆驼呢，只是在图片里见到过，这时又想要养骆驼啦。

4.5 名－量-thi^{51}“第”－数

“名－量-thi^{51}－数”结构是表示事物位序的指称结构，其中数词主要是指基数词，它跟 thi^{51}（ที่）“第”组合派生成序数词，一起做量词的后置修饰词。

1. หมาตัวที่หนึ่ง

ma^{24} tua^{33} thi^{51} nɯŋ^{21}②

狗 只 第 一

第一只狗

หมาตัวที่สอง

ma^{24} tua^{33} thi^{51} sɔɔŋ^{24}

狗 只 第 二

第二只狗

2. หมาตัวที่สิบ

ma^{24} tua^{33} thi^{51} sip^{21}

狗 只 第 十

第十只狗

หมาตัวที่สิบสอง

ma^{24} tua^{33} thi^{51} sip^{21} sɔɔŋ^{24}

狗 只 第 十 二

第十二只狗

---

① 例句来自潘德鼎（2011c）。

② 表示“第一”的还有ʔan^{33}dap^{21}nɯŋ^{21}（อันดับหนึ่ง）“顺序–一”，与量词组合常见的是 rɛɛk^{51}（แรก）“初始”，与之相对的“最后”是 sut^{21}thaai^{453}（สุดท้าย）。

3. เมื่ออุบายอันแรกไม่สำเร็จข้ายังมีอุบายประการที่สองอยู่อีกโดยใช้ทองจากจิ๋นทำงานให้ ๙๓

mɯa^{51} ʔuʔ^{21}baai^{33} ʔan^{33} rɛɛk^{51} mai^{51} sam^{24}ret^{21}，kha^{51} jaŋ^{33} mi^{33} ʔuʔ^{21}baai^{33} praʔ^{21}kaan^{33}

时候　计策　条　第一　不　成功　我　还　有　计策　条

thi^{51} sɔɔŋ^{24} ju^{21} ʔiik^{21} dooi^{33} chai^{453} thɔɔŋ^{33} caak^{21} cin^{24} tham^{33} ŋaan^{33} hai^{51}.（93）

第　二　在　还　通过　用　黄金　来自　晋　做　工作　给

如果第一条计策不成功，我还有第二条，用来自晋国的黄金来进行。

4. เมื่อมาได้ครึ่งวันก็พบกับม้าเร็วคนที่สองซึ่งนำข่าวความพ่ายแพ้มาแจ้ง ๒๓๑

mɯa^{51} ma^{33} dai^{51} khrɯŋ^{51}wan^{33} kɔ^{51} phop^{453} kap^{21} ma^{453}reu^{33} khon^{33} thi^{51} sɔɔŋ^{24} sɯŋ^{51}

时候　来　得　半　天　就　见　和　信使　个　第　二　的

nam^{33} khaau^{21} khwaam^{33}phaai^{51}phɛ^{453} ma^{33} cɛɛŋ^{51}.（231）

带　信息　的　失败　来　报告

来得半天，就遇见第二个信使要把失败的消息前来报告。

5. โอ หญิงไทเอย สูอย่าได้เกิดคำอ้ายคนที่สองอีก ๔๙๗

ʔo^{33}，jiŋ^{24} thai^{33} ʔəəi^{33}，su^{24} ja^{21} dai^{51} kəət^{21} kham^{33}ʔaai^{51} khon^{33} thi^{51} sɔɔŋ^{24} ʔiik^{21}.（497）

唉　女　泰　啊　你们　别　得　生　甘艾　个　第　二　再

唉，泰族的女人，你们别再生下第二个甘艾了。

在“名－量-thi^{51}－数”结构里，序数词需要量词连接才能修饰名词。当然其中的量词除了个体量词外还可以是反响量词，例如khon^{33}khon^{33}thi^{51}nɯŋ^{21}（คนคนที่หนึ่ง）人－人－第－一“第一个人”，与省略名词的“量－thi^{51}-数”（khon^{33}thi^{51}nɯŋ^{21}）相比具有强调的意味。除反响量词外，借用容器的量词等形成的对应组合如nam^{453}kɛɛu^{51}thi^{51}nɯŋ^{21}（น้ำแก้วที่หนึ่ง）水－杯－第－一“第一杯水”不在本书考察的范围之内。①

有时候表示次序的前缀thi^{51}也可以不出现，例如有人在讲课列举例句时候说的，praʔ^{21}jook^{21}nɯŋ^{21}（ประโยคหนึ่ง）句－一“第一句”，praʔ^{21}jook^{21}sɔɔŋ^{24}（ประโยคสอง）句－二“第二句”、praʔ^{21}jook^{21}saam^{24}（ประโยคสาม）句－三“第三句”。又如表示计量单位的词语经常加上数词，进一步词汇化，如chan^{453}ha^{51}（ชั้นห้า）五层、pi^{33}sɔɔŋ^{24}（ปีสอง）第二年（如二年级博士生）。这些词都具有指称性，依靠内部结构关系的不同而与表示计量的数量词相对，如2558 pi^{33}（๒๕๕๘ ปี）与pi^{33}2558（ปี ๒๕๕๘），前者指“按照佛历，从佛陀

---

① 度量衡量词也不在本书考察范围之内，有研究者称有“kiʔ^{21}lo^{33}thi^{51}ha^{51}（กิโลที่ห้า）公斤–第–五”这样的语料出现（参看吉姆·帕兹克 1978：89）。本书认为度量衡量词是否能出现在该分布中的量词位置有待进一步验证。

诞生至今已经有了 2558 年”，是一个时段的概念；后者指“佛历第 2558 年，即公元 2015 年”，是一个时点的概念，这一组词从形式上很好地体现了计量和指称的对立。①

1. สีเภาเดินตรวจตามกลุ่มต่างๆ เขาสังเกตว่ากลุ่มสิบซึ่งขุนยวมเป็นหัวหน้ามีการปรึกษาหารือกัน ๓๘๗

si^{24}phau^{33} dəən^{33} truat^{21} taam^{33} klum^{21} taaŋ^{21}taaŋ^{21}，khau^{24} saŋ^{24}keet^{21} wa^{51} klum^{21} sip^{21} sɯŋ^{51}

西保 走 检查 沿 组 不同 不同 他 注意 说 组 十 的

khun^{24}juam^{33} pen^{33} hua^{24}na^{51} mi^{33} kaan^{33}prɯk^{21}sa^{24}ha^{24}rɯ^{33} kan^{33}. （387）

坤云 是 头 脸 有 的 商量 互相

西保走着检查了各组的情况，他注意到坤云做首领的十组在商议什么事情。

2. พวกเราชายในกลุ่มสิบนี้มีจำนวนสี่พัน เราจะขอแยกออกไปสองพันเพื่อหาดินแดนใหม่ ๓๘๗

phuak^{51}rau^{33} chaai^{33} nai^{33} klum^{21} sip^{21} ni^{453} mi^{33} cam^{33}nuan^{33} si^{21}phan^{33}，rau^{33} caʔ^{21} khɔ^{24}

们 我 男 里 组 十 这 有 数量 四 千 我 要 请求

jɛɛk^{51} ʔɔɔk^{21} pai^{33} sɔɔŋ^{24}phan^{33} phɯa^{51} ha^{24} din^{33} dɛɛn^{33} mai^{21}. （387）

分开 出 去 两 千 为了 找 土地 地域 新

我们十组的男子有四千，我要分出去两千前去寻找新的土地。

4.6 名－量－体

本书“名－量－体”结构中的体词仅是指方位词、时间词。②与前面用来提问什么时候、什么地方的疑问代词 mɯa^{51}rai^{33}、thi^{51}nai^{24} 相对应，方位词、时间词也可以出现在“名－量－修”结构中的修饰词位置上，形成“名－量－体”结构。该结构中的方位词、时间词修饰量词，再加上名词，但经常不再带上名词。

1. อันบน

ʔan^{33} bon^{33}

个 上

上边的

อันเมื่อกี้

ʔan^{33} mɯa^{51}ki^{51}

个 刚才

刚才的

① 月份名称“二月”的“二”用 ji^{51} 不用 sɔɔŋ^{24} 如 เจ้าเมืองของเราให้ประหารเขาในวันขึ้นหนึ่งค่ำของเดือนยี่ที่สนามนี้ ๔๖๕

② 有的修饰词是名词，表达比况、同位的含义，如 khon^{33}jaaŋ^{21}tiau^{33}liaŋ^{24} 人－种－貂良（คนอย่างเตียวเหลียง）“像貂良这样的人”、si^{24}bun^{33}phu^{51}phi^{51}（สีบุญผู้พี่）西温－个－哥哥“哥哥西温”，此外还有一些名词性成分做修饰词如 หลานคนผู้ชายlaan^{24}khon^{33}phu^{51}chaai^{33} （《四朝代》304）侄子－个－人－男“侄子”，指帕瑞的男性侄子，即同父异母哥哥的孩子；คันขนาดนี้ khan^{33}khaʔ^{21}naat^{21}ni^{453} 辆－规格－这“这种款式的（车）”。这些不属于此类结构中的体词范围。

2. เล่มบนโต๊ะ
leem51 bon33 toʔ453
本、把…… 上 桌
桌上的（如书/刀……）

ใบเมื่อวัน
bai33 mɯɯa51wan33
只、个……时间 天
昨天的（如杯子/桃子……）

3. ไม้อันบน
mai453 ʔan33 bon33
小棍 个 上
上边的小棍

ไม้อันเมื่อกี้
mai453 ʔan33 mɯɯa51ki51
小棍 个 刚才
刚才的小棍

4. หนังสือเล่มบนโต๊ะ
naŋ24sɯɯ24 leem51 bon33 toʔ453
书 本 上 桌
桌上的书

แก้วใบเมื่อวัน
kɛɛu51 bai33 mɯɯa51wan33
杯子 个 时间 天
昨天的杯子

又如，老师讲课时板书呈现多个内容，这些内容的位置不同。老师问学生哪个符合要求，学生回答如例一：

1. อันข้างบน
ʔan33 khaaŋ51 bon33
个 边 上
上边的

อันซ้ายมือ
ʔan33 saai453 mɯɯ33
个 左 手
左边的

2. ลกซุนเจ้าเมืองคนก่อนเคยบอกไปยังแผ่นดินจิ้นว่าพวกสูต้องเสียภาษีจากหงื่ออยู่แล้ว อย่าต้องให้เสียภาษีจากน้ำตาอีกเลย ๒๕

lok453sun33 cau51mɯɯaŋ33 khon33 kɔɔn21 khəəi33 bɔɔk21 pai33 jaŋ33 phɛɛn21 din33 cin24 wa51
骆舜 主 城 个 先前 曾 告诉 去 到 块 地 晋 说
phuak51su24 tɔɔŋ51 sia24 pha33si24 caak21 ŋɯɯ21 ju21 lɛɛu453，ja21 tɔɔŋ51 hai51 sia24 pha33si24
们 你 必须 交 税 从 汗 在 了 别 必须 让 交 税
caak21 nam453ta33 ʔiik21 ləəi33.（25）
从 水 眼 再 啦

前任城主骆舜曾向晋国汇报你们已经被要求用自己的劳动成果交税，不能再向你们征税了。

3. เมื่อเจ้าเมืองเชียงแสคนเดิมตายลง บุญปันถูกเลือกเป็นเจ้าเมืองแทน ๓๖

mɯɯa51 cau51mɯɯaŋ33 chiaŋ33sɛ24 khon33 dəəm33 taai33 loŋ33，bun33pan33 thuuk21 lɯɯak51
时候 主 城 清塞 个 原先 死 下去 温班 被 选
pen33 cau51mɯɯaŋ33 thɛɛn33.（36）
为 主 城 代替

原先的清塞城主死掉的时候，温班被选为城主。

4. แม่ถามโขลนคนต่อไปว่า หลวงแม่เจ้าเป็นอย่างไรบ้าง ก็มีเสียงตอบมาว่า ก็ยังงั้นๆแหละเจ็บๆไข้ๆอายุท่านมากแล้ว ๓๘①

mɛ^{51} thaam^{24} khloon^{24} khon^{33} tɔ^{21}pai^{33} wa^{51}： luaŋ^{24}mɛ^{51}cau^{51} pen^{33} jaaŋ^{21}rai^{33} baaŋ^{51}

妈妈 问 女侍卫 个 接着 下去 说 銮（敬称）妈妈 主 成 样 哪 些

kɔ^{51} mi^{33} siaŋ^{24} tɔɔp^{21} ma^{33} wa^{51} kɔ^{51} jaŋ^{33} ŋan^{453}ŋan^{453} lɛʔ^{21} cep^{21}cep^{21} khai^{51}khai^{51}

就 有 声音 回答 来 说 就 还 那样 那样 和 疼 疼 感冒 感冒

ʔa^{33}juʔ^{453} thaan^{51} maak^{51} lɛɛu^{453}. （38）

年纪 她 大 了

妈妈问下一位的女侍卫说“阿妈”怎么样了，得到的回答是：“还是那样，经常感冒生病，她年纪大了。”

5. เรือพระที่นั่งศรีสุพรรณหงส์ก็ลอยเข้ามาเทียบหน้าเรือนบัลลังก์เพื่อให้ทรงจุดเทียนเช่นเดียวกับเรือพระที่นั่งลำก่อน ๑๓๕

rɯa^{33} phraʔ^{453}thi^{51}naŋ^{51} si^{24}suʔ^{21}phan^{33}naʔ^{453}hoŋ^{24} kɔ^{51} lɔɔi^{33} khau^{51} ma^{33} thiap^{51} na^{51}

船 宝座 西素攀纳洪 就 漂浮 进 来 靠近 前

rɯan^{33} ban^{33}laŋ^{33} phɯa^{51} hai^{51} soŋ^{33} cut^{21} thian^{33} cheen^{51} diau^{33} kap^{21} rɯa^{33}

房子 皇位 为了 让 钦（敬词）点 烛 像 一样 和 船

phraʔ^{453}thi^{51}naŋ^{51} lam^{33} kɔɔn^{21}. （135）

宝座 艘 先前

西素攀纳洪船就靠近国王所在的屋宇面前，以便国王像给上一艘那样给它点烛。

6. เมื่อเกวียนเล่มหน้าเข้าเขตป่า อ้ายกาจลูกชายลุงกาก็ตะโกนว่า ๑๕๕-๒๕๖②

mɯa^{51} kwian^{33} leem^{51} na^{51} khau^{51} kheet^{21} pa^{21}，ʔaai^{51}kaat^{21} luuk^{51}chaai^{33} luŋ^{33} ka^{33} kɔ^{51}

时候 牛车 辆 前面 进 区域 森林 艾加 孩子 男 伯伯 卡（人名）就

taʔ^{21}koon^{33} wa^{51}. （155-156）

呼喊 说

前面的牛车进入森林地区的时候，卡伯伯的儿子艾加就呼喊起来。

① 例句来自《四朝代》，下一例同。

② 例句来自《东北之子》。

4.7 名－量－定语从句

“名－量－修”结构中众多修饰词之一是 thi^{51}（ที่）“的”引导的定语从句，这种定语从句是对前面中心语的限制，起到指别的作用。

1. หากถึงคราวคับขันซึ่งเราจะพบเร็วๆนี้ เราจะหนีการปกครองโดยอำนาจของคนคนเดียวไปไม่พ้น เมื่อเป็นดังนี้แล้ วเรามาเริ่มต้นการปกครองชนิดที่เราหนีไม่พ้นเสียในบัดนี้จะมิดีกว่าหรือ ๕๗

haak^{21} thɯŋ^{24} khraau^{33} khap^{453}khan^{24} sɯŋ^{51} rau^{33} caʔ^{21} phop^{453} reu^{33}reu^{33}ni^{453}，rau^{33} caʔ^{21} ni^{24}
如果 到 次 窘急 的 我 要 遇 快快这 我 要 逃
kaan^{33}pok^{21}khrɔɔŋ^{33} dooi^{33} ʔam^{33}naat^{51} khɔɔŋ^{24} khon^{33} khon^{33} diau^{33} pai^{33} mai^{51} phon^{453}，
的 统治 通过 权力 的 人 人 唯一 去 不 脱离
mɯa^{51} pen^{33} daŋ^{33} ni^{453} lɛɛu^{453} rau^{33} rəəm^{51} ton^{51} kaan^{33}pok^{21}khrɔɔŋ^{33} chaʔ^{453}nit^{453} thi^{51}
时候 是 像 这 了 我 开始 开头 的 统治 类 的
rau^{33} ni^{24} mai^{51} phon^{453} sia^{24} nai^{33} bat^{21} ni^{453} caʔ^{21} miʔ^{453} di^{33} kwa^{21} rɯ^{24}？（57）
我 逃 不 脱 掉 里 时刻 这 要 不 好 过 还是

如果碰到我们马上碰到的这种紧急情况，就不可能避免一个人的强力领导，既然是这样，一开始我们就采用现在无法避免的统治模式不是更好吗？

2. ทหารจิ๋นก็ยิงไปถูกคนไทคนที่เดินนำหน้าล้อเลื่อนล้มลง แต่คนไทอีกคนหนึ่งเข้ามาแทนที่ ทหารจิ๋นยิงธนูไปถูกชา วไทคนนั้นล้มลงอีกแต่ก็มีคนหนึ่งเข้ามาแทน ๒๓๖

thaʔ^{453}haan^{24}cin^{24} kɔ^{51} jiŋ^{33} pai^{33} thuuk^{21} khon^{33}thai^{33} khon^{33} thi^{51} dəən^{33} nam^{33} na^{51} lɔ^{453}
士兵 晋 就 射 去 中 人 泰 个 的 走 带 前 轮
lɯan^{51} lom^{453} loŋ^{33}，tɛ^{21} khon^{33}thai^{33} ʔiik^{21} khon^{33} nɯŋ^{21} khau^{51} ma^{33} thɛɛn^{33} thi^{51}，
滑 倒 下 但 人 泰 再 个 一 进 来 更替 位置
thaʔ^{453}haan^{24}cin^{24} jiŋ^{33} thaʔ^{453}nu^{33} pai^{33} thuuk^{21} chaau^{33}thai^{33} khon^{33} nan^{453} lom^{453} loŋ^{33}
士兵 晋 射 箭 去 中 人 泰 人 那 倒 下
ʔiik^{21}，tɛ^{21} kɔ^{51} mi^{33} khon^{33} nɯŋ^{21} khau^{51} ma^{33} thɛɛn^{33}.（236）
再 但 也 有 个 一 去 来 代替

晋兵射中在轮子前带路的泰人士兵，但是另一个泰人就来替换，晋兵继续射倒泰人，但又有第三个泰人来替换。

3. แล้วเตียวลกเห็นพี่ชายใช้ผ้าคาดเอวผืนที่เคยมอบให้แก่พันน้อยเด็กไทที่เคยเป็นเพื่อนพี่ชายตน ๓๗๔

lɛɛu^{453} tiau^{33}lok^{453} hen^{24} phi^{51}chaai^{33} chai^{453} pha^{51}khaat^{51}ʔeeu^{33} phɯɯn^{24} thi^{51} khəəi^{33}
然后 貂洛 见 哥、姐 男 使用 布 围 腰 块 的 曾
mɔɔp^{51} hai^{51} kɛ^{21} phan^{33}nɔɔi^{453} dek^{21} thai^{33} thi^{51} khəəi^{33} pen^{33} phɯan^{51} phi^{51}chaai^{33} ton^{33}.（374）
托付 给给 攀内 孩子 泰 的 曾 是 朋友 哥或姐 男 自己

然后貂洛看见哥哥使用曾经托付给泰族孩子攀内的围腰，攀内曾经是哥哥的朋友。

“名－量－定从”结构中定语从句一般由 thi^{51} 引导，也可由 sɯŋ^{51}（ซึ่ง）“的”引导。由 sɯŋ^{51} 引导的定语从句是描写性的，这种定语从句是对已经确定的事物做说明，此时与之组合的量词是通常用于指称结构而不用于计量结构的表人的 phu^{51}，由于 phu^{51} 较多地保留量词对名词的同位替代的特点，所以整个修饰词具有强调的语气。

1. ในไม่ช้าผู้ที่ควบม้ามานั้นก็มาถึงลานหน้าผา ธงผาจำได้ว่าเป็นลำพวนสหายผู้ซึ่งเขาจะไปเยี่ยม ๒๐

nai^{33} mai^{51} cha^{453} phu^{51} thi^{51} khuap^{51} ma^{453} ma^{33} nan^{453} kɔ^{51} ma^{33} thɯŋ^{24} laan^{33} na^{51}pha^{24},

里 没 久 个 的 驾驭 马 来 那 就 来 到 场地 悬崖

thoŋ^{33}pha^{24} cam^{33} dai^{51} wa^{51} pen^{33} lam^{33}phuan^{33} saʔ^{21}haai^{24} phu^{51} sɯŋ^{51} khau^{24} caʔ^{21} pai^{33}

童帕 记 得 说 是 兰蓬 朋友 个 的 他 要 去

jiam^{51}.（20）

拜访

没过多久，骑马过来的人就到了悬崖前的平地，童帕记得正是自己要去拜访的朋友兰蓬。

2. เตียวเหลียงก็วิตกแทนงันสุยผู้ซึ่งเคยเรียนหนังสือมาด้วยกัน ๒๑๔

tiau^{33}liaŋ^{24} kɔ^{51} wiʔ^{453}tok^{21} thɛɛn^{33} ŋan^{33}sui^{24} phu^{51} sɯŋ^{51} khəəi^{33} rian^{33} naŋ^{24}sɯ^{24} ma^{33}

貂良 就 担忧 替 安绥 个 的 曾 学 书 来

duai^{51} kan^{33}.

也 一起（214）

貂良替曾经一起读书的安绥担忧。

3. สายตาของเขาจับอยู่ที่หญิงสาวผู้นั้น หญิงผู้ซึ่งอีกสามวันจะเป็นเจ้าสาวของเขาก็ได้ หรือจะสั่งให้โยนตัวเขาให้ ไปตายในก้นเหวก็ได้เช่นกัน ๔๗๕

saai^{24}ta^{33} khɔɔŋ^{24} khau^{24} cap^{21} ju^{21} thi^{51} jiŋ^{24} saau^{24} phu^{51} nan^{453}，jiŋ^{24} phu^{51} sɯŋ^{51} ʔiik^{21}

线 眼 的 他 盯 在 处 女 姑娘 个 那 女 个 的 再

saam^{24} wan^{33} caʔ^{21} pen^{33} cau^{51}saau^{24} khɔɔŋ^{24} khau^{24} kɔ^{51} dai^{51}，rɯ^{24} caʔ^{21} saŋ^{21} hai^{51}

三 天 要 成 主人 姑娘 的 他 也 可能 或 要 吩咐 给

joon^{33} tua^{33} khau^{24} hai^{51} pai^{33} taai^{33} nai^{33} kon^{51} heeu^{24} kɔ^{51} dai^{51} cheen^{51} kan^{33}.（475）

丢 身体 他 给 去 死 里 底部 谷 也 可以 像 互相

他视线盯在那个姑娘上，三天后这个女人要么就是他的新娘，要么就要命令人把他扔到谷底死掉。

“名－phu^{51}－定从”结构中 phu^{51} 后面的定语从句既可以用 thi^{51} 也可以用 sɯŋ^{51}，但含义不同，前者是限定的，后者是描述的。如有一则故事讲述两个男人遇见熊。例一画线部分是对第一个男人的补充说明，躺在地上的男人没有其他人，就是他了；例二、三是指这两个人当中“逃到树上的”那一个，虽然事实上逃到树上的男人也就是他这个人，但这里强调的是逃到树上的男人而不是躺在地上的男人，即有一种指别的意味。

1. หมีใหญ่ก้มลงดมที่ใบหน้าของชายผู้ซึ่งนอนอยู่บนพื้นดิน ๘๐①

mi^{24} jai^{21} kom^{51} loŋ^{33} dom^{33} thi^{51} bai^{33} na^{51} khɔɔŋ^{24} chaai^{33} phu^{51} sɯŋ^{51} nɔɔn^{33} ju^{21} bon^{33}

熊 大 低 下 闻 处 张 脸 的 男 人 的 躺 在 上

phɯɯn^{453} din^{33}. （80）

面 地

大熊低头闻躺在地上的男人的脸。

2. ชายผู้ที่อยู่บนต้นไม้มองเห็นการกระทำนี้โดยตลอด

chaai^{33} phu^{51} thi^{51} ju^{21} bon^{33} ton^{51} mai^{453} mɔɔŋ^{33} hen^{24} kaan^{33}kraʔ^{21}tham^{33} ni^{453} dooi^{33}

男 个 的 在 上 棵 树 望 见 的 做 这 通过

taʔ^{21}lɔɔt^{21}.

一直

在树上的男人一直望见这举动。

3. ชายผู้ที่หนีขึ้นต้นไม้นิ่งเงียบ

chaai^{33} phu^{51} thi^{51} ni^{24} khɯn^{51} ton^{51} mai^{453} niŋ^{51} ŋiap^{51}.

男 个 的 逃 上 棵 树 静 安静

逃到树上的男人沉默无语。

由于 phu^{51} 引导的修饰词与中心词具有较强的同位性，所以前面的名词不仅仅是表示人的普通名词，还包括专名甚至还包括人称代词。这时候，thi^{51} 与 sɯŋ^{51} 一样所指已经是明确的，只是用 thi^{51} 强调一个人的不同状态、特点，多少还有限定的含义。

1. ซินหยงผู้ที่จะทำพิธีได้ถูกหามนอนมาในเกี้ยวเข้ามาในปะรำ ๑๗๒

sin^{33}joŋ^{24} phu^{51} thi^{51} caʔ^{21} tham^{33} phiʔ^{453}thi^{33} dai^{51} thuuk^{21} haam^{24} nɔɔn^{33} ma^{33} nai^{33}

辛永 个 的 要 做 仪式 得 被 抬 躺 来 里

kiau^{51}，khau^{51} ma^{33} nai^{33} paʔ^{21}ram^{33}. （172）

轿子 进 来 里 帐篷

要做仪式的辛永躺在轿子里，被抬进了帐篷里。

2. เราไม่ได้ดูหมิ่นบัลลังก์ของจิ๋น แต่กษัตริย์จิ้นอ๋องดูหมิ่นเราผู้ซึ่งมาตามคำเชิญ ๑๕๓

rau^{33} mai^{51} dai^{51} du^{33} min^{21} ban^{33}laŋ^{33} khɔɔŋ^{24} cin^{24}，tɛ^{21} kaʔ^{21}sat^{21} cin^{51}ʔɔɔŋ^{24} du^{33} min^{21}

我 没 有 看 蔑视 宝座 的 晋 但 皇帝 晋王 看 蔑视

rau^{33} phu^{51} sɯŋ^{51} ma^{33} taam^{33} kham^{33} chəən^{33}. （153）

我 个 的 来 跟 词语 邀请

我们没有蔑视晋国的皇帝，而是晋王蔑视受邀前来的我们。

---

① 例句来自潘德鼎（2011c），下面的例句同此。

3. พลอยผู้ซึ่งขึ้นมาทางบันไดหลังตำหนักก็คลานกระหืดกระหอบเหงื่อท่วมตัวเข้ามาหมอบอยู่ข้างๆ ๑๑๖[①]

phlɔɔi33 phu51 sɯŋ51 khɯn51 ma33 thaaŋ33 ban33dai33 laŋ24 tam33nak21 kɔ51 khlaan33
帕瑞 个 的 上 来 路 楼梯 后 官邸 就 爬
kraʔ21hɯɯt21kraʔ21hɔɔp21 ŋɯa21 thuam51 tua33 khau51 ma33 mɔɔp21 ju21 khaaŋ51khaaŋ51.
气喘吁吁 汗 淹 身体 进 来 拜倒 在 边 边（116）
从官邸后面的楼梯上来的帕瑞气喘吁吁地爬，汗水湿透了身子，进来拜倒在边上。

4.8 指称表达在分布上的歧异

4.8.1 名－量－形与名－量－动

根据本章上述各节泰语“名－量－修”结构有以下几种形式：

表 4.2 **“名－量－修”的类型**

类 型	例 子
名－量－代	หมาตัวของผม ma24tua33khɔɔŋ24phom24 狗－只－的－我 หมาตัวไหน ma24tua33nai24 狗－只－哪 หมาตัวนี้ ma24tua33ni453 狗－只－这
名－量－形	หมาตัวใหญ่ ma24tua33jai21 狗－只－大
名－量－thi51“第”－数	หมาตัวที่หนึ่ง ma24tua33thi51nɯŋ21 狗－只－第－一
名－量－体（体词指方位词、时间词）	เจ้าเมืองคนก่อน cau51mɯaŋ33khon33kɔɔn21 主－城－位－先前
名－量－定从	หมาตัวที่ผมเลี้ยง ma24tua33thi51phom24liaŋ453 狗－只－的－我－养

上述形式中的修饰词分为如下三类：

第一类，一般的修饰词。能出现在“名－量－修”结构中修饰语位置的第一类包括：代词，即其中具有限定功能的一类；定语从句，定语从句本身就充当修饰语；非谓形容词即区别词，由于本身就有分类的含义，因此除了做主语就是做定语；序数词，“thi51－数”式序数词一般来讲也是一种修饰词。这些词语都能出现在“名－量－修”结构中的修饰语位置上，分布在该位置时不再有其他作用，是一般的饰词承担修饰语的功能。

第二类，体词做修饰语。方位词、时间词分别表示时间位置和空间位置，都是体词。体词系统中另外的两个成员，名词表示实体，量词表示实

① 例句来自《四朝代》。

体的单位。由于“名－量－体”分布里三者同时出现，因此其分布的格局本身就揭示了体词三个成员重要性的排序。颜色词 si^{24}khaau^{24}“白色”，si^{24}fa^{453}“蓝色”等也是体词做修饰语。它们构成第二类，是体词承担修饰语的功能。

第三类，谓词做修饰语。性质形容词、状态形容词可以出现在“名－量－修”结构中的修饰语位置（包括颜色词 khaau^{24}“白”、dam^{33}“黑”等）。这些词语，特别是状态形容词具有较强的描述功能，这说明谓词具有承担修饰语的能力。但实际语料表明，“名－量－谓”内部存在分歧：“名－量－形”和“名－量－动”表现不同。前面已经考察了前者，但并没有把“名－量－动”作为“名－量－修”的一种形式列成一节，下面对此进行补充说明。

对《泰人失去土地》一书的考察结果是：有一条语料（即例一）呈现为“量－动”组合，但没有见到“名－量－动”这项分布。动词的范围很广，但对其他一些长篇自然语料做考察，也呈现出与之相近的结果。如下面语料中位于“名－量－形”之后紧挨着形容词的动词或动词短语，看似可以与形容词并列做量词的修饰语但其实都是对名词的陈述。

1. มีเหยี่ยวสองตัวมาตีกันหน้าค่ายของท้าวคำปูน ตัวแพ้บินมาเกาะที่ยอดธงของทัพหัวเมือง ส่วนตัวชนะบินไปทา งค่ายของขุนสาย หทารฝ่ายหัวเมืองเห็นเป็นลางไม่ดี ท้าวคำปูนจึงไม่นำทัพใหญ่ออกสนาม ๒๙๑

mi^{33} jiau^{21} sɔɔŋ^{24} tua^{33} ma^{33} ti^{33} kan^{33} na^{51} khaai^{51} khɔɔŋ^{24} thaau^{453}kham^{33}puun^{33}，tua^{33}
有 鹰 两 只 来 打 互 前 营地 的 陶甘奔 只

phɛ^{453} bin^{33} ma^{33} kɔʔ^{21} thi^{51} jɔɔt^{51} thoŋ^{33} khɔɔŋ^{24} thap^{453} hua^{24}mɯaŋ^{33}，suan^{21} tua^{33}
败 飞 来 停 处 顶 旗 的 军队 头 城市 至于 只

chaʔ^{453}naʔ^{453} bin^{33} pai^{33} thaaŋ^{33} khaai^{51} khɔɔŋ^{24} khun^{24}saai^{24}，thaʔ^{453}haan^{24} faai^{21}
胜 利 飞 去 方面 营地 的 坤赛 士兵 方面

hua^{24}mɯaŋ^{33} hen^{24} pen^{33} laaŋ^{33} mai^{51} di^{33}， thaau^{453}kham^{33}puun^{33} cɯŋ^{33} mai^{51} nam^{33}
头 城市 见 是 征兆 不 好 陶甘奔 就 不 带

thap^{453} jai^{21} ʔɔɔk^{21} saʔ^{21}naam^{24}.（291）
军队 大 出 战场

有两只鹰来到陶甘奔的营地前打斗，败的飞来停在地方军的旗帜上，胜的飞往坤赛的营地去。地方军知道是不吉之兆，陶甘奔就不让大军上战场。

2. จากห้องทองซึ่งมีฝาผนังและเครื่องตกแต่งทุกอย่างปิดทองระยับ มีกระจกเงาบานใหญ่ๆกรอบปิดทอง สลักลวด ลาย ติดอยู่ตามผนัง พลอยคลานผ่านเข้าไปยังห้องเหลือง ๑๙๘①

caak^{21} hɔɔŋ^{51} thɔɔŋ^{33} sɯŋ^{51} mi^{33} fa^{24} phaʔ^{21}naŋ^{24} lɛʔ^{453} khrɯaŋ^{51} tok^{21} tɛɛŋ^{21} thuk^{453} jaaŋ^{21}
从 房间 黄金 的 有 隔板 墙壁 和 东西 造 打扮 每 种

① 例句来自《四朝代》。

pit^{21} thɔɔŋ^{33} raʔ^{453}jap^{453}，mi^{33} kraʔ^{21}cok^{21} ŋau^{33} baan^{33} jai^{21}jai^{21} krɔɔp^{21} pit^{21} thɔɔŋ^{33}

贴 金 闪光 有 镜子 光滑 面 大 大 边框 贴 金

saʔ^{21}lak^{21} luat^{51} laai^{33}，tit^{21} ju^{21} taam^{33} phaʔ^{21}naŋ^{24} phlɔɔi^{33} khlaan^{33} phaan^{21} khau^{51} pai^{33}

雕刻 纹路 花纹 挂 在 跟 墙壁 帕瑞 爬 经过 进 去

jaŋ^{33} hɔɔŋ^{51} lɯaŋ^{24}.（198）

朝 房间 黄

金色的房子有隔板，各种装饰物都贴金，闪闪发光。从此过去有一面大大的镜子，边框贴金，雕刻着花纹，挂在板墙。帕瑞爬着进入金黄的房子。

3. น้ำกินใส่ในโอ่งมังกรใบโตตั้งไว้ในครัวสำหรับใช้ประกอบอาหารอย่างเดียว ๓๐①

nam^{453} kin^{33} sai^{24} nai^{33} ʔooŋ^{21}maŋ^{33}kɔɔn^{33} bai^{33} to^{33} taŋ^{51} wai^{453} nai^{33} khrua^{33} sam^{24}rap^{21}

水 喝 放 里 水缸 龙 个 大 放 着 里 厨房 特地

chai^{453} praʔ^{21}kɔɔp^{21} ʔa^{33}haan^{24} jaaŋ^{21} diau^{33}.（30）

用 组成 食物 种 唯一的

大缸放在厨房里，里面的饮用水专门用做饭菜。

4. ตรงเชิงบันไดมีโอ่งใบเล็กๆใส่น้ำไว้ล้างเท้าก่อนขึ้นบ้าน ๓๑

troŋ^{33} chəəŋ^{33} ban^{33}dai^{33} mi^{33} ʔooŋ^{21} bai^{33} lek^{453}lek^{453} sai^{21} nam^{453} wai^{453} laaŋ^{453} thau^{453}

地方 脚 楼梯 有 水缸 个 小 小 放 水 留 洗 脚

kɔɔn^{21} khɯn^{51} baan^{51}.（31）

前 上 屋子

楼梯脚放着一个小小的水缸，盛进屋前用的洗脚水。

对另外一些长篇语料进行考察却可以发现有“量–动”、“名–量–动”的存在。经过进一步分析，这主要是因为这些语料具有一定的方言性质。结合作者针对此专题做的调查，中部、南部两方言未见有此类分布，但东北、北部则见有存在。因此可以说，“量–动”、“名–量–动”这项分布也具有一定方言、口语的性质。从上述两种考察结果来看，本书虽不能肯定或完全否定泰语不存在“名–量–动”这项分布，但视其在现代的标准泰语存在的可能性较小，有待将来在更多的语料中做进一步考察。

1. คูนล้างหน้าเข้าไปกินข้าวก่อนทุกคน อิ่มตอนไหนจำไม่ได้ เข้าไปปลดเสื้อตัวใหม่มาสวม แล้วนุ่งกางเกงตัวไม่มีหู รูดทับชายเสื้อลงไป ปลดกระจกลงมาส่องดูมันโก้แท้ๆ ๗๑②

khuun^{33} laaŋ^{453} na^{51} khau^{51} pai^{33} kin^{33} khau^{51} kɔɔn^{21} thuk^{453} khon^{33}，ʔim^{21} tɔɔn^{33} nai^{24}

昆（人名）洗 脸 进 去 吃 饭 前 每 人 饱 时间 哪

① 例句来自《佳蒂的幸福》。

② 此部分例句来自《东北之子》。

cam^{33} mai^{51} dai^{51}，khau^{51} pai^{33} plot^{21} sɯa^{51} tua^{33} mai^{21} ma^{33} suam^{24} lɛɛu^{453} nuŋ^{51}
记　不　得　进　去　取下 衣服　件　新　来　穿　然后　穿
kaaŋ^{33}keeŋ^{33} tua^{33} mai^{51} mi^{33} hu^{24} ruut^{51} thap^{453} chaai^{33} sɯa^{51} loŋ^{33} pai^{33}.plot^{21} kraʔ^{21}cok^{21}
裤子　条　没　有　耳　捋　叠　边缘　衣服 下　去　取下　镜子
loŋ^{33} ma^{33} sɔɔŋ^{21} du^{33} man^{33} ko^{51} thɛ^{453}thɛ^{453}.（71）
下　来　照　看　它　好看 真 真

小昆在大家之前洗脸吃饭，什么时候吃饱都记不住了，然后进去取下新衣服穿上，穿好没有耳子扎住衣服边缘的裤子，取下镜子照看，确实好看。

2. เล่มสุดท้ายเป็นเกวียนของพ่อคูน วัวเทียมที่ยืมน้าพลอยมาคู่นี้มันเชื่องเหมือนวัวแก่ๆ แต่มันล่ำบึกมีหนอกใหญ่ และสีน้ำตาลอ่อนเหมือนกัน ตัวใส่แอกทางซ้ายชื่อไอ้ดำเพราะจมูกและขอบตามันสองข้างมีจุดดำๆ ตัวใส่แอกทางขวาชื่อ ไอ้ด่างเพราะที่กลางหางลงไปถึงปลายหางเป็นสีด่างๆดำๆสลับกัน ๑๕๓

leem^{51} sut^{21}thaai^{453} pen^{33} kwian^{33} khɔɔŋ^{24} phɔ^{51} khuun^{33}，wua^{33} thiam^{33} thi^{51} jɯɯm^{33}
辆　尽 尾部　是　牛车　的　爸爸 昆（人名）黄牛 套　的　借
na^{453}phlɔɔi^{33} ma^{33} khu^{51} ni^{453} man^{33} chɯaŋ^{51} mɯan^{24} wua^{33} kɛ^{21}kɛ^{21} tɛ^{21} man^{33} lam^{51}bɯk^{21}
叔叔 佩（人名）来 对这 它　驯服　像　黄牛 老 老　但　它　强壮
mi^{33} nɔɔk^{21} jai^{21} lɛʔ^{453} si^{24}nam^{453}taan^{33} ʔɔɔn^{21} mɯan^{24} kan^{33}，tua^{33} sai^{21} ʔɛɛk^{21} thaaŋ^{33}
有　峰　大　和颜　色 水 糖棕　软　像　互相　头　套　轭　方面
saai^{453} chɯ^{51} ʔai^{51}dam^{33} phrɔʔ^{453} caʔ^{21}muuk^{21} lɛʔ^{453} khɔɔp^{21} ta^{33} man^{33} sɔɔŋ^{24} khaaŋ^{51} mi^{33}
左　叫　艾　黑　因为　鼻子　和　边际　眼　它　两　边　有
cut^{21} dam^{33}dam^{33}，tua^{33} sai^{21} ʔɛɛk^{21} thaaŋ^{33} khwa^{24} chɯ^{51} ʔai^{51}daaŋ^{21} phrɔʔ^{453} thi^{51} klaaŋ^{33}
点　黑　黑　头　套　轭 方面　右　叫　艾 斑点 因为　地　中间
haaŋ^{24} loŋ^{33} pai^{33} thɯŋ^{24} plaai^{33} haaŋ^{24} pen^{33} si^{24} daaŋ^{21}daaŋ^{21}dam^{33}dam^{33} saʔ^{21}lap^{21} kan^{33}.
尾巴　下　去　到　尖端　尾巴 是　颜色 斑点 斑点 黑　黑　交替　互相
（153）

最后的牛车是小昆的爸爸的，向佩叔叔借来的这对拉车的黄牛像老练的黄牛一样驯服，但长得强壮，还有肉峰，色泽柔软。套左边的轭的叫艾黑，因为它的鼻子和两边的眼角有黑黑的点儿，套右边的轭的叫艾斑，因为它的尾巴从中部到尖端有黑色的斑点交替出现。

3. เลยเรือนหลังมีหมาแม่ลูกอ่อนไป อ้ายกาจก็บอกให้คูนกับจันดีแยกไปคนละทาง เพื่อจะได้ร้องประกาศให้ทั่วบ้านไวๆ ๒๘๒

lɔɔi^{33} rɯan^{33} laŋ^{24} mi^{33} ma^{24} mɛ^{51}luuk^{51} ʔɔɔn^{21} pai^{33} ʔaai^{51}kaat^{21} kɔ^{51} bɔɔk^{21} hai^{51} khuun^{33}
经过 房子　栋　有　狗　母　子　幼小 去　艾加　就　告诉 给　昆(人名)
kap^{21} can^{33}di^{33} jɛɛk^{51} pai^{33} khon^{33} laʔ^{453} thaaŋ^{33}，phɯa^{51} caʔ^{21} dai^{51} rɔɔŋ^{453} praʔ^{21}kaat^{21}
和　占迪　分开 去　人　各　路　为了　要　能　叫喊　通告
hai^{51} thua^{51} baan^{51} wai^{33}wai^{33}.（153）

让　全　村子 快　快

过了有母狗、狗仔的房子，艾加告诉小昆和占迪分开每人走一条路，以便更快地叫完整个村子。

从量词的角度看“名－量－动”结构中的个体量词只有ʔan^{33}、phu^{51} 除了和其他量词一样出现在“名－量－形”外还存在“量－动”、“名－量－动”的分布，其中的名词和“ʔan^{33} 或 phu^{51}－动”两者之间仍然具有一定的同位修饰关系。

1. แล้วซุนโปนำชาวไททั้งสองไปชมห้องซึ่งประดับไว้ด้วยเครื่องใช้อันงดงามและล้วนมีค่า ๑๔๘

lɛɛu^{453} sun^{33}po^{33} nam^{33} chaau^{33}thai^{33} thaŋ^{453} sɔɔŋ^{24} pai^{33} chom^{33} hɔɔŋ^{51} sɯŋ^{51} praʔ^{21}dap^{21}

然后　孙博　带　人　泰　整　两　去　观看　房间　的　修饰

wai^{453} duai^{51} khrɯaŋ^{51} chai^{453} ʔan^{33} ŋot^{453}ŋaam^{33} lɛʔ^{453} luan^{453} mi^{33} kha^{51}.（148）

着　用　工具　用　的　美丽　和　全　有　价值

然后孙博带两个泰人去看房间，这些房间用价格贵重的、漂亮的用具装饰着。

2. การทำสงครามกันด้วยอาวุธอันเป็นความหยาบช้าของมนุษย์จะไม่เกิดขึ้นได้ ๓๒๙

kaan^{33} tham^{33} soŋ^{24}khraam^{33} kan^{33} duai^{51} ʔa^{33}wut^{453} ʔan^{33} pen^{33} khwaam^{33}jaap^{21}cha^{453}

的　作　战争　互相　用　武器　个　是　的　粗暴

khɔɔŋ^{24} maʔ^{453}nut^{453} caʔ^{21} mai^{51} kəət^{21} khɯn^{51} dai^{51}.（329）

的　人类　要　不　发生 上来　能

用武器开启战争是人类的粗暴行为，将不会发生。

3. แคว้นจิ๋นกับแคว้นไทยังมีเรื่องที่ค้างอยู่อันจะต้องเจรจากันให้เสร็จสิ้น ๑๕๔

khwɛɛn^{453}cin^{24} kap^{21} khwɛɛn^{453}thai^{33} jaŋ^{33} mi^{33} rɯaŋ^{51} thi^{51} khaaŋ^{453} ju^{21} ʔan^{33} caʔ^{21} tɔɔŋ^{51}

地域　晋　和　地域　泰　还　有 事情　的　僵持　在　件　要　需要

ce^{33}raʔ^{453}ca^{33} kan^{33} hai^{51} set^{21} sin^{51}.（154）

谈判　互相　给 结束 全

晋国和泰人地区还有僵持着需要谈判解决的事情。

4. เมื่อกองทัพจิ๋นผ่านลำน้ำลูไปแล้วเตียวเหลียงมิได้นำทัพไปทางใต้อันเป็นทางตรงไปยังเมืองลือ เพราะว่าทางนี้มี ป่าเขาเป็นอันมากและกันดาร　เตียว เหลียงให้เดินข้ามไปทางเมืองยูโรอันอยู่กึ่งกลางระหว่างเมืองลือกับเมืองเม็ง ๓๓๖

mɯa^{51} kɔɔŋ^{33}thap^{453}cin^{24} phaan^{21} lam^{33}nam^{453}lu^{33} pai^{33} lɛɛu^{453} tiau^{33}liaŋ^{24} miʔ^{453} dai^{51}

时候　队　军　晋　经过　条　河　泸（专名）去　了　貂良　没　得

nam^{33} thap^{453} pai^{33} thaaŋ^{33} tai^{51} ʔan^{33} pen^{33} thaaŋ^{33} troŋ^{33} pai^{33} jaŋ^{33} mɯaŋ^{33}lɯ^{33}，phrɔʔ^{453}

带　军队　去　路　南　条　是　路　直　去　到　城　仂　因为

wa^{51} thaaŋ^{33} ni^{453} mi^{33} pa^{21} khau^{24} pen^{33}ʔan^{33}maak^{51} lɛʔ^{453} kan^{33}daan^{33}，tiau^{33}liaŋ^{24} hai^{51}

说　路　这　有 森林　山　是　个　多　和　偏僻　貂良　让

dəən^{33} khaam^{51} pai^{33} thaaŋ^{33} mɯaŋ^{33}ju^{33}ro^{33} ʔan^{33} ju^{21} kuŋ^{21}klaaŋ^{33} raʔ^{453}waaŋ^{21}

走　跨　去　路　城市　如若　个　在　半　中间　之间

mɯaŋ^{33}lɯ^{33} kap^{21} mɯaŋ^{33}meŋ^{33}.（336）

城　仂　和　城　渑

晋军渡过泸水之后，貂良没有率领军队走可以直达仂城的南边的路，因为这条路山特别多，道路崎岖，他让大家走如若城的路，这座城市位于仂城和渑城中间。

5.แป๊ซุยเมื่อเห็นทัพไทมุ่งไปยังเมืองกังไสจึงกล่าวแก่แป๊เหล็งผู้เป็นน้องว่า ๒๐๒

pɛ^{453}sui^{33} mɯa^{51} hen^{24} thap^{453}thai^{33} muŋ^{51} pai^{33} jaŋ^{33} mɯaŋ^{33} kaŋ^{33}sai^{24} cɯŋ^{33} klaau^{21} kɛ^{21}

贝绥　时候　见　军队　泰　朝　去　向　城　冈塞　就　说　给

pɛ^{453}leŋ^{24} phu^{51} pen^{33} nɔɔŋ^{453} wa^{51}.（202）

贝灵　个　是　弟弟　说

贝绥见到泰军朝冈塞开去就告诉做弟弟的贝灵说。

6. ขุนสายผู้รักษาเมืองไต๋เข้าไปรุกรานแคว้นเม็ง ๒๔๕

khun^{24}saai^{24} phu^{51} rak^{453}sa^{24} mɯaŋ^{33}tai^{24} khau^{51} pai^{33} ruk^{453}raan^{33} khwɛɛn^{453}meŋ^{33}.（245）

坤赛　个　保护　城　傣　进　去　侵略　地区　渑

保护傣城的坤赛前去侵略渑城。

7. ตุลาการทั้งสามปรึกษากันครู่ใหญ่ แล้วในที่สุด ประวิณผู้นั่งข้างซ้ายของจามเดวีกล่าวขึ้น ๔๘๕

tuʔ^{21}la^{33}kaan^{33} thaŋ^{453} saam^{24} prɯk^{21}sa^{24} kan^{33} khru^{51} jai^{21}，lɛɛu^{453} nai^{33} thi^{51}sut^{21}

法官　整　三　商议　互相　时刻　大　然后　里　的　尽

praʔ^{21}win^{33} phu^{51} naŋ^{51} khaaŋ^{51} saai^{453} khɔɔŋ^{24} caam^{33}de^{33}wi^{33} klaau^{21} khɯn^{51}.（485）

巴温　个　坐　边　左　的　占德维　说　上来

三个法官商议了好大一会儿，最后坐在占黛维左边的巴温说出话来。

8. ข้าต้องถนอมผ้าผืนนี้เพราะว่าถึงแม้นางผู้ให้ผ้าผืนนี้แก่ข้าจะตายไปนานแล้ว แต่นางกับข้าไม่แยกกัน ๓๙๓

kha^{51} tɔɔŋ^{51} thaʔ^{21}nɔɔm^{24} pha^{51} phɯɯn^{24} ni^{453} phrɔʔ^{453} wa^{51} thɯŋ^{24}mɛ^{453} naaŋ^{33} phu^{51}

我　需要　珍惜　布匹　块　这　因为　说　到　即便　妇人　个

hai^{51} pha^{51} phɯɯn^{24} ni^{453} kɛ^{21} kha^{51} caʔ^{21} taai^{33} pai^{33} naan^{33} lɛɛu^{453} tɛ^{21} naaŋ^{33} kap^{21} kha^{51}

给　布　块　这　给　我　要　死　去　久　了　但　妇人　和　我

mai^{51} jɛɛk^{51} kan^{33}.（393）

不　分开　互相

我要珍惜这块布，因为即使送给我这块布的女人已经死去很久了，但她和我没有分开。

当然，ʔan^{33}、phu^{51} 也有些细微区别。这体现在它们与该结构中的其他成分的关系上。首先，ʔan^{33} 是泛用量词，可以与之搭配的名词范围较广，phu^{51} 是表人的量词，前面的中心词一般是表示人的，如果中心语是人名，其同位性的修饰作用也更明显。其次，ʔan^{33} 和前面的名词关系不是很紧密，两者距离从近到远都有，直到无法确定中心语，只剩下ʔan^{33} 引导的从句。而一般来说，phu^{51} 与后面的谓词更为紧密，经常脱离前面的名词与之组合成词，整个结构变成一个真正的体词，不易看出“名－量－修”的结构关系如例八 khru^{33}phu^{51}jai^{21}、例九 baau^{21}phu^{51}taai^{33}。

1. ขุนจาดปฏิเสธเพราะไม่พอใจที่การปกครองของแคว้นลือให้ราษฎรมีอำนาจเกินไปอันจะทำให้ราษฎรในแคว้นเม็งของตนตามอย่างได้ และอีกประการหนึ่ง ขุนจาดพอใจอาศัยจิ้นเป็นที่พึ่ง ๘๖

khun^{24}caat^{21} paʔ^{21}tiʔ^{21}seet^{21} phrɔʔ^{453} mai^{51} phɔ^{33}cai^{33} thi^{51} kaan^{33}pok^{21}khrɔɔŋ^{33} khɔɔŋ^{24}
坤乍 拒绝 因为 不 足够 心 的 的 统治 的

khwɛɛn^{453}lɯ^{33} hai^{51} raat^{51}saʔ^{21}dɔɔn^{33} mi^{33} ʔam^{33}naat^{51} kəən^{33} pai^{33}，ʔan^{33} caʔ^{21} tham^{33}hai^{51}
地区 仂 给 百姓 有 权力 超 去 个 要 做 让

raat^{51}saʔ^{21}dɔɔn^{33} nai^{33} khwɛɛn^{453}meŋ^{33} khɔɔŋ^{24} ton^{33} taam^{33}jaaŋ^{21} dai^{51}，lɛʔ^{453} ʔiik^{21}
百姓 里 地区 渑 的 自己 跟 样 能 和 再

praʔ^{21}kaan^{33} nɯŋ^{21} khun^{24}caat^{21} phɔ^{33}cai^{33} ʔa^{33}sai^{24} cin^{24} pen^{33} thi^{51}phɯŋ^{51}.（86）
项 一 坤乍 足够 心 依靠 晋 是 的 依靠

坤乍不满意仂城的统治方式给予老百姓太多的权力，认为这会使得自己的渑人地区的百姓模仿。另外，坤乍满足于依靠晋国，所以他拒绝了温班要他出兵帮助对付李东家的请求。

2. ความชั่วได้ขยายไปในวงปกครองอันเกิดผลเป็นความเดือดร้อนของราษฎร ๒๕๓

khwaam^{33}chua^{51} dai^{51} khaʔ^{21}jaai^{24} pai^{33} nai^{33} woŋ^{33} pok^{21}khrɔɔŋ^{33} ʔan^{33} kəət^{21} phon^{24}
的 邪恶 能 扩散 去 里 圈子 封 统治 个 产生 结果

pen^{33} khwaam^{33}dɯat^{21}rɔɔn^{453} khɔɔŋ^{24} raat^{51}saʔ^{21}dɔɔn^{33}.（253）
是 的 水深火热 的 百姓

邪恶扩散到统治的圈子里，结果就造成了老百姓水深火热的局面。

3. สามีของพวกเรามีแขนมีขาและมีอีกหลายอย่างในตัว อันเป็นสมบัติของเขาเอง หากเขาขัดขวางทางเดินของทัพสู ก็ลงโทษตัดแขนขาหรืออย่างอื่นในตัวเขาเถิด ๒๑๔

sa^{24}mi^{33} khɔɔŋ^{24} phuak^{51}rau^{33} mi^{33} khɛɛn^{24} mi^{33} kha^{24} lɛʔ^{453} mi^{33} ʔiik^{21} laai^{24} jaaŋ^{21} nai^{33}
丈夫 的 们 我 有 胳膊 有 腿 和 有 还 许多 种 里

tua^{33}，ʔan^{33} pen^{33} som^{24}bat^{21} khɔɔŋ^{24} khau^{24} ʔeeŋ^{33}，haak^{21} khau^{24} khat^{21} khwaaŋ^{24} thaaŋ^{33}
身体 个 是 财富 的 他 自己 如果 他 扣上 横 路

dəən^{33} thap^{453} su^{24}，kɔ^{51} loŋ^{33} thoot^{51} tat^{21} khɛɛn^{24} kha^{24} rɯ^{24} jaaŋ^{21} ʔɯɯn^{21} nai^{33} tua^{33}
走 军队 你 就 下 罪 砍断 胳膊 腿 或 种 其他 里 身体

khau^{24} thəət^{21}.（214）
他 吧

我们的丈夫有胳膊有腿，身上还有许多东西，那些都是他自己的财富，如果他阻碍你行军的道路，你就在他的胳膊、腿或者其他部位惩罚吧。

4. แล้วจากนั้นก็มีทางไปยังหุบเขาเบื้องล่างอันเป็นทางเดินของกองเสบียงและกองหนุนของทัพคำอ้าย ๓๑๔

lɛɛu^{453} caak^{21} nan^{453} kɔ^{51} mi^{33} thaaŋ^{33} pai^{33} jaŋ^{33} hup^{21} khau^{24} bɯaŋ^{51} laaŋ^{51} ʔan^{33} pen^{33}
然后　从　那　就　有　路　去　向　谷　山　面　下　个　是
thaaŋ^{33} dəən^{33} khɔɔŋ^{24} kɔɔŋ^{33} saʔ^{21}biaŋ^{33} lɛʔ^{453} kɔɔŋ^{33} nun^{24} khɔɔŋ^{24} thap^{453} kham^{33}ʔaai^{51}.
路　走　的　队　粮草　和　队　救援　的　军队　甘艾（314）

然后从那里出发有通往下面山谷的道路，是甘艾派运送粮草的队伍和救援队伍走的路。

5. เมืองไทยนั้นก็กำลังคืบคลานไปตามแนวทางที่เคยดำเนินมาแล้วมิรู้จักกี่พันปี อันเป็นแนวทางที่พลอยรู้จักและเ คยชิน ๙๘๙①

mɯaŋ^{33}thai^{33} nan^{453} kɔ^{51} kam^{33}laŋ^{33} khɯɯp^{51} khlaan^{33} pai^{33} taam^{33} nɛɛu^{33} thaaŋ^{33} thi^{51}
国家　泰　那　也　正在　扩越　爬　去　沿着　行列　路　的
khəəi^{33} dam^{33}dəən^{33} ma^{33} lɛɛu^{453} miʔ^{453} ru^{453}cak^{21} ki^{21}phan^{33} pi^{33}，ʔan^{33} pen^{33} nɛɛu^{33}
曾经　进行　来　了　不　知道　几　千　年　的　是　行列
thaaŋ^{33} thi^{51} phlɔɔi^{33} ru^{453}cak^{21} lɛʔ^{453} khəəi^{33} chin^{33}.（989）
路　的　帕瑞　认识　和　曾经　习惯

国家也正在沿着不知几千年来一直行进的道路向前发展，这条道路是帕瑞所习惯的。

6. เมื่อเป็นสาวก็อยากจะได้ดีเทียมหญิงอื่นอันเป็นธรรมดาของคนที่เกิดมาลำบากตั้งแต่เด็ก ๓๑๘

mɯa^{51} pen^{33} saau^{24} kɔ^{51} jaak^{21} caʔ^{21} dai^{51} di^{33} thiam^{33} jiŋ^{24} ʔɯɯn^{21} ʔan^{33} pen^{33}
时候　是　姑娘　就　想要　要　得　好　齐平　女　其他　个　是
tham^{33}maʔ^{453}da^{33} khɔɔŋ^{24} khon^{33} thi^{51} kəət^{21} ma^{33} lam^{33}baak^{21} taŋ^{51}tɛ^{21} dek^{21}.（318）
平常　的　人　的　出生　来　困难　建立　自从　小

长大成了女人就想要得到如同其他女人那样的幸福，这对于生来就比较困难的人来说是正常的。

7. บัลลังก์ของแผ่นดินจิ๋นถ้าใครได้ครอง　ถือกันว่าคนนั้นเป็นที่โปรดปรานของสวรรค์　โจโฉกับเล่าปี่ทำศึกกันนาน ปีเพื่อแย่งบัลลังก์นี้ อันทำให้ราษฎรจิ๋นล้มตายนับไม่ถ้วน ๔๓๕

ban^{33}laŋ^{33} khɔɔŋ^{24} phɛɛn^{21} din^{33} cin^{24} tha^{51} khrai^{33} dai^{51} khrɔɔŋ^{33}，thɯ^{24} kan^{33} wa^{51} khon^{33}
宝座　的　块　土地　晋　如果　谁　得　统治　认为　一起　说　个
nan^{453} pen^{33} thi^{51} proot^{21}praan^{33} khɔɔŋ^{24} saʔ^{21}wan^{24}，co^{33}cho^{24} kap^{21} lau^{51}pi^{21} tham^{33} sɯk^{21}
那　是　的　眷顾　的　天堂　曹操　和　刘备　做　战斗

---

① 例句来自《四朝代》。

kan[33] naan[33] pi[33] phɯa[51] jɛɛŋ[51] ban[33]laŋ[33] ni[453]，ʔan[33] tham[33]hai[51] raat[51]saʔ[21]dɔɔn[33]cin[24]
互相 久 年 为了 争 宝座 这 个 做 让 百姓 晋
lom[453] taai[33] nap[453] mai[51] thuan[51].（435）
倒 死 数 不 全

在晋国如果谁坐上统治者的宝座，谁就被认为得到上天的眷顾，曹操和刘备为了争夺这宝座征战多年，使得死去的晋国老百姓数都数不清。

8. ครูผู้ใหญ่ของเราจึงต้องการทำลายการแบ่งแยกมนุษย์ในบ้านเมืองของเขาอันเป็นลัทธิฝังแน่นมาเป็นเวลาหลาย ร้อยปีแล้วและเป็นลัทธิที่ขัดขวางความก้าวหน้าของทั้งของผู้เป็นนายและผู้เป็นทาส ๔๓๔

khru[33] phu[51] jai[21] khɔɔŋ[24] rau[33] cɯŋ[33] tɔɔŋ[51]kaan[33] tham[33]laai[33] kaan[33]bɛɛŋ[21]jɛɛk[51]
老师 位 大 的 我们 才 需要 破坏 的 分开
maʔ[453]nut[453] nai[33] baan[51]mɯaŋ[33] khɔɔŋ[24] khau[24] ʔan[33] pen[33] lat[453]thiʔ[453] faŋ[24] nɛɛn[51] ma[33]
人类 里 村子 城市 的 他 个 是 理论 埋伏 稳 来
pen[33] we[33]la[33] laai[24] rɔɔi[453] pi[33] lɛɛu[453] lɛʔ[453] pen[33] lat[453]thiʔ[453] thi[51] khat[21] khwaaŋ[24]
成 时间 许多 百 年 了 和 成 理论 的 扣上 横
khwaam[33]kaau[51]na[51] khɔɔŋ[24] thaŋ[453] khɔɔŋ[24] phu[51] pen[33] naai[33] lɛʔ[453] phu[51] pen[33] thaat[51].
的 跨步 前 的 整 的 个 是 主人 和 个 是 奴隶(434)

我们的先师需要破坏在他的祖国里存在的将人类分开的理论，这种理论几百年来都稳定地延续下来，阻碍了主人和奴隶双方的进步。

9. แล้วขุนสายกับคำอ้ายก็นั่งเสพสุราและถกเถียงกันถึงเรื่องที่ทำให้บ่าวนั้นตาย ส่วนร่างของบ่าวผู้ตายยังคงเหยี ยดอยู่เบื้องหน้านั้นเอง ๒๗๓

lɛɛu[453] khun[24]saai[24] kap[21] kham[33]ʔaai[51] kɔ[51] naŋ[51] seep[21] suʔ[21]ra[33] lɛʔ[453] thok[21]thiaŋ[24] kan[33]
然后 坤赛 和 甘艾 就 坐 喝 酒 和 争执 互
thɯŋ[24] rɯaŋ[51] thi[51] tham[33]hai[51] baau[21] nan[453] taai[33]，suan[21] raaŋ[51] khɔɔŋ[24] baau[21] phu[51]
到 事情 的 做 让 奴仆 那 死 至于 身体 的 奴仆 个
taai[33] jaŋ[33] khoŋ[33] jiat[21] ju[21] bɯaŋ[51] na[51] nan[453] ʔeeŋ[33].（273）
死 还 可能 伸 在 面 前 那 自己

然后坤赛和甘艾就坐着喝酒，为导致那奴仆死去的事而争执，死去的奴仆的身体还平躺在他们面前。

4.8.2 名－量－限与名－限

上述“名－量－修”各种形式中根据量词是否可以省略对比如表 4.3，分为两类：

表 4.3　　“名－量－修”与“名－修”对比

名－量－修	例子	名－修	例子
名－量－代	หมาตัวนี้ ma^{24}tua^{33}ni^{453} 狗－只－这 หมาตัวของผม ma^{24}tua^{33}khɔɔŋ^{24}phom^{24} 狗－只－的－我	名－代	หมานี้ ma^{24}ni^{453} 狗－这 หมาของผม ma^{24}khɔɔŋ^{24}phom^{24} 狗－的－我
名－量－形	หมาตัวใหญ่ ma^{24}tua^{33}jai^{21} 狗－只－大	名－形	หมาใหญ่ ma^{24}jai^{21} 狗－大
名－量－体	หมาตัวเมื่อกี้ ma^{24}tua^{33}mɯa^{51}ki^{51} 狗－只－刚才	名－体	หมาเมื่อกี้ ma^{24}mɯa^{51}ki^{51} 狗－刚才
名－量－定从	หมาตัวที่ผมเลี้ยง ma^{24}tua^{33}thi^{51}phom^{24} liaŋ^{453} 狗－只－的－我－养	名－定从	หมาที่ผมเลี้ยง ma^{24}thi^{51}phom^{24}liaŋ^{453} 狗－的－我－养

第一类，名－量－thi^{51}“第”－数和名－量－代（当代词是疑问代词 nai^{24}ไหน“哪”时）除了少数情况一般都不能省略其中的量词。第二类，可以省略的形式又根据省略前后含义是否有较大的变化为依据细分为两组：“名－量－代（当代词不是疑问代词 nai^{24}ไหน 时）、名－量－形”这两种结构省略其中的量词前后含义有较大的变化；“名－量－体、名－量－定从”这两种结构省略其中的量词，含义也会有细微的不同，即与“名－体、名－定从”相比，对应的“名－量－体、名－量－定从”有一种强调的作用，但从总体上看意义差别比较细微，如：

名－量－定从	名－定从
เขาตีหมาตัวที่ผมเลี้ยง	เขาตีหมาที่ผมเลี้ยง
khau^{24} ti^{33} ma^{24} tua^{33} thi^{51} phom^{24} liaŋ^{453}.	khau^{24} ti^{33} ma^{24} thi^{51} phom^{24} liaŋ^{453}.
他　打　狗　只　的　我　养	他　打　狗　的　我　养
他打我养的狗。	他打我养的狗。

下面主要讨论前后含义有较大变化的第一组特别是“名－量－限”和“名－限”及其变体。

“名－量－形或限”结构有一种强调的作用，突出事物的性质、特点；指称结构“名－形或限”没有这种作用，“名－形”作为指称结构依赖于主语、宾语和定语的句法位置，否则结构性质发生改变。如例一、例二左边的所指不一定在场，数量不定；右边强调距离远或近的眼前的一个；例三、例四左边不强调规格的大小，右边强调规格的大小。正是这种主观上的强调作用使得这种分布有语用的性质。

1. หมานี้	หมาตัวนี้
ma^{24} ni^{453}	ma^{24} tua^{33} ni^{453}
狗 这	狗 只 这
这狗	这只狗
2.ชามนั้น	ชามใบนั้น
chaam^{33} nan^{453}	chaam^{33} bai^{33} nan^{453}
碗 那	碗 个 那
那碗	那个碗
3.หมาเล็ก	หมาตัวเล็ก
ma^{24} lek^{453}	ma^{24} tua^{33} lek^{453}
狗 小	狗 只 小
小狗	小的狗
4.ชามใหญ่	ชามใบใหญ่
chaam^{33} jai^{21}	chaam^{33} bai^{33} jai^{21}
碗 大	碗 个 大
大碗	大的碗

从结构要素的语义关系来看，左边是比较固定的结构，是黏合性的，意念上是一个整体，具有一定的外延。右边是临时组合，是组合性的，整个短语的含义由各成分的含义相加而成，修饰语对中心语具有描述、限制的作用，两者是同位性修饰关系。如：

1.บ้านใหญ่	บ้านหลังใหญ่
baan^{51} jai^{21}	baan^{51} laŋ^{24} jai^{21}
房子 大	房子 间 大
大房子，主房	大的房子
2.บ้านเล็ก	บ้านหลังเล็ก
baan^{51} lek^{453}	baan^{51} laŋ^{24} lek^{453}
房子 小	房子 间 小
小房子，情妇	小的房子

下面在语料中详细考察“名–量–限”与“名–限”及其变体之间的分歧。

名–量–限与名–限

“名–量–限”结构中的名词主要是个体事物，也包括人的称谓和人名，这时用 phu^{51} 放在量词位置。“名–限”结构中名词类型则较多，专名、抽象名词都经常见到。①

① 娜塔娅·比里维温（2010）[84]认为限于非动物。

1.กุฉินเข้าไปหาบุญปันในเมือง บุญปันนี้บิดาเป็นคนมีทรัพย์ ๓๖

kuʔ^{21}chin^{24} khau^{51} pai^{33} ha^{24} bun^{33}pan^{33} nai^{33} mɯaŋ^{33}，bun^{33}pan^{33} ni^{453} biʔ^{21}da^{33} pen^{33}

古勤　进　去　找　温班　里　城　温班　这　父亲　是

khon^{33} mi^{33} sap^{453}.（36）

人　有　财产

古勤进城找温班，这温班他的父亲是有钱人。

2. ทันใดนั้นทหารจิ้นบนรถน้าวธนูหมายไปยังชายนั้น ชายนั้นก็พุ่งทวนไปยังหลังม้าที่เทียมรถ ม้าบาดเจ็บก็วิ่งวนไป จนรถคว่ำ นางฮ่วนสีถูกรถนั้นทับ ทหารวิ่งไปเอาตัวออกมาได้ ๒๘

than^{33}dai^{33}nan^{453} thaʔ^{453}haan^{24}cin^{24} bon^{33} rot^{453} naau^{453} thaʔ^{453}nu^{33} maai^{24} pai^{33} jaŋ^{33}

及　哪　那　士兵　晋　上　车　挽　弓　目标　去　朝

chaai^{33} nan^{453}，chaai^{33} nan^{453} kɔ^{51} phuŋ^{51} thuan^{33} pai^{33} jaŋ^{33} laŋ^{24} ma^{453} thi^{51} thiam^{33}

男　那　男　那　就　扔　矛　去　向　背　马　的　配套

rot^{453}，ma^{453} baat^{21} cep^{21} kɔ^{51} wiŋ^{51} won^{33} pai^{33} con^{33} rot^{453} khwam^{51}，naaŋ^{33} huan^{51}si^{24}

车　马　伤　疼　就　跑　绕　去　直到　车　倾覆　妇人　红西

thuuk^{21} rot^{453} nan^{453} thap^{453}，thaʔ^{453}haan^{24} wiŋ^{51} pai^{33} ʔau^{33} tua^{33} ʔɔɔk^{21} ma^{33} dai^{51}.（28）

被　车　那　叠　士兵　跑　去　拿　身体　出　来　能

突然车上的晋兵朝那男子挽弓准备射箭，那男子立即朝拉车的马的背上扔出矛，马受伤绕着圈乱跑，把车弄翻了，红西被那车压着，士兵跑过去把她救出来。

3. บุญปันจึงทำหนังสือถึงลิตงเจีย นางบุญฉวีก็ถือหนังสือนั้นเดินทางไปยังเมืองลือ ๔๓

bun^{33}pan^{33} cɯŋ^{33} tham^{33} naŋ^{24}sɯ^{24} thɯŋ^{24} liʔ^{453}toŋ^{33}cia^{33}，naaŋ^{33} bun^{33}chaʔ^{21}wi^{24} kɔ^{51}

温班　就　做　书信　到　李东家　妇人　温查维　就

thɯ^{24} naŋ^{24}sɯ^{24} nan^{453} dəən^{33} thaaŋ^{33} pai^{33} jaŋ^{33} mɯaŋ^{33}lɯ^{33}.（43）

带　书信　那　走　路　去　向　城　仂

温班写好给李东家的信，温查维就带着那书信朝仂城走去。

4. ที่ข้าจะส่งสูทั้งสองไปให้ลิตงเจียนั้น ข้าทำไม่ได้ เพราะสูไม่ได้ทำผิดต่อใคร อนึ่งเล่า ที่ลิตงเจียเรียกมาครั้งนี้ ใช่ว่าเขาจะต้องการชีวิตของสูทั้งสองและธงผาเท่านั้น เขาต้องการชีวิตของเชียงแสทั้งปวงจึงได้หาเหตุเอากับเรา ส่วนที่สูไ ม่อยากจะให้เชียงแสเดือดร้อนนั้นเชียงแสเดือดร้อนอย่างยิ่งอยู่แล้ว เชียงแสเวลานี้เสมือนร่างกายที่ถูกสูบเลือดจะมีกำลังเ หลือเพื่อความผาสุกบ้างก็หาไม่ ๔๐

thi^{51} kha^{51} caʔ^{21} soŋ^{21} su^{24} thaŋ^{453} sɔɔŋ^{24} pai^{33} hai^{51} liʔ^{453}toŋ^{33}cia^{33} nan^{453} kha^{51} tham^{33}

的　我　要　送　你们　整　两　去　给　李东家　那　我　做

mai^{51} dai^{51}，phrɔʔ^{453} su^{24} mai^{51} dai^{51} tham^{33} phit^{21} tɔ^{21} khrai^{33}. nɯŋ^{21} lau^{51} thi^{51}

不　得　因为　你们　没　有　做　错　对　谁　另外　呢　的

liʔ^{453}toŋ^{33}cia^{33} riak^{51} ma^{33} khraŋ^{453} ni^{453} chai^{51} wa^{51} khau^{24} caʔ^{21} tɔɔŋ^{51}kaan^{33} chi^{33}wit^{453}

李东家　叫　来　次　这　是　说　他　要　需要　性命

khɔɔŋ^{24} su^{24} thaŋ^{453} sɔɔŋ^{24} lɛʔ^{453} thoŋ^{33}pha^{24} thau^{51} nan^{453}，khau^{24} tɔɔŋ^{51}kaan^{33} chi^{33}wit^{453}

的 你们 整 两 和 童帕 像 那 他 需要 性命

khɔɔŋ^{24} chiaŋ^{33}sɛ^{24} thaŋ^{453} puaŋ^{33}，cɯŋ^{33} dai^{51} ha^{24} heet^{21} ʔau^{33} kap^{21} rau^{33}. suan^{21} thi^{51} su^{24}

的 清塞 全部 群 才 得 找 理由 要 和 我们 至于 的 你

mai^{51} jaak^{21} caʔ^{21} hai^{51} chiaŋ^{33}sɛ^{24} dɯat^{21} rɔɔn^{453} nan^{453} chiaŋ^{33}sɛ^{24} dɯat^{21} rɔɔn^{453} jaaŋ^{21}

不 想 要 给 清塞 热 热 那 清塞 热 热 样

jiŋ^{51} ju^{21} lɛɛu^{453}. chiaŋ^{33}sɛ^{24} we^{33}la^{33} ni^{453} saʔ^{21}mɯan^{24} raaŋ^{51} kaai^{33} thi^{51} thuuk^{21} suup^{21}

很 在 了 清塞 时间 这 好比 形状 身体 的 被 吸

lɯat^{51} caʔ^{21} mi^{33} kam^{33}laŋ^{33} lɯa^{24} phɯa^{51} khwaam^{33}pha^{24}suk^{21} baaŋ^{51} kɔ^{51} ha^{24} mai^{51}.

血 要 有 力量 剩下 为了 的 幸福 一些 也 找 没(30)

要把你们俩送交给李东家这我做不到，因为你们没有对谁做错什么。另外，李东家这次来捉人并不是仅仅想要你们俩和童帕的性命，他要的是所有清塞人的性命，才向我们寻找借口。你们不想把灾难带给清塞，但是清塞早已经处于受灾难威胁的状态了。这时候的清塞就像被吸干了血的身体，已经没有残余的力气追求幸福了。

5. สู้รู้อยู่แล้วว่าที่ข้าเชิญมานี้ก็เพื่อเจรจาสงบศึกซึ่งจะเป็นประโยชน์แก่ทั้งสองฝ่าย ทัพจิ๋นได้เข้าไปทำความเสียห ายให้แก่คนไทมาก เราจะชดให้ความเสียหายนั้น และขอให้สูเลิกทัพกลับไป ๒๔๕

su^{24} ru^{453} ju^{21} lɛɛu^{453} wa^{51} thi^{51} kha^{51} chəən^{33} ma^{33} ni^{453} kɔ^{51} phɯa^{51} ce^{33}raʔ^{453}ca^{33}

你 知 在 了 说 的 我 请 来 这 就 为了 谈判

saʔ^{21}ŋop^{21}sɯk^{21} sɯŋ^{51} caʔ^{21} pen^{33} praʔ^{21}joot^{21} kɛ^{21} thaŋ^{453} sɔɔŋ^{24} faai^{21}，thap^{453}cin^{24} dai^{51}

安稳 战争 的 要 成 利益 对 整 两 方 军队 晋 曾

khau^{51} pai^{33} tham^{33} khwaam^{33}sia^{24}haai^{24} hai^{51} kɛ^{21} khon^{33}thai^{33} maak^{51}. rau^{33} caʔ^{21} chot^{453}

进 去 做 的 失 消失 给 给 人 泰 许多 我们 要 弥补

hai^{51} khwaam^{33}sia^{24}haai^{24} nan^{453} lɛʔ^{453} khɔ^{24}hai^{51} su^{24} ləək^{51}thap^{453} klap^{21} pai^{33}.（245）

给 的 失 消失 那 和 请 让 你 放弃 军队 回 去

你已经知道了我这请你来就为了谈判停战，这对双方都有好处。晋军曾给泰人造成了很多损失，我们要弥补那些损失，希望你退兵回去。

6. หากหัวงูจะต้องตามหางงู งูนั้นจะพบความพินาศในไม่ช้า ๒๗๐

haak^{21} hua^{24} ŋu^{33} caʔ^{21} tɔɔŋ^{51} taam^{33} haaŋ^{24} ŋu^{33}，ŋu^{33} nan^{453} caʔ^{21} phop^{453}

如果 头 蛇 要 需要 跟 尾 蛇 蛇 那 要 遇见

khwaam^{33}phiʔ^{453}naat^{51} nai^{33} mai^{51} cha^{453}.（270）

的 毁灭 里 不 久

如果蛇头跟随蛇尾，那么那蛇不久要走向死亡了。

7. เย็นวันหนึ่งทหารเมืองไต๋พบกวางที่ชายป่าก็ไล่จับกวางนั้น ๓๑๓

jen^{33} wan^{33} nɯŋ^{21} thaʔ^{453}haan^{24} mɯaŋ^{33}tai^{24} phop^{453} kwaaŋ^{33} thi^{51} chaai^{33} pa^{21} kɔ^{51} lai^{51}

傍晚 天 一 士兵 城 傣 遇见 鹿 在 边缘 森林 就 赶

cap^{21} kwaaŋ^{33} nan^{453}.（313）

抓　鹿　那

一天傍晚傣城士兵在森林边缘碰见鹿就追赶那鹿。

“名－量－限”与“名－限”两种结构也发生在同一词上，甚至是同一句话的前后文。一般情况是前文使用“名－量－限”，后文用“名－限”，反之亦然，两者前后呼应，所指相同，都是定指，如例一与例二，例三、四、五。两者的区别是：“名－量－限”所指往往是在场的，或远或近的个体指称，而“名－限”的所指不一定在场，而指向下上文提到过的对象或双方都意识到的事物，不一定有“名－量－限”与之呼应，因此有时也包括复数的含义，如例六、七既与前文呼应，也有复数的含义。[①]

1. บุญห้วยพิเคราะห์ดาบนั้นก็จำได้ว่าเป็นของขุนนสินจึงถามกุมภวาว่า”สูได้ดาบนี้มาอย่างไร”๑๓๓

bun^{33}huai^{51} phiʔ^{453}khrɔʔ^{453} daap^{21} nan^{453} kɔ^{51} cam^{33} dai^{51} wa^{51} pen^{33} khɔɔŋ^{24} khun^{24}sin^{24}

温会　分析　剑　那　就　记　得　说　是　的　坤信

cɯŋ^{33} thaam^{24} kum^{33}phaʔ^{453}wa^{33} wa^{51}: su^{24} dai^{51} daap^{21} ni^{453} ma^{33} jaaŋ^{21}rai^{33}?（133）

就　问　贡帕瓦　说　你　得　剑　这　来　样　哪

温会分析那剑，记得是坤信的，就问贡帕瓦说：“这剑你怎么得来？”

2. ต่อสู้กันอยู่นานจนกระทั่งดาบเล่มนี้หลุดมือขุนสินจึงได้ถอยไป ๑๓๓

tɔ^{21}su^{51} kan^{33} ju^{21} naan^{33} con^{33} kraʔ^{21}thaŋ^{51} daap^{21} leem^{51} ni^{453} lut^{21} mɯ^{33} khun^{24}sin^{24}

打 斗 互　在　久　直到　直到　剑　把　这 掉落 手　坤信

cɯŋ^{33} dai^{51} thɔɔi^{24} pai^{33}.（133）

才　得　退去

互相打斗直到这把剑从手中掉落，坤信才退去。

3. นักบวชผู้นั้นตอบว่า ๓๒๓ แล้วนักบวชนั้นก็เดินต่อไป ๓๒๓

nak^{453}buat^{21} phu^{51} nan^{453} tɔɔp^{21} wa^{51}.（323）

人　出家　个　那　回答 道

那个出家人回答道。

lɛɛu^{453} nak^{453}buat^{21} nan^{453} kɔ^{51} dəən^{33} tɔ^{21}pai^{33}.（323）

然后　人　出家　那　就 走　接着 下去

然后那出家人就继续走。

4. จุไทนำทหารเลียบไปในชายป่าข้างค่ายของงันสุย ก็ได้พบแอ่งน้ำแห่งหนึ่งจึงให้ทหารซุ่มอยู่ เย็นนั้นทหารจิ้นยี่สิ บคนออกมาเอาน้ำจากแอ่งนั้น ๒๒๐

cuʔ^{21}thai^{33} nam^{33} thaʔ^{453}haan^{24} liap^{51} pai^{33} nai^{33} chaai^{33} pa^{21} khaaŋ^{51} khaai^{51} khɔɔŋ^{24}

朱泰　带　士兵　沿　去　里　边缘 森林　边　营地　的

① 后文“量－名－限”也有可能指复数。

ŋan^{33}sui^{24} kɔ^{51} dai^{51} phop^{453} ʔɛɛŋ^{21} nam^{453} hɛɛŋ^{21} nɯŋ^{21} cɯŋ^{33} hai^{51} thaʔ^{453}haan^{24} sum^{51}

安绥 就 能 遇见 浅坑 水 个 一 就 让 士兵 埋伏

ju^{21}，jen^{33} nan^{453} thaʔ^{453}haan^{24}cin^{24} ji^{51}sip^{21} khon^{33} ʔɔɔk^{21} ma^{33} ʔau^{33} nam^{453} caak^{21}

在 傍晚 那 士兵 晋 二 十 个 出 来 要 水 从

ʔɛɛŋ^{21} nan^{453}.（220）

坑 那

朱泰带士兵沿着森林边走去，遇见了一个水塘，就让士兵在那里埋伏。那晚上二十个晋兵来那水塘取水。

5. แต่ข้าไม่เคยเห็นหญิงใดงามเท่านางฮวนนี้เลย ช่างเขียนฝีมือเอกของจิ๋นอาจจะเอาความงามของนา งผู้นี้ลงในภา พได้เพียงบางส่วน ๔๓

tɛ^{21} kha^{51} mai^{51} khəəi^{33} hen^{24} jiŋ^{24} dai^{33} ŋaam^{33} thau^{51} naaŋ^{33} huan^{33} ni^{453} ləəi^{33}，chaaŋ^{51}

但 我 不 曾 见 女 哪 漂亮 像 妇人 蛮族 这 呢 技工

khian^{24} fi^{24}mɯ^{33} ʔeek^{21} khɔɔŋ^{24} cin^{24} ʔaat^{21} caʔ^{21} ʔau^{33} khwaam^{33}ŋaam^{33} khɔɔŋ^{24} naaŋ^{33}

写 技巧 一流 的 晋 或许 要 拿 的 美丽 的 妇人

phu^{51} ni^{453} loŋ^{33} nai^{33}phaap^{51} dai^{51} phiaŋ^{33} baaŋ^{33} suan^{21}.（43）

个 这 下 里 画 能 仅仅 一些 部分

但是我不曾见到哪个女人像这蛮女那么漂亮，晋国技术一流的画家或许也只能把这个女人的一部分美画出来。

6. แล้วบุญเกิงให้ทหารค้นกระโจมของฟ้าเกิดและก็ได้ทองสามถุงนั้นอันทำให้ทหารหลงเชื่อคำของบุญเกิงแล้วบุญเ กิงนำทองนั้นแจกจ่ายทหารทั้งปวง ๑๐๙

lɛɛu^{453} bun^{33}kəəŋ^{33} hai^{51} thaʔ^{453}haan^{24} khon^{453} kraʔ^{21}coom^{33} khɔɔŋ^{24} fa^{453}kəət^{21} lɛʔ^{453} kɔ^{51}

然后 温根 让 士兵 寻找 帐篷 的 法格 和 就

dai^{51} thɔɔŋ^{33} saam^{24} thuŋ^{24} nan^{453} ʔan^{33} tham^{33}hai^{51} thaʔ^{453}haan^{24} loŋ^{24} chɯa^{51} kham^{33}

得 黄金 三 袋 那 个 做 让 士兵 错 信 话

khɔɔŋ^{24} bun^{33}kəəŋ^{33}，lɛɛu^{453} bun^{33}kəəŋ^{33} nam^{33} thɔɔŋ^{33} nan^{453} cɛɛk^{21} caai^{21} thaʔ^{453}haan^{24}

的 温根 然后 温根 带 黄金 那 分 付 士兵

thaŋ^{453} puaŋ^{33}.（109）

全 群

然后温根让士兵搜寻法格的帐篷，得到了使士兵迷信法格的话的那三袋黄金，他把那黄金分给了全部的士兵。

7. กษัตริย์จิ้นอ๋องก็มอบทองหกร้อยแท่งให้ซุนโปไป ซุนโปนำทองนั้นมายังกุมภวาและกล่าวว่า ๑๕๔

kaʔ^{21}sat^{21} cin^{51}ʔɔɔŋ^{24} kɔ^{51} mɔɔp^{51} thɔɔŋ^{33} hok^{21} rɔɔi^{453} thɛɛŋ^{51} hai^{51} sun^{33}po^{33} pai^{33}，

皇帝 晋王 就 交付 黄金 六 百 条 给 孙博 去

sun^{33}po^{33} nam^{33}thɔɔŋ^{33} nan^{453} ma^{33} jaŋ^{33} kum^{33}phaʔ^{453}wa^{33} lɛʔ^{453} klaau^{21} wa^{51}.（154）

孙博 带 黄金 那 来 到 贡帕瓦 和 说 道

晋王把六百条黄金交给孙博，孙博就带着那黄金来找贡帕瓦并说道。

如果“名－限”结构中的名词是由两个名词复合而成的，虽然总体上限定代词以限定最外层的名词为常，但仔细分析不少“名－限”结构仍会出现层次不清的情况。如下面 ruup^{51}daap^{21}nan^{453}，限定代词 nan^{453}“那”修饰 daap^{21}“剑”，整个结构指“那剑的图案”；修饰 ruup^{51}daap^{21}“剑图”或其中心语 ruup^{51}“图”，整个结构则译为“那剑图”；又如 khon^{33}thi^{51}naŋ^{51}bon^{33}kau^{51}ʔi^{51}thɔɔŋ^{33}dɛɛŋ^{33}nan^{453}，nan^{453} 修饰 kau^{51}ʔi^{51}thɔɔŋ^{51}dɛɛŋ^{33}“铜椅”甚至是方位词短语 bon^{33}kau^{51}ʔi^{51}thɔɔŋ^{33}dɛɛŋ^{33}“铜椅上”，整个结构译为“坐在那铜椅上的人”；修饰 khon^{33}“人”，译为“坐在铜椅上的那人”。

1. สีเมฆก็รู้ว่ารูปดาบนั้นเตือนให้เขาระวังภัย ๑๐๓

si^{24}meek^{51} kɔ^{51} ru^{453} wa^{51} ruup^{51} daap^{21} nan^{453} tɯan^{33} hai^{51} khau^{24} raʔ^{453}waŋ^{33} phai^{33}. （103）

西明 也 知道 说 图 剑 那 提醒 让 他 注意 灾难

西明也知道那剑的图案（或那剑图）提醒他注意。

2. คนที่นั่งบนเก้าอี้ทองแดงนั้นเป็นนายประตูหาใช่กษัตริย์ของเราไม่ ๑๕๑

khon^{33} thi^{51} naŋ^{51} bon^{33} kau^{51}ʔi^{51} thɔɔŋ^{33}dɛɛŋ^{33} nan^{453} pen^{33} naai^{33} praʔ^{21}tu^{33}，ha^{24} chai^{51}

人 的 坐 上 椅子 黄金 红 那 是 人 门 找 是

kaʔ^{21}sat^{21}khɔɔŋ^{24} rau^{33} mai^{51}. （151）

皇帝 的 我们 没

坐在铜椅上的那人（或坐在那铜椅上的人）是看门人，不是我们的皇上。

3. เมื่อนางเล่าเจ็งชูคบเพลิงขึ้นนั้นหาพ้นจากสายตาของทหารไทซึ่งซุ่มอยู่ในคูค่ายร้างนั้นไม่ ๒๑๒

mɯa^{51} naaŋ^{33} lau^{51}ceŋ^{33} chu^{33} khop^{453} phlɔɔŋ^{33} khɯn^{51} nan^{453} ha^{24} phon^{453} caak^{21} saai^{24}ta^{33}

时候 妇人 老江 举 火把 火 上 那 找 脱离 从 线 眼

khɔɔŋ^{24}thaʔ^{453}haan^{24}thai^{33} sɯŋ^{51} sum^{51} ju^{21} nai^{33} khu^{33} khaai^{51} raaŋ^{453} nan^{453} mai^{51}.（212）

的 士兵 泰 的 藏 在 里 沟渠 营地 荒 那 不

老江举起火把的时候哪能逃脱在那废弃营地的沟渠里（或废弃营地的那沟渠里）藏着的泰兵的视线？

4. การกระทำมิชอบของผู้ปกครองนั้นไม่อาจจะซ่อนเร้นได้ แต่ตรงกันข้ามการกระทำเช่นนั้นจะเป็นข่าวกระจายไป อย่างรวดเร็ว ๒๙๙

kaan^{33} kraʔ^{21}tham^{33} miʔ^{453} chɔɔp^{51} khɔɔŋ^{24} phu^{51}pok^{21}khrɔɔŋ^{33} nan^{453} mai^{51} ʔaat^{21} caʔ^{21}

的 做 不 对 的 者 盖 统治 那 不 可能 要

sɔɔn^{51} reen^{453}dai^{51}，tɛ^{21} troŋ^{33}kan^{33}khaam^{51} kaan^{33}kraʔ^{21}tham^{33} cheen^{51} nan^{453} caʔ^{21} pen^{33}

藏 隐蔽 能 但 处所 互相 跨 的 做 像 那 要 成

khaau^{21} kraʔ^{21}caai^{33} pai^{33}jaaŋ^{21} ruat^{51} reu^{33}. （299）

消息 遍及 去 样 迅速 快速

那统治者的错误行为（或统治者的那错误行为）不可能隐瞒，相反那样的行为会成为迅速传遍各地的消息。

5. แล้วนางทำลายชีวิตของนางด้วยสายธนูนั้น ๓๑๐

lɛɛu^{453} naaŋ^{33} tham^{33}laai^{33} chi^{33}wit^{453} khɔɔŋ^{24} naaŋ^{33} duai^{51} saai^{24} thaʔ^{453}nu^{33} nan^{453}. （310）

然后 妇人 破坏 生命 的 妇人 用 弦 弓 那

然后她用那弓的弦（或弓的那弦）自杀了。

6. ข้าได้ยินว่าคนฮวนนั้นโหดร้ายนัก ๒๑๐

kha^{51} dai^{51}jin^{33} wa^{51} khon^{33} huan^{33} nan^{453} hoot^{21}raai^{453} nak^{453}. （210）

我 得 听见 说 人 蛮族 那 残忍 很

我听说那蛮族人（或那蛮族的人）很残忍。

名－量－限与量－名－限

上述混同中的“名－限”还有一种形式：“量－名－限”，结构上与“名－量－限”相反，意义上与“名－量－限”一样是定指，其中用泛用量词ʔan^{33} 的“量－名－限”有古语的风格，ʔan^{33} 通过这个结构获得定指的功能，发展成为一个引出话题的助词。

1. พอสองพี่น้องเตรียมจะขึ้นม้าต่อไป สีเภาก็นำทหารไทยยี่สิบคนควบม้ามาทางลูกเนินนั้น ๗๔

phɔ^{33} sɔɔŋ^{24} phi^{51}nɔɔŋ^{453} triam^{33} caʔ^{21} khɯn^{51} ma^{453} tɔ^{21}pai^{33}，si^{24}phau^{33} kɔ^{51} nam^{33}

等 两 哥哥 弟弟 准备 要 上 马 接着 下去 西保 就 带

thaʔ^{453}haan^{24}thai^{33} ji^{51}sip^{21} khon^{33} khuap^{51} ma^{453} ma^{33} thaaŋ^{33} luuk^{51} nəən^{33} nan^{453}. （74）

士兵 泰 二 十 个 驾驭 马 来 方向 个 小丘 那

等到两兄弟准备上马，西保就已经带着二十个泰兵骑马朝那小丘前来。

2. ข้าขอเชิญขุนสินมาเจรจากันบนลูกเนินนี้ ๑๓๖

kha^{51} khɔ^{24} chəən^{33} khun^{24}sin^{24} ma^{33} ce^{33}raʔ^{453}ca^{33} kan^{33} bon^{33} luuk^{51} nəən^{33} ni^{453}. （136）

我 请求 请 坤信 来 谈判 一起 上 个 小丘 这

我请坤信来这小丘上谈判。

3. ธงผาพุ่งม้าเข้าไปยังจิ๋นนั้น แต่จิ๋นนั้นหลบไปอยู่หลังต้นไม้ และหลบธงผาไปมาอยู่โดยใช้ต้นไม้นั้นบัง ๓๕๙

thoŋ^{33}pha^{24} phuŋ^{51} ma^{453} khau^{51} pai^{33} jaŋ^{33} cin^{24} nan^{453}，tɛ^{21} cin^{24} nan^{453} lop^{21} pai^{33} ju^{21}

童帕 冲 马 进 去 向 晋 那 但 晋 那 躲 去 在

laŋ^{24} ton^{51} mai^{453} lɛʔ^{453} lop^{21} thoŋ^{33}pha^{24} pai^{33} ma^{33} ju^{21} dooi^{33} chai^{453} ton^{51} mai^{453} nan^{453}

后 棵 树 和 躲 童帕 去 来 在 通过 用 棵 树 那

baŋ^{33}. （359）

遮蔽

童帕骑马冲向那晋人，但那晋人躲在树后面，利用那树遮挡来回地躲过童帕。

4. ลิตงเจียกินชิ้นเนื้ออย่างนั้นแล้วล้างมือและล้างหน้า โดยที่มิได้หันศีรษะไปมองว่าทหารผู้นั้นเป็นใคร

๔๔๙

liʔ^{453}toŋ^{33}cia^{33} kin^{33} chin^{453} nɯa^{453} jaaŋ^{51} nan^{453} lɛɛu^{453} laaŋ^{453} mɯ^{33} lɛʔ^{453} laaŋ^{453} na^{51}
李东家 吃 块 肉 烤 那 然后 洗 手 和 洗 脸
dooi^{33} thi^{51} miʔ^{453}dai^{51} han^{24} si^{24}saʔ^{21} pai^{33} mɔɔŋ^{33} wa^{51} thaʔ^{453}haan^{24} phu^{51} nan^{453} pen^{33}
通过 的 没 得 转 头 去 望 说 士兵 个 那 是
khrai^{33}.（449）
谁

李东家吃了那烤肉，然后洗手洗脸，根本没有回头看看那个士兵是谁。

5. สูส่งข่าวผ่านดวงเดือนนี้มาถึงข้าบ้าง ข้าจะไปที่ใดข้ายังไม่รู้ แต่ข้าจะไม่ลืมสู ๓๘๙
su^{24} soŋ^{21} khaau^{21} phaan^{21} duaŋ^{33} dɯan^{33} ni^{453} ma^{33} thɯŋ^{24} kha^{51} baaŋ^{51}，kha^{51} caʔ^{21} pai^{33}
你 托 话 经过 个 月亮 这 来 到 我 一些 我 要 去
thi^{51} dai^{33} kha^{51} jaŋ^{33} mai^{51} ru^{453} tɛ^{21} kha^{51} caʔ^{21} mai^{51} lɯɯm^{33} su^{24}.（389）
地 哪 我 还 不 知 但 我 将 不 忘记 你

你托这月亮给我传一些话吧，自己要去哪里我还不知道但是我不会忘记你。

6. อันบ้านเมืองนั้นมีความยุ่งยากเกินกว่าที่เขียนเป็นตำราไว้มากนัก ๑๗๐
ʔan^{33} baan^{51}mɯaŋ^{33} nan^{453} mi^{33} khwaam^{33}juŋ^{51}jaak^{51} kəən^{33} kwa^{21} thi^{51} khian^{24} pen^{33}
个 村子 城市 那 有 的 忙 困难 超 过 的 写 成
tam^{33}ra^{33} wai^{453}maak^{51} nak^{453}.（170）
教材 着 多 很

这国家存在的困难比教材上写的要超出许多。

7. อันเมืองน่ำจิวนี้ชาวเมืองเป็นจิ๋น ๒๐๗
ʔan^{33} mɯaŋ^{33} nam^{51}ciu^{33} ni^{453} chaau^{33} mɯaŋ^{33} pen^{33} cin^{24}.（207）
个 城市 南州 这 人 城市 是 晋

这南州城，市民都是晋人。

8. เสด็จทรงเปิดตลับและหีบนั้นอยู่หลายใบ ในที่สุดทรงหยิบสายสร้อยทองสามสีเล็กๆสายหนึ่ง มีกุญแจเล็กฝังทั บทิมแขวนไว้ เสด็จทรงเอาสายสร้อยนั้นใส่ข้อมือประทาน ๑๐๕①
saʔ^{21}det^{21} soŋ^{33} pəət^{21} taʔ^{21}lap^{21} lɛʔ^{453} hiip^{21} nan^{453} ju^{21} laai^{24} bai^{33}，nai^{33} thi^{51}sut^{21} soŋ^{33}
殿下 钦（敬词）开 盒子 和 箱子 那 在 许多 个 里 的 尽 钦（敬词）
jip^{21} saai^{24} sɔɔi^{51}thɔɔŋ^{33} saam^{24} si^{24} lek^{453}lek^{453} saai^{24} nɯŋ^{21} mi^{33} kun^{33}cɛ^{33} lek^{453} faŋ^{24}
拿 条 链子 黄金 三 色 小 小 条 一 有 钥匙 小 埋
thap^{453}thim^{33} khwɛɛn^{24} wai^{453}，saʔ^{21}det^{21} soŋ^{33} ʔau^{33} saai^{24} sɔɔi^{51} nan^{453} sai^{21} khɔ^{51}mɯ^{33}
红宝石 挂 着 殿下 钦（敬词）要 条 链子 那 戴 节 手
praʔ^{21}thaan^{33}.（105）
赐给

① 例句来自《四朝代》，例九、十同。

殿下打开许多盒子和箱子，最后拿出一条小小的三色黄金链子，链子上挂着小钥匙，里面镶嵌着红宝石，然后把那链子戴到帕瑞的手上。

9. ก็จะนั่งสรรเสริญคุณเปรมไปจนกว่าต้นไม้นั้นจะออกดอก ๔๑๕

kɔ^{51} caʔ^{21} naŋ^{51} san^{24}səən^{24} khun^{33}preem^{33} pai^{33} con^{33} kwa^{21} ton^{51} mai^{453} nan^{453} caʔ^{21}

就 要 坐 鼓励 贝姆 去 直到 过 棵 树 那 要

ʔɔɔk^{21} dɔɔk^{21}.（415）

出 花

就坐着鼓励贝姆，直到那树开花。

10. กลางลำเรือนั้นมีหม้อไหใส่เครื่องขนมจีนไว้เต็ม ๙๗๘

klaaŋ^{33} lam^{33} rɯa^{33} nan^{453} mi^{33} mɔ^{51} hai^{24} sai^{21} khrɯaŋ^{51}khaʔ^{21}nom^{24} ciin^{33} wai^{453} tem^{33}.

中间 条 船 那 有 锅 甑 放 工具 糕点 中国 放 满（978）

那船中间放着锅和甑，里面放满了糕点。

量－名－形－限

从结构上看，上述“量－名－限”中的“量－名”作为一个整体，接受限定代词的修饰。实际上它与其他非个体量词跟名词组合而成的“量－名”及其“量－名－限”并没有差别。由于作为一个整体，“量－名”与限定代词之间可以插入形容词等其他成分而不改变定指的含义，这时“量－名－形”结合也比较紧密，具有一定的外延所指（如例五、六）。

1. พลอยนั่งก้มหน้านิ่งดูกระดาน ใบหน้านั้นร้อนวาบและรู้สึกว่าจะแดงผิดสังเกต ใจหนึ่งนั้นภาวนาอย่าให้ตนแสดง อาการพิรุธจนคุณสายจับได้ อีกใจหนึ่งก็ได้แต่นึกถึงพี่เนื่อง ๒๓๑[1]

phlɔɔi^{33} naŋ^{51} kom^{51} na^{51} niŋ^{51} du^{33} kraʔ^{21}daan^{33}，bai^{33} na^{51} nan^{453} rɔɔn^{453}waap^{51} lɛʔ^{453}

帕瑞 坐 低 脸 静 看 木板 张 脸 那 热 闪动 和

ru^{453}sɯk^{21} wa^{51} caʔ^{21} dɛɛŋ^{33} phit^{21} saŋ^{24}keet^{21}，cai^{33} nɯŋ^{21} nan^{453} pha^{33}waʔ^{453}na^{33} ja^{21}

感觉 说 要 红 错 注意 心 一 那 期待 别

hai^{51} ton^{33} saʔ^{21}dɛɛŋ^{33} ʔa^{33}kaan^{33} phiʔ^{453}rut^{453} con^{33} khun^{33}saai^{24} cap^{21} dai^{51}，ʔiik^{21} cai^{33}

让 自己 表现 状况 破绽 直到 坤萨 抓 得 又 心

nɯŋ^{21} kɔ^{51} dai^{51} tɛ^{21} nɯk^{453} thɯŋ^{24} phi^{51}nɯaŋ^{51}.（231）

一 就 能 只 想 到 哥 嫩（人名）

帕瑞坐着，低头看着地板，那脸热辣辣的，感觉红得异常，一颗心希望自己别有什么破绽让坤萨抓着，另一颗心却只想到嫩哥。

2. พวกหมอนี้เป็นพวกที่คอยขูดรีดเงินจากคนไข้และส่วนมากร่ำรวย ๔๑[2]

---

① 例句来自《四朝代》。

② 例句来自《甘医生》。

phuak^{51} mɔ^{24} ni^{453} pen^{33} phuak^{51} thi^{51} khɔɔi^{33} khuut^{21} riit^{51} ŋəən^{33} caak^{21} khon^{33}khai^{51}
些 医生 这 是 些 的 等 挖掘 吸收 钱 从 人 感冒
lɛʔ^{453} suan^{21} maak^{51} ram^{51}ruai^{33}.（41）
和 部分 大 富裕
这医生们是些等着从病人身上搜刮钱财的人，大部分都富裕。

3. พวกหนุ่มๆมันก็หนีไปเที่ยวจนได้น่ะแหละ สำคัญแต่ว่าจะบอกหรือไม่บอกเท่านั้น ส่วนหอพักของพวกผู้หญิงนั้น มีอาจารย์อยู่ประจำแต่ละปีกบนชั้นเดียวกัน เผื่อใครป่วยไข้ไม่สบายก็วิ่งไปเคาะประตูห้องได้ทันที ๙๖①

phuak^{51} num^{21}num^{21} man^{33} kɔ^{51} ni^{24} pai^{33} thiau^{51} con^{33} dai^{51} naʔ^{51} lɛʔ^{21}，sam^{24}khan^{33} tɛ^{21}
些 伙子 伙子 它 就 逃 去 玩 直到 能 呐 啦 重要 但
wa^{51} caʔ^{21}bɔɔk^{21} rɯ^{24} mai^{51} bɔɔk^{21} thau^{51} nan^{453}. suan^{21} hɔ^{24} phak^{453} khɔɔŋ^{24} phuak^{51}
说 要 告诉 还 不 告诉 像 那 至于 楼 休息 的 些
phu^{51}jiŋ^{24} nan^{453} mi^{33}ʔa^{33}caan^{33} ju^{21} praʔ^{21}cam^{33} tɛ^{21}laʔ^{453} piik^{21} bon^{33} chan^{453} diau^{33}
人 女 那 有 老师 在 日常 每 翅膀 上 层 同一
kan^{33}，phɯa^{21} khrai^{33} puai^{21} khai^{51} mai^{51}saʔ^{21}baai^{33} kɔ^{51} wiŋ^{51} pai^{33} khɔʔ^{453} praʔ^{21}tu^{33}
互相 为了 谁 疼痛 感冒 不 舒 服 就 跑 去 敲 门
hɔɔŋ^{51} dai^{51} than^{33}thi^{33}.（96）
房间 能 及时 次
小伙子们总是要逃出去玩的了，只是他们说不说而已。至于那些女生们的宿舍楼每层两侧随时都有老师在，谁感冒疼痛能及时跑过去敲门。

4. ต้นไม้มากมายนี้ช่วยข้าในการหลบหลีกดาบของถองมิน ๔๐๑
ton^{51} mai^{453} maak^{51}maai^{33} ni^{453} chuai^{51} kha^{51} nai^{33} kaan^{33}lop^{21}lik^{21} daap^{21} khɔɔŋ^{24}
棵 树 许多 这 帮助 我 里 的 躲避 剑 的
thɔɔŋ^{24}min^{33}.（401）
通明
这许多树替我挡住通明的剑。

5. ในบริเวณบ้านร่มครึ้มไปด้วยต้นไม้ใหญ่ ส่วนมากเป็นต้นมะม่วงและรอบๆเรือนที่อยู่นั้นตั้งต้นไม้กระถาง ๑๖๓②

nai^{33} bo^{33}riʔ^{453}ween^{33} baan^{51} rom^{51} khrɯm^{453} pai^{33} duai^{51} ton^{51} mai^{453} jai^{21}，suan^{21} maak^{51}
里 地带 房子 阴凉 阴暗 去 由于 棵 树 大 部分 大
pen^{33} ton^{51} maʔ^{453}muaŋ^{51} lɛʔ^{453} rɔɔp^{51}rɔɔp^{51} rɯan^{33} thi^{51} ju^{21} nan^{453} taŋ^{51} ton^{51} mai^{453}
是 棵 杧果 和 周围 周围 房子 的 在 那 放 棵 树

① 例句来自潘德鼎（2011d）。
② 例句来自潘德鼎（2011d）。

kraʔ^{21}thaaŋ^{24}.（163）

花盆

房子周围的地带由于有大树显得阴凉，这些树大部分是杧果树，居住的房子周边还有花盆上的树。

6. ตากรวดน้ำใต้ต้นโพใหญ่ กะทิอนุโมทนาบุญกับตาและอธิฐานอยู่ในใจ ๑๖[①]

ta^{33} kruat^{21} nam^{453} tai^{51} ton^{51} pho^{33} jai^{21}，kraʔ^{21}thiʔ^{453} ʔaʔ^{21}nuʔ^{453}mo^{33}thaʔ^{453}na^{33} bun^{33}

外公 滴水 水 下 棵 菩提 大 佳蒂 祝贺 恩德

kap^{21} ta^{33} lɛʔ^{453} ʔaʔ^{21}thiʔ^{453}thaan^{24} ju^{21} nai^{33} cai^{33}.（16）

和 外公 和 祈祷 在 里 心

外公在大菩提树下滴水，佳蒂向外公祝贺，在心里祈祷。

4.8.3 多重修饰时量词分布的歧异及其核心分布

上述“名－量－修”结构中各类修饰词可通过叠加的方式形成多重修饰，修饰词根据与名词的关系排序，中心语名词和各修饰语的排列顺序一般是名词、形容词 1、形容词 2、数词、定语从句、方位词或时间词、领属结构以及限定代词。在实际运用中这些修饰词一般不会同时出现在同一个结构对名词进行修饰，或多或少总会有些省略。另外其中的名词也可以省略。[②]总体而言，修饰语的前后排列是比较有序的，其中量词在多种修饰语中的分布有以下特点。

首先，上述修饰词中形容词、数词共同或单独出现时，量词经常与它们一起出现，如果出现的形容词不止一个，那么每出现一个形容词随之增添一个量词。这时如果后面还有修饰词，量词不再和这些修饰词进行组合。

1. คนไทจากขยายตัวจากลุ่มแม่น้ำโขงไปยังแม่น้ำสายใหญ่อีกสายหนึ่งแล้วคนไทจะเป็นใหญ่อยู่บนแม่น้ำทั้งสองส ายนี้ ๕๐๙

khon^{33}thai^{33} caʔ^{21} khaʔ^{21}jaai^{24}tua^{33} caak^{21} lum^{51} mɛ^{51}nam^{453}khooŋ^{24} pai^{33} jaŋ^{33} mɛ^{51}nam^{453}

人 泰 要 扩张 从 流域 妈妈 水 公（专名） 去 向 妈妈 水

saai^{24} jai^{21} ʔiik^{21} saai^{24} nɯŋ^{21} lɛɛu^{453} khon^{33}thai^{33} caʔ^{21} pen^{33} jai^{21} ju^{21} bon^{33} mɛ^{51}nam^{453}

条 大 再 条 一 然后 人 泰 要 成 大 在 上 妈妈 水

thaŋ^{453} sɔɔŋ^{24} saai^{24} ni^{453}.（509）

整 两 条 这

泰人要从湄公河流域向另一条大河流扩展，然后就会在这两条河流上发展壮大。

---

① 例句来自《佳蒂的幸福》。

② หัวผักกาดหัวนี้นี่ใหญ่มากนะคะ 一句 นี่ 不是代词而是语气助词。

2. คำอ้ายหนีออกมาจากเมืองโดยทางอุโมงค์และนำบ่าวคนสนิทคนหนึ่งซึ่งมีรูปร่างเหมือนกับตนติดตามไปด้วย แ ล้วไปซ่อนตัวอยู่ที่บ้านภูดาวสหายคนหนึ่ง ๓๔๔－๓๔๕

kham^{33}ʔaai^{51} ni^{24} ʔɔɔk^{21} ma^{33} caak^{21} mɯaŋ^{33} dooi^{33} thaaŋ^{33} ʔuʔ^{21}mooŋ^{33} lɛʔ^{453} nam^{33}
甘艾　逃 出　来　从　城　通过 路　隧道　和　带

baau^{21} khon^{33} saʔ^{21}nit^{21} khon^{33} nɯŋ^{21} sɯŋ^{51} mi^{33} ruup^{51} raaŋ^{51} mɯan^{24} kap^{21} ton^{33} tit^{21}
奴仆 个　亲近　个　一　的 有 样子 身体　像　和 自己 跟

taam^{33} pai^{33} duai^{51}，lɛɛu^{453} pai^{33}sɔɔn^{51} tua^{33} ju^{21} thi^{51} baan^{51} phu^{33}daau^{33} saʔ^{21}haai^{24}
跟随　去 一起　然后 去　藏　身　在　处　房子　普道　朋友

khon^{33} nɯŋ^{21}.（344－345）
个　一

甘艾通过隧道从城里逃出来，带着一个长得像自己的随身奴仆一起藏身在朋友普道的房子里。

3. ข้าจะนำหนังสือนั้นไปเอง ชายผู้หนึ่งที่นั่งอยู่เบื้องหลังลุกขึ้นอาสา ทุกคนเหลียวไปดูก็เห็นเป็นบุตรคนใหญ่ขอ งเข็มเมืองชื่อด้วงใหญ่ ๑๑๘

kha^{51} caʔ^{21} nam^{33} naŋ^{24}sɯ^{24} nan^{453} pai^{33} ʔeeŋ^{33}，chaai^{33} phu^{51} nɯŋ^{21} thi^{51} naŋ^{51} ju^{21} bɯaŋ^{51}
我　要　带　书信　那　去　自己　男　个　一　的　坐　在　边

laŋ^{24} luk^{453}khɯn^{51} ʔa^{33}sa^{24}，thuk^{453} khon^{33} liau^{24} pai^{33} du^{33} kɔ^{51} hen^{24} pen^{33} but^{21} khon^{33}
后　起身　上　自愿　每　人　转　去　看　就　见　是　孩子　个

jai^{21} khɔɔŋ^{24}khem^{24}mɯaŋ^{33} chɯ^{51} duaŋ^{51}jai^{21}.（118）
大　的　肯勐　名叫　当艾

“我要带书信自己去！”坐在后面的一个男子起身自告奋勇。每个人都转过来看，是肯勐的大儿子，名叫当艾。

4. ชาวภูสันตองอีกคนหนึ่งที่ฝ่าค่ายของเราไปได้นั้นคงจะนำทัพลือมาในไม่ช้า ๑๒๒

chaau^{33} phu^{33}san^{24}tɔɔŋ^{33} ʔiik^{21} khon^{33} nɯŋ^{21} thi^{51} fa^{21} khaai^{51} khɔɔŋ^{24} rau^{33} pai^{33} dai^{51}
人　普森东　再　个　一　的 冲　营地　的　我们 去　能

nan^{453} khoŋ^{33}caʔ^{21} nam^{33} thap^{453}lɯ^{33} ma^{33} nai^{33} mai^{51} cha^{453}.（122）
那　可能　要　带　军　仂　来　里　不　久

另外一个普森东人冲出了我们的营地，他可能不久要带来仂军。

5. ลิปุ๋นหนีมาจนรุ่งเช้า ทหารติดตามมาก็เหลือเพียงเล่ากวงทหารประจำตัวคนเดียวซึ่งไม่มีถุงทอง

๑๙๔

liʔ^{453}bun^{24} ni^{24} ma^{33} con^{33} ruŋ^{51} chau^{453}，thaʔ^{453}haan^{24} tit^{21} taam^{33} ma^{33} kɔ^{51} lɯa^{24} phiaŋ^{33}
李奔　逃　来　直到 亮　早　士兵　跟上 跟随　来　就　剩　仅仅

lau^{51}kuaŋ^{33}thaʔ^{453}haan^{24} praʔ^{21}cam^{33} tua^{33} khon^{33} diau^{33} sɯŋ^{51} mai^{51} mi^{33} thuŋ^{24} thɔɔŋ^{33}.
老光　士兵　经常　身　个　唯一 的　没　有　袋　黄金(194)

李奔逃到天亮，随身的士兵就只剩下唯一没有装黄金的袋子的卫兵老光。

6. เมื่อคืนข้าฝันเห็นสูนุ่งห่มขาวแต่ไปอยู่คนละฟากฝั่งน้ำกับข้า เสมือนว่าสูปลิกตัวมิร่วมศึกกับเราแล้ว แต่ไปอยู่ใน ดินแดนแห่งหนึ่งอันมีแต่ความสงบ ไม่มีความหยาบช้าแห่งการต่อสู้ด้วยกำลัง ไม่มีเสียงกลองศึกและเสียงโหยหวนของชีวิ ตที่กำลังรับความทรมานอย่างที่เรากำลังได้เห็นอยู่ในระหว่างนี้ ๒๒๖

mɯa^{51} khɯɯn^{33} kha^{51} fan^{24} hen^{24} su^{24} nuŋ^{51} hom^{21} khaau^{24} tɛ^{21} pai^{33} ju^{21} khon^{33} laʔ^{453}

时候　晚上　我　梦　见　你 穿　戴　白　但 去　在　人　每

faak^{51} faŋ^{21}nam^{453} kap^{21} kha^{51}，saʔ^{21}mɯan^{24} wa^{51} su^{24} plik^{21} tua^{33} miʔ^{453} ruam^{51} sɯk^{21}

对岸　边　水　和　我　好比　说　你 分身　身　不　联合　作战

kap^{21} rau^{33} lɛɛu^{453}，tɛ^{21} pai^{33}ju^{21} nai^{33} din^{33} dɛɛn^{33} hɛɛŋ^{21} nɯŋ^{21} ʔan^{33} mi^{33} tɛ^{21}

和　我　了　但 去　在 里　土　地域　处　一　的　有 仅

khwaam^{33}saʔ^{21}ŋop^{21}，mai^{51} mi^{33} khwaam^{33}jaap^{21}cha^{453}hɛɛŋ^{21} kaan^{33}tɔ^{21}su^{51} duai^{51}

的　安稳　没 有　的　粗暴　的　的 打 斗　用

kam^{33}laŋ^{33}，mai^{51} mi^{33} siaŋ^{24} klɔɔŋ^{24} sɯk^{21} lɛʔ^{453} siaŋ^{24} hooi^{24}huan^{24} khɔɔŋ^{24}chi^{33}wit^{453}

力量　没　有　声音　鼓　战斗　和　声音　悲痛　的　生命

thi^{51} kam^{33}laŋ^{33} rap^{453} thɔ^{33}raʔ^{453}maan^{33} jaaŋ^{21} thi^{51} rau^{33} kam^{33}laŋ^{33} dai^{51} hen^{24} ju^{21}

的　正在　接　折磨　样　的　我　正在　得　见　在

nai^{33}raʔ^{453}waaŋ^{21} ni^{453}.（226）

里　之间　这

昨晚我梦见你穿着白色的衣服，我们两个人各在河的一边，这好比你要离开不和我联合作战了，去到一个安稳的地方，那里没有武力争斗的粗暴行为，没有战鼓的声音，没有我们现在见到的被折磨的生命发出的悲痛的声音。

7. คืนนั้นสีเภากลับไปยังยอดเขาอีกครั้งหนึ่งโดยลำพัง ลมพัดจัด เขาห่มผ้าผืนใหญ่ที่นางสร้อยสนให้เขาเมื่อ คืนก่อน ๕๐๖

khɯɯn^{33} nan^{453} si^{24}phau^{33} klap^{21} pai^{33} jaŋ^{33} jɔɔt^{51} khau^{24} ʔiik^{21} khraŋ^{453} nɯŋ^{21} dooi^{33}

夜　那　西保　回　去　到　顶　山　再　次　一　通过

lam^{33}phaŋ^{33}，lom^{33} phat^{453} cat^{21}，khau^{24} hom^{21} pha^{51} phɯɯn^{24} jai^{21} thi^{51} naaŋ^{33} sɔɔi^{51}son^{24}

单独　风　吹　厉害　他　披　布　块　大　的 妇人　绥逊

hai^{51} khau^{24} mɯa^{51} khɯɯn^{33} kɔɔn^{21}.（506）

给　他　时候　夜　前

那天夜里西保又一次独自去山顶，风吹得厉害，他把绥逊前几天给他的大铺盖披上。

8. โขลนหลายคนที่นั่งอยู่นั้นรู้จักแม่ ๓๘①

khloon^{24} laai^{24} khon^{33} thi^{51} naŋ^{51} ju^{21} nan^{453} ru^{453}cak^{21} mɛ^{51}.（38）

女侍卫　多　个　的　坐　在　那　认识　妈妈

① 例句来自《四朝代》，后面的三个例句同此。

坐着的许多女侍卫认识妈妈。

9. สตรีทุกคนที่เข้ามาในห้องนั้นแต่งกายสะอาดสะอ้านเป็นแบบเดียวกัน ๔๘

saʔ^{21}tri^{33} thuk^{453} khon^{33} thi^{51} khau^{51} ma^{33} nai^{33} hɔɔŋ^{51} nan^{453} tɛɛŋ^{21} kaai^{33}

女士　每　个　的　进　来　里　房间　那　打扮　身子

saʔ^{21}ʔaat^{21}saʔ^{21}ʔaan^{51} pen^{33} bɛɛp^{21} diau^{33} kan^{33}.（48）

整洁　成类型　同一　互相

进到房间里来的每个女士都同样地穿着整洁。

10. เสด็จประทับอยู่ที่อีกมุมหนึ่งของเฉลียง กำลังทรงทำอะไรอยู่ในอ่างน้ำใบย่อมๆที่วางอยู่ตรงหน้า ๙๙

saʔ^{21}det^{21} praʔ^{21}thap^{453} ju^{21} thi^{51} ʔiik^{21} mum^{33} nɯŋ^{21} khɔɔŋ^{24} chaʔ^{21}liaŋ^{24}, kam^{33}laŋ^{33} soŋ^{33}

殿下　到　在　地　又　角落　一　的　走廊　正在　钦（敬词）

tham^{33} ʔaʔ^{21}rai^{33} ju^{21} nai^{33} ʔaaŋ^{21} nam^{453} bai^{33} jɔɔm^{51}jɔɔm^{51} thi^{51} waaŋ^{33} ju^{21} troŋ^{33} na^{51}.

做　什么　在　里　缸　水　个　细小　细小　的　放　在　处所　前(99)

殿下就在走廊的另一个角落，前面放着小小的水缸，不知正在干什么。

11. จากเรือใหญ่ซึ่งลอยลำออกไปกลางน้ำส่องแสงสว่าง จากลำไปรอบบริเวณ เหมือนพระอาทิตย์พระจันทร์ในท่ ามกลางความมืด และแสงสว่างนั้นจับใบหน้าคนหลายพันที่อยู่ในเรือเล็กเรือน้อยที่มาคอยชมอยู่ให้แลเห็นได้ชัด ๑๓๕①

caak^{21} rɯa^{33} jai^{21} sɯŋ^{51} lɔɔi^{33} lam^{33} ʔɔɔk^{21} pai^{33} klaaŋ^{33} nam^{453} sɔɔŋ^{21} sɛɛŋ^{24} saʔ^{21}waaŋ^{21},

从　船　大　的　浮　过　出　去　中　水　照射　光　明亮

caak^{21} lam^{33}pai^{33} rɔɔp^{51} bo^{33}riʔ^{453}ween^{33} mɯan^{24} phraʔ^{453}ʔa^{33}thit^{453} phraʔ^{453}can^{33} nai^{33}

从　过去　周边　地带　像　太阳　月亮　里

thaam^{51}klaaŋ^{33} khwaam^{33}mɯɯt^{51} lɛʔ^{453} sɛɛŋ^{24} saʔ^{21}waaŋ^{21} nan^{453} cap^{21} bai^{33} na^{51} khon^{33}

泡　中间　的　黑暗　和　光　明亮　那　抓　张　脸　人

laai^{24}phan^{33} thi^{51} ju^{21} nai^{33}rɯa^{33} lek^{453} rɯa^{33} nɔɔi^{453} thi^{51} ma^{33} khɔɔi^{33} chom^{33} ju^{21} hai^{51}

许多千　的　在　里　船　小　船　小　的　来　等　观看　在　让

lɛ^{33} hen^{24} dai^{51} chat^{453}.（135）

看见　得　清晰

从划过去到水中的大船发出明亮的光，把经过的周边地方照得像太阳和黑暗中的月亮一样，光亮把在小船里等待观看的几千人的脸照得清晰。

上述形式中修饰词的排序可以根据表达的需要做些许变动。如方位词可以在数词之前（下面例一），领属代词在定语从句之前（例二），定语从句也可以放在名词之后数词之前（例三，对比例四）。不管有无变动，定语从句一般不能缺少 thi^{51}、sɯŋ^{51} 或ʔan^{33}，否则可能会出现结构歧义（如例五、

① ลำ 古语词，有 ล้ำ、ยิ่ง“过、更”的意思。此例数词后面省略了量词。

例六）。

1. เมื่อเห็นรังมดแดงรังใหญ่บนต้นไม้หลายรังจึงบอกให้พ่อดู ๒๖๐①

mɯa^{51} hen^{24} raŋ^{33} mot^{453} dɛɛŋ^{33} raŋ^{33} jai^{21} bon^{33} ton^{51} mai^{453} laai^{24} raŋ^{33} cɯŋ^{33} bɔɔk^{21}

时候 见 窝 蚂蚁 红 窝 大 上 棵 树 许多 窝 就 告诉

hai^{51} phɔ^{51}du^{33}. （260）

给 爸爸 看

见到许多个树上的红蚂蚁窝的时候就告诉爸爸看。

2. นี่คือโอกาสอันดีของเราที่จะทำศึกได้ผลมากขึ้น ๑๖๘

ni^{51} khɯ^{33} ʔo^{33}kaat^{21} ʔan^{33} di^{33} khɔɔŋ^{24} rau^{33} thi^{51} caʔ^{21} tham^{33} sɯk^{21} dai^{51} phon^{24} maak^{51}

这 是 机会 个 好 的 我们 的 要 做 战斗 得 结果 许多

khɯn^{51}. （168）

上

这是我们战斗取得更多成果的好机会。

3. ขุนจาดเห็นด้วยและให้คำอ้ายนำทองคำที่จิ้นส่งมาให้สามสิบแท่งไปยังเมืองข่านุ ๙๔

khun^{24}caat^{21} hen^{24}duai^{51} lɛʔ^{453} hai^{51} kham^{33}ʔaai^{51} nam^{33} thɔɔŋ^{33}kham^{33} thi^{51} cin^{24} soŋ^{21}

坤乍 见 一起 和 派 甘艾 带 黄金 的 晋 送

ma^{33} hai^{51}saam^{24}sip^{21} thɛɛŋ^{51} pai^{33} jaŋ^{33} mɯaŋ^{33} kha^{21}nuʔ^{453}. （94）

来 给 三 十 条 去 向 城 卡努

坤乍同意并派甘艾带着三十条晋国送来的黄金朝卡努城而去。

4. ทองห้าพันแท่งที่ข้าจะแบ่งให้นั้นเวลานี้ยังอยู่ในแคว้าไท ๑๗๕②

thɔɔŋ^{33} ha^{51}phan^{33} thɛɛŋ^{51} thi^{51} kha^{51} caʔ^{21} bɛɛŋ^{21} hai^{51} nan^{453}

（黄金－五－千－条－的－我－要－分发－给－那）“我要分发的那五千条金条”.（174）

5. คูนกับจันดีจึงไม่ลงไปเพราะเอื้อยคำกองบอกว่ามีปลิงตัวใหญ่ๆว่ายน้ำมาหาแกหลายตัว จึงพากันฟังเสียงชาวบ้ านโห้ร้องอยู่ด้วยใจระทึก ๒๐๔③

khuun^{33} kap^{21} can^{33}di^{33} cɯŋ^{33} mai^{51} loŋ^{33} pai^{33} phrɔʔ^{453} ʔɯai^{51}kham^{33}kɔɔŋ^{33} bɔɔk^{21} wa^{51}

昆（人名）和 占迪 就 不 下 去 因为 姐姐 甘贡 告诉 说

mi^{33} pliŋ^{33} tua^{33} jai^{21}jai^{21} waai^{51} nam^{453} ma^{33} ha^{24} kɛ^{33} laai^{24} tua^{33} cɯŋ^{33} pha^{33} kan^{33} faŋ^{33}

有 蚂蟥 只 大 大 游动 水 来 找 她 许多 只 就 带 一起 听

siaŋ^{24} chaau^{33} baan^{51} ho^{21}rɔɔŋ^{453} ju^{21} duai^{51} cai^{33} raʔ^{453}thɯk^{453}. （204）

声音 人 村子 喝彩 嚷 在 用 心 惊险

① 例句来自《东北之子》。

② 此例在第二章第一节曾引用过，故不再进行标注。

③ 例句来自《东北之子》。

因为甘贡姐告诉说有许多大蚂蟥游过来咬她，所以小昆和占迪就不敢下水，在岸边听村民们喝彩。

因为甘贡姐告诉说有许多游过来咬她的大蚂蟥，所以小昆和占迪就不敢下水，在岸边听村民们喝彩。

6. เพราะทันใดที่ฝาหีบนั้นเปิดออก นกตัวเล็กๆตัวหนึ่งลงยาด้วยสีสวยสด ก็พุ่งตัวขึ้นมาจับคอน ขยับปีกร้องเพ ลงด้วยเสียงอันเจื้อยแจ้ว ๑๐๕ – ๑๐๖①

phrɔʔ^{453} than^{33}dai^{33} thi^{51} fa^{24} hiip^{21} nan^{453} pəət^{21} ʔɔɔk^{21}， nok^{453} tua^{33} lek^{453}lek^{453} tua^{33}

因为　及　哪　的　盖　箱　那　打开　出　鸟　只　小　小　只

nɯŋ^{21} loŋ^{33} ja^{33} duai^{51} si^{24} suai^{24} sot^{21} kɔ^{51} phuŋ^{51} tua^{33} khɯn^{51} ma^{33} cap^{21} khɔɔn^{33}

一　下　药水　用　颜　漂亮　新鲜　就　冲　身　上　来　抓　木棍

khaʔ^{21}jap^{21} piik^{21} rɔɔŋ^{453} phleeŋ^{33}duai^{51} siaŋ^{24} ʔan^{33} cɯai^{51}cɛɛu^{51}. （105－106）

震动　翅膀　唱　歌　用　声音　的　清脆

突然箱盖一打开，一只涂上新鲜、漂亮的颜色的小小的鸟儿直飞到小棍上，拍着翅膀发出清脆的歌声。

突然箱盖一打开，一只小小的鸟儿，被涂上新鲜、漂亮的颜色，直飞到小棍上，拍着翅膀发出清脆的歌声。

其次，如果上述修饰词中的形容词、数词没有出现，名词后面是定语从句，那么定语从句有无量词都可以，定语从句后面的修饰词也是有无量词都可以，一般情况下量词与两者之一组合。比较严格的是定语从句及其后的修饰词分别与量词组合（如例一），但实际上这种情况不多。

1. ความเจ็บปวดที่ผิดกว่าคราวอื่นๆนี้อาจเป็นสัญญาณบอกว่าลูกคนที่กำลังจะเกิดคนนี้จะต้องเป็นผู้หญิงจริงๆอย่ างที่นึกอยู่เสมอ ๖๗๘②

khwaam^{33}cep^{21}puat^{21} thi^{51} phit^{21} kwa^{21} khraau^{33} ʔɯɯn^{21}ʔɯɯn^{21} ni^{453} ʔaat^{21} pen^{33}

的　疼痛　的　错　过　次　其他　其他　这　可能　是

san^{24}jaan^{33} bɔɔk^{21}wa^{51} luuk^{51} khon^{33} thi^{51} kam^{33}laŋ^{33} caʔ^{21} kəət^{21} khon^{33} ni^{453} caʔ^{21} tɔɔŋ^{51}

信号　告诉　说　孩子　个　的　正在　要　生　个　这　要　需要

pen^{33} phu^{51}jiŋ^{24} ciŋ^{33}ciŋ^{33} jaaŋ^{21} thi^{51} nɯk^{453} ju^{21} saʔ^{21}mə^{24}. （678）

是　人　女　真　真　样　的　想　在　经常

这次疼痛比以往的几次都严重，这可能是信号，要生的这个孩子应该像一直期待的那样是女孩。

2. สีเมฆจึงไปทางหลังค่ายเห็นชายคนหนึ่งจำได้ว่าเป็นฟ้าเกิดผู้ครองแคว้นมงทุมซึ่งเป็นเพื่อนกัน สีเมฆดีใจตรงเข้า ไปหาแล้วทั้งสองก็ตบไหล่ตบหลังกันด้วยความยินดี ๑๐๖

① 例句来自《四朝代》。

② 例句来自《四朝代》。

si^{24}meek^{51} cɯŋ^{33} pai^{33} thaaŋ^{33} laŋ^{24} khaai^{51} hen^{24} chaai^{33} khon^{33} nɯŋ^{21} cam^{33} dai^{51} wa^{51}

西明 就 去 路 后 营地 见 男 个 一 记 得 说

pen^{33} fa^{453}kəət^{21} phu^{51} khrɔɔŋ^{33} khwɛɛn^{453} moŋ^{33}thum^{33} sɯŋ^{51} pen^{33} phɯan^{51} kan^{33},

是 法格 个 统治 地区 蒙通 的 是 朋友 互相

si^{24}meek^{51} di^{33}cai^{33} troŋ^{33} khau^{51}pai^{33} ha^{24} lɛɛu^{453} thaŋ^{453} sɔɔŋ^{24} kɔ^{51} top^{21} lai^{21} top^{21} laŋ^{24}

西明 好心 径直 进 去 找 然后 整 两 就 拍 背 拍 背

kan^{33} duai^{51} khwaam^{33}jin^{33}di^{33}.（106）

互相 通过 的 听见 好

西明从营地背后过去，见到一个男子，才记得是自己的朋友蒙通地区的统治者法格，他高兴地径直走向法格，两人高兴地拍打着对方的背。

3. ส่วนนางลำยองผู้เป็นภรรยานั้นขุนสายไม่เอาใจใส่ ๒๗๓

suan^{21} naaŋ^{33} lam^{33}jɔɔŋ^{33} phu^{51} pen^{33} phan^{33}raʔ^{453}ja^{33} nan^{453} khun^{24}saai^{24} mai^{51} ʔau^{33} cai^{33}

至于 妇人 兰永 个 是 妻子 那 坤赛 不 用 心

sai^{21}.（273）

放

至于那作为妻子的兰永，坤赛不放在心上。

4. สูกำลังคิดการอันมีภัยอย่างใดหรือจึงต้องใช้ความคลุ้มคลั่งเป็นเครื่องพราง ๒๗๗

su^{24} kam^{33}laŋ^{33} khit^{453} kaan^{33} ʔan^{33} mi^{33} phai^{33} jaaŋ^{21} dai^{33} rɯ^{24} cɯŋ^{33} tɔɔŋ^{51} chai^{453}

你 正在 想 事情 个 有 灾难 种 哪 还是 才 需要 用

khwaam^{33}khlum^{453}khlaŋ^{51} pen^{33} khrɯaŋ^{51}phraaŋ^{33}.（277）

的 发疯 做 工具 伪装

你正在想做哪种会产生灾难的事情吗?因此，才需要用发疯作为伪装。

5. ข้าเองเห็นว่าเราควรจะทิ้งลำน้ำโขงแล้วเดินทางต่อไปทางตะวันตก ไปยังแม่น้ำสายที่จันดากล่าวถึงนั้น จัน ดาบอกเราแล้วว่าดินแดนที่นั่นมีความอุดม เหตุใดเราจึงไม่ไปที่นั่นเล่า ๕๐๔

kha^{51} ʔeeŋ^{33} hen^{24} wa^{51} rau^{33} khuan^{33} caʔ^{21} thiŋ^{453} lam^{33}nam^{453}khooŋ^{24} lɛɛu^{453} dəən^{33}

我 自己 见 说 我们 应该 要 抛弃 条 河 公（专名）然后 走

thaaŋ^{33} tɔ^{21}pai^{33} thaaŋ^{33} taʔ^{21}wan^{33} tok^{21}, pai^{33} jaŋ^{33} mɛ^{51}nam^{453} saai^{24} thi^{51} can^{33}da^{33}

路 接着 去 方面 太阳 落 去 到 妈妈 水 条 的 占达

klaau^{21} thɯŋ^{24} nan^{453}, can^{33}da^{33} bɔɔk^{21} rau^{33} lɛɛu^{453} wa^{51} din^{33} dɛɛn^{33} thi^{51} nan^{51} mi^{33}

说 到 那 占达 告诉 我 了 说 地 地域 在 那 有

khwaam^{33}ʔuʔ^{21}dom^{33}, heet^{21} dai^{33} rau^{33} cɯŋ^{33} mai^{51} pai^{33} thi^{51} nan^{51} lau^{51}?（504）

的 肥沃 理由 哪 我们 就 不 去 在 那 呢

我自己认为我们应该远离湄公河然后继续往西方走，到占达说的那条河流，占达告诉了我们那里土地肥沃，为什么我们就不去那里呢？

6. แขกผู้ที่เพิ่งจะมาถึงนั้นจะต้องเป็นผู้มีเกียรติที่สำคัญอยู่ ๑๗๕①

khɛɛk^{21} phu^{51} thi^{51} phəəŋ^{51} caʔ^{21} ma^{33} thɯŋ^{24} nan^{453} caʔ^{21} tɔɔŋ^{51} pen^{33} phu^{51} mi^{33} kiat^{21}

客人 个 的 刚 要 来 到 那 要 肯定 是 个 有 名誉

thi^{51} sam^{24}khan^{33} ju^{21}.（175）

的 重要 在

刚来到的那个客人肯定是很有身份的重要人物。

最后，如果上述修饰词中的形容词、数词、定语从句都没有出现，②而从方位词开始才出现，那么比较严格的是每个修饰词需要一个量词与之组合（如例一），但更常见的是只有其中一个有量词引导，如例二、三。有时候甚至没有量词，如 cot^{21}maai^{24}chaʔ^{21}bap^{21}rɛɛk^{51}khɔɔŋ^{24}phom^{24}nan^{453}（จดหมายแรกของผมนั้น）“我那第一封信”。因此，当量词和名词同形的时候，就难以判断其性质，如例四、五、六。

1. คงจะมีอะไรรอกะทิอยู่หลังประตูบานสุดท้ายบานนั้น บ่ายนี้กะทิจะขึ้นไปดู ๘๗③

khoŋ^{33} caʔ^{21} mi^{33} ʔaʔ^{21}rai^{33} rɔ^{33} kaʔ^{21}thiʔ^{453} ju^{21} laŋ^{24} praʔ^{21}tu^{33} baan^{33} sut^{21}thaai^{453} baan^{33}

可能 要 有 什么 等 佳蒂 在 后 门 道 尽 尾部 道

nan^{453}，baai^{21} ni^{453} kaʔ^{21}thiʔ^{453} caʔ^{21} khɯn^{51} pai^{33} du^{33}.（87）

那 下午 这 佳蒂 要 上 去 看

可能有什么在最后的那道门等着佳蒂，今天下午她就要上去看看。

2. จดหมายฉบับแรกที่มีมาจากนครสวรรค์นั้นได้กลายเป็นสรณะของพลอยในยามว่างหรือยามเหงา ๒๔๐④

cot^{21}maai^{24} chaʔ^{21}bap^{21} rɛɛk^{51} thi^{51} mi^{33} ma^{33} caak^{21} naʔ^{453}khɔɔn^{33}saʔ^{21}wan^{24} nan^{453} dai^{51}

记下 标记 封 第一 的 有 来 从 那空沙旺 那 得

klaai^{33} pen^{33} saʔ^{21}raʔ^{453}naʔ^{453} khɔɔŋ^{24} mɛ^{51}phlɔɔi^{33} nai^{33} jaam^{33} waaŋ^{51} rɯ^{24} jaam^{33} ŋau^{24}.

变 成 寄托 的 帕瑞 里 时候 空 或 时候 寂寞（240）

从那空沙旺来的第一封信变成了帕瑞空闲、寂寞时候的寄托物。

3. เรือลำจากสิงคโปร์นั้นใหญ่โต วิ่งกันไม่หวัดไม่ไหว ๗๕๙⑤

rɯa^{33} lam^{33} caak^{21} siŋ^{24}khaʔ^{453}po^{33} nan^{453} jai^{21} to^{33}，wiŋ^{51} kan^{33} mai^{51} wat^{21} mai^{51} wai^{24}.

船 条 从 新加坡 那 大 大 跑 一起 不 潦草 不 住（757）

从新加坡来的那船很大，在水上行走不颠簸。

① 例句来自《四朝代》。

② 例二有定语从句。

③ 例句来自《佳蒂的幸福》。

④ 例句来自《四朝代》。

⑤ 例句来自《四朝代》。

4. ข้าไม่กลัวอำนาจของมังกรฉันใด ก็ไม่สนใจทองเหล่านี้ฉันนั้น หากกษัตริย์จิ้นอ๋องจะให้สิ่งใด ขอให้สิ่งนั้นเป็น น้ำใจที่มีต่อแคว้นไทเถิด เราไม่ประสงค์สิ่งอื่นใดจากจิ้น ๑๕๔

kha^{51} mai^{51} klua^{33} ʔam^{33}naat^{51} khɔɔŋ^{24} maŋ^{33}kɔɔn^{33} chan^{24} dai^{33} kɔ^{51} mai^{51} son^{24}cai^{33}

我 不 怕 权势 的 龙 样 哪 就 不 关注 心

thɔɔŋ^{33} lau^{21} ni^{453} chan^{24} nan^{453}，haak^{21} kaʔ^{21}sat^{21} cin^{51}ʔɔɔŋ^{24} caʔ^{21} hai^{51} siŋ^{21} dai^{33}，

黄金 些 这 样 那 如果 皇帝 晋王 要 给 东西 哪

khɔ^{24}hai^{51} siŋ^{21} nan^{453} pen^{33} nam^{453}cai^{33} thi^{51} mi^{33} tɔ^{21} khwɛɛn^{453}thai^{33} thəət^{21}，rau^{33} mai^{51}

请 让 东西 那 是 水 心 的 有 对 地区 泰 吧 我 不

praʔ^{21}soŋ^{24} siŋ^{21} ʔɯɯn^{21} dai^{33} caak^{21}cin^{24}.（154）

意图 东西 其他 哪 从 晋

我怎么不怕龙的权势就怎么不关心这些黄金，如果晋王要给什么东西，希望那是对泰区的心意，我不想从晋国得到其他的什么东西。

5. เพราะเหตุใดนั้น ข้าจะเล่าให้ฟัง ๓๙๓

phrɔʔ^{453} heet^{21} dai^{33} nan^{453} kha^{51} caʔ^{21} lau^{51} hai^{51} faŋ^{33}.（393）

因为 理由 哪 那 我 要 讲叙 给 听

到底因为什么理由，我要讲给你们听。

6. พลอยต้องการทำหัวใจให้ว่างจากสิ่งอื่นใดทั้งสิ้น เพื่อจะได้ไม่มีเรื่องอื่นใดที่จะต้องคิดขณะที่อ่านจดหมาย ๒๓๗

phlɔɔi^{33} tɔɔŋ^{51}kaan^{33} tham^{33} hua^{24}cai^{33} hai^{51} waaŋ^{51} caak^{21} siŋ^{21} ʔɯɯn^{21} dai^{33} thaŋ^{453}

帕瑞 需要 做 头 心 让 空白 从 东西 其他 哪 全

sin^{51}，phɯa^{51} caʔ^{21} dai^{51} mai^{51} mi^{33} rɯaŋ^{51} ʔɯɯn^{21} dai^{33} thi^{51} caʔ^{21} tɔɔŋ^{51} khit^{453}

尽 为了 要 得 没 有 事情 其他 哪 的 要 需要 想

khaʔ^{21}naʔ^{21} thi^{51} ʔaan^{21} cot^{21}maai^{24}.（237）

时刻 的 看 记下 标记

帕瑞需要把任何其他东西从心里全部清理掉，以便在看信的时候没有任何其他事情来打扰思路。

如果上述三种形式中的修饰语含有量词，那么名词不出现的时候，“量－修”组合可以代替名词。以上面的第二种情况为例，即如果名词后面的定语从句由量词引导，那么量词及其后面的所有成分可以代替名词。

1. คนไทต้องพลัดพรากจากถิ่นเพราะกองทัพและปัญญาของคนผู้นี้ ผู้ซึ่งพอใจถือหนังสือของนักปราชญ์ยิ่งกว่าด าบของแม่ทัพ ๓๗๕

khon^{33}thai^{33} tɔɔŋ^{51} phlat^{453} phraak^{51} caak^{21} thin^{21} phrɔʔ^{453} kɔɔŋ^{33}thap^{453} lɛʔ^{453} pan^{33}ja^{33}

人 泰 要 掉 分离 从 地方 因为 队 军 和 智慧

khɔɔŋ^{24} khon^{33} phu^{51} ni^{453}，phu^{51} sɯŋ^{51} phɔ^{33}cai^{33} thɯ^{24} naŋ^{24}sɯ^{24} khɔɔŋ^{24} nak^{453}praat^{21}

的 人 个 这 个 的 足够 心 带 书籍 的 哲学家

jiŋ^{51} kwa^{21} daap^{21} khɔɔŋ^{24} mɛ^{51}thap^{453}. （375）

大 过 见 的 妈妈 军

泰人因为这个人的军队和智慧从故土颠沛流离，在行军的过程中与将军的刀剑相比这个人更喜欢带着哲学家的书籍。

2. บัดนี้เด็กไทผู้นี้ซึ่งรักเขาและผู้ซึ่งเขารักได้คืนผ้าคาดเอวมาให้เขาตามคำที่บอกเขาไว้ ๓๖๖

bat^{21} ni^{453} dek^{21} thai^{33} phu^{51} ni^{453} sɯŋ^{51} rak^{453} khau^{24} lɛʔ^{453} phu^{51} sɯŋ^{51} khau^{24} rak^{453} dai^{51}

时刻 这 孩子 泰 个 这 的 爱 他 和 个 的 他 爱 已经

khɯɯn^{33} pha^{51}khaat^{51}ʔeeu^{33} ma^{33} hai^{51} khau^{24} taam^{33} kham^{33} thi^{51} bɔɔk^{21} khau^{24} wai^{453}.

还给 布 围 腰 来 给 他 按 句 的 告诉 他 留（366）

现在爱他和他爱的这个泰族孩子已经按照曾说给他的话把围腰还给他了。

3. พี่ก็แทงไปด้วยแรงสุดท้ายที่เหลืออยู่แล้วตนเองก็ล้มลง ผู้น้องนั้นสิ้นใจด้วยปลายดาบของพี่ ณ ที่นั้นเอง ๑๓๙

phi^{51} kɔ^{51} thɛɛŋ^{33} pai^{33} duai^{51} rɛɛŋ^{33} sut^{21}thaai^{453} thi^{51} lɯa^{24} ju^{21} lɛɛu^{453} ton^{33}ʔeeŋ^{33} kɔ^{51}

哥哥 就 刺 去 用 力 尽 尾部 的 剩 在 然后 本身 自己 也

lom^{453} loŋ^{33}，phu^{51} nɔɔŋ^{453} nan^{453} sin^{51}cai^{33} duai^{51} plaai^{33} daap^{21} khɔɔŋ^{24} phi^{51} nai^{33} thi^{51}

倒 下 个 年小 那 尽 气 因为 末端 剑 的 哥哥 里 地

nan^{453} ʔeeŋ^{33}. （139）

那 自己

哥哥用尽剩下的力气刺去，然后自己也倒下了。那年小的（即那弟弟）由于哥哥的剑尖也在那里断气了。

4. เพราะผู้ที่ตะโกนออกไปนั้นคือจันเสนคนร่างเล็กที่สุดในกองทัพ ๒๑๙

phrɔʔ^{453} phu^{51} thi^{51} taʔ^{21}koon^{33} ʔɔɔk^{21} pai^{33} nan^{453} khɯ^{33} can^{33}seen^{24} khon^{33} raaŋ^{51} lek^{453}

因为 个 的 大声呼叫 出 去 那 是 占森 人 身材 小

thi^{51}sut^{21} nai^{33} kɔɔŋ^{33}thap^{453}.

的 尽 里 堆 军

因为大声呼叫的那个是军队里身材最小的占森。（219）

5. ผู้ที่ออกมานั้นชื่อสีเภาเป็นหัวหน้าของคนไท ๔๔๗

phu^{51} thi^{51} ʔɔɔk^{21} ma^{33} nan^{453} chɯ^{51} si^{24}phau^{33} pen^{33} hua^{24}na^{51} khɔɔŋ^{24} khon^{33}thai^{33}.

个 的 出 来 那 名叫 西保 是 头 脸 的 人 泰（447）

那出来的名叫西保，是泰人的首领。

6. แต่แรกนั้นก็คิดถึงตัว อยากจะให้มีญาติพี่น้องหรือพ่อแม่มาหาจากนอกวัง มีของเล็กๆน้อยๆมาฝาก ทำให้ผู้ที่ได้รั บนั้นรู้สึกตัวว่าสำคัญขึ้น ๑๑๒－๑๑๓①

① 例句来自《四朝代》，下例同。

tɛ^{21} rɛɛk^{51} nan^{453} kɔ^{51} khit^{453} thɯŋ^{24} tua^{33}，jaak^{21} caʔ^{21} hai^{51} mi^{33} jaat^{51} phi^{51}nɔɔŋ^{453} rɯ^{24}

但 起初 那 也 想 到 自己 想要 要 让 有 亲戚 哥姐 弟妹 或

phɔ^{51}mɛ^{51} ma^{33} ha^{24} caak^{21} nɔɔk^{51} waŋ^{33}，mi^{33} khɔɔŋ^{24} lek^{453}lek^{453}nɔɔi^{453}nɔɔi^{453} ma^{33}

爸爸 妈妈 来 找 从 外面 宫 有 东西 小 小 小 小 来

faak^{21}，tham^{33}hai^{51} phu^{51} thi^{51} dai^{51} rap^{453} nan^{453} ru^{453}sɯk^{21} tua^{33} wa^{51} sam^{24}khan^{33} khɯn^{51}.

送 做 让 个 的 得 接收 那 感到 自己 说 重要 上（112–113）

但是开始也会想到自己，想有亲戚、兄弟姐妹或者父母从宫外来看望，带着小小的礼物过来，让那收到礼物的感到自己重要起来。

7. ยิ่งกว่านั้น คนมีญาติโยมไปมาหาสู่จากนนอกวังเป็นสิ่งที่เพิ่มความอบอุ่นในหัวใจและทำให้ผู้มีญาติโยมมาห านั้นมีหลักฐานมิใช่คนสิ้นไร้ไม้ตอก ๑๑๓

jiŋ^{51} kwa^{21} nan^{453} khon^{33} mi^{33} jaat^{51} joom^{33} pai^{33}ma^{33}ha^{24}su^{21} caak^{21} nɔɔk^{51} waŋ^{33} pen^{33}

更 过 那 人 有 亲戚 父母 去 来 找 到 从 外 宫 成

siŋ^{21} thi^{51} phəəm^{51} khwaam^{33}ʔop^{21}ʔun^{21} nai^{33} hua^{24}cai^{33} lɛʔ^{453} tham^{33}hai^{51} phu^{51} mi^{33} jaat^{51}

东西 的 增加 的 温暖 里 头 心 和 做 让 个 有 亲戚

joom^{33} ma^{33} ha^{24} nan^{453} mi^{33} lak^{21}thaan^{24} miʔ^{453} chai^{51} khon^{33} sin^{51} rai^{453} mai^{453}tɔɔk^{21}.

父母 来 找 那 有 根 基础 不 是 人 尽 没 树 竹篾（113）

除此之外，有亲戚父母从宫外来看望的人心里感到温暖，使得那有亲戚父母来看的有依靠，不至于成为无亲无故的人。

可以看出上述各类修饰词有的能共现，多个修饰词共同用一个量词；有的不能共现，每个修饰词需要一个量词与之组合才能处于多重修饰的结构中。下面主要针对“修饰语中形容词、数词共同或单独出现时”的情况，指出一些存在歧异的分布。

名–量–形–量–限与名–量–形–限

第一种歧异是，一般来说形容词、限定代词各用一个量词，整个结构呈现为“名–量–形–量–限”。但是，语料中也存在形容词、限定代词共用一个量词的情况，呈现为“名–量–形–限”结构。这说明“名–量–修”结构中能分布于修饰语位置的形容词、限定代词语法功能不同，其中限定代词离前面的名词、量词更远。实际上“名–量–形–限”结构中的形容词一旦换成其他类型的修饰词，就符合上面“形容词、数词没有出现时”的特点（如例十一、十二）。这说明，同样位于“名–量–修”结构中的修饰语位置的限定代词在语法功能上不仅不同于形容词，而且与定语从句、方位词、时间词以及领属代词等也不同，处于修饰词系列的最外围。

1. ทหารจิ๋นก็จับเฒ่าสงมัดและแช่ลงในกระทะใบใหญ่นั้น ๓๑

thaʔ^{453}haan^{24}cin^{24} kɔ^{51} cap^{21} thau^{51}soŋ^{24} mat^{453} lɛʔ^{453} chɛ^{51} loŋ^{33} nai^{33} kraʔ^{21}thaʔ^{453} bai^{33}

士兵 晋 就 抓 老头 松（人名）捆 和 浸泡 下 里 平底锅 个

jai^{21} nan^{453}. （31）

大 那

晋兵就把老松抓来捆住，扔到那大个平底锅里浸泡。

2. บัวคำไม่ยอมชี้แจงอย่างใดและไม่ยอมมองมายังข้า เหมือนกับว่านางต้องการปกปิดบางสิ่งบางอย่างจากข้า ที่น างบอกว่าข้าไม่ใช่ผัวของนางต่อไปนั้นไม่ใช่เหตุผลที่แท้จริง ข้ากลุ้มใจในการเปลี่ยนแปลงอันฉับพลันนี้ ๔๑๕

bua^{33}kham^{33} mai^{51} jɔɔm^{33} chi^{453} cɛɛŋ^{33} jaaŋ^{21} dai^{33} lɛʔ^{453} mai^{51} jɔɔm^{33} mɔɔŋ^{33} ma^{33} jaŋ^{33}

博甘 不 愿 指 说明 样 哪 和 不 愿 望 来 朝

kha^{51}，mɯan^{24} kap^{21} wa^{51} naaŋ^{33} tɔɔŋ^{51}kaan^{33} pok^{21} pit^{21} baaŋ^{33} siŋ^{21} baaŋ^{33} jaaŋ^{21} caak^{21}

我 像 和 说 妇人 需要 封 盖 些 事情 些 样 从

kha^{51}，thi^{51} naaŋ^{33} bɔɔk^{21} wa^{51} kha^{51} mai^{51} chai^{51} phua^{24} khɔɔŋ^{24} naaŋ^{33} tɔ^{21}pai^{33} nan^{453}

我 的 妇人 告诉 说 我 不 是 丈夫 的 妇人 接着 下去 那

mai^{51} chai^{51} heet^{21} phon^{24} thi^{51} thɛ^{453} ciŋ^{33}，kha^{51} klum^{51}cai^{33} nai^{33} kaan^{33}plian^{21}plɛɛŋ^{33}

不 是 理由 结果 的 真 真 我 苦闷 心 里 的 改变 变化

ʔan^{33} chap^{21} phlan^{33} ni^{453}. （415）

个 迅速 突然 这

博甘不愿指明什么也不愿朝我看，好像有一些事情故意隐瞒我，她说的以后我不再是她丈夫并不是真正的原因，我为这个迅速的变化而苦闷。

3. แล้วในวันนั้นข้าจะเอาผ้าผืนน้อยนี้คลุมผม ๔๑๘

lɛɛu^{453} nai^{33} wan^{33} nan^{453} kha^{51} caʔ^{21} ʔau^{33} pha^{51} phɯɯn^{24} nɔɔi^{453} ni^{453} khlum^{33} phom^{24}.

之后 里 天 那 我 要 用 布 块 小 这 包 头发(418)

那天我用这小块布包头。

4. พ่อกับคูนเรียกมันว่าไอ้เปียก เพราะควายตัวผู้นี้มีขี้ตาตลอดเวลา ๑๓๒①

phɔ^{51} kap^{21} khuun^{33} riak^{51} man^{33} wa^{51} ʔai^{51}piak^{21} phrɔʔ^{453} khwaai^{33} tua^{33} phu^{51} ni^{453} mi^{33}

爸爸 和 昆（人名）叫 它 说 艾 湿 因为 水牛 头 公 这 有

khi^{51} ta^{33} taʔ^{21}lɔɔt^{21} we^{33}la^{33}. （132）

屎 眼 一直 时间

爸爸和小昆把这头公水牛叫做艾湿，因为它眼里什么时候都有眼屎。

5. หวานน้องสาวคนเล็กนั้นเมื่อพลอยมาค้างบ้านใหม่ๆก็รู้สึกว่านิยมเลื่อมใสในตัวพลอย ๓๑๑②

waan^{24} nɔɔŋ^{453}saau^{24} khon^{33} lek^{453} nan^{453} mɯa^{51} phlɔɔi^{33} ma^{33} khaaŋ^{453} baan^{51} mai^{21}mai^{21} kɔ^{51}

万（人名）弟妹 女 个 小 那 时候 帕瑞 来 夜宿 家 新 新 就

① 例句来自《东北之子》。

② 例句来自《四朝代》，下同。

ru^{453}sɯk^{21} wa^{51} niʔ^{453}jom^{33} lɯam^{51}sai^{24} nai^{33} tua^{33} phlɔɔi^{33}. （311）

知道 说 喜欢 信奉 里 身 帕瑞

帕瑞刚刚到家里住的时候，小万，那小妹妹也感觉到喜欢帕瑞。

6. ความปรารถนาอันแรงกล้านั้นก่อให้เกิดความหวัง ๔๐๖

khwaam^{33}pra^{33}thaʔ^{21}na^{24} ʔan^{33} rɛɛŋ^{33} kla^{51} nan^{453} kɔ^{21} hai^{51} kəət^{21} khwaam^{33}waŋ^{24}.（406）

的 愿望 个 有力 勇敢 那 造成 使 产生 的 希望

那强烈的愿望产生了希望。

7. พลอยจึงลืมเรื่องที่จะถามไปพักหนึ่งปล่อยให้เวลาล่วงเลยไปเรื่อยๆโดยที่บ้านหลังเล็กนั้นก็ยังคงเป็นบ้านที่ลึกลั บในสายตาของตนทุกครั้งที่ผ่านไปได้เห็น ๕๔๓

phlɔɔi^{33} cɯŋ^{33} lɯɯm^{33} rɯaŋ^{51} thi^{51} caʔ^{21} thaam^{24} pai^{33} phak^{453} nɯŋ^{21} plɔɔi^{21} hai^{51}

帕瑞 就 忘 事情 的 要 问 去 会儿 一 放 给

we^{33}la^{33} luaŋ^{51} ləəi^{33} pai^{33} rɯai^{51}rɯai^{51} dooi^{33} thi^{51} baan^{51} laŋ^{24} lek^{453} nan^{453} kɔ^{51} jaŋ^{33}

时间 完成 经过 去 渐渐 渐渐 用 的 房子 间 小 那 就 还

khoŋ^{33} pen^{33} baan^{51} thi^{51} lɯk^{453} lap^{453} nai^{33} saai^{24}ta^{33} khɔɔŋ^{24} ton^{33} thuk^{453} khraŋ^{453} thi^{51}

可能 是 房子 的 深 暗 里 线 眼 的 自己 每 次 的

phaan^{21} pai^{33} dai^{51} hen^{24}. （543）

经过 去 得 见

帕瑞把想要问的事情暂时忘记了一段时间，时间渐渐地过去了，每次路过都看到那小房子在自己的眼中还是神秘的屋子。

8. เพราะคุณเปรมเท่าที่พลอยรู้จักในระยะเวลาอันสั้นนั้นเป็นคนอารมณ์ดี เปิดเผย ไม่ปิดบัง ๕๓๔

phrɔʔ^{453} khun^{33}preem^{33} thau^{51} thi^{51} phlɔɔi^{33} ru^{453}cak^{21} nai^{33} raʔ^{453}jaʔ^{453} we^{33}la^{33} ʔan^{33} san^{51}

因为 贝姆 像 的 帕瑞 知道 里 距离 时间 个 短

nan^{453} pen^{33} khon^{33} ʔa^{33}rom^{33} di^{33}，pəət^{21} phəəi^{24} mai^{51} pit^{21} baŋ^{33}. （534）

那 是 人 脾气 好 打开 公开 不 关 遮蔽

因为正如帕瑞在那短短的时间所认识的，坤炳是一个脾气好、开朗、不遮遮掩掩的人。

9. แต่เชี่ยนหมากนากอันเดียวกันนี้กลับไร้ความหมาย ๕๓๙

tɛ^{21} chian^{51} maak^{21} naak^{51} ʔan^{33} diau^{33} kan^{33} ni^{453} klap^{21} rai^{453} khwaam^{33}maai^{24}. （539）

但是 盘 槟榔 水獭 个 同一 相同 这 反而 没 的 意味着

但是这同一个槟榔盘反而没有意思。

10. เมื่อเดินขึ้นบันไดเรือนหลังน้อยนี้ขึ้นมา พลอยก็ใจหายวาบ ๕๔๘

mɯa^{51} dəən^{33} khɯn^{51} ban^{33}dai^{33} rɯan^{33} laŋ^{24} nɔɔi^{453} ni^{453} khɯn^{51} ma^{33}，phlɔɔi^{33} kɔ^{51} cai^{33}

时候 走 上 梯子 房子 栋 小 这 上 来 帕瑞 就 心

haai^{24} waap^{51}.（548）

呼吸 丧气

走上这小房子的楼梯的时候，帕瑞心一下子就凉了。

11. เคยคิดอยู่เสมอว่าจะต้องอบรมสั่งสอน"หนู"ลูกชายคนแรกนี้ให้ถูกวิธี ๑๔๑①

khəəi^{33} khit^{453} ju^{21} saʔ^{21}mə^{24} wa^{51} caʔ^{21} tɔɔŋ^{51} ʔop^{21}rom^{33} saŋ^{21} sɔɔn^{24} nu^{24} luuk^{51} chaai^{33}

曾经　想　在　经常　说　要　需要 熏陶 熏　吩咐　教 努（人名）孩子 男

khon^{33} rɛɛk^{51} ni^{453} hai^{51} thuuk^{21} wiʔ^{453}thi^{33}. （141）

个　第一　这　让　对　方式

曾经一直在想，要按照正确的方法教育这第一个男孩小努。

12. บัดนี้พวกสูได้รู้จากข้าแล้วว่าผ้าผืนที่ข้าหวงแหนนั้นข้าได้มาอย่างไร　๔๑๙

bat^{21} ni^{453} phuak^{51}su^{24} dai^{51} ru^{453} caak^{21} kha^{51} lɛɛu^{453} wa^{51} pha^{51} phɯɯn^{24} thi^{51} kha^{51}

时刻 这　们　你　得　知　从　我　了　说　布　块　的　我

huaŋ^{24}hɛɛn^{24} nan^{453} kha^{51} dai^{51} ma^{33} jaaŋ^{21}rai^{33}. （419）

珍惜　那　我　得　来　样　哪

现在你们得以知道我怎么得到我珍惜的那块布匹了。

量－形－数－量与数－量－形

第二种歧异是，一般来说数词、形容词各用一个量词，整个结构呈现为“量－形－数－量”。但是，有些语料中也存在数词、形容词共用一个量词的情况（例三的量词是容器量词），呈现为“数－量－形”结构。这种结构在主语、宾语和定语位置上的时候是体词结构。实际上“数－量－形”结构中的形容词一旦换成其他类型的修饰词，无论位于什么句法位置都符合上面“修饰词中的形容词、数词共同或单独出现时”的特点（仅指其中数词单独出现的情况如例四到例六，例七属于上述最后的第三种情况）。这说明，形容词与修饰词序列上的定语从句及其后的体词、限定代词不同。不过，由于语料具有方言、口语性，“数－量－形”结构的存在性、内部层次关系和句法功能等还需要进一步研究。

1. หลุมลึกสักหนึ่งคืบ กว้างหนึ่งศอก เสร็จสรรพลุงเข้มก็พาคูนกับจันดีไปล้วงดินเหนียวริมห้วยมาคนละก้อนใหญ่ ๒๖๐②

lum^{24} lɯk^{453} sak^{21} nɯŋ^{21} khɯɯp^{51} kwaaŋ^{51} nɯŋ^{21} sɔɔk^{21} set^{21} sap^{21} luŋ^{33}kheem^{51} kɔ^{51}

坑　深 大约　一　拃　宽　一　肘　完　全 伯伯 肯（人名）就

pha^{33} khuun^{33} kap^{21} can^{33}di^{33} pai^{33} luaŋ^{453} din^{33} niau^{24} rim^{33} huai^{51} ma^{33} khon^{33} laʔ^{453}

带 昆（人名）和　占迪　去　掏　土　粘　边　溪流　来　人　各

kɔɔn^{51} jai^{21}. （260）

块　大

① 例句来自潘德鼎（2011c）。

② 例句来自《东北之子》。

坑深大约一拃，宽一肘，弄完之后，肯伯伯带小昆和占迪到溪边掏来每人一大块黏土。

2. แม่ถามเจ้าของเนื้อเค็มว่าจะได้ส้มปลาขาวไปสักสามตัวใหญ่ๆจะเอาไหม แกว่าเอา ๒๘๕①

mɛ^{51} thaam^{24} cau^{51} khɔɔŋ^{24} nɯa^{453} khem^{33} wa^{51} caʔ^{21} dai^{51} som^{51} pla^{33} khaau^{24} pai^{33} sak^{21}

妈妈 问 主人 的 肉 咸 说 要 得 酸 鱼 白 去 大约

saam^{24} tua^{33} jai^{21}jai^{21} caʔ^{21} ʔau^{33} mai^{24}. kɛ^{33} wa^{51} ʔau^{33}. （285）

三 只 大大 要 要 不 她 说 要

妈妈问腌肉的主人给她三只大大的酸白鱼要不要，她说要。

3. น้าฎาทอดไข่ดาวกับหมูแฮมไว้ให้ พร้อมกับรินนมให้หนึ่งแก้วใหญ่ ทำให้นึกถึงมื้อเช้าเวลาอยู่ที่บ้านกลางเมือ งของแม่ในกรุงเทพฯ ๒๗๒②

na^{453}da^{33} thɔɔt^{51} khai^{21}daau^{33} kap^{21} mu^{24} hɛɛm^{33} wai^{453} hai^{51}，phrɔɔm^{453} kap^{21} rin^{33} nom^{33}

阿姨 达（人名）煎 蛋 星星 和 猪肉 火腿 留 给 同时 和 倒 牛奶

hai^{51} nɯŋ^{21} kɛɛu^{51} jai^{21}，tham^{33}hai^{51} nɯk^{453} thɯŋ^{24} mɯ^{453}chau^{453} we^{33}la^{33} ju^{21} thi^{51}

给 一 杯子 大 做 让 想 到 顿 早 时候 在 地

baan^{51} kaaŋ^{33} mɯaŋ^{33} khɔɔŋ^{24} mɛ^{51} nai^{33} kruŋ^{33}theep^{51}. （272）

房子 中 城市 的 妈妈 里 首都 天神

达阿姨煎荷包蛋和火腿给，还倒了一大杯牛奶，让人想起早上在曼谷市中心妈妈房子里的那一顿。

4. สีบุญบอกถึงลักษณะชาวจิ๋นคนหนึ่งซึ่งเขาช่วยไว้และปล่อยตัวไป ข้าเข้าใจคงจะเป็นสู ๒๔๔

si^{24}bun^{33} bɔɔk^{21} thɯŋ^{24} lak^{453}saʔ^{21}naʔ^{453} chaau^{33}cin^{24} khon^{33} nɯŋ^{21} sɯŋ^{51} khau^{24} chuai^{51}

西温 告诉 到 特征 人 晋 个 一 的 他 帮助

wai^{453} lɛʔ^{453} plɔɔi^{21} tua^{33} pai^{33}，kha^{51} khau^{51}cai^{33} khoŋ^{33} caʔ^{21} pen^{33} su^{24}. （244）

留 和 放 身体 去 我 进入 心 可能 要 是 你

西温告诉我他救助过但又放走的一个晋人的特征，我知道可能就是你。

5. หากเมืองลือเป็นปกติ ข้าจะไปทุกแห่งที่สูไป ๔๑๖

haak^{21} mɯaŋ^{33}lɯ^{33} pen^{33} pok^{21}kaʔ^{21}tiʔ^{21}，kha^{51} caʔ^{21} pai^{33} thuk^{453} hɛɛŋ^{21} thi^{51} su^{24} pai^{33}.

如果 城 仂 成 正常 我 要 去 每 处 的 你 去(416)

如果仂城正常，我要去你去的每个地方。

6. เมื่อผ่านทหารถือทวนที่เรียงรายอยู่สองแถวหน้าวังซึ่งมีท่าทางองอาจเหมือนอยากจะออกผจญกับข้าศึก ซุนโปถ ามกุมภวาว่า สูเห็นทหารของเมือง จิ๋นเป็นอย่างไรบ้าง ๑๕๑

mɯa^{51} phaan^{21} thaʔ^{453}haan^{24} thɯ^{24} thuan^{33} thi^{51} riaŋ^{33} raai^{33} ju^{21} sɔɔŋ^{24} thɛɛu^{24} na^{51} waŋ^{33}

时候 过 士兵 持 矛 的 并列 排 在 两 列 前 皇宫

---

① 例句来自《东北之子》。

② 例句来自潘德鼎（2011d）。

sɯŋ^{51} mi^{33} tha^{51}thaaŋ^{33} ʔoŋ^{33}ʔaat^{21} mɯan^{24} jaak^{21} caʔ^{21} ʔɔɔk^{21} phaʔ^{21}con^{33} kap^{21}

的　有 姿势 路　威武　像　想　要　出　抗争　和

kha^{51}sɯk^{21}，sun^{33}po^{33} thaam^{24} kum^{33}phaʔ^{453}wa^{33} wa^{51}：“su^{24} hen^{24} thaʔ^{453}haan^{24} khɔɔŋ^{24}

奴仆 打仗 孙博　问　贡帕瓦　说　你 见　士兵　的

mɯaŋ^{33}cin^{24} pen^{33} jaaŋ^{21}rai^{33} baaŋ^{51}？”（151）

国　晋 是　样 哪　些

经过并排站立在皇宫前的两条大道的持矛士兵时，看着他们个个姿态威武，像是即将出征和敌人战斗一样，孙博问贡帕瓦道：“你们认为晋国的士兵怎么样？”

7. เมื่อสูคิดว่าคนไทดีแต่ลอบทำร้ายก็จงยกทัพมารบที่ทุ่งลาดขวัญเหมือนยี่สิบปีก่อน ๖๐

mɯa^{51} su^{24} khit^{453} wa^{51} khon^{33}thai^{33} di^{33} tɛ^{21} lɔɔp^{51} tham^{33} raai^{453} kɔ^{51} coŋ^{33} jok^{453} thap^{453}

时候　你　想　说　人　泰　好 但 偷偷　做　坏　就　必须 举　军队

ma^{33} rop^{453} thi^{51} thuŋ^{51}laat^{51}khwan^{24} mɯan^{24} ji^{51}sip^{21} pi^{33} kɔɔn^{21}.（60）

来　战斗　处　峒　刷　魂　像　二　十　年　前

既然你说泰人好但喜欢偷偷地干坏事，那么就请像二十年前那样带兵到拉坎峒交战吧。

上述多重修饰，无论是哪一种规则，修饰词序列上的“形容词、数量词、定语从句、方位词或时间词、领属结构以及限定代词”组合而成的结构都以 ni^{453}、nan^{453}、noon^{453} 煞尾的“名－数－量－限”为基本形式，由于这是一个两头封闭的体词结构，中间可插入各类成分，可承载的内容十分丰富，所以是量词的核心分布，其他指称结构可以从中推导出来。对比下面的例句，例一画线部分是指称结构，可由“名－数－量－限”（如 baau^{21}sɔɔŋ^{24}khon^{33}ni^{453} 这两个奴仆）插入、删除一些成分获得，例二画线部分单独地看多少有些名词谓语句的含义（这个朋友是我的朋友），不能由“名－数－量－限”（如 phɯan^{51}sɔɔŋ^{24}khon^{33}ni^{453} 这两个朋友）通过插入、删除一些成分而获得。

1. ข้าเสียใจอยู่ที่บ่าวสนิทของข้าคนนี้ตาย ๒๗๓

kha^{51} sia^{24}cai^{33} ju^{21} thi^{51} baau^{21} saʔ^{21}nit^{21} khɔɔŋ^{24} kha^{51} khon^{33} ni^{453} taai^{33}.（273）

我　失　心　在　处 奴仆　亲近　的　我　个　这　死

我为我这个亲密的奴仆的死而伤心。

2. ข้าทำได้ แต่ข้าไม่สบายใจเลยที่จะต้องไปฆ่าเพื่อนคนนี้ของข้า ถ้าไม่ได้เตียวเหลียงข้าคงตายเสียแล้วในครั้งนั้น ๓๕๒

kha^{51} tham^{33} dai^{51}，tɛ^{21} kha^{51} mai^{51} saʔ^{21}baai^{33}cai^{33} ləəi^{33} thi^{51} caʔ^{21} tɔɔŋ^{51} pai^{33} kha^{51}

我　做　能　但 我　不　舒服　心　呢　的　要　需要 去　杀

phɯan^{51} khon^{33} ni^{453} khɔɔŋ^{24} kha^{51}，tha^{51} mai^{51} dai^{51} tiau^{33}liaŋ^{24} kha^{51} khoŋ^{33} taai^{33} sia^{24}

朋友　个　这 的　我　如果 不　得　貂良　我 可能　死 去

lɛɛu^{453} nai^{33} khraŋ^{453} nan^{453}.（352）

了　　里　次　　那

我能做，但是要去杀死我的这个朋友我心里不舒服，可是如果杀不到貂良，那次我就有可能被杀死。

有些结构虽然表面呈现为“名－量－修”或“量－修”形式，但是由于不以 ni^{453}、nan^{453}、noon^{453}煞尾或无法从“名－数－量－限”形式推导出来，所以并不是体词结构。下面例句中的“量－修”其实是兼语式的一个组成部分。这从另一个侧面说明，连接泰语量词各项分布的纽带的是“名－数－量－限”。

1. และเมื่อสีเมฆเห็นพนักงานของบ้านเมืองส่วนมากถือตัวว่ามีอำนาจเหนือชาวเมืองสีเมฆจึงให้พนักงานทุกคนออ　กช่วยราษฎรทำนาและให้ออกไปถามความเป็นราษฎรและจะมีผู้เห็นสีเมฆไปพักแรมกับชาวบ้านเสมอ ๑๔๒

lɛʔ^{453} mɯɯa^{51} si^{24}meek^{51} hen^{24} phaʔ^{453}nak^{453}ŋaan^{33} khɔɔŋ^{24} baan^{51}mɯɯaŋ^{33} suan^{21} maak^{51}

和　时候　西明　　见　　工作人员　　的　　村子　城市　部分　大

thɯɯ^{24} tua^{33} wa^{51} mi^{33} ʔam^{33}naat^{51} nɯɯa^{24} chaau^{33} mɯɯaŋ^{33}，si^{24}meek^{51} cɯŋ^{33} hai^{51}

认为 自己 说　有　　权力　　上　　人　　城　　西明　　就　让

phaʔ^{453}nak^{453}ŋaan^{33} thuk^{453} khon^{33} ʔɔɔk^{21} chuai^{51} raat^{51}saʔ^{21}dɔɔn^{33} tham^{33} na^{33} lɛʔ^{453} hai^{51}

工作人员　　　每　　个　　出　　帮　　百姓　　　做　　田　和　让

ʔɔɔk^{21} pai^{33} thaam^{24} khwaam^{33} pen^{33} raat^{51}saʔ^{21}dɔɔn^{33} lɛʔ^{453} caʔ^{21} mi^{33} phu^{51} heen^{24}

出　　去　　问　　　的　　　是　　　百姓　　　和　　要　有　个　见

si^{24}meek^{51} pai^{33} phak^{453} rɛɛm^{33} kap^{21} chaau^{33} baan^{51} saʔ^{21}mə^{24}.（142）

西明　　　去　休息 下半月 和　　人　村子　经常

西明见到国家的工作人员大部分认为自己权利高于市民，就派每个工作人员出去帮老百姓下田种地，派他们去问询老百姓的疾苦，有人见到西明经常去和村民过夜。

2. เวลานี้ไทถูกเหยียบไว้ด้วยเท้าของจิ๋นเมื่อมีผู้ขจัดเท้านั้นไปเหตุใดลูกจะขัดขวางเสียเล่า ๔๙

we^{33}la^{33} ni^{453} thai^{33} thuuk^{21} jiap^{21} wai^{453} duai^{51} thau^{453} khɔɔŋ^{24} cin^{24}，mɯɯa^{51} mi^{33} phu^{51}

时间　　这　　泰　　被　　践踏　着　　用　　脚　　　的　　晋　　时候　有　个

khaʔ^{21}cat^{21} thau^{453} nan^{453} pai^{33}，heet^{21} dai^{33} luuk^{51} caʔ^{21} khat^{21} khwaaŋ^{24} sia^{24} lau^{51}？（49）

消除　脚　　那　　去　理由 哪　孩子 要　　扣上　　横　　住　呢

这时候泰人地方被晋国的脚践踏着，当有人来把那脚消除掉的时候，为什么孩子你要阻碍呢？

4.9　指称结构的内部结构关系及其语义特点

4.9.1　内部结构关系

泰语“名－量－修”结构中名词成分与指称成分“量－修”是一种同位性修饰关系，指称成分“量－修”在名词不出现的情况下起到代替名词的作用。整个“名－量－修”结构可充当主语、宾语和定语等句法成分（例四、例五）。由于“量－修”具有代替名词的作用，所以，“量－修”结构本身也有充当主语、宾语和定语等成分的能力（例一到例三）。

1. ฝ่ายไทมีจำนวนน้อยกว่า ธงผาจึงต้องกลับมาช่วยด้านหลังอีก เขาขับม้าช่วยคนของเขาอยู่ทั้งส องด้านจนม้ าหมดแรง เขาเรียกตัวใหม่ขึ้นขี่ไล่ฟันฝ่ายจิ๋นต่อไปและม้านั้นก็ล้มลงอีก ธงผาก็เรียกเอาตัวใหม่และเข้าสู้รบกับฝ่ายจิ๋นทั้งส องด้าน ๓๕๘

faai^{21} thai^{33} mi^{33} cam^{33}nuan^{33} nɔɔi^{453} kwa^{21}，thoŋ^{33}pha^{24} cɯŋ^{33} tɔɔŋ^{51} klap^{21} ma^{33} chuai^{51}
方面 泰 有 数量 少 过 童帕 就 需要 回 来 帮

daan^{51} laŋ^{24} ʔiik^{21}，khau^{24} khap^{21} ma^{453} chuai^{51} khon^{33} khɔɔŋ^{24} khau^{24} ju^{21} thaŋ^{453} sɔɔŋ^{24}
面 后 再 他 驾驭 马 帮 人 的 他 在 整 两

daan^{51} con^{33} ma^{453} mot^{21} rɛɛŋ^{33}，khau^{24} riak^{51} tua^{33} mai^{21} khɯn^{51} khi^{21} lai^{51} fan^{33} faai^{21}
面 直到 马 完 力 他 叫 匹 新 上 骑 赶 砍 方面

cin^{24} tɔ^{21}pai^{33} lɛʔ^{453} ma^{453} nan^{453} kɔ^{51} lom^{453} loŋ^{33} ʔiik^{21}，thoŋ^{33}pha^{24} kɔ^{51} riak^{453} ʔau^{33} tua^{33}
晋 接着 下去 和 马 那 又 倒 下 再 童帕 就 叫 要 匹

mai^{21} lɛʔ^{453} khau^{51} su^{51} rop^{453} kap^{21} faai^{21} cin^{24} thaŋ^{453} sɔɔŋ^{24} daan^{51}.（358）
新 和 进 打斗 战 和 方面 晋 整 两 面

泰方数量比晋方少，童帕才需要再回来帮后面，他骑马帮助两边的人，直到马乏力了，他又叫来新的骑上继续赶杀晋军，那马又倒下了，他就叫来新的，投入前后两边对晋军的战斗。

2. วันหนึ่งขณะที่ทัพเมืองไต๋ใกล้จะถึงชายแดน ขุนสินขี่ม้าไปข้างหน้า ขุนสายและคำอ้ายขี่ม้าตามไปห่างๆ ขณะนั้ นทัพไต๋เดินผ่านทุ่งหญ้ากว้างและข้างหน้าขุนสายมีพุ่มไม้อยู่สองพุ่ม พุ่มสูงบังพุ่มเตี้ย ขุนสายมองพุ่มไม้ทั้งสองแล้วก็ถอ นใจ คำอ้ายจึงถามว่า”สูลำบากใจเพราะเหตุใด”ขุนสายกล่าวว่า”พุ่มไม้เล็กนั้นเตือนให้ข้านึกถึงความอาภัพของตนเอง สูจ งดูเถิด ไม้พุ่มเล็กนั้นในกาลข้างหน้าอาจจะแผ่กิ่งก้านงามกว่าพุ่มใหญ่ได้ แต่เมื่อต้องถูกพุ่มใหญ่บังเสียแล้ว พุ่มเล็กจะให ญ่โตขึ้นได้อย่างไร”คำอ้ายมิกล่าวประการใดเมื่อม้าของคนทั้งสองมาถึงพุ่มไม้ทั้งสอง คำอ้ายชักดาบออกฟันพุ่มใหญ่ล้ มลงแล้วกล่าวว่า”เมื่อพุ่มใหญ่แย่งดินแย่งแดดจากพุ่มเล็กสูต้องตัดพุ่มใหญ่เสีย”ตั้งแต่วันนั้นมาขุนสายก็คิดกำจัดขุนสินเหมือนคำอ้ายกำจัดพุ่มไม้ใหญ่นั้น ๑๗๖-๑๗๗

wan^{33} nɯŋ^{21} khaʔ^{21}naʔ^{21} thi^{51} thap^{453} mɯaŋ^{33}tai^{24} klai^{51} caʔ^{21} thɯŋ^{24} chaai^{33} dɛɛn^{33},

天 一 时刻 的 军队 城 傣 近 要 到 边缘 区域
khun^{24}sin^{24} khi^{21} ma^{453} pai^{33} khaaŋ^{51} na^{51}，khun^{24}saai^{24} lɛʔ^{453} kham^{33}ʔaai^{51} khi^{21} ma^{453}
坤信 骑 马 去 边 前 坤赛 和 甘艾 骑 马
taam^{33} pai^{33} haaŋ^{21}haaŋ^{21} khaʔ^{21}naʔ^{21} nan^{453} thap^{453}tai^{24} dəən^{33} phaan^{21} thuŋ^{51} ja^{51} kwaaŋ^{51}
跟随 去 疏远 疏远 时刻 那 军队 傣 走 经过 小盆地 草 广
lɛʔ^{453} khaaŋ^{51} na^{51} khun^{24}saai^{24} mi^{33} phum^{51} mai^{453} ju^{21} sɔɔŋ^{24} phum^{51}，phum^{51} suuŋ^{24}
和 边 前 坤赛 有 灌木丛 树 在 两 灌木丛 丛 高
baŋ^{33} phum^{51} tia^{51}，khun^{24}saai^{24} mɔɔŋ^{33} phum^{51} mai^{453} thaŋ^{453} sɔɔŋ^{24} lɛɛu^{453} kɔ^{51}
遮 从 矮 坤赛 望 灌木丛 树 整 两 了 就
thɔɔn^{24}cai^{33}. kham^{33}ʔaai^{51} cɯŋ^{33} thaam^{24} wa^{51}：su^{24} lam^{33}baak^{21} cai^{33} phrɔʔ^{453} heet^{21}
感叹 心 甘艾 就 问 说 你 困难 心 因为 理由
dai^{33}？khun^{24}saai^{24} klaau^{21} wa^{51}：phum^{51} mai^{453} lek^{453} nan^{453} tɯan^{33} hai^{51} kha^{51} nɯk^{453} thɯŋ^{24}
哪 坤赛 说 道 灌木丛 树 小 那 提醒 给 我 想 到
khwaam^{33}ʔa^{33}phap^{453} khɔɔŋ^{24} ton^{33} ʔeeŋ^{33}，su^{24} coŋ^{33} du^{33} thəət^{21}. mai^{453} phum^{51} lek^{453}
的 苦命 的 本身 自己 你 必须 看 吧 树 灌木丛 小
nan^{453} nai^{33} kaan^{33} khaaŋ^{51} na^{51} ʔaat^{21} caʔ^{21} phɛ^{21} kiŋ^{21} kaan^{51} ŋaam^{33} kwa^{21} phum^{51} jai^{21}
那 里 时间 边 前 可能 要 扩展 枝条 茎秆 茂盛 过 从 大
dai^{51}，tɛ^{21} mɯa^{51} tɔɔŋ^{51} thuuk^{21} phum^{51} jai^{21} baŋ^{33} sia^{24} lɛɛu^{453}，phum^{51} lek^{453} caʔ^{21} jai^{21}
能 但 时候 需要 被 从 大 遮 掉 了 从 小 要 大
to^{33} khɯn^{51} dai^{51} jaaŋ^{21}rai^{33}！kham^{33}ʔaai^{51} miʔ^{453} klaau^{21} praʔ^{21}kaan^{33} dai^{33}，mɯa^{51} ma^{453}
长大 起来 能 样 哪 甘艾 没 说 条 哪 时候 马
khɔɔŋ^{24} khon^{33} thaŋ^{453} sɔɔŋ^{24} ma^{33} thɯŋ^{24} phum^{51} mai^{453} thaŋ^{453} sɔɔŋ^{24}. kham^{33}ʔaai^{51}
的 人 整 两 来 到 从 树 整 两 甘艾
chak^{453} daap^{21} ʔɔɔk^{21} fan^{33} phum^{51} jai^{21} lom^{453} loŋ^{33} lɛɛu^{453} klaau^{21} wa^{51}：mɯa^{51} phum^{51}
抽 剑 出 砍 从 大 倒 下 然后 说 道 时候 从
jai^{21} jɛɛŋ^{51} din^{33} jɛɛŋ^{51} dɛɛt^{21} caak^{21} phum^{51} lek^{453}，su^{24} tɔɔŋ^{51} tat^{21} phum^{51} jai^{21} sia^{24}.
大 争 土地 争 阳光 从 从 小 你 需要 砍 从大 掉
taŋ^{51}tɛ^{21} wan^{33} nan^{453} ma^{33} khun^{24}saai^{24} kɔ^{51} khit^{453} kam^{33}cat^{21} khun^{24}sin^{24} mɯan^{24}
建 从 天 那 来 坤赛 就 想 处理 坤赛 像
kham^{33}ʔaai^{51} kam^{33}cat^{21} phum^{51} mai^{453} jai^{21} nan^{453}.（176－177）
甘艾 处理 灌木丛 树 大 那

有一天，傣城军队走近边界的时候，坤信骑马在前方，坤赛和甘艾骑在后面远远地跟随。那时候军队走过一片草地，坤赛前面有两丛灌木，高的遮住矮的。坤赛望着两个灌木丛就叹气。甘艾问："你有什么理由叹气吗？"坤赛说道："那小的灌木丛让我想起了自己。你看看吧，那小丛灌木在未来的时间里可能会长出枝条，比大丛茂盛，但是却被大丛遮住。小丛要长大怎么可能？”甘艾听了什么都没说。两个人的马来到这两丛灌木的时候，甘艾抽出剑把大丛砍倒，然后说道：“大丛跟小丛争夺土地和阳光的时候，你必须把大的砍掉。”自从那天起，坤赛就像甘艾砍掉那大灌木丛一样想方设法处理掉坤信。

3. ข้าเห็นอยู่ผู้หนึ่งซึ่งจะเรียกไม่ได้ว่าเป็นชาวเมืองใด เพราะเป็นชาววัด ผู้นั้นคือสีบุญแห่งวัดป่าลาย ๒๕๕

kha^{51} hen^{24} ju^{21} phu^{51} nuŋ^{21} suŋ^{51} caʔ^{21} riak^{51} mai^{51} dai^{51} wa^{51} pen^{33} chaau^{33} mɯaŋ^{33}

我　知道　在　个　一　的　要　叫　不　能　说　是　人　城

dai^{33}，phrɔʔ^{453} pen^{33} chaau^{33} wat^{453}，phu^{51} nan^{453} khɯ^{33} si^{24}bun^{33} hɛɛŋ^{21} wat^{453}pa^{21}laai^{33}.

哪　因为　是　人　寺庙　个　那　是　西温　的　寺　巴莱（255）

我知道有一个，不能称他是哪个城邦的人，因为他是出家人，那个就是巴莱寺的西温。

4. พระจันทร์ดวงโตที่สุดในรอบปีลอยอยู่กลางฟ้าตรงศีรษะพอดี ๑๓๔①

praʔ^{453}can^{33} duaŋ^{33} to^{33} thi^{51}sut^{21} nai^{33} rɔɔp^{51} pi^{33} lɔɔi^{33} ju^{21} klaaŋ^{33} fa^{453} troŋ^{33} si^{24}saʔ^{21}

月亮　个　大的尽　里　周　年飘浮　在　中　天　处　头

phɔ^{33}di^{33}.（134）

足够　好

一年里最大的月亮挂在天空，正好就在头顶上。

5. มือที่หยิบผ้านุ่งผ้าห่มนั้นก็ดูเหมือนจะเลือกสรรเฉพาะผ้านุ่งผ้าห่มผืนที่ดีที่สุดสำหรับวันนั้น ๒๐๕

mɯ^{33} thi^{51} jip^{21} pha^{51} nuŋ^{51} pha^{51} hom^{21} nan^{453} kɔ^{51} du^{33} mɯan^{24} caʔ^{21} lɯak^{51} san^{24}

手　的　拿　布　穿　布　盖　那　也　看　似乎　要　选择　挑选

chaʔ^{21}phɔʔ^{453} pha^{51} nuŋ^{51} pha^{51} hom^{21} phɯɯn^{24} thi^{51} di^{33} thi^{51}sut^{21} sam^{24}rap^{21} wan^{33} nan^{453}.

特地　布　穿　布　盖　块　的　好　的尽　专门　天　那(205)

那拿着衣物的手看似要特地为那天专门穿的衣服而选择。

指称结构具有上述充当主语、宾语和定语的语法功能。但是对于“名－量－形”和“量－形”(此处形容词不包括区别词)来说，与“名－量－修”结构的其他类型如“名－量－代”和“量－代”不同，这种能力并不是它本身就有的。“名－量－形”和“量－形”作为一种指称结构具有一定的歧异。

1. หมาป่าตัวเบ้อเร่อ จะไม่เห็นได้อย่างไร บอกมาเถอะครับ ๑๑๕②

ma^{24} pa^{21} tua^{33} bə^{51}rə^{51} caʔ^{21} mai^{51} hen^{24} dai^{51} jaaŋ^{21}rai^{33}，bɔɔk^{21} ma^{33} thəʔ^{21} khrap^{453}.

狗　野　身体或匹　超大　要不　见　能　样　哪　告诉　来　吧　啊（115）

个儿超大的狼（或超大的狼），怎么能不见呢，告诉我吧。

① 例句来自《四朝代》，下一例同此。

② 此部分例句来自潘德鼎（2011c）。

2. ครั้งแรกหล่อนไม่เชื่อเขา แต่เจ้าหมากและพลูใบเบ้อเร่อหรือ มันเห็นอยู่ตรงลูกนัยน์ตา หล่อนก็เลยต้องยอมเชื่อ ๑๗๗

khraŋ^{453} rɛɛk^{51} lɔɔn^{21} mai^{51} chɯa^{51} khau^{24} tɛ^{21} cau^{51}maak^{21} lɛʔ^{453} phlu^{33} bai^{33} bə^{51}rə^{51}

次 第一 她 不 信 他 但 主人 槟榔 和 篓叶 叶子或张

rɯ^{24}，man^{33} hen^{24} ju^{21} troŋ^{33} luuk^{51} nai^{33} ta^{33}，lɔɔn^{21} kɔ^{51} ləəi^{33} tɔɔŋ^{51} jɔɔm^{33} chɯa^{51}.

超大 呢 它 见 在 处 颗 眼 眼 她 就 呢 要 愿意 信（177）

第一次她不相信他，但是槟榔和叶子超大的篓叶这种植物（或大张的篓叶）就在眼前，她就情愿相信了。

3. แต่ผู้พิชิตมันกลายเป็นเจ้าสัตว์ตัวกระจิริด คือหอยทากที่ตัวเป็นเมือกลื่นๆ 160

tɛ^{21} phu^{51}phiʔ^{453}chit^{453} man^{33} klaai^{33} pen^{33} cau^{51}sat^{21} tua^{33} kraʔ^{21}ciʔ^{21}rit^{21}，khɯ^{33}

但 人 战胜 它 变 是 主人 动物 只 微小 是

hɔɔi^{24}thaak^{51} thi^{51} tua^{33} pen^{33} mɯak^{51} lɯɯn^{51}lɯɯn^{51}.

蜗牛 的 身体 是 黏液 滑 滑

但是战胜它的变成了卑微的动物（或个儿微小的动物），身体是滑滑的黏液的蜗牛。

4. แล้วแม่ก็ยิบชะลอมเล็กๆน่าเอ็นดูเป็นที่สุดขึ้นมาหลายชะลอม ของในชะลอมนั้นเมื่อพลอยแลเห็นก็เกือบจะลิง โลดด้วยความดีใจ ชะลอมหนึ่งมีปลากรอบตัวเล็กๆเท่านิ้วก้อย เข้าไม้ตับไว้อย่างกับของจริงๆ อีกชะลอมหนึ่งมีมะขาม ป้อมลูกเล็กๆได้ขนาด อีกชะลอมหนึ่งใส่ไข่เต่าเปลือกขาวสะอาด อีกชะลอมหนึ่งนั้นใส่ไข่เค็มทำด้วยไข่นกกระจาบ พอก ขี้เถ้าสีดำลูกเล็กๆไม่เกินปลายหัวแม่มือ ๑๑๙①

lɛɛu^{453} mɛ^{51} kɔ^{51} jip^{453} chaʔ^{453}lɔɔm^{33} lek^{453}lek^{453} na^{51}ʔen^{33}du^{33} pen^{33} thi^{51}sut^{21} khɯn^{51} ma^{33}

然后 妈妈 就 拿 竹篓 小 小 值得 偏爱 成 的 尽 上 来

laai^{24} chaʔ^{453}lɔɔm^{33}，khɔɔŋ^{24} nai^{33} chaʔ^{453}lɔɔm^{33} nan^{453} mɯa^{51} phlɔɔi^{33} lɛ^{33} hen^{24} kɔ^{51}

多 竹篓 东西 里 竹篓 那 时候 帕瑞 看 见 就

kɯap^{21} caʔ^{21} liŋ^{33} loot^{51} duai^{51} khwaam^{33}di^{33}cai^{33}，chaʔ^{453}lɔɔm^{33} nɯŋ^{21} mi^{33} pla^{33} krɔɔp^{21}

将近 要 猴 跳跃 以 的 好 心 竹篓 一 有 鱼 脆

tua^{33} lek^{453}lek^{453} thau^{51} niu^{453}kɔɔi^{51}，khau^{51} mai^{453} tap^{21} wai^{453} jaaŋ^{21} kap^{21} khɔɔŋ^{24}

只 小 小 像 指 小 进 小棍 排 着 样 和 的

ciŋ^{33}ciŋ^{33}，ʔiik^{21} chaʔ^{453}lɔɔm^{33} nɯŋ^{21} mi^{33} maʔ^{453}khaam^{24} pɔɔm^{51} luuk^{51} lek^{453}lek^{453} dai^{51}

真 真 又 竹篓 一 有 酸角 扁圆 个 小 小 得

khaʔ^{21}naat^{21}，ʔiik^{21} chaʔ^{453}lɔɔm^{33} nɯŋ^{21} sai^{21} khai^{21} tau^{21} plɯak^{21} khaau^{24} saʔ^{21}ʔaat^{21}.

规格 又 竹篓 一 放 蛋 龟 壳 白 干净

ʔiik^{21} chaʔ^{453}lɔɔm^{33} nɯŋ^{21} nan^{453} sai^{21} khai^{21} khem^{33} tham^{33} duai^{51} khai^{21} nok^{453}

又 竹篓 一 那 放 蛋 咸 做 用 蛋 鸟

① 此例来自《四朝代》。

kraʔ^{21}caap^{21}，phɔɔk^{51} khi^{51}thau^{51} si^{24} dam^{33} luuk^{51} lek^{453}lek^{453} mai^{51} kəən^{33} plaai^{33}
织布鸟 敷 粉末 灰 色 黑 个 小 小 不 超过 尖端
hua^{24}mɛ^{51}mɯ^{33}.（119）
头 大 手

然后妈妈拿出许多最可爱的小小的竹篓，帕瑞看见里面的东西就高兴得像猴子一样活蹦乱跳。一个竹篓有着小小的脆鱼，小得像小指母，用小木片排起来像是活的鱼一样，另一个竹篓是小得正好合适的扁圆酸角，第三个竹篓放着龟蛋，蛋壳洁白可爱，第四个竹篓放着织布鸟的蛋做成的腌蛋，用黑色的火灰敷着，个儿小小的，比大拇指尖还小。

可见，形容词在有量词参与的指称结构中起着一种微妙而不稳定的作用。这从“名－量－形”本身的内部结构关系就可以看出来。

第一种关系，“名－量－形”结构中的“量－形”之间可以插入关系助词 thi^{51}（ที่）“的”，变换成“名－量－thi^{51}－形”，如 ma^{24}tua^{33}lek^{453}（หมาตัวเล็ก）相当于 ma^{24}tua^{33}thi^{51}lek^{453}（หมาตัวที่เล็ก）“小的狗”，从而分化出作为指称成分的“量－形”，其中的量词其语义指向前面的名词。

第二种关系，“名－量－形”结构中名词和“量－形”之间可以插入关系助词 thi^{51}（ที่）“的”，变换成“名－thi^{51}－量－形”，从而分化出该结构中名词的修饰成分，如 ma^{24}tua^{33}lek^{453} 相当于 ma^{24}thi^{51}tua^{33}lek^{453}（หมาที่ตัวเล็ก）“个儿小的狗”。从这种变换形式可以看出，名词后面的整个修饰成分是一个主谓结构，该主谓结构中充当主语的 tua^{33}“身材、个子”实际上是名词而不是量词。

指称结构“量－形”具有一定的条件。表面上呈现为“量－形”结构的有时并不是指称结构，如 tua^{33}jai^{21}（ตัวใหญ่）出现在谈论某人某物的长相时是指“个儿大”；只有在一定的条件如在商店购买衣服选择大小号的时候 tua^{33}jai^{21} 才是指“大件”即“大号的衣服”。存在这种分歧的原因，从形容词的角度看是因为形容词的谓词性虽弱于动词，但它的饰词性又弱于限定代词，具有一定的述谓功能；从量词的角度看，是因为量词具有一定的名词性，表达事物本身而不是事物的类别，因而其类别指称化的能力不强。

从指称表达在分布上的歧异来看，前文所述与“名－量－形”存在分歧的“名－量－动”不能列为“名－量－修”的一种方式，其原因就是动词谓词性比形容词强，不能由“名－数－量－限”形式推导出来；而与“名－量－形－量－限”存在分歧的“名－量－形－限”、与“名－量－限”存在分歧的“名－限”的形式之一“量－名－形－限”虽有形容词分布但却符合语法规则的原因就在于它符合“名－数－量－限”以限定代词煞尾的特点。

4.9.2 语义特点

从语义的角度看，“名－量－修”结构是有指的，即指向某一名物，是一种指称结构，所指的对象大都具有确定性，如“名－量－限、名－量－形”有一种定指的含义。①“名－量－修” 指称的具体内容因各类型的修饰词不同而有差异，请看下表：

表 4.4　“名－量－修”类型和指称

类型	修饰词的含义	“量－修”结构的指称含义	“名－量－修”结构的指称含义
名－量－代	指别等	近指的类别指称（如 tua^{33}ni^{453}“这只、这件或这台”等）	近指的个体指称（如 ma^{24}tua^{33} ni^{453}“这只狗”）等
名－量－形	性质、状态	具有某种性质、状态的类别指称	具有某种性质、状态的特定指称
名－量－thi^{51}“第”－数	顺序	顺序确定的类别指称	顺序确定的指称
名－量－体（方位词、时间词）	位置	位置确定的类别指称	位置确定的指称
名－量－定从	限定、描述	受限定、描述的类别指称	受限定、描述的特定指称

值得注意的是，“名－量－修”是有指的，但其数的含义并不明确。指称方面的数的具体含义并不是由量词决定，而是由与之组合的数词、代词以及前面的名词共同影响的。②本书绪论曾提到过学界对“名－量－形”中名词数的含义有争论，有学者认为其数量为“一”，但实际上诚如某些学者观察到的一样，“名－量－形”中的名词也不总是单数，如下面的前三个例子都不是单数，最后一个例句才是单数。

1. ผู้ชายคนหล่อ	ผู้หญิงคนสวย
phu^{51} chaai^{33} khon^{33} lɔ^{21}	phu^{51} jiŋ^{24} khon^{33} suai^{24}
人　男　个　英俊	人　女　人　漂亮
英俊的男人	漂亮的女人

2. นางคำดวงและสร้อยทองผู้เคยเป็นบ่าวของนางบุญฉวีนั้นนอนตายเคียงกันอยู่ในหมู่หญิงเชียงแส

๓๖๓

① 修饰语由疑问代词充当时没有确定性。

② 包括 ในพระบรมมหาราชวังชั้นแรกนั้นมีโรงช้างและโรงม้าเชือกและตัวที่สมเด็จพระเจ้ากรุงสยามโปรดที่สุด《拉鲁贝行记》P.295。

naaŋ^{33} kham^{33}duaŋ^{51} lɛʔ^{453} sɔɔi^{51}thɔɔŋ^{33} phu^{51} khɔɔi^{33} pen^{33} baau^{21} khɔɔŋ^{24} naaŋ^{33}

妇人　甘东　和　绥同　个　曾　是　奴仆　的　妇人

bun^{33}chaʔ^{21}wi^{24} nan^{453} nɔɔn^{33} taai^{33} khiaŋ^{33} kan^{33} nai^{33} mu^{21} jiŋ^{24} chiaŋ^{33}sɛ^{24}.（363）

温查维　那　躺　死　并列　一起　里　群　女　清塞

曾经是温查维的奴仆的甘东和绥同并排躺着死在清塞女人之间。

3. พอนึกได้ว่าจันดีจะนุ่งกางเกงกับเสื้อตัวเก่าไปโรงเรียนก่อน คูนจึงพูดไปเรื่องอื่น ๖๓①

phɔ^{33} nɯk^{453} dai^{51} wa^{51} can^{33}di^{33} caʔ^{21} nuŋ^{51} kaaŋ^{33}keeŋ^{33} kap^{21} sɯa^{51} tua^{33} kau^{21} pai^{33}

一旦　想　得　说　占迪　要　穿　裤子　和　衣服　件　旧　去

rooŋ^{33}rian^{33} kɔɔn^{21}，khuun^{33} cɯŋ^{33} phuut^{51} pai^{33} rɯaŋ^{51} ʔɯɯn^{21}.（63）

棚子　学习　先　昆（人名）　就　说　去　事情　其他

想起占迪还要先穿旧的衣服和裤子去学校，小昆就转而去说其他事情了。

4. เมื่อฟื้นขึ้นมาในตอนเช้าเตียวเหลียงเห็นตนเองถูกชายสี่คนนั่งล้อมอยู่ เขาจึงลุกขึ้นยืนและชักดาบออก แต่ชายเห ล่านั้นคงนั่งสงบอยู่ เตียวเหลียงจึงสอดดาบไว้ตามเดิมแล้วชายคนที่นั่งอยู่ข้างหน้ากล่าวว่า”เราไม่มีอาวุธสูอย่าเกรงภัยเล ย”...ชายที่นั่งข้างหน้าตอบว่า”ข้าเดินกลับจากไร่เห็นสูสลบอยู่ริมทางจึงนำตัวมา อากาศภายนอกเย็นจัดและสูคงอ่อนเพลีย มากจึงเพิ่งรู้ศึกตัว เรามิได้จับสูมา เมื่อสูปกติดีแล้วจะเดินทางต่อไปหรือจะพักให้สบายเสียก่อนก็ได้เพราะที่นี่ไม่มีภัยและ ไม่มีศัตรู” ๗๖②

mɯa^{51} fɯɯn^{453} khɯn^{51} ma^{33} nai^{33} tɔɔn^{33}chau^{453} tiau^{33}liaŋ^{24} hen^{24} ton^{33} ʔeeŋ^{33} thuuk^{21}

时候　恢复　起来　来　里　段　早　貂良　见　本身　自己　被

chaai^{33} si^{21} khon^{33} naŋ^{51} lɔɔm^{453} ju^{21}，khau^{24} luk^{453} khɯn^{51} jɯɯn^{33} lɛʔ^{453} chak^{453} daap^{21}

男子　四　个　坐　围绕　在　他　起身　上来　站　和　抽　剑

ʔɔɔk^{21}，tɛ^{21} chaai^{33} lau^{21} nan^{453} khoŋ^{33} naŋ^{51} saʔ^{21}ŋop^{21} ju^{21}，tiau^{33}liaŋ^{24} cɯŋ^{33} sɔɔt^{21} daap^{21}

出　但　男子　些　那　还　坐　安稳　在　貂良　就　插　剑

wai^{453} taam^{33} dəəm^{33}，lɛɛu^{453} chaai^{33} khon^{33} thi^{51} naŋ^{51} ju^{21} khaaŋ^{51} na^{51} klaau^{21} wa^{51}：

住　按　原先　然后　男　个　的　坐　在　边　前　说　道

rau^{33} mai^{51} mi^{33} ʔa^{33}wut^{453} su^{24} ja^{21} kreeŋ^{33} phai^{33} lɔɔi^{33}. … chaai^{33} thi^{51} naŋ^{51} khaaŋ^{51} na^{51}

我们　没　有　武器　你　别　害怕　灾难　啦　男　的　坐　边　前

tɔɔp^{21} wa^{51}：kha^{51} dəən^{33} klap^{21} caak^{21} rai^{51}，hen^{24} su^{24} saʔ^{21}lop^{21} ju^{21} rim^{33} thaaŋ^{33} cɯŋ^{33}

答　道　我　走　回　从　地　见　你　昏迷　在　边　路　就

nam^{33} tua^{33} ma^{33}，ʔa^{33}kaat^{21} phaai^{33} nɔɔk^{51} jen^{33} cat^{21} lɛʔ^{453} su^{24} khoŋ^{33} ʔɔɔn^{21}phlia^{33}

带　身体　来　气候　面　外　凉　很　和　你　可能　软　疲

maak^{51} cɯŋ^{33} phəəŋ^{51} ru^{453}sɯk^{21} tua^{33}，rau^{33} miʔ^{453} dai^{51} cap^{21} su^{24} ma^{33}. mɯa^{51} su^{24}

很　就　刚　感觉　身体　我　没　有　抓　你　来　时候　你

① 例句来自《东北之子》。

② 省略号为笔者所加。

pok^{21}kaʔ^{21}tiʔ^{21} di^{33} lɛɛu^{453} caʔ^{21} dəən^{33} thaaŋ^{33} tɔ^{21}pai^{33} rɯ^{24} caʔ^{21} phak^{453} hai^{51} saʔ^{21}baai^{33}
正常 好 了 要 走 路 接着 下去 还是 要 休息 让 舒服
sia^{24}kɔɔn^{21} kɔ^{51} dai^{51} phrɔʔ^{453} thi^{51} ni^{51} mai^{51} mi^{33} phai^{33} lɛʔ^{453} mai^{51} mi^{33} sat^{21}tru^{33}. （76）
完 先 也 行 因为 处 这 没 有 灾难 和 没 有 敌人

早上恢复过来的时候，貂良发现自己被四个男子围着坐在四周，就站起身拔出剑来。可是这些男子仍然安稳地坐着，貂良才放回自己的剑。坐在前面的男子说："我们没有武器，你别害怕"……坐在前面的男子回答道："我从地里走回来，看见你在路边昏厥了，就把你带过来。外面很凉，你可能疲软了，所以刚醒过来。我们没有抓你。你恢复正常了可以继续赶路，也可以先在这里休息，完全恢复了再走。因为这里没有灾难也没有敌人。"

4.10 泰汉指称单位对比

朱德熙（1983）研究"的、者、所、之"几个虚词，较早讨论了指称现象并在 1985 年提出"指称化"。本书所采用的术语"指称化"缘于此。一般说的关系化只是就其中的定语而言，体词化、名词化分别从句法、词法的角度说明名物化，但名物化的说法似有印欧语眼光。英语句法中的定语从句、主语从句、宾语从句都是指称化的具体形式。正如 Shibatani，Masayoshi（2009）所指，一般所说的关系从句只是体词化的一种。

本书把将谓词、饰词转化成体词因而具有指称化作用的语言成分称为指称单位，认为泰语量词具有一定的指称化作用，是泰语里的一种指称单位。

下表 4.5 所列指称单位是体词性成分，与限定代词组合，不与没有限定功能的一类代词共现。指称单位的语法意义有自指和转指，从这些指称单位的来源看可将之分为两种：

表 4.5　　泰语指称单位

指称单位	指称类型	指称单位的本源	例子	例子的汉义
tua^{33}（ตัว）等	转指	个体量词	หมาตัวใหญ่ 狗－只－大	大的狗
phu^{51}（ผู้）	转指	表人量词	หญิงผู้ใจดี 女－个－心好	善良的女人
jaaŋ^{21}（อย่าง）	转指	种类量词	เสบียงอย่างเลว 干粮－种－坏	坏的干粮
ʔan^{33}（อัน）	转指	泛用量词	มืออันยาว 手－个－长	长的手
ʔan^{33}（อัน）	抽象自指	泛用量词	ข้ามีอันเป็นไป 个－是－去	可能性

续表

指称单位	指称类型	指称单位的本源	例子	例子的汉义
thi⁵¹（ที่）	转指	处所量词	ที่ที่มีความสุข 地－处－有－幸福 ที่ปิดที่เปิด 的－关－的－开 หมาที่ใหญ่ 狗－的－大	有幸福的地方 开关 大的狗
thi⁵¹（ที่）	抽象自指	地方	ที่ไปที่มา 的－去－的－来	历史源流
kaan³³（การ）	具体自指	工作，事务	การตาย 的－死	死亡
khwaam³³（ความ）	抽象自指	语言，词句	ความตาย 的－死	死亡

第一种是量词，主要对应于转指，特别是类别转指；第二种是抽象名词，如“东西，工作、事务，语言、词句，地方”等，对应于自指，一般分抽象自指和具体自指。它们的指称化有强弱之分，ʔan³³ 是泛用量词，使用范围很广，指称化较强；thi⁵¹ 既是量词也是抽象名词，因此指称化最强，可以和上述其他指称单位共现。

泰语个体量词都有指称化的功能，“量－形”结构尤其需要承担主语、宾语、定语等句法成分，即可通过“名－数－量－限”检验才能具有指称的功能，否则，除ʔan³³ 和表人量词 phu⁵¹ 以外，一般的个体量词由于与其源头名词关系较密切、词义较实的原因需要通过 thi⁵¹、sɯŋ⁵¹ 等其他指称单位将谓词变成体词之后才与之组合。

汉语的指称单位有“的、者、所、之”等虚词，方言还有其他形式。结合王力（1958，2009）[324－246]、郭锡良（2007）[85－94] 有关研究，汉语“的、者、所、之”等可能与代词有关，但这需要进一步论证。可见，泰汉指称单位有不少差异。

表 4.6　　汉泰指称单位对比

指称类型	泰语指称单位	对应的现代汉语指称单位
转指	tua³³、leem⁵¹、luuk⁵¹（ตัว、เล่ม、ลูก）等个体量词	的
转指	表人量词 phu⁵¹（ผู้）	的，者
转指	种类量词 jaaŋ²¹（อย่าง）	的，型
转指	泛用量词ʔan³³（อัน）	的
抽象自指	泛用量词ʔan³³（อัน）	的
转指	处所量词 thi⁵¹（ที่）	的

续表

指称类型	泰语指称单位	对应的现代汉语指称单位
抽象自指	thi^{51}（ที่）“地方”	所
具体自指	kaan^{33}（การ）“工作，事务”	零形式
抽象自指	khwaam^{33}（ความ）“语言，词句”	性，度

4.11 小 结

本章从指称功能的角度，考察泰语“名－量－修”结构的各组成部分及其关系，发现：

一般语法书未见有或少见有深入研究的泰语量词分布有三项：“名－量－限”省略量词而得的“名－限”的两种特殊形式即“量－名－限”、“量－名－形－限”，以及第三项“名－量－形－限”，同时考察了前人有研究但研究中有分歧的“名－量－谓”，指出“名－量－谓”结构之一“名－量－动”具有一定的方言、口语性，“名－量－形”是歧义结构。发现这些分布的主要价值在于说明泰语“名－量－修”结构修饰语位置上的形容词和限定代词语法功能不同，量词对饰词的指称化强，对谓词特别是其中的动词的指称化弱。

泰语指称结构除了“名－量－修”以外还存在上述“名－限”等结构，构成指称表达方式的整个系统，这些结构尽管在结构、语义上有些差异，但作为指称表达的方式它们具有一定的联系，其语法意义都是表示指称。泰语采用“∽限”形式表达指称意义，其中限定代词前面的成分可以是多音节的合成词，在较高层次上则用“名－量－限”和“名－数－量－限”作为指称结构的基础，其他指称形式可由此推导出来。

在常见的“名－量－修”指称结构中，量词起到两种作用。①

第一种，一般指称单位的指称功能。指称单位有不同的种类，从计量的角度看，度量衡量词不能将谓词转化为体词，因此没有指称功能，部分量词、集体量词、借用量词由于本身是名词，具有指称的意义，是一种事物的指称。“名－量－修”结构中的个体量词、反响量词充当指称单位，跟各类修饰语组合之后放在名词后面一起做名词的修饰成分。因此，它们跟部分量词、集体量词、借用量词等其他量词类型具有相同之处，都对各类修饰语中的饰词性、谓词性修饰语具有指称化的作用。从这个角度看，尽

① 此处的“名□-□量□-□修”结构包括“名□-□名□-□修”。

管它们在词义上与其他量词有差异，但这种差异对“量－修”以及“名－量－修”的结构并没有影响，因此可归入“名－量－修：指称单位”，强调个体量词与部分量词、集体量词、借用量词以及其他指称单位（如 thi^{51}、$suɯŋ^{51}$）的共性。

第二种作用，自然单位的类别指称功能。

表示自然单位的个体量词都具有类别转指的作用，它在“名－量－修”中起到将后面的一部分修饰词（限定代词、形容词等）变成体词的作用，由于自然单位具有分类功能，所以这种指称都是类别转指，“量－修”结构还含有事物的远近距离、状态等含义。整个“名－量－修”结构是由这种指称结构和表示个体事物的名词组合而成的交集，表达有指的含义。量词对“名－量－修”结构中的其他修饰语（如方位词、时间词）则以中心语的身份表现这种分类功能。由于“量－修”结构中的修饰语类型丰富，所以整个“名－量－修”结构的内容也非常丰富。

第五章　量词在“量-名”组合中的功能：构词单位

5.1　具有事物类别意义的量名组合

量名组合是指前由个体量词、后由与该量词搭配的名词两部分组合而成的合成词，这种词语表达事物抽象的、概括的类别意义。其类别意义来自于第一个组成部分量词，量词在整个组合中具有分类的作用，指明后面名物的类属。如 duaŋ^{33}taʔ^{21}wan^{33}（ดวงตะวัน）个-太阳“太阳”由太阳的量词 duaŋ^{33} 和名词太阳 taʔ^{21}wan^{33} 组成，duaŋ^{33} 表示向四周发光有光圈的明亮物体，整个合成词表示太阳属于向四周发光有光圈的明亮物体。

具有事物类别意义的量名组合，可以用对应组“量名组合：类别意义”来表示。按意义类别，一般可以将它们分为以下几类：

天然事物：duaŋ^{33}taʔ^{21}wan^{33} 太阳、duaŋ^{33}daau^{33}（ดวงดาว）星星，seen^{51}phom^{24}（เส้นผม）头发、seen^{51}khon^{24}（เส้นขน）毛发；

植物类：ton^{51}mai^{453}（ต้นไม้）树木、ton^{51}ja^{51}（ต้นหญ้า）草类、ton^{51}sai^{33}（ต้นไทร）榕树、ton^{51}rak^{453}（ต้นรัก）漆树；

动物类：tua^{33}sat^{21}（ตัวสัตว์）动物、tua^{33}len^{33}（ตัวเล็น）跳蚤、tua^{33}duaŋ^{51}（ตัวด้วง）象鼻虫；

人类：phu^{51}khon^{33}（ผู้คน）人们、phu^{51}chaai^{33}（ผู้ชาย）男人、phu^{51}phi^{51}（ผู้พี่）哥哥。

这种分类以有无生命作为首要标准，动植物和人属于有生事物，有生类下面各小类又有各自的分类标准。天然事物、人工器具等属于无生类。无生类主要以维度为标准，附于事物的某一种形状从事物中抽离出来作为一种类，词义是该形状类型的量词作为上位词，下面包括一定数量的下位词。很多器物都根据其形状归类，如量词 phɯɯn^{24}（ผืน）“片块状”包括 phɯɯn^{24}pha^{51}（ผืนผ้า）布匹、phɯɯn^{24}sɯ^{21}（ผืนสื่อ）垫子、phɯɯn^{24}thoŋ^{33}（ผืนธง）旗子等。天然事物实际上也是根据形状分类，如 luuk^{51}nəən^{33}（ลูกเนิน）丘陵、luuk^{51}khau^{24}（ลูกเขา）山坡属于圆球形事物。可见，量名组合很大一部分以形状类型为分类的标准。一般来说，天然事物和人造物因是否经过人类的改造活动而划分为不同的类，人造物根据功能还可以进一步分类，但是从另一方面看，某些天然事物和人造物由于形状相同相近，也可以把它们看成一类，如线性物除了上面的 seen^{51}phom^{24}“头发”、seen^{51}khon^{24}“毛发”之外还包括 sen^{51}thaaŋ^{33}（เส้นทาง）“路”、sen^{51}daai^{51}（เส้นด้าย）“纺线”等。

表示类别意义的，除了以上所述的类型之外，还有一种也呈现为量名组合，但其中量词和名词的关系与上述类型不同。下面分别对这两种进行研究。

第一种，量名组合中的量词是与其后面的名词相对应的个体量词。

1. ข้าสามารถรู้ว่าดวงตะวันและดวงเดือนที่สว่างอยู่ตามปกตินั้น　จะมืดไปฉับพลันเมื่อใดและจะมืดมากน้อยเพียงใด ๓๔๗

kha^{51} sa^{24}maat^{51} ru^{453} wa^{51} duaŋ^{33} taʔ^{21}wan^{33} lɛʔ^{453} duaŋ^{33} dɯan^{33} thi^{51} saʔ^{21}waaŋ^{21} ju^{21} taam^{33}
我　能　知　说　个　太阳　和　个　月亮　的　明亮　在 按照

pok^{21}kaʔ^{21}tiʔ^{21} nan^{453}，caʔ^{21} mɯɯt^{51} pai^{33} chap^{21} phlan^{33} mɯa^{51} dai^{33} lɛʔ^{453} caʔ^{21}
正常　那　要　暗　去　神速　突然　时候　哪　和　要

mɯɯt^{51} maak^{51} nɔɔi^{453} phiaŋ^{33} dai^{33}.（347）
暗　多　少　仅仅　哪

我能知道按常理那明亮的太阳和月亮什么时候就会忽然变得暗淡，会变得有多暗淡。

2. ในแคว้นไท ต้นไม้หรือสัตว์ป่าหรือคนเป็นของเกิดจากแผ่นดินทั้งสิ้นไม่มีอะไรต่างกัน ๓๒

nai^{33} khwɛɛn^{453}thai^{33} ton^{51} mai^{453} rɯ^{24} sat^{21} pa^{21} rɯ^{24} khon^{33} pen^{33} khɔɔŋ^{24} kəət^{21} caak^{21}
里　地域　泰　棵　树　还是 动物　野外 还是　人　是　东西　出生　从

phɛɛn^{21} din^{33} thaŋ^{453} sin^{51} mai^{51} mi^{33} ʔaʔ^{21}rai^{33} taaŋ^{21} kan^{33}.（32）
片　土地　整　尽　没　有　什么　不同　互

在泰人地区，无论是树木还是动物抑或是人都是从大地生长出来的，没有什么不同。

3. ที่ด้านหน้าของสวนเป็นที่ปลูกต้นไม้ผล　ข้าเดินลึกเข้าไปท้ายสวนซึ่งยังเป็นป่ารก　มีไม้เถาแน่นทึบข้าวกไปหลังพงไม้และเห็นบัวคำอยู่ที่นั่น ๔๑๕

thi^{51} daan^{51} na^{51} khɔɔŋ^{24} suan^{24} pen^{33} thi^{51} pluk^{21} ton^{51} mai^{453} phon^{24}，kha^{51} dəən^{33} lɯk^{453}
处　面　前　的　园　是　地　种　棵　树　果实　我　走　深

khau^{51} pai^{33} thaai^{453} suan^{24} sɯŋ^{51} jaŋ^{33} pen^{33} pa^{21} rok^{453}，mi^{33} mai^{453}thau^{24} nɛɛn^{51}
进　去　尾部　园子　的　还　是 野外 杂乱　有　树　藤　紧

thɯp^{453}, kha^{51} wok^{453} pai^{33} laŋ^{24} phoŋ^{33} mai^{453} lɛʔ^{453} hen^{24} bua^{33}kham^{33} ju^{21} thi^{51} nan^{51}.（415）
密　我　拐弯　去　后　丛　树　和　见　博甘　在　处　那

园子的前面是种果树的地方，我朝园子后面走进去，那里是杂乱之地，长着密集的藤类，我拐到树丛后面看见博甘就在那里。

4. ส่วนที่สูเตือนถึงการเปลี่ยนแปลงซึ่งผืนแผ่นดินบอกให้เรารู้ล่วงหน้านั้น ข้าคิดว่าจะเป็นการเปลี่ยนแปลงของจิ้นยิ่งกว่า ๒๒๗[①]

suan^{21} thi^{51} su^{24} tɯan^{33} thɯŋ^{24} kaan^{33}plian^{21}plɛɛŋ^{33} sɯŋ^{51} phɯɯn^{24} phɛɛn^{21} din^{33} bɔɔk^{21}
至于 的 你 提醒 到 的 改变 变异 的 块 片 土地 告诉
hai^{51} rau^{33} ru^{453} luaŋ^{51}na^{51} nan^{453}，kha^{51} khit^{453} wa^{51} caʔ^{21} pen^{33} kaan^{33}plian^{21}plɛɛŋ^{33}
让 我们 知 经过 前 那 我 想 说 要 是 的 改变 变异
khɔɔŋ^{24} cin^{24} jiŋ^{51} kwa^{21}.（227）
的 晋 更 过

至于你提到大地提前给了我们巨变的征兆，我认为这种变化更可能发生在晋国。

表人的 phu^{51}（ผู้）作为量词是指它可用于指称结构，[②]因此其后的名词包括亲属称谓在内。请看：

1. เขาจะจ้างทหารมากขึ้นมิใช่เพื่อคุ้มครองผู้คน แต่ว่าเพื่อคุ้มครองตัวเขาเอง และเขาจะใช้ทรัพย์สินของผู้คนในบ้านเมืองนั้นในทางมิชอบ ๒๖๔

khau^{24} caʔ^{21} caaŋ^{51} thaʔ^{453}haan^{24} maak^{51} khɯn^{51} miʔ^{453} chai^{51} phɯa^{51} khum^{453} khrɔɔŋ^{33}
他 要 雇佣 士兵 多 上 不 是 为了 防止 统治
phu^{51} khon^{33}，tɛ^{21} wa^{51} phɯa^{51} khum^{453} khrɔɔŋ^{33} tua^{33} khau^{24} ʔeeŋ^{33} lɛʔ^{453} khau^{24} caʔ^{21}
个 人 但 说 为了 防止 统治 自身 他 自己 和 他 要
chai^{453} sap^{453} sin^{24} khɔɔŋ^{24} phu^{51} khon^{33} nai^{33} baan^{51}mɯaŋ^{33} nan^{453} nai^{33} thaaŋ^{33} miʔ^{453}
使 财产 钱 的 个 人 里 村子 城市 那 里 方面 不
chɔɔp^{51}.（264）
正确

他要雇佣更多的士兵，不是为了保护大家而是为了保护他自己，他要把人们的财产用在不义的地方。

2. แต่การทำลายความเป็นผู้ชายของเขานั้นเหมือนสูทำลายสมบัติของผู้หญิง ข้าขอไว้เถิด ๒๑๔

tɛ^{21} kaan^{33}tham^{33}laai^{33} khwaam^{33} pen^{33} phu^{51} chaai^{33} khɔɔŋ^{24} khau^{24} nan^{453} mɯan^{24} su^{24}
但 的 破坏 的 成为 个 男 的 他 那 像 你
tham^{33}laai^{33} som^{24}bat^{21} khɔɔŋ^{24} phu^{51} jiŋ^{21} kha^{51} khɔ^{24} wai^{453} thəət^{21}.（214）
破坏 财产 的 个 女 我 请 留 吧

但是毁掉他的男人本色就像损害女人的财富，请你手下留情吧。

---

① 是指 phɯɯn^{24}“块”是 phɛɛn^{21}din^{33} 片－地“大地”的量词。

② 据素朗西·塔农萨格萨军（สุรางศรี ทะนงศักดิ์สกุล），在六世王到八世王在位时期仅用于“名–ผู้–一”这种格式，据番秀英（2009）[29, 39]用于数量和指量可以追溯到素可泰时期，到了曼谷王朝前期（1784-1850）khon^{33}si^{21}khon^{33}“人－四－人”这样的反响量词才开始出现，逐渐取代了它在计量结构中的分布。

3. เมื่อเห็นผู้พี่กำลังจะพ่ายแก่ตนเช่นนั้นก็ร้องไปว่า ๑๓๙

mɯa^{51} hen^{24} phu^{51} phi^{51} kam^{33}laŋ^{33} caʔ^{21} phaai^{51} kɛ^{21} ton^{33} cheen^{51} nan^{453} kɔ^{51} rɔɔŋ^{453}

时候 见 个 哥哥 正在 要 失败 给 自己 样 那 就 叫

pai^{33} wa^{51}.（139）

去 说

眼见哥哥就要那样子败给自己就嚷道。

4. ให้ลิบองผู้บุตรเป็นทัพหน้า ๑๗๑

hai^{51} liʔ^{453}bɔɔŋ^{33} phu^{51} but^{21} pen^{33} thap^{453} na^{51}.（171）

让 李邦 个 孩子 成 军队 前

让孩子李邦做先头部队。

第二种量名组合是指该量名组合中的量词不是与后面名词对应的个体量词而是用于其他名词的量词。这些量词也可以指明后面的名物所属的类列，因此整个组合含有类别意义。与第一种组合一样，第二种表达的事物类别主要也是形状类，其意义具有一定的形象感。如下面 bai^{33}na^{51} “脸”、bai^{33}hu^{24} “耳朵” 归入叶状物，duaŋ^{33}na^{51} “脸” 归入向四周发光有光圈的明亮物体，生动形象。

1. เตียวเหลียงเงยหน้าขึ้นก็เห็นว่าผู้ที่ยืนอยู่พ้นแสงเทียนหาใช่คนเดินยามไม่ ชายนั้นมีใบหน้าใสผิดมนุษย์ทั่วไป และเครื่องนุ่งห่มเป็นสีขาวทั้งสิ้น ๓๓๓

tiau^{33}liaŋ^{24} ŋəəi^{33} na^{51} khɯn^{51} kɔ^{51} hen^{24} wa^{51} phu^{51} thi^{51} jɯɯn^{33} ju^{21} phon^{453} sɛɛŋ^{24}

貂良 抬起 脸 上 就 见 说 个 的 站 在 脱离 光

thian^{33} ha^{24}chai^{51} khon^{33} dəən^{33} jaam^{33} mai^{51}，chaai^{33} nan^{453} mi^{33} bai^{33} na^{51} sai^{24} phit^{21}

蜡烛 找 是 人 走 时辰 不 男 那 有 张 脸 干净 错

maʔ^{453}nut^{453} thua^{51}pai^{33} lɛʔ^{453} khrɯɯŋ^{51}nuŋ^{51}hom^{21} pen^{33} si^{24} khaau^{24} thaŋ^{453} sin^{51}.（333）

人类 全 去 和 东西 穿 盖 成 色 白 全 尽

貂良抬头一看只见烛光后面的人哪里是守夜人呢，那男的长着一张普通人没有的白净的脸，身上全都穿着白色的衣裳。

2. เม็งรายเอี้ยวตัวหลบเบื้องหลังก้อนหิน ลูกธนูถูกใบหูเม็งรายขาด ๓๑๔

meŋ^{33}raai^{33} ʔiau^{51} tua^{33} lop^{21} bɯaŋ^{51} laŋ^{24} kɔɔn^{51} hin^{24}，luuk^{51} thaʔ^{453}nu^{33} thuuk^{21} bai^{33}

明莱 扭转 身子 躲 面 后 块 石头 枚 箭 被 张

hu^{24} meŋ^{33}raai^{33} khaat^{21}.（314）

耳朵 明莱 破

明莱扭转身子躲到石头后面，耳朵被箭射穿了。

3. แต่ดวงหน้าของนางนั้นแสนพูเห็นได้ชัดภายใต้ดวงเดือน ๔๗๕

tɛ^{21} duaŋ^{33} na^{51} khɔɔŋ^{24} naaŋ^{33} nan^{453} sɛɛn^{24}phu^{33} hen^{24} dai^{51} chat^{453} phaai^{33} tai^{51} duaŋ^{33}

但 个 脸 的 妇人 那 森普 见 能 清楚 范围 底下 个

dɯan^{33}.（475）

月亮

但是她的那圆脸，森普在月光之下看得清楚。

4. ฝ่ายไทก็เอาเคียวที่ผูกติดกับปลายไม้มาเกี่ยวสายเชือก ทำให้กระสอบเป็นอันมากขาดไป ๒๓๗

faai^{21} thai^{33} kɔ^{51} ʔau^{33} khiau^{33} thi^{51} phuuk^{21} tit^{21} kap^{21} plaai^{33} mai^{453} ma^{33} kiau^{21} saai^{24}

方面 泰 就 用 镰刀 的 拴 连 和 尖端 木棍 来 勾 条

chɯak^{51}，tham^{33}hai^{51} kraʔ^{21}sɔɔp^{21} pen^{33}ʔan^{33}maak^{51} khaat^{21} pai^{33}.（237）

绳子 做 让 麻袋 是 个 许多 断 去

泰方就用拴在木棍尖端的镰刀去勾断绳子，许多麻袋都掉了下来。

5. สูก็รู้อยู่ว่าคนไทที่นั่นเขามีตัวหนังสือของเขาเองแล้ว ๓๒๙

su^{24} kɔ^{51} ru^{453} ju^{21} wa^{51} khon^{33}thai^{33} thi^{51} nan^{51} khau^{24} mi^{33} tua^{33} naŋ^{24}sɯ^{24} khɔɔŋ^{24}

你 也 知 在 说 人泰 处 那 他们 有 个 书 的

khau^{24} ʔeeŋ^{33} lɛɛu^{453}.（329）

他 自己 了

你也知道那里的泰人他们已经有了自己的文字了。

区分以上两种组合的依据是其中的第一个成分是第二成分的个体量词。但有时候要区分第一种量名组合和第二种并不容易。第一种量名组合有不少表示动、植物名称，其中的第二成分有一定的黏着性，与前面的第一成分组合成词。第一种量名组合中的这一部分与第二种量名组合如 tua^{33}naŋ^{24}sɯ^{24}（ตัวหนังสือ）“文字”中量词不是后面名词的个体量词不同。从意义上，如果把呈现为量名组合的动植名如 ton^{51}rak^{453}（ต้นรัก）棵–漆“漆树”中的量词表示的类别看成类名，把后面的成分看成专名，那么整个组合可以称为“类名–专名”。由于专名本身也可以表示一定的类别，[①]所以也可以把量词表示的类别看成大类名，把后面的成分表示的类别看成小类名，那么整个组合可以称为“大类名–小类名”。其他组合也可以根据量词和名词在意义上的关系称为“量–类名”等结构。尽管如此，要区分第一种量名组合和第二种并不容易，请看下面的两个例子：

สายน้ำ saai^{24}nam^{453}　　สายน้ำโขง saai^{24}nam^{453}khooŋ^{24}

上述两个组合属于第一种量名组合。组合中的“nam^{453} 河流、nam^{453}khooŋ^{24} 湄公河”的量词都是 saai^{24}“条”，从结构上看 saai^{24}nam^{453} 是

① 可参考第五章第四节，如专名 รัก rak^{453}。

“量－类名”，saai^{24}nam^{453}khooŋ^{24}是“大类名－小类名－专名”，从意义上看saai^{24}nam^{453}、saai^{24}nam^{453}khooŋ^{24}分别指河流、湄公河，属于条带状事物。

1. เมื่อมาได้สิบห้าวันพวกเขามาถึงเทือกภูที่ยาวเหยียดอีกเทือกหนึ่งเบื้องหน้า และเบื้องล่างของเทือกนี้มีสายน้ำ บางตอนมีหาดทราย บางตอนเป็นหน้าผาชัน ๓๙๐

mɯa^{51} ma^{33} dai^{51} sip^{21}ha^{51} wan^{33} phuak^{51}khau^{24} ma^{33} thɯŋ^{24} thɯak^{51} phu^{33} thi^{51} jaau^{33}

时候 来 得 十 五 天 们 他 来 到 山脉 山 的 长

jiat^{21} ʔiik^{21} thɯak^{51} nɯŋ^{21} bɯaŋ^{51} na^{51} lɛʔ^{453} bɯaŋ^{51} laaŋ^{51} khɔɔŋ^{24} thɯak^{51} ni^{453} mi^{33}

伸 再 山脉 一 面 前 和 面 下 的 山脉 这 有

saai^{24} nam^{453}, baaŋ^{33} tɔɔn^{33} mi^{33} haat^{21}saai^{33}, baaŋ^{33} tɔɔn^{33} pen^{33} na^{51}pha^{24} chan^{33}.（390）

条 河流 些 段 有 斜坡 沙 些 段 是 悬崖 陡

过了十五天，他们来到一个地方，前面又是一条长长的山脉，山脉下面有河流，这条河有些河段有沙滩，有些河段的两侧则是陡峭的悬崖。

2. ข้าขอบใจสูที่เป็นห่วงข้า แต่ว่าตั้งแต่เดินทางมาข้าเพิ่งได้เห็นสายน้ำโขงวันนี้ ต่อไปข้างหน้าข้าจะได้เห็นสายน้ำโขงเมื่อใดอีกก็ไม่รู้ ข้าได้ยินว่าจากนี้ไป ขบวนอพยพจะห่างสายน้ำโขงออกไป ข้าจึงอยากนั่งดูสายน้ำนี้ สายน้ำที่ข้ากับกุฉินเคยดูกันเสมอเวลาตะวันจะตกดิน ๓๘๔

kha^{51} khɔɔp^{21}cai^{33} su^{24} thi^{51} pen^{33} huaŋ^{21} kha^{51}，tɛ^{21} wa^{51} taŋ^{51}tɛ^{21} dəən^{33} thaaŋ^{33} ma^{33}

我 边际 心 你 的 是 担心 我 但 说 建 从 走 路 来

kha^{51} phəəŋ^{51} dai^{51} hen^{24} saai^{24} nam^{453}khooŋ^{24} wan^{33}ni^{453}，tɔ^{21}pai^{33} khaaŋ^{51} na^{51} kha^{51}

我 刚 能 见 条 河 公（专名）天 这 接着 下去 面 前 我

caʔ^{21} dai^{51} hen^{24} saai^{24} nam^{453}khooŋ^{24} mɯa^{51} dai^{33} ʔiik^{21} kɔ^{51} mai^{51} ru^{453}，kha^{51} dai^{51}jin^{33}

要 能 见 条 河 公（专名）时候 哪 再 也 不 知 我 得 听见

wa^{51} caak^{21} ni^{453} pai^{33} khaʔ^{21}buan^{33} ʔop^{21}phaʔ^{453}jop^{453} caʔ^{21} haaŋ^{21} saai^{24} nam^{453}khooŋ^{24}

说 从 这 去 队伍 迁移 要 远离 条 河 公（专名）

ʔɔɔk^{21} pai^{33}，kha^{51} cɯŋ^{33} jaak^{21} naŋ^{51} du^{33} saai^{24} nam^{453} ni^{453}，saai^{24} nam^{453} thi^{51} kha^{51}

出 去 我 就 想 坐 看 条 河流 这 条 河流 的 我

kap^{21} kuʔ^{21}chin^{24} khəəi^{33} du^{33} kan^{33} saʔ^{21}mə^{24} we^{33}la^{33} taʔ^{21}wan^{33} caʔ^{21} tok^{21} din^{33}.（384）

和 古勤 曾 看 一起 经常 时间 太阳 要 落 地

感谢你为我操心，自从出发以来今天我才见到湄公河，听说此后迁移的队伍就要远离她，什么时候才能重新见到她也不知道。我想坐着看这条河流，夕阳西下古勤和我常常一起来看过的河流。

上述两个组合也符合第二种量名组合的特点。泰语中河流经常称为mɛ^{51}nam^{453}（แม่น้ำ）、lam^{33}nam^{453}（ลำน้ำ），表示具体的某一条河流的专名则在该名字前加上mɛ^{51}nam^{453}、lam^{33}nam^{453}或者nam^{453}、mɛ^{51}、lam^{33}三者之一，如mɛ^{51}nam^{453}khooŋ^{24}（แม่น้ำโขง）、lam^{33}nam^{453}khooŋ^{24}（ลำน้ำโขง）、nam^{453}khooŋ^{24}（น้ำโขง）、mɛ^{51}khooŋ^{24}（แม่โขง）、lam^{33}khooŋ^{24}（ลำโขง），也可以

说 lam^{33}mɛ^{51}nam^{453}khooŋ^{24}（ลำแม่น้ำโขง）。①由于 saai^{24}nam^{453}、saai^{24}nam^{453}khooŋ^{24} 中的 nam^{453} 可以理解为非个体事物“水”，所以，组合中的 saai^{24} 就不是后面的 nam^{453}、nam^{453}khooŋ^{24} 的量词，但整个组合依然表示类的含义，即 saai^{24}nam^{453}、saai^{24}nam^{453}khooŋ^{24} 指水流、湄公河水流，与 saai^{24}chɯak^{51}“绳子”、saai^{24}fon^{24}（สายฝน）“雨丝”、saai^{24}lom^{33}（สายลม）“风丝”等同属条带状事物。

ต้นไม้ ton^{51}mai^{453}

ton^{51}mai^{453}“棵－树”属于第一种量名组合。该组合中的 mai^{453} 是指树，由于 ton^{51}“棵”是包括树在内的整个植物类的个体量词，因此 ton^{51}mai^{453} 属于“量－类名”，强调树作为类的集体概念，即树木。

但是从另一方面看，mai^{453} 还可以指木头、木料、棍子等含义，其个体量词不仅仅用 ton^{51} 还用其他个体量词，如 mai^{453}sɔɔŋ^{24}dun^{51}（ไม้สองดุ้น）“两根木头”、mai^{453}sɔɔŋ^{24}phɛɛn^{21}（ไม้สองแผ่น）“两块木料”、mai^{453}ʔan^{33}ni^{453}（ไม้อันนี้）“这根木棍”。② ton^{51} 作为个体量词也不只用于 mai^{453}，还可以用于 sau^{24}（เสา）“柱”、suŋ^{33}（ซุง）“原木”等。因此，从另一个角度看，ton^{51}mai^{453} 也符合第二种量名组合的要求。

上述两种量名组合不易区分的原因在于量名组合表示类别意义具有一定的局限，其依据是其中的量词和名词之间可以插入其他成分，从词汇的系统性看整个组合处于双向聚合的格局之中。以上面举过的词语为例进行分析：

下面第一条语料显示可以在 saai^{24} 和后面的专名之间插入 khɔɔŋ^{24}（ของ）“的”，说明两者关系不紧密，不是词，saai^{24} 有实在的词汇意义。第二、三条语料显示 saai^{24}nam^{453} 可以和河流专名 mɛ^{51}nam^{453}khooŋ^{24}“湄公河”组合，是指“水道”。saai^{24}nam^{453}khooŋ^{24} 指湄公河水道。

1. เมื่อข้ามถึงแคว้นลือ ข้าเกิดความคิดว่าข้าควรจะเดินทางไปให้ถึงปลายสุดอีกด้านหนึ่งของแม่น้ำนี้ เพื่อว่าข้าจะเป็นคนแรกและอาจเป็นคนเดียวที่เดินทางตลอดสายของลำน้ำโขง ๔๒๙③

saai^{24} khɔɔŋ^{24} lam^{33}nam^{453}khooŋ^{24} 条－的－条－河－公（专名）“整条湄公河”（429）

① 汉语“湄公河”译自 mɛ^{51}khooŋ^{24}（แม่โขง）。

② mai^{453} 的树和木两层意思是不同的，如 mai^{453}sak^{21}（ไม้สัก）既指柚树也有柚木的意思，此外 mai^{453} 还有“木头、棍子、声调符号、串”的意思，如 เจาะที่ตัวไม้ให้เป็นรูรู cɔʔ^{21}thi^{51}tua^{33}mai^{453}hai^{51}pen^{33}ru^{33}ru^{33} 钻－在－身－木头－让－成－洞－洞“在木头上钻成洞”。

③ 此例在第三章第四节曾引用过，故不再进行标注。

2. คนไทและคนมังช่วยกันคัดแพทั้งพันให้ลอยไปตามสายน้ำแม่น้ำโขง ๔๙๗

khon^{33}thai^{33} lɛʔ^{453} khon^{33}moŋ^{453} chuai^{51} kan^{33} khat^{453} phɛ^{33} thaŋ^{453} phan^{33} hai^{51} lɔɔi^{33}

人　泰　和　人　蒙　帮助　互相　选　筏　整　千　给　浮

pai^{33} taam^{33} saai^{24}nam^{453} mɛ^{453}nam^{453}khooŋ^{24}.（497）

去　沿着　条　水　妈妈 水　公（专名）

泰人和蒙人互相帮助，选了所有的一千个筏子沿着湄公河水道漂浮而去。

3. ทางด้านเหนือของพวกเขา มีแม่น้ำสายหนึ่งพากระแสน้ำไหลเข้าไปรวมกับสายน้ำของแม่น้ำโขงทางด้านใต้มีทะเลสาบน้ำจืดอยู่แห่งหนึ่ง ๔๙๙

thaaŋ^{33} daan^{51} nɯa^{24} khɔɔŋ^{24} phuak^{51}khau^{24} mi^{33} mɛ^{51}nam^{453} saai^{24} nɯŋ^{21} pha^{33}

方向　面　北　的　们　他　有　妈妈 水　条　一　带

kraʔ^{21}sɛ^{24} nam^{453} lai^{24} khau^{51} pai^{33} ruam^{33} kap^{21} saai^{24} nam^{453} khɔɔŋ^{24} mɛ^{51}nam^{453}khooŋ^{24}.

流体　水　流　进　去　汇合　和　带　水　的　妈妈　水 公（专名）

thaaŋ^{33} daan^{51} tai^{51} mi^{33} thaʔ^{453}le^{33}saap^{21} nam^{453} cɯɯt^{21} ju^{21} hɛɛŋ^{21} nɯŋ^{21}.（499）

方向　面　南 有　水　淡　在　处　一

他们的北面有一条河流，这条河水与湄公河水道汇合；南面则有一个淡水湖。

下面的语料显示 ton^{51} 可以独立运用，有一定的实在意义。这说明 ton^{51} 是一个成词语素，其意义是树干，指树的一部分，这个意义既可以像下面的语料那样单独运用，也可以出现在合成词如 lam^{33}ton^{51}（ลำต้น）“树干、茎秆、主干”，khoon^{33}ton^{51}（โคนต้น）“树干的根部”（指冒出地面的部分，与树干的尾端即树尖相对）等之中。

1. คนไม่ว่าเป็นจิ๋นหรือเผ่าไทหรือเผ่าใด ไม่ต่างไปจากกิ่งไม้จากต้นเดียวกัน และไม่ต่างจากลำธารที่ไปสู่แม่น้ำเดียวกัน ๑๙๗

khon^{33} mai^{51} wa^{51} pen^{33} cin^{24} rɯ^{24} phau^{21}thai^{33} rɯ^{24} phau^{21} dai^{33}，mai^{51} taaŋ^{21} pai^{33}

人　不　说　是　晋 还是　群　泰　还是　群　哪　不　不同　去

caak^{21} kiŋ^{21} mai^{453} caak^{21} ton^{51} diau^{33} kan^{33} lɛʔ^{453} mai^{51} taaŋ^{21} caak^{21} lam^{33}thaan^{33} thi^{51}

从　枝条 树　从　树干 同一 互相 和　不　不同　从　河流　的

pai^{33} su^{21} mɛ^{51}nam^{453} diau^{33} kan^{33}.

去 汇合 妈妈 水　同一　互相（199）

人不管是晋人还是泰族抑或是其他族群，跟同一个树干长出的枝条，汇集到同一条河流的溪流没有什么不同。

2. เขาแอบหลังต้นไม้เฝ้ามองดูช้างเชือกนั้น เมื่อช้างกินหญ้าแล้วก็หันไปเล็มหญ้าอ่อนที่เขาเพาะเลี้ยงไว้ แล้วกินลูกมะม่วงห่ามบนต้น①（176）

① 例句来自潘德鼎（2011c）。

khau^{24} ʔɛɛp^{21} laŋ^{24} ton^{51} mai^{453} fau^{51} mɔɔŋ^{33} du^{33} chaaŋ^{453} chɯak^{51} nan^{453}，mɯa^{51}
他 偷看 后 棵 树 守 望 看 大象 头 那 时候
chaaŋ^{453} kin^{33} ja^{51} lɛɛu^{453} kɔ^{51} han^{24} pai^{33} lem^{33} ja^{51} ʔɔɔn^{21} thi^{51} khau^{24} phɔʔ^{453} liaŋ^{453}
大象 吃 草 了 就 转 去 舔 草 嫩 的 他 种 养
wai^{453}，lɛɛu^{453} kin^{33} luuk^{51} maʔ^{453}muaŋ^{51} haam^{21} bon^{33} ton^{51}.（176）
着 然后 吃 个 杧果 熟 上 树干

他在树后面偷看这头大象，大象吃完草坪上的草就转过去吃他种的嫩草，然后吃树上的杧果。

3. การขับรถเล่นมาสิ้นสุดปลายทางที่สวนสน ต้นสนยืนต้นตรง ดูแข็งแรง ร่มครึ้ม ๗๓①
kaan^{33} khap^{21} rot^{453} leen^{51} ma^{33} sin^{51} sut^{21} plaai^{33} thaaŋ^{33} thi^{51} suan^{24} son^{24}，ton^{51} son^{24}
的 驾 车 玩 来 到 尽 末 路 处 园子 松 棵 松
jɯɯn^{33} ton^{51} troŋ^{33}，du^{33} khɛŋ^{24} rɛɛŋ^{33}，rom^{51} khrɯm^{453}.（73）
站 树干 直 看 坚硬 有力 阴凉 阴沉

开车一路玩过来，到了路的尽头就是松树园，松树树干挺拔，看着既坚硬又阴凉。

4. อีกครู่หนึ่ง แม่ก็ปรารภขึ้นเบาๆกับความมืดว่า"ลูกไม้หล่นไม่ไกลต้น แต่ต้นอยู่ฟากข้างนั้น ไม่ได้อยู่ในมุ้งนี่"ซึ่งพลอยก็ไม่ได้สนใจเท่าไร เพราะเกือบจะ หลับอยู่แล้ว ๑๒๔
ʔiik^{21} khru^{51} nɯŋ^{21} mɛ^{51} kɔ^{51} pra^{33}rop^{453} khɯn^{51} bau^{33}bau^{33} kap^{21} khwaam^{33}mɯɯt^{51}
再 会儿 一 妈妈 就 念叨 上 轻 轻 和 的 黑暗
wa^{51}：luuk^{51} mai^{453} lon^{21} mai^{51} klai^{33} ton^{51}，tɛ^{21} ton^{51} ju^{21} faak^{51} khaaŋ^{51} nan^{453}，mai^{51}
说 果实 树 掉 不 远 树干 但 树干 在 对岸 边 那 不
dai^{51} ju^{21} nai^{33} muŋ^{453} ni^{51}. sɯŋ^{51} phlɔɔi^{33} kɔ^{51} mai^{51} dai^{51} son^{24}cai^{33} thau^{51}rai^{33}，phrɔʔ^{453}
得 在 里 蚊帐 这 的 帕瑞 也 不 得 关心 心 倍 哪 因为
kɯap^{21} caʔ^{21} lap^{21} ju^{21} lɛɛu^{453}.（124）
将近 要 入睡 在 了

又一会儿妈妈就在黑暗中轻声念道：果实落了也不远离树干，但是树干在那对岸边，不在这蚊帐里。帕瑞已经要入睡了，没在意妈妈说的话。

由上述基本义引申出空间、时间上的起始部分，如“ton^{51}kha^{24}（ต้นขา）大腿根部、ton^{51}nam^{453}（ต้นน้ำ）水源、上游；ton^{51}pi^{33}（ต้นปี）年初、taŋ^{51}tɛ^{21}ton^{51}（ตั้งแต่ต้น）从一开始”，而且从时空领域进一步向抽象领域扩展，如 ton^{51}heet^{21}（ต้นเหตุ）“肇事者”。

ton^{51} 意义发展的另一个方向是由“树干”含义发展出“树类、植物类”的类别意义。在这个发展过程中，终点的类型意义只能出现在量名组合以及 ton^{51} 与数词、限定代词的组合之中；而作为起点的基本义也还没有完全

① 例句来自《佳蒂的幸福》。

消失，ton^{51}mai^{453}“树干”是整棵树的一部分，与“kiŋ^{21}mai^{453}（กิ่งไม้）树枝、khaʔ^{21}nɛɛŋ^{24}mai^{453}（แขนงไม้）枝丫、bai^{33}mai^{453}（ใบไม้）树叶、raak^{51}mai^{453}（รากไม้）树根、tɔ^{33}mai^{453}（ตอไม้）树墩”等词一样表示树在形态特征上的天然器官，与“phoŋ^{33}mai^{453}（พงไม้）树丛、thɔɔn^{51}mai^{453}（ท่อนไม้）木头”等表示树木、木材的非天然的部分相对。因此，ton^{51}mai^{453}处于双向聚合的词汇格局之中，具有两种意义。①

第一种意义指树的一个天然部分，与树的其他部分相对，即lam^{33}ton^{51}khɔɔŋ^{24}mai^{453}（ลำต้นของไม้）树干－的－树“树干”相对于bai^{33}khɔɔŋ^{24}mai^{453}（ใบของไม้）叶－的－树“树叶”。

ต้นไม้	กิ่งไม้	แขนงไม้	ใบไม้
ton^{51}mai^{453}	kiŋ^{21}mai^{453}	khaʔ^{21}nɛɛŋ^{24}mai^{453}	bai^{33}mai^{453}
树干	树枝	枝丫	树叶

第二种意义表示树所属的类别，与植物下一层级的另外的类相区别，如ton^{51}mai^{453}“树类”木本植物相对于草本植物。

ต้นไม้	ต้นหญ้า	ต้นไผ่
ton^{51}mai^{453}	ton^{51}ja^{51}	ton^{51}phai^{21}
树类	草类	竹类

显然，具有事物类别意义的量名组合指的是第二种，比照计量结构、指称结构，可称之为类别结构。

各植物专名也处于双向聚合的词汇格局之中，下面每一行第一个组合与该行右边的词语形成横向聚合，表示某一种树的树干，强调呈直立状；每一行第一个组合与下一行的第一个组合形成纵向聚合，表示某一类树，强调抽象的类别意义。

ต้นหม่อน	ใบหม่อน	พันธ์หม่อน	ผลของต้นหม่อน
ton^{51}mɔɔn^{21} 桑树	bai^{33}mɔɔn^{21} 桑叶	phan^{33}mɔɔn^{21} 桑种	phon^{24}khɔɔŋ^{24}ton^{51}mɔɔn^{21} 桑葚
ต้นตาล	ลูกตาล	ผลตาล	
ton^{51}taan^{33} 糖棕树	luuk^{51}taan^{33} 糖棕果	phon^{24}taan^{33} 糖棕果	
ต้นพลู	ใบพลู		
ton^{51}phlu^{33} 篓叶树	bai^{33}phlu^{33} 篓叶		

量名组合表示类别意义具有一定的局限，还表现出不稳定的特征。具体表现如下：

第一，量名组合独立充当主语、宾语等时其中的量词一般不会脱落；

① 这种组合有些还有比喻义，如tua^{33}pliŋ^{33}指“蚂蟥”，此外还指一种铁钉；tua^{33}maʔ^{453}lɛɛŋ^{33}除了指“虫子”外还指一种砖。

当量名组合出现在计量结构、指称结构中时，为了避免重复，量名组合中的量词会省略掉。

1. ตัวหม่อนและใบหม่อนนั้นคูนเคยเห็นย่าเลี้ยงมาครั้งหนึ่งแต่จำไม่ได้จำได้แต่ว่าย่าเคยเอาตัวดักแด้ที่ย่าสาวเส้นไหมออกแล้วให้คูนกิน ๙๙①

tua^{33} mɔɔn^{21} lɛʔ^{453} bai^{33} mɔɔn^{21} nan^{453} khuun^{33} khəəi^{33} hen^{24} ja^{51} liaŋ^{453} ma^{33} khraŋ^{453}

只 蚕 和 叶 桑 那 昆（人名）曾 见 奶奶 养 来 次

nɯŋ^{21} tɛ^{21} cam^{33} mai^{51} dai^{51} cam^{33} dai^{51} tɛ^{21} wa^{51} ja^{51} khəəi^{33} ʔau^{33} tua^{33} dak^{21}dɛ^{51} thi^{51}

一 但 记 不 得 记 得 仅 说 奶奶 曾 拿 只 蛹 的

ja^{51} saau^{24} seen^{51}mai^{24} ʔɔɔk^{21} lɛɛu^{453} hai^{51} khuun^{33} kin^{33}. （99）

奶奶 抽 条 丝 出 了 给 昆 吃

小昆曾见到奶奶养过一次蚕，但现在记不住蚕和桑叶是什么样子了。只记得奶奶还把缫了丝的蚕蛹来给自己吃。

2. ทอผ้าด้วยหูกหรือกี่กระตุกยังไม่ชำนาญ ทอแพรไหมไม่เรียบแล้วยังไม่รู้ว่าหม่อนตัวไหนนอนตัวไหนลุกขึ้นอยากกินใบหม่อนก็อย่าเพิ่งมีผัว ๙๙

thɔ^{33} pha^{51} duai^{51} huuk^{21} rɯ^{24} ki^{21}kraʔ^{21}tuk^{21} jaŋ^{33} mai^{51} cham^{33}naan^{33}，thɔ^{33} phrɛ^{33} mai^{24}

织 布 用 织机 或 手织布机 还 不 熟练 织 丝绸 蚕丝

mai^{51} riap^{51} lɛɛu^{453} jaŋ^{33} mai^{51} ru^{453} wa^{51} mɔɔn^{21} tua^{33} nai^{24} nɔɔn^{33} tua^{33} nai^{24} luk^{453}

不 平 了 还 不 知 说 蚕 只 哪 睡 只 哪 起

khɯn^{51} jaak^{21} kin^{33} bai^{33} mɔɔn^{21} kɔ^{51} ja^{21} phəəŋ^{51} mi^{33} phua^{24}. （99）

上 想 吃 叶 桑 就 别 刚 有 丈夫

还不能熟练地用织布机织布，织丝绸还织得不平整；养蚕还不知道哪只蚕睡着哪只起身想吃桑叶，就先别嫁给别人。

3. หลวงพ่ออธิบายคำพูดนั้นว่า สักขาลายแต่ละข้างต้องมีรูปตัวมอมอยู่หนึ่งตัว ตัวมอมมีรูปคล้ายหัวคนถือว่าเป็นผู้อยู่ยงคงกระพันมากและจะต้องสักสองขาให้มีมอมสองตัว ถ้าสักขาเดียวมีมอมตัวเดียวผู้สาวไม่ชอบไม่รักและจะเตะส่ง ๑๓๘

luaŋ^{24} phɔ^{51} ʔaʔ^{21}thiʔ^{453}baai^{33} kham^{33} phuut^{51} nan^{453} wa^{51}：sak^{21} kha^{24} laai^{24} tɛ^{21}laʔ^{453}

銮（敬称）父辈 解释 词语 说 那 道 文身 腿 花 各

khaaŋ^{51} tɔɔŋ^{51} mi^{33} ruup^{51} tua^{33} mɔɔm^{33} ju^{21} nɯŋ^{21} tua^{33}，tua^{33} mɔɔm^{33} mi^{33} ruup^{51}

边 要 有 图案 只 小狮子 在 一 只 只 小狮子 有 图案

① 此部分例句主要来自《东北之子》。结合笔者对老挝语进行的“量名组合”专题调查，“tua^{33}（动物量词）+动物”与泰语有细微差别，老挝语与泰语东北方言较为接近，因此量名组合表示类别意义还有方言差异。

khlaai^{453} hua^{24} khon^{33} thɯ^{24} wa^{51} pen^{33} phu^{51} ju^{21} joŋ^{33} khoŋ^{33} kraʔ^{21}phan^{33} maak^{51} lɛʔ^{453}
像 头 人 认为 说 是 人 在 久 稳 刀枪不入 很 和
caʔ^{21} tɔɔŋ^{51} sak^{21} sɔɔŋ^{24} kha^{24} hai^{51} mi^{33} mɔɔm^{33} sɔɔŋ^{24} tua^{33}, tha^{51} sak^{21} kha^{24} diau^{33} mi^{33}
要 要 文身 两 腿 让 有 小狮子 两 只 如果 文身 腿 单独 有
mɔɔm^{33} tua^{33} diau^{33}, phu^{51}saau^{24} mai^{51} chɔɔp^{51} mai^{51} rak^{453} lɛʔ^{453} caʔ^{21} teʔ^{21} soŋ^{21}. （138）
小狮子 只 单独 人 姑娘 不 喜欢 不 爱 和 要 踢 送

当和尚的伯伯解释道：“在腿上文身的话要两侧各文上一只小狮子，狮子图案像人头，据说这可以使人刀枪不入。一定要在两腿都文有小狮子，如果只文一只腿，只有一只小狮子，姑娘们不喜欢，还会用脚踢呢。”

4. เมื่อลุกขึ้นไปมองดูที่ประตูเปิดอยู่จึงรู้ว่าจะมีชาวบ้านย้ายไปอยู่บ้านอื่นอีก เกวียนเทียมวัวสี่เล่มมีประทุนครอบจอดอยู่ถนน หน้าเรือนนั้น มีวัวและควายรุ่นตัวผอมๆผูกอยู่ท้ายเล่มเกวียนสามตัว ๒๔

mɯa^{51} luk^{453} khɯn^{51} pai^{33} mɔɔŋ^{33} du^{33} thi^{51} praʔ^{21}tu^{33} pəət^{21} ju^{21} cɯŋ^{33} ru^{453} wa^{51} caʔ^{21}
时候 起 上 去 望 看 处 门 开 在 就 知 说 要
mi^{33} chaau^{33} baan^{51} jaai^{453} pai^{33} ju^{21} baan^{51} ʔɯɯn^{21} ʔiik^{21}, kwian^{33} thiam^{33} wua^{33} si^{21}
有 人 村 迁 去 在 村子 其他 又 牛车 配套 黄牛 四
leem^{51} mi^{33} praʔ^{21}thun^{33} khrɔɔp^{51} cɔɔt^{21} ju^{21} thaʔ^{21}non^{24}, na^{51} rɯan^{33} nan^{453} mi^{33} wua^{33}
辆 有 车篷 覆盖 停 在 路 前 房子 那 有 黄牛
lɛʔ^{453} khwaai^{33} run^{51} tua^{33} phɔɔm^{24} phɔɔm^{24} phuuk^{21} ju^{21} thaai^{453} leem^{51} kwian^{33} saam^{24}
和 水牛 辈 头 瘦 瘦 拴 在 尾部 辆 牛车 三
tua^{33}. （24）
头

起来朝开着的门一看，又有村民迁去其他村子了，套着黄牛的四辆牛车盖好了车篷停在路上，房子前面三头瘦瘦的黄牛水牛拴在牛车后面。

上述省略是针对一般情况而言，有时候会出现例外。下面各例句所述的语言环境前后相同，所指相同，意义没有差别，但一个是名词，另一个是量名组合。

1. พ่อชี้มือไปที่ต้นมะตูมต้นหนึ่งซึ่งมีใบสีเหลืองติดอยู่ไม่มากแล้วบอกว่า มะตูมต้นนี้แหละ ที่ป้าบัวศรีเอาลูกสุกไปให้เราวันก่อน ๖๙

phɔ^{51} chi^{453} mɯ^{33} pai^{33} thi^{51} ton^{51} maʔ^{453}tuum^{33} ton^{51} nɯŋ^{21} sɯŋ^{51} mi^{33} bai^{33} si^{24} lɯaŋ^{24}
爸爸 指 手 去 处 棵 孟加拉苹果 棵 一 的 有 叶 颜色 黄
tit^{21} ju^{21} mai^{51} maak^{51} lɛɛu^{453} bɔɔk^{21} wa^{51}: maʔ^{453}tuum^{33} ton^{51} ni^{453} lɛʔ^{21}, thi^{51} pa^{51}
粘 在 不 多 了 告诉 道 孟加拉苹果 棵 这 啦 的 大妈
bua^{33}si^{24} ʔau^{33} luuk^{51} suk^{21} pai^{33} hai^{51} rau^{33} wan^{33}kɔɔn^{21}. （69）
博西 要 果实 熟 去 给 我们 天 前面的

爸爸指着留着黄叶已经不多的一棵孟加拉苹果说：“前些天博西大妈给我们送去的

熟了的苹果，就是从这棵苹果树摘下的。”

2. นี่ละมีบึ้งอยู่ ใยนี่ตัวบึ้งมันทำกันไม่ให้ตัวแมงลงไปรบกวนมัน ๑๕๘

ni^{51} laʔ^{453} mi^{33} bɯŋ^{51} ju^{21}，jai^{33} ni^{51} tua^{33} bɯŋ^{51} man^{33} tham^{33} kan^{33} mai^{51} hai^{51} tua^{33}

这 啦 有 蜘蛛 在 网丝 这 只 蜘蛛 它 做 一起 不 让 只

mɛɛŋ^{33} loŋ^{33} pai^{33} rop^{51}kuan^{33} man^{33}.（158）

虫子 下 去 打仗 打扰 它

这有蜘蛛啦，这网丝，蜘蛛做了防止虫子下去打扰它。

3. พ่อก็บอกว่าแหลวก็คือตัวเหยี่ยวที่บินไปมาอยู่บนฟ้า แหลวหรือเหยี่ยวลอดขี้ฝ้าก็หมายถึงทำก้อยให้เหลวๆโดยใส่น้ำลงไป ๑๗๔

phɔ^{51} kɔ^{51} bɔɔk^{21} wa^{51} lɛɛu^{24} kɔ^{51} khɯ^{33} tua^{33} jiau^{21} thi^{51} bin^{33} pai^{33} ma^{33} ju^{21} bon^{33} fa^{453}，

爸爸 就 告诉 说 鹰 就 是 只 鹰 的 给 去 来 在 上 天

lɛɛu^{24} rɯ^{24} jiau^{21} lɔɔt^{51} khi^{51} fa^{453} kɔ^{51} maai^{24} thɯŋ^{24} tham^{33} kɔɔi^{51} hai^{51} leeu^{24}leeu^{24}

鹰 或 鹰 脱离 粪 天 就 意思 到 做 归（菜名） 让 稀稀

dooi^{33} sai^{21} nam^{453} loŋ^{33} pai^{33}.（174）

用 放 水 下 去

爸爸就告诉道：“就是在天上飞来飞去的鹰。鹰在天上方便意思就是放水下去让归菜更加稀。”

4. ในท่อนอ้อยนั้นมีตัวด้วงมะพร้าวซึ่งช้อยไปรับอาสาคนที่ห้องเครื่องต้นว่าจะเอามาเลี้ยงให้จนครบกำหนด เมื่อถึงเวลาที่เขาต้องการด้วงมะพร้าวเหล่านี้ไปทอดตั้งเครื่องก็จะนำไปคืน ช้อยบอกให้พลอยเอาอ้อยฟังที่หัว พลอยก็ทำตาม ได้ยินเสียงตัวด้วงกัดกินอ้อยอยู่ข้างในถนัด ช้อยและพลอยเป็นห่วงใยด้วงเหล่านั้นเป็นวรรคเป็นเวร แม้เวลานอนก็เอาไปวางข้างหมอนเพื่อฟังเสียงด้วงกัดอ้อยจนหลับไปกับที่ ๔๙[①]

nai^{33} thɔɔn^{51} ʔɔɔi^{51} nan^{453} mi^{33} tua^{33} duaŋ^{51} maʔ^{453}phraau^{453} sɯŋ^{51} chɔɔi^{453} pai^{33} rap^{453}

里 段 甘蔗 那 有 只 幼虫 椰子 的 翠依 去 接

ʔa^{33}sa^{24} khon^{33} thi^{51} hɔɔŋ^{51} khrɯɯŋ^{51}ton^{51} wa^{51} caʔ^{21} ʔau^{33} ma^{33} liaŋ^{453} hai^{51} con^{33}

自愿 人 的 房间 工具 开始 说 要 拿 来 养 让 直到

khrop^{453} kam^{33}not^{21}，mɯa^{51} thɯŋ^{24} we^{33}la^{33} thi^{51} khau^{24} tɔɔŋ^{51}kaan^{33} duaŋ^{51}

满 限定 时候 到时间 的 他 需要 幼虫

maʔ^{453}phraau^{453} lau^{21} ni^{453} pai^{33} thɔɔt^{51} taŋ^{51} khrɯɯŋ^{51} kɔ^{51} caʔ^{21} nam^{33} pai^{33} khɯɯn^{33}，

椰子 些 这 去 炒 设置 器具 也 要 拿 去 还给

chɔɔi^{453} bɔɔk^{21} hai^{51} phlɔɔi^{33} ʔau^{33} ʔɔɔi^{51} faŋ^{33} thi^{51} hua^{24}，phlɔɔi^{33} kɔ^{51} tham^{33} taam^{33}，

翠依 告诉 给 帕瑞 要 甘蔗 听 处 头 帕瑞 就 做 跟随

dai^{51}jin^{33} siaŋ^{24} tua^{33} duaŋ^{51} kat^{21} kin^{33} ʔɔɔi^{51} ju^{21} khaaŋ^{51} nai^{33} thaʔ^{21}nat^{21}. chɔɔi^{453} lɛʔ^{453}

得 听见 声音 只 幼虫 咬 吃 甘蔗 在 边 里 清楚 翠依 和

---

① 例句来自《四朝代》。

phlɔɔi33 pen33 huaŋ21jai33 duaŋ51 lau21 nan453 pen33wak51pen33ween33，mɛ453 we33la33
帕瑞 是 关切 幼虫 些 那 是 章节 是 班次 即使 时间
nɔɔn33 kɔ51 ʔau33 pai33 waaŋ33 khaaŋ51 mɔɔn24 phɯa51 faŋ33 siaŋ24 duaŋ51 kat21 ʔɔɔi51
睡 也 拿 去 放 边 枕头 为了 听 声音 幼虫 咬 甘蔗
con33 lap21 pai33 kap21 thi51.（49）
直到 睡着 去 和 地方

成段成截的甘蔗里有椰子虫的幼虫，翠依去御用食品的房间跟人要来的，说是拿来养，养到限定的时间，到人家需要这些幼虫去煎炒做成食物的时候再拿去还人家。翠依告诉帕瑞把耳朵靠近甘蔗，帕瑞照着做了，幼虫在里边咬吃甘蔗的声音听得很清楚。翠依和帕瑞时不时就去看这些虫子，她们把虫子拿到枕头边，听着虫子咬甘蔗的声音，直到完全入睡。

第二，天然事物、植物、人类以及形体较小的动物常使用量名组合，其中的量词较稳定不易脱落，如例一、二、三；但形体较大的动物一般不使用量名组合。动物与植物之间、动物专名之间量名组合的稳定程度不同。这一方面说明这些专名黏着程度不同，另一方面也说明量名组合中的量词同样表示类别的含义，但在范围、程度上却不一样（如 tua33 和 ton51）。

1. เดินไปเกือบจะสุดรั้วก็เห็นต้นมะม่วงสูงกว่าหลังคาสิมอยู่สี่ต้นแต่เมื่อมองขึ้นไปไม่เห็นมีลูกอยู่เลย ถัดจากต้นมะม่วงไปก็เป็นต้นสะโกใหญ่มีใบติดอยู่ไม่มากเหมือนต้นมะตูม ๖๙

dəən33 pai33 kɯap21 caʔ21 sut21 rua453 kɔ51 hen24 ton51 maʔ453muaŋ51 suuŋ24 kwa21
走 去 快 要 尽 篱笆 就 见 棵 杧果 高 过
laŋ24kha33 sim24 ju21 si21 ton51，tɛ21 mɯa51 mɔɔŋ33 khɯn51 pai33 mai51 hen24 mi33 luuk51
屋脊 茅草 厕所 在 四 棵 但 时候 望 上 去 不 见 有 果实
ju21 ləəi33，that21 caak21 ton51maʔ453muaŋ51 pai33 kɔ51 pen33 ton51 saʔ21ko33 jai21，mi33 bai33
在 呢 接着 从 棵 杧果 去 就 是 棵 冷杉木 大 有 叶
tit21 ju21 mai51 maak51 mɯan24 ton51maʔ453tuum33.（69）
粘 在 不 多 像 棵孟加拉苹果

走去快到篱笆尽头，可以看见四棵比厕所的屋顶还高的杧果树，抬头看却没有果实。杧果树过去是大冷杉木，树上的叶子跟孟加拉苹果树一样已经不多了。

2. ไข่มดแดงก็หล่นพรูลงในหลุม พร้อมกับแม่มดแดงที่มีปีกและตัวมดแดงลอยอยู่เหนือน้ำไปมา ๒๖๑

khai21 mot453 dɛɛŋ33 kɔ51 lon21 phru33 loŋ33 nai33 lum24，phrɔɔm453 kap21 mɛ51 mot453
蛋 蚂蚁 红 就 掉 纷纷 下 里 坑 同时 和 母 蚂蚁
dɛɛŋ33 thi51 mi33 piik21 lɛʔ453 tua33 mot453 dɛɛŋ33 lɔɔi33 ju21 nɯa24 nam453 pai33 ma33.（261）
红 的 有 翅膀 和 只 蚂蚁 红 漂浮 在 上 水 去 来

红蚂蚁的蛋就纷纷落到水坑里，长着翅膀的蚁王也掉了下来。蚂蚁漂浮在水上爬来爬去。

3. สักครู่แม่กุมรังมดแดงมารังหนึ่ง พอแก้ออกแม่ก็หยิบตัวมดแดงสองสามหยิบใส่ลงไป ๒๓๖

sak^{21} khru^{51} mɛ^{51} kum^{33} raŋ^{33} mot^{453} dɛɛŋ^{33} ma^{33} raŋ^{33} nɯŋ^{21}，phɔ^{33} kɛ^{51} ʔɔɔk^{21} mɛ^{51} kɔ^{51}

大约 会儿 妈妈 抓 窝 蚂蚁 红 来 窝 一 一旦 揭 出 妈妈 就

jip^{21} tua^{33}mot^{453} dɛɛŋ^{33} sɔɔŋ^{24} saam^{24} jip^{21} sai^{21} loŋ^{33} pai^{33}.（236）

拣 只蚂蚁 红 两 三 把 放 下 去

一会儿妈妈抓起一个蚂蚁窝，一揭开窝就拣出两三把蚂蚁放下去。

5.2 具有事物普通意义的量名组合

泰语呈现为量名组合的合成词当中还有一部分不表示事物类别的含义，而只表示事物的普通含义。事物普通含义是相对于上一节所说的类别意义而言的。实际上，任何一个表示名物的词，其意义都包括类别和特征两个方面。如下面的 tua^{33}ma^{453}（ตัวม้า）匹－马“马的身体”，tua^{33}（ตัว）“身体”表示 tua^{33}ma^{453} 这个词所属的类别，ma^{453}（ม้า）“马”表示这个词的领有特征，但整个 tua^{33}ma^{453} 没有“马、马类”的含义，tua^{33}（ตัว）并不表示马属于动物类。本书的类别意义、普通意义正是从这种角度说的。因此，像 tua^{33}ma^{453} 这种量名组合表达的是事物普通意义而不是事物类别意义。

根据组合中名词、量词的不同关系，分两种情况分析如下。

第一种，量词是与后面名词对应的个体量词，如：

1. ด้านซ้ายของตัวม้ามีโล่ทำด้วยหนังห้าชั้นและมีทวนปักไว้ข้างโกลน ส่วนด้านขวาโซมอห้อยขวานใหญ่ไว้ข้างตัวและมีจิ๋นสองคนแบกเปลตามมาห่างๆ ๒๑๘

daan^{51} saai^{453} khɔɔŋ^{24} tua^{33} ma^{453} mi^{33} lo^{51} tham^{33} duai^{51} naŋ^{24} ha^{51} chan^{453} lɛʔ^{453} mi^{33}

边 左 的 匹 马 有 盾 做 用 皮 五 层 和 有

thuan^{33} pak^{21} wai^{453} khaaŋ^{51} kloon^{33}，suan^{21} daan^{51} khwa^{24} so^{33}mɔ^{33} hɔɔi^{51} khwaan^{24} jai^{21}

矛 插 着 边 马镫 至于 面 右 索莫 挂 斧 大

wai^{453} khaaŋ^{51} tua^{33} lɛʔ^{453} mi^{33} cin^{24} sɔɔŋ^{24} khon^{33} bɛɛk^{21} ple^{33} taam^{33} ma^{33} haaŋ^{21}haaŋ^{21}.（218）

着 边 身体 和 有 晋 两 个 扛 担架 跟随 来 疏远 疏远

马的左半边身子挂着用五层皮做成的盾牌，马镫上插着矛，至于马的右半身索莫把大斧头悬挂在上面，两个晋人扛着担架远远地跟在后面。

2. คนไทที่ตามไปกับฝูงวัวทิ่มแทงหอกไปยังตัวม้าและคนขี่ ความชุนมุนเกิดขึ้นในหมู่ทหารม้าของจิ๋นบางคนตกลงไปยังหน้าผา ๔๔๘

khon^{33}thai^{33} thi^{51} taam^{33} pai^{33} kap^{21} fuuŋ^{24} wua^{33} thim^{51} thɛɛŋ^{33} hɔɔk^{21} pai^{33} jaŋ^{33} tua^{33}

人 泰 的 沿 去 和 群 黄牛 戳 刺 矛 去 到 匹

ma^{453} lɛʔ^{453} khon^{33} khi^{21}，khwaam^{33}chun^{33}mun^{33} kəət^{21} khɯn^{51} nai^{33} mu^{21} thaʔ^{453}haan^{24}

马 和 人 骑 的 乱逃 产生 上来 里 群 士兵

ma^{453} khɔɔŋ^{24} cin^{24}，baaŋ^{33} khon^{33} tok^{21} loŋ^{33} pai^{33} jaŋ^{33} na^{51}pha^{24}.（448）

马 的 晋 些 人 掉 下 去 到 悬崖

跟着牛群去的泰人用矛刺向马的身体，晋国的马军顿时大乱，有的人掉下悬崖去。

3. คุณเปรมชอบควบม้าหายไปจากบ้านคนเดียว ไม่ชอบให้ใครตาม กลับมาถึงบ้านก็เหงื่อโทรมตัวและเหงื่อของม้าออกจับติดอยู่ตามตัวม้าเป็นฟองขาว ๙๒๑①

khun^{33}preem^{33} chɔɔp^{51} khuap^{51} ma^{453} haai^{24} pai^{33} caak^{21} baan^{51} khon^{33} diau^{33}，mai^{51}

贝姆 喜欢 驾驭 马 消失 去 从 家 人 唯一 不

chɔɔp^{51} hai^{51} khrai^{33} taam^{33}，klap^{21} ma^{33} thɯŋ^{24} baan^{51} kɔ^{51} ŋɯa^{21} soom^{33} tua^{33} lɛʔ^{453}

喜欢 让 谁 跟随 返回 来 到 家 就 汗水 恶化 身体 和

ŋɯa^{21} khɔɔŋ^{24} ma^{453} ʔɔɔk^{21} cap^{21} tit^{21} ju^{21} taam^{33} tua^{33} ma^{453} pen^{33} fɔɔŋ^{33} khaau^{24}.（921）

汗水 的 马 出 结粘 在 跟随 匹 马 成 泡泡 白

贝姆喜欢骑着马一个人离开家，不喜欢让谁跟着。返回家的时候，满身大汗，马也出了汗，汗水黏附在马的身上变成白色的泡泡。

4. เมื่อนางบุญฉวีเห็นนางมาทำตัวทอดสนิทกับสามีตน นางบุญฉวีจึงเอาคันธนูไล่นางออกมา ๒๘๒

mɯa^{51} naaŋ^{33} bun^{33}chaʔ^{21}wi^{24} hen^{24} naaŋ^{33} tham^{33} tua^{33} thɔɔt^{51} saʔ^{21}nit^{21} kap^{21} sa^{24}mi^{33}

时候 妇人 温查维 见 妇人 做 样子 直到 亲近 和 丈夫

ton^{33}，naaŋ^{33} bun^{33}chaʔ^{21}wi^{24} cɯŋ^{33} ʔau^{33} khan^{33} thaʔ^{453}nu^{33} lai^{51} naaŋ^{33} ʔɔɔk^{21} ma^{33}.（282）

自己 妇人 温查维 就 用 张 弓 赶 妇人 出 来

温查维见她靠近自己的丈夫就用弓把把她赶走。

5. เขาต้องทิ้งพลั่วทิ้งคันไถแล้วหันมาจับดาบและแหลนหลาวเพื่อคุ้มกันตัวของเขาเองและคนที่เขารัก ๑๙๖

khau^{24} tɔɔŋ^{51} thiŋ^{453} phlua^{51} thiŋ^{453} khan^{33} thai^{24} lɛɛu^{453} han^{24} ma^{33} cap^{21} daap^{21} lɛʔ^{453}

他 必须 丢 铁铲 扔 把 犁 了 转 来 抓 剑 和

lɛɛn^{24} laau^{24} phɯa^{51} khum^{453} kan^{33} tua^{33} khɔɔŋ^{24} khau^{24} ʔeeŋ^{33} lɛʔ^{453} khon^{33} thi^{51} khau^{24}

长枪 长矛 为了 保护 互相 自己 的 他 自己 和 人 的 他

rak^{453}.（196）

爱

他必须扔掉铁铲和犁把，转过来拿起剑和矛保护自己和他爱的人。

6. คำอ้ายกระแทกด้ามหอกลงกับพื้นและกล่าวว่า ๙๒

kham^{33}ʔaai^{51} kraʔ^{21}thɛɛk^{51} daam^{51} hɔɔk^{21} loŋ^{33} kap^{21} phɯɯn^{453} lɛʔ^{453} klaau^{21} wa^{51}.（92）

甘艾 撞击 把 矛 下 和 地面 和 说 道

甘艾把矛的把子撞掉到地下说道。

---

① 例句来自《四朝代》。

7. บนโอ่งน้ำมีตับหญ้าคาผุๆมุงอยู่ห้าหกตับและมีกระบวยตักน้ำสองคันพาดอยู่บนปากโอ่ง คันกระบวยตักน้ำเป็นรูปงูมีหงอนหยักๆไม่เหมือนคันกระบวยตักน้ำที่เรือนของคูนซึ่งไม่มีลวดลายเป็นรูปอะไร ๖๘①

bon^{33} ʔooŋ^{21} nam^{453} mi^{33} tap^{21} ja^{51} kha^{33} phuʔ^{21}phuʔ^{21} muŋ^{33} ju^{21} ha^{51} hok^{21} tap^{21} lɛʔ^{453}

上 水缸 水 有 并排 草 茅草 腐朽 腐朽 覆 在 五 六 排 和

mi^{33} kraʔ^{21}buai^{33} tak^{21} nam^{453} sɔɔŋ^{24} khan^{33} phaat^{51} ju^{21} bon^{33} paak^{21} ʔooŋ^{21}，khan^{33}

有 瓢 舀 水 两 个 搭 在 上 口 水缸 把

kraʔ^{21}buai^{33} tak^{21} nam^{453} pen^{33} ruup^{51} ŋu^{33} mi^{33} ŋɔɔn^{24} jak^{21}jak^{21} mai^{51} mɯan^{24} khan^{33}

瓢 舀 水 成 图案 蛇 有 冠 卷 曲 不 像 把

kraʔ^{21}buai^{33} tak^{21} nam^{453} thi^{51} rɯan^{33} khɔɔŋ^{24} khuun^{33} sɯŋ^{51} mai^{51} mi^{33} luat^{453}laai^{33} pen^{33}

瓢 舀 水 处 家 的 昆（人名）的 没 有 花纹 花纹 成

ruup^{51} ʔaʔ^{21}rai^{33}.（68）

图 什么

水缸上面五六把腐烂的茅草并排成草排，还有两个水瓢放在缸口。水瓢的把子有蛇的图案，蛇长着卷曲的冠，不像小昆家的水瓢把什么花纹和图案都没有。

8. พ่อสับไก่เป็นชิ้นเล็กชิ้นน้อยจนหมดตัวไก่ แล้วเอาสองมือขยุ้มไก่ใส่ลงในกระทงสองใบ ๒๗๓

phɔ^{51} sap^{21} kai^{21} pen^{33} chin^{453} lek^{453} chin^{453} nɔɔi^{453} con^{33} mot^{21} tua^{33} kai^{21}，lɛɛu^{453} ʔau^{33}

父亲 切 鸡肉 成 块 小 块 小 直到 完 只 鸡 然后 用

sɔɔŋ^{24} mɯ^{33} khaʔ^{21}jum^{21} kai^{21} sai^{21} loŋ^{33} nai^{33} kraʔ^{21}thoŋ^{33} sɔɔŋ^{24} bai^{33}.（273）

两 手 攫取 鸡肉 放 下 里 水灯（容器名）两 个

父亲把鸡肉切成大片小片，直到把整只鸡都切完，然后用两只手把鸡肉放在两个水灯里。

第二种量名组合中的量词不是与后面名词对应的个体量词而是其他名词的个体量词。这种量名组合也没有类别的含义。

1. อีกหกวันต่อมาในตอนเช้าจันเสนได้ยินเสียงไกลมาจากข้างหน้าเหมือนแผ่นดินจะถล่ม ๑๘๐

ʔiik^{21} hok^{21} wan^{33} tɔ^{21}ma^{33}，nai^{33} tɔɔn^{33}chau^{453} can^{33}seen^{24} dai^{51}jin^{33} siaŋ^{24} klai^{33} ma^{33}

还 六 天 接着 来 里 段 早上 占森 得 听见 声音 远 来

caak^{21} khaaŋ^{51} na^{51} mɯan^{24} phɛɛn^{21} din^{33} caʔ^{21} thaʔ^{21}lom^{21}.（180）

从 边 前 像 片 地 要 塌陷

接下来的六天，有一个早晨占森听见从远处传来的好像大地要塌陷的声音。

2. เผ่าพันธุ์จิ๋นเท่านั้นเหมาะแก่การเป็นใหญ่อยู่บนผืนโลกเหนือคนเผ่าอื่นๆ นี่เป็นความคิดของลิตงเจียด้วย ๔๑๒-๔๑๓

phau^{21}phan^{33}cin^{24} thau^{51} nan^{453} mɔʔ^{21} kɛ^{21} kaan^{33}pen^{33}jai^{21} ju^{21} bon^{33} phɯɯn^{24} look^{51}

族群 种子 晋 像 那 适合 于 的 成 大 在 上 张 地球

① 例句来自《东北之子》。

nɯa^{24} khon^{33} phau^{21} ʔɯɯn^{21}ʔɯɯn^{21}，ni^{51} pen^{33} khwaam^{33}khit^{453} khɔɔŋ^{24} liʔ^{453}toŋ^{33}cia^{33}

上 人 族 其他 其他 这 是 的 想 的 李东家

duai^{351}.（412-413）

也

只有晋族而不是其他族群才适合在地球上称王称霸，这也是李东家的想法。

3. พนักงานผู้นี้ตอบว่า ข้ารู้สึกว่าสีบุญเป็นคนไม่มีประโยชน์ วันหนึ่งๆก็ออกไปเก็บใบไม้บ้างรากไม้บ้างมากอง ไว้ ถ้าไม่ทำเช่นนั้นก็นั่งเล่นหมากรุกกับเจ้าคำตัน ๒๕๙

phaʔ^{453}nak^{453}ŋaan^{33} phu^{51} ni^{453} tɔɔp^{21} wa^{51}： kha^{51} ru^{453}sɯk^{21} wa^{51} si^{24}bun^{33} pen^{33} khon^{33}

工作人员 个 这 回答 道 我 感觉 道 西温 是 人

mai^{51} mi^{33} praʔ^{21}joot^{21}，wan^{33} nɯŋ^{21} wan^{33} nɯŋ^{21} kɔ^{51} ʔɔɔk^{21} pai^{33} kep^{21} bai^{33} mai^{453}

没 有 利益 天 一 天 一 就 出 去 采 张 树

baaŋ^{51} raak^{51} mai^{453} baaŋ^{51} ma^{33} kɔɔŋ^{33} wai^{453}，tha^{51} mai^{51} tham^{33} cheen^{51} nan^{453} kɔ^{51}

些 根 树 些 来 堆积 着 如 没 做 样 那 就

naŋ^{51} leen^{51} maak^{21}ruk^{453} kap^{21} cau^{51}kham^{33}tan^{33}.（259）

坐 玩 颗 侵略 和 召甘丹

那个工作人员回答道：“我觉得西温是没有什么心机的人，他每一天都出去拣树叶，拣树根，把它们堆在一起。如果不那样做，就坐下来和召甘丹下象棋。”

4. พนักงานคนนั้นนิ่งอยู่ครู่หนึ่ง แล้วในที่สุดก็พูดว่า ข้าจะพยายามบอกสูตามที่ข้าเข้าใจในตัวคนผู้นี้ ๒๕๘

phaʔ^{453}nak^{453}ŋaan^{33} khon^{33} nan^{453} niŋ^{51} ju^{21} khru^{51} nɯŋ^{21} lɛɛu^{453} nai^{33} thi^{51}sut^{21} kɔ^{51}

工作人员 个 那 沉静 在 会儿 一 然后 里 的尽头 就

phuut^{51} wa^{51}： kha^{51} caʔ^{21} phaʔ^{453}ja^{33}jaam^{33} bɔɔk^{21} su^{24} taam^{33} thi^{51} kha^{51} khau^{51}cai^{33}

说 道 我 要 努力 告诉 你 按照 的 我 进入 心

nai^{33} tua^{33} khon^{33} phu^{51} ni^{453}.（258）

里 只 人 个 这

那个工作人员沉默了一会儿，最后说道：“我努力按照自己对这个人本身所理解的来告诉你。”

5. ทิมอก็ออกจากโลยางไป ตลอดทางที่ผ่านตัวเมืองหลวงทิมอไม่พูดกับผู้ใดเลย ๑๙๘

thiʔ^{453}mɔ^{33} kɔ^{51} ʔɔɔk^{21} caak^{21} lo^{33}jaaŋ^{33} pai^{33}，taʔ^{21}lɔɔt^{21} thaaŋ^{33} thi^{51} phaan^{21} tua^{33}

提莫 就 出 从 洛阳 去 直到 路 的 经过 只

mɯaŋ^{33} luaŋ^{24} thiʔ^{453}mɔ^{33} mai^{51} phuut^{51} kap^{21} phu^{51} dai^{33} ləəi^{33}.（198）

城市 皇家 提莫 不 说 和 个 哪 呢

提莫就从洛阳出去，经过都城的路上他和谁都不说话。

上述两种量名组合都没有类别意义。不过，有时候区分它们也较为困难，因为组合中的第一个成分是否是后面名词的个体量词并不好判断。请看例子：

ธนู thaʔ^{453}nu^{33} ลูกธนู luuk^{51}thaʔ^{453}nu^{33}

thaʔ^{453}nu^{33} 有两个意思：弓、箭。当它指弓的时候，khan^{33}“张”是它的量词，luuk^{51}“枚”和 dɔɔk^{21}“枚”一样不是它的个体量词，而是其他事物（如例一 thaʔ^{453}nu^{33}“箭”、例二 luuk^{51}khau^{24}lek^{453}ลูกเขาเล็ก“小山”、例三 luuk^{51}thaʔ^{453}nu^{33}“箭”等）的个体量词。它们组成的量名组合 luuk^{51}thaʔ^{453}nu^{33} 不再指弓这类事物而是箭的意思。因此 luuk^{51}thaʔ^{453}nu^{33} 枚－弓“箭”符合第二种量名组合的要求。实际上 luuk^{51}thaʔ^{453}nu^{33} 跟“saai^{24}thaʔ^{453}nu^{33}（สายธนู）弓弦、khan^{33}thaʔ^{453}nu^{33}（คันธนู）弓把”等词是聚合成类，表示箭是弓的一个组成部分，是一种名名组合。

1. แล้วลิตงเจียยิงธนูไปยังคนไทเหล่านั้นธนูดอกหนึ่งก็ถูกคนไทล้มไปคนหนึ่ง ในที่สุดคนไทล้มอยู่ในสนามนั้นจนเหลิอที่ยืนอยู่เพียงคนเดียวคือคนที่ร้องบอกลิตงเจียนั้นและลิตงเจียเหลือธนูเพียงดอกเดียว ๓๒①

lɛɛu^{453} liʔ^{453}toŋ^{33}cia^{33} jiŋ^{33} thaʔ^{453}nu^{33} pai^{33} jaŋ^{33} khon^{33}thai^{33} lau^{21} nan^{453} thaʔ^{453}nu^{33}
然后 李东家 射 箭 去 向 人 泰 些 那 箭

dɔɔk^{21} nɯŋ^{21} kɔ^{51} thuuk^{21} khon^{33}thai^{33} lom^{453} pai^{33} khon^{33} nɯŋ^{21}，nai^{33} thi^{51}sut^{21} khon^{33}
枚 一 就 中 人 泰 倒 去 个 一 里 的 尽头 人

thai^{33} lom^{453} ju^{21} nai^{33} saʔ^{21}naam^{24} nan^{453} con^{33} lɯa^{24} thi^{51} jɯɯn^{33} ju^{21} phiaŋ^{33} khon^{33}
泰 倒 在 里 场地 那 直 剩 的 站 在 仅 人

diau^{33} khɯ^{33} khon^{33} thi^{51} rɔɔŋ^{453} bɔɔk^{21} liʔ^{453}toŋ^{33}cia^{33} nan^{453} lɛʔ^{453} liʔ^{453}toŋ^{33} cia^{33} lɯa^{24}
唯一 是 人 的 嚷 告诉 李东家 那 和 李东家 剩

thaʔ^{453}nu^{33} phiaŋ^{33} dɔɔk^{21} diau^{33}.（32）
箭 仅 枚 唯一

然后李东家把箭一枚一枚地射向那些泰人，一枚箭射倒一个泰人，最后倒在场地上的泰人只剩下站着的一个了，他就是嚷着告诉李东家的那个人，李东家也只剩下一枚箭了。

2. ที่หน้าเมืองไกวเจานี้มีลูกเขาเล็กอยู่ลูกหนึ่ง มีต้นไม้ปกคลุม กุมภวาให้ทหารของเขาขึ้นไปสังเกตภายในเมืองไกวเจาอยู่บนลูกเขานี้ ๒๓๗

thi^{51} na^{51} mɯaŋ^{33} kwai^{33}cau^{33} ni^{453} mi^{33} luuk^{51} khau^{24} lek^{453} ju^{21} luuk^{51} nɯŋ^{21}，mi^{33} ton^{51}
处 前 城 盖州 这 有 座 山 小 在 座 一 有 棵

mai^{453} pok^{21} khlum^{33}，kum^{33}phaʔ^{453}wa^{33} hai^{51} thaʔ^{453}haan^{24} khɔɔŋ^{24} khau^{24} khɯn^{51} pai^{33}
树 覆盖 包 贡帕瓦 让 士兵 的 他 上 去

saŋ^{24}keet^{21} phaai^{33} nai^{33} mɯaŋ^{33} kwai^{33}cau^{33} ju^{21} bon^{33} luuk^{51} khau^{24} ni^{453}.（237）
观察 范围 里 城 盖州 在 上 座 山 这

① 原文 เหลิอ 应是 เหลือ（lɯa^{24} 剩），转写做了修改。

这盖州城前有一座小山，山上覆盖着树木。贡帕瓦让他的士兵到这座山上观察城里的情况。

3. เมื่อยกกระบอกน้ำขึ้นดื่มก็ถูกลูกธนูที่หน้าอกอีกสองลูก ๒๓๐

mɯa^{51} jok^{453} kraʔ^{21}bɔɔk^{21} nam^{453} khɯn^{51} dɯɯm^{21} kɔ^{51} thuuk^{21} luuk^{51} thaʔ^{453}nu^{33} thi^{51}

时候 举 竹筒 水 上 喝 就 被 枚 箭 处

na^{51} ʔok^{21} ʔiik^{21} sɔɔŋ^{24} luuk^{51}.（230）

前 胸 又 两 枚

举起竹筒喝水的时候胸前又中了两枚箭。

说 luuk^{51}thaʔ^{453}nu^{33} 是表示事物普通意义的第一种量名组合是因为 thaʔ^{453}nu^{33} 本身也可以指箭，luuk^{51} “枚”是其个体量词。但是整个组合并不表示箭这类事物，而与“plaai^{33}thaʔ^{453}nu^{33}（ปลายธนู）箭尾、hua^{24}thaʔ^{453}nu^{33}（หัวธนู）箭头”等词是聚合成类，表示与箭的一个构件相当的箭的整个个体，整个组合也是一种名名组合。

1. ข้าจะล่าสูโดยจะใช้ลูกธนูเพียงเท่าจำนวนของสู หากผู้ใดหนีลูกธนูแต่ละดอกของข้าได้ เมื่อหมดลูกธนูหนึ่งร้อยนี้แล้วข้าจะปล่อยไป ๓๒

kha^{51} caʔ^{21} la^{51} su^{24} dooi^{33} caʔ^{21} chai^{453} luuk^{51} thaʔ^{453}nu^{33} phiaŋ^{33} thau^{51} cam^{33}nuan^{33}

我 要 猎取 你们 通过 要 用 枚 箭 仅仅 像 数量

khɔɔŋ^{24} su^{24}，haak^{21} phu^{51} dai^{33} ni^{24} luuk^{51} thaʔ^{453}nu^{33} tɛ^{21}laʔ^{453} dɔɔk^{21} khɔɔŋ^{24} kha^{51}

的 你 如果 个 哪 逃 枚 箭 每 枚 的 我

dai^{51}, mɯa^{51} mot^{21} luuk^{51} thaʔ^{453}nu^{33} nɯŋ^{21} rɔɔi^{453} ni^{453} lɛɛu^{453} kha^{51} caʔ^{21} plɔɔi^{21} pai^{33}.（32）

能 时候 完 枚 箭 一 百 这 了 我 要 放 走

我要用数量等于你们人数的箭射你们，你们当中如果哪个人能躲过我射出的每一支箭，射完这一百支箭我就把他放走。

2. โล่ของท้าวฮอดถูกธนูหกลูก ๒๘๗

lo^{51} khɔɔŋ^{24} thaau^{453}hɔɔt^{51} thuuk^{21} thaʔ^{453}nu^{33} hok^{21} luuk^{51}.（287）

盾 的 陶哈 中 箭 六 枚

陶哈的盾牌中了六枚箭。

3. ซิฉุยซึ่งคุมทหารจิ๋นอยู่ด้านนั้นก็ให้ทหารระดมยิงธนูไปยังฝ่ายไท ธนูลูกหนึ่งปักตาจันเสน จันเสนดึงลูกธนูออก ลูกตาติดออกมาด้วย ๒๒๙

siʔ^{453}chui^{24} sɯŋ^{51} khum^{33} thaʔ^{453}haan^{24} ju^{21} daan^{51} nan^{453} kɔ^{51} hai^{51} thaʔ^{453}haan^{24} raʔ^{453}

西崔 的 控制 士兵 在 面 那 就 让 士兵

dom^{33} jiŋ^{33} thaʔ^{453}nu^{33} pai^{33} jaŋ^{33} faai^{21} thai^{33}，thaʔ^{453}nu^{33} luuk^{51} nɯŋ^{21} pak^{21} ta^{33}

发动 射击 箭 去 向 方面 泰 箭 枚 一 插 眼

can^{33}seen^{24}，can^{33}seen^{24} dɯŋ^{33} luuk^{51} thaʔ^{453}nu^{33} ʔɔɔk^{21}，luuk^{51} ta^{33} tit^{21} ʔɔɔk^{21} ma^{33}

占森 占森 拉 枚 箭 出 圆形物 眼 粘 出 来

duai^{51}. （229）

一起

在那边指挥军队的西崔发动士兵朝泰军射箭，有一枚箭射中占森的眼睛，占森就把箭连带眼珠都一起拔出来。

以上分析说明，没有类别意义的量名组合无论是第一种还是第二种其实都是名名组合，因为没有类别意义的量名组合中的第一个成分不表示实体的单位而表示实体，不是计量单位而是个名词。下面分析两个语素。

以典型的个体量词 tua^{33}（ตัว）为例，由 tua^{33} 及其计量的名词组合形成的第一种组合如 tua^{33}ma^{453}（ตัวม้า）“匹 – 马”中表面上 tua^{33}“匹”作为后面名词 ma^{453}（ม้า）“马”的个体量词，实际上不是，它是身体的意思，是一个实体义。也就是说 tua^{33}ma^{453}（ตัวม้า）中的 tua^{33}“匹”是其后的 ma^{453}（ม้า）“马”的天然单位词只是表象。tua^{33}ma^{453} 指的是马的身体，与马的其他器官、马身体上的其他部分相对。前面说过，形体较大的动物一般不存在量名组合；如果出现量名组合，其含义主要是指身体如例一到例五，也指本身、自身如例六。①

1. เมื่อคูนจับอึ่งขึ้นมาใส่ไม้ตับก็รู้สึกว่ายางเหนียวๆตามตัวอึ่งไม่มีเสียแล้ว ๑๖๖

mɯa^{51} khuun^{33} cap^{21} ʔɯŋ^{21} khɯn^{51} ma^{33} sai^{21} mai^{453} tap^{21} kɔ^{51} ru^{453}sɯk^{21} wa^{51} jaaŋ^{33}

时候 昆 抓 池牛 上 来 放 木棍 成排 就 觉得 说 黏液

niau^{24}niau^{24}taam^{33} tua^{33} ʔɯŋ^{21} mai^{51} mi^{33} sia^{24} lɛɛu^{453}. （166）

黏 黏 沿 身体 池牛 没 有 掉 了

小昆抓起池牛把它们放在成排的木条上的时候发现池牛身上黏黏的液体没有了。

2. คูนเห็นน้ำมันในตัวปลาเยิ้มส่งกลิ่นหอม ทำให้กลืนน้ำลายอยู่อึกๆ ๑๑๑

khuun^{33} hen^{24} nam^{453}man^{33} nai^{33} tua^{33} pla^{33} jɔəm^{453} soŋ^{21} klin^{21} hɔɔm^{24}，tham^{33}hai^{51}

昆 见 水 油 里 身体 鱼 渗出 释放 味道 香 做 让

klɯɯn^{33} nam^{453}laai^{33} ju^{21} ʔɯk^{21}ʔɯk^{21}. （111）

咽 口水 在 猛然喝完

小昆看见鱼身上渗出油，香味弥漫，就大口大口地咽着口水。

3. ยามฟ้าแลบแปลบปลาบลงมาถูกตัวปลาที่พ่อชูขึ้นให้เห็นเป็นเงาวับ ๒๒๔

jaam^{33} fa^{453}lɛɛp^{453} plɛɛp^{21}plaap^{21} loŋ^{33} ma^{33} thuuk^{21} tua^{33} pla^{33} thi^{51} phɔ^{51} chu^{33} khɯn^{51}

时候 闪电 闪闪发光 下 来 触到 身体 鱼 的 爸爸 举 上

hai^{51} hen^{24} pen^{33} ŋau^{33} wap^{453}. （224）

让 见 成 影子 有光泽的

闪电出现的时候光亮照射到爸爸举起来的鱼的身体上，一切清晰可见。

① 此部分例句来自《东北之子》。

4. แม่ผ่าไม้ไผ่เป็นตับสี่ห้าอัน แล้วหยิบเขียดตัวใหญ่ๆใส่ในไม้ตับอย่างว่องไว เมื่อไม้หนีบตัวเขียดดีแล้ว แม่ก็พับขามันสองข้างขึ้นแนบกับลำตัวของมันอีกทีหนึ่ง ๒๓๖

mɛ^{51} pha^{21} mai^{453}phai^{21} pen^{33} tap^{21} si^{21} ha^{51} ʔan^{33}，lɛɛu^{453} jip^{21} khiat^{21} tua^{33} jai^{21}jai^{21} sai^{21}

妈妈 剖 树 竹子 成 排 四 五 个 然后 拿 青蛙 只 大 大 放

nai^{33} mai^{453} tap^{21} jaaŋ^{21} wɔɔŋ^{51} wai^{33}，mɯa^{51} mai^{453} niip^{21} tua^{33} khiat^{21} di^{33} lɛɛu^{453}，mɛ^{51}

里 棍 排 样 快捷 快 时候 棍 夹 身体 青蛙 好 了 妈妈

kɔ^{51} phap^{453} kha^{24} man^{33} sɔɔŋ^{24} khaaŋ^{51} khɯn^{51} nɛɛp^{51} kap^{21} lam^{33} tua^{33} khɔɔŋ^{24} man^{33}

就 叠 腿 它 两 边 上 夹 跟 杆 身体 的 它

ʔiik^{21} thi^{33} nɯŋ^{21}.（236）

又 次 一

妈妈把竹子剖成四五个竹片排，然后把大大的青蛙迅速放在排上。用小棍夹好青蛙的身体之后，又一次把两腿折叠到身体上。

5. คงจะเหมือนตรงแผ่นเหล็กมีซี่เล็กๆยื่นออกมาที่เอาไว้ใช้ขูดมะพร้าว มองดีๆเหมือนฟันกระต่าย พี่ทองชำนาญงานนี้เห็นจากท่านั่งชันเข่าข้างหนึ่งบนตัวกระต่าย เข่าข้างหนึ่งจดพื้น ๓๓①

khoŋ^{33} caʔ^{21} mɯan^{24} troŋ^{33} phɛɛn^{21} lek^{21} mi^{33} si^{51} lek^{453}lek^{453} jɯɯn^{51} ʔɔɔk^{21} ma^{33} thi^{51}

大概 要 像 地方 片 铁 有 细条 小 小 伸 出 来 地方

ʔau^{33} wai^{453} chai^{453} khuut^{21} maʔ^{453}phraau^{453}，mɔɔŋ^{33} di^{33}di^{33} mɯan^{24} fan^{33} kraʔ^{21}taai^{21}.

用 着 使用 挖 椰子 望 好 好 像 牙齿 兔子

phi^{51}thɔɔŋ^{33} cham^{33}naan^{33} ŋaan^{33} ni^{453} hen^{24} caak^{21} tha^{51} naŋ^{51} chan^{33} khau^{21} khaaŋ^{51}

哥哥 通（人名） 熟悉 工作 这 见 从 姿势 坐 直立 膝盖 边

nɯŋ^{21} bon^{33} tua^{33} kraʔ^{21}taai^{21}，khau^{21} khaaŋ^{51} nɯŋ^{21} cot^{21} phɯɯn^{453}.（33）

一 上 身体 椰刨 膝盖 边 一 抵 地面

铁片那里伸出用来挖椰子的齿状细条，看上去好像兔子的牙齿。通哥用一侧膝盖靠在椰刨身上，另一侧膝盖抵住地面，身体直立呈坐姿，看来他精通挖椰这项工作。

6. คือไม่มีการประพฤติปฏิบัติแล้ว มันก็เป็นเปลือกของพระธรรมเหมือนกัน อย่างตู้พระไตรปิฎกมันก็เป็นสัญลักษณ์ของพระธรรม ถ้าอนุญาตให้พูดก็จะพูดว่าก็เป็นเพียงเปลือกของพระธรรม เป็นรังของพระธรรม ไม่ใช่ตัวพระธรรมจริง เหมือนกับรังนก อาจจะเหลือแต่รังนกก็ได้ ไม่มีตัวนก อย่างนั้นแหละ ๔๐②

khɯ^{33} mai^{51} mi^{33} kaan^{33}praʔ^{21}phrɯt^{453} paʔ^{21}tiʔ^{21}bat^{21} lɛɛu^{453} man^{33} kɔ^{51} pen^{33} plɯak^{21}

是 没 有 的 行动 执行 了 它 就 是 表皮

khɔɔŋ^{24} phraʔ^{453}thaam^{33} mɯan^{24} kan^{33}，jaaŋ^{21} tu^{51} phraʔ^{453}trai^{33}piʔ^{21}dok^{21} man^{33} kɔ^{51}

的 佛法 像 互相 像 柜 三藏经 它 也

① 例句来自《佳蒂的幸福》，注意此例 kraʔ^{21}taai^{21} 本义是兔子的意思。

② 例句来自 พุทธทาสภิกขุ: พระไตรลักษณ์ ธรรมสภา ๒๕๔๕。

pen^{33} san^{24}jaʔ^{453}lak^{453} khɔɔŋ^{24} phraʔ^{453}thaam^{33}，tha^{51} ʔaʔ^{21}nuʔ^{453}jaat^{51} hai^{51} phuut^{51} kɔ^{51}
是 象征 的 佛法 如果 允许 让 说 就

caʔ^{21} phuut^{51} wa^{51} kɔ^{51} pen^{33} phiaŋ^{33} plɯak^{21} khɔɔŋ^{24} phraʔ^{453}thaam^{33}，pen^{33} raŋ^{33} khɔɔŋ^{24}
要 说 说 也 是 仅仅 表皮 的 佛法 是 窝 的

phraʔ^{453}tham^{33}，mai^{51} chai^{51} tua^{33} phraʔ^{453}tham^{33} ciŋ^{33}，mɯan^{24} kap^{21} raŋ^{33} nok^{453}，
佛法 不 是 本身 佛法 真 像 和 窝 鸟

ʔaat^{21} caʔ^{21} lɯa^{24} tɛ^{21} raŋ^{33} nok^{453} kɔ^{51} dai^{51}，mai^{51} mi^{33} tua^{33} nok^{453}，jaaŋ^{21} nan^{453}
或许 要 剩 仅 巢 鸟 也 可以 没 有 本身 鸟 样 那

lɛʔ^{21}.（40）
了

没有实际行动，它就像是佛法的表皮，藏经柜也只是佛法的象征，如果可以打比喻，那么也是佛法的表皮，不是真正的佛法本身，藏经柜就像佛法的窝，就像鸟巢，或许只剩下窝了，没有鸟了。就那样。

第二种组合中的 tua^{33} 不是后面名词如 khon^{33}（คน）“人”、naaŋ^{33}（นาง）“妇人”的量词而是动物等的量词。由于这种组合如下面的 tua^{33}naaŋ^{33} 可以在 tua^{33} 和 naaŋ^{33} 之间插入 khɔɔŋ^{24}“的”，说明两者关系不紧密，tua^{33}naaŋ^{33} 是词组。同理，tua^{33}khon^{33} 也是词组不是合成词。这种组合中的 tua^{33} 具有“自己”的词汇含义，并不表示 khon^{33}“人”、naaŋ^{33}“妇人”属于动物类，整个组合也没有类似的类别意义。

1. นางช่วยน้ำเงินร่ำรวยขึ้นมากจากการติดต่อของนางกับผู้อื่นทั้งด้วยปัญญาของนางและด้วยตัวของนางเมื่อน้ำเงินจะติดต่อกับลำพูนเจ้าเมืองเชียงแสนนางจะไปแทนและพยายามให้ลำพูนพอใจในตัวนาง ๒๘๒

naaŋ^{33} chuai^{51} nam^{453}ŋəən^{33} ram^{51}ruai^{33} khɯn^{51} maak^{51} caak^{21} kaan^{33}tit^{21}tɔ^{21} khɔɔŋ^{24}
妇人 帮助 楠恩 富贵 上 许多 从 的 连接 接 的

naaŋ^{33} kap^{21} phu^{51} ʔɯɯn^{21} thaŋ^{453} duai^{51} pan^{33}ja^{33} khɔɔŋ^{24} naaŋ^{33} lɛʔ^{453} duai^{51} tua^{33}
妇人 和 个 其他 又 用 智慧 的 妇人 和 用 身体

khɔɔŋ^{24} naaŋ^{33}，mɯa^{51} nam^{453}ŋəən^{33} caʔ^{21} tit^{21}tɔ^{21} kap^{21} lam^{33}phuun^{33} cau^{51}mɯaŋ^{33}
的 妇人 时候 楠恩 要 连接 接 和 兰蓬 主 城

chiaŋ^{33}sɛ^{24}，naaŋ^{33} caʔ^{21} pai^{33} thɛɛn^{33} lɛʔ^{453} phaʔ^{453}ja^{33}jaam^{33} hai^{51} lam^{33}phuun^{33} phɔ^{33}
清塞 妇人 要 去 代替 和 努力 让 兰蓬 足够

cai^{33} nai^{33} tua^{33} naaŋ^{33}.（282）
心 里 自身 妇人

她用自己的智慧和身体与别人联系从而帮助楠恩变得富起来，楠恩要和清塞城主兰蓬联系的时候，她就代替楠恩出去，并努力让兰蓬对自己感到满意。

2. พอเปิดประตูเข้าไป　กลิ่นตัวคนและกลิ่นอื่นๆที่หมักหมมอยู่มันพลุ่งออกมา ๙๒๘①

phɔ^{33} pəət^{21} praʔ^{21}tu^{33} khau^{51} pai^{33}，klin^{21} tua^{33} khon^{33} lɛʔ^{453} klin^{21} ʔɯɯn^{21}ʔɯɯn^{21} thi^{51}

刚　打开　门　进　去　气味　身　人　和　气味　其他　其他　的

mak^{21}mom^{24} ju^{21} man^{33} phluŋ^{51} ʔɔɔk^{21} ma^{33}.（928）

积压　在　它　冒出　出　来

一打开门进去，人身体上的气味和其他被积压的气味扑面而来。

可见，tua^{33} 和后面的成分关系不紧密，各是一个独立的成分。实际上 tua^{33} 是个名词，指身体、个子，所以它可以独立充当句法成分，例如：

1. ผู้ที่จะเป็นเจ้าเมืองได้ต้องมีบุญเหลือไว้สำหรับคนอื่นบ้าง　ข้าเอาตัวสัมผัสสูเพื่อขอแบ่งบุญบ้างมิได้หรือ　๒๘๒

phu^{51} thi^{51} caʔ^{21} pen^{33} cau^{51}mɯaŋ^{33} dai^{51} tɔɔŋ^{51} mi^{33} bun^{33} lɯa^{24} wai^{453} sam^{24}rap^{21} khon^{33}

个　的　要　成　主　城　能　必须　有　恩德　剩　着　专门　人

ʔɯɯn^{21} baaŋ^{51}，kha^{51} ʔau^{33} tua^{33} sam^{24}phat^{21} su^{24} phɯa^{51} khɔ^{24} bɛɛŋ^{21} bun^{33} baaŋ^{51}

别　些　我　用　身体　接触　你　为了　请求　分　恩德　些

miʔ^{453} dai^{51} rɯ^{24}?（282）

不　行　吗

做城主的要有些剩余的恩德专门留给别人，为了能分享些恩德我用身体触碰你不行吗？

2. จันเสนสะอึก　แล้วเงยหน้าขึ้นพูดกับหัวหน้าของตนว่าข้าตัวเท่านี้　สูจะให้ไปสู้กับยักษ์ตัวนั้นหรือ กุมภวาตอบว่า　ถูกแล้ว สีเภาบอกข้าว่าสูจะฆ่ายักษ์นั้นได้　สูจงคิดดูเถิดว่าจะทำได้หรือไม่ ๒๑๘-๒๑๙

cen^{33}seen^{24} saʔ^{21}ʔɯk^{21} lɛɛu^{453} ŋəəi^{33} na^{51} khɯn^{51} phuut^{51} kap^{21} hua^{24}na^{51} khɔɔŋ^{24} ton^{33}

占森　打嗝儿　然后　抬　脸　上来　说　和　头　脸　的　自己

wa^{51}：kha^{51} tua^{33} thau^{51} ni^{453}，su^{24} caʔ^{21} hai^{51} pai^{33} su^{51} kap^{21} jak^{453} tua^{33} nan^{453} rɯ^{24}?

说　我　个子　像　这　你　要　让　去　打　和　魔鬼　只　这　吗

kum^{33}phaʔ^{453}wa^{33} tɔɔp^{21} wa^{51}：thuuk^{21} lɛɛu^{453}，si^{24}phau^{33} bɔɔk^{21} kha^{51} wa^{51} su^{24} caʔ^{21}

贡帕瓦　回答　道　是　了　西保　告诉　我　说　你　要

kha^{51} jak^{453} nan^{453} dai^{51}，su^{24} coŋ^{33} khit^{453} du^{33}thəət^{21} wa^{51} caʔ^{21} tham^{33} dai^{51} rɯ^{24}

杀　魔鬼　那　能　你　必须　想　看吧　说　要　做　能　还是

mai^{51}?（218-219）

不

占森愣了一下，然后抬起脸对自己的首领说：“像我这样的个子，你要派我去和这只魔鬼打吗？”贡帕瓦答道：“对了，西保告诉我说你能杀死那魔鬼。你想想看吧，能不能做得到。”

---

① 例句来自《四朝代》。

3. ขณะที่เจ็งเอียวจะฟันลงมานั้น ดาบของธงผาก็ตัดลำตัวของเจ็งเอียวขาดเป็นสองท่อน แต่ยังคงทับกันอยู่เหมือนเดิมและแขนของเจ็งเอียวก็ยังเงื้ออยู่เช่นนั้น ต่อเมื่อม้าผงกขึ้น ร่างท่อนบนของเจ็งเอียวจึงร่วงมายังพื้นดิน ๓๕๙

khaʔ^{21}naʔ^{21} thi^{51} ceŋ^{33}ʔiau^{33} caʔ^{21} fan^{33} loŋ^{33} ma^{33} nan^{453}，daap^{21} khɔɔŋ^{24} thoŋ^{33}pha^{24} kɔ^{51}

时刻 的 江尧 要 砍 下 来 那 剑 的 童帕 就

tat^{21} lam^{33}tua^{33} khɔɔŋ^{24} ceŋ^{33}ʔiau^{33} khaat^{21} pen^{33} sɔɔŋ^{24} thɔɔn^{51}，tɛ^{21} jaŋ^{33} khoŋ^{33} thap^{453}

砍 根 身 的 江尧 断 成 两 段 但 还 稳定 叠

kan^{33} ju^{21} mɯan^{24} dəəm^{33} lɛʔ^{453} khɛɛn^{24} khɔɔŋ^{24} ceŋ^{33}ʔiau^{33} kɔ^{51} jaŋ^{33} ŋɯa^{453} ju^{21} cheen^{51}

互 在 像 原先 和 胳膊 的 江尧 就 还 举 在 像

nan^{453}，tɔ^{21} mɯa^{51} ma^{453} pha^{21}ŋok^{21} khɯn^{51}，raaŋ^{51} thɔɔn^{51} bon^{33} khɔɔŋ^{24} ceŋ^{33}ʔiau^{33}

那 等 时候 马 抬起 上 身体 段 上 的 江尧

cɯŋ^{33} ruaŋ^{51} ma^{33} jaŋ^{33} phɯɯn^{453} din^{33}.（359）

才 落 来 到 地面 土地

江尧正砍下来的那一刻，童帕的剑就把江尧的身躯砍成两段，但是整个身体却还和原来那样没有分开，胳膊还举着呢。等到马一动，上半身才掉到地面上。

进一步观察下面的语料可以看出这种组合中的tua^{33}也有反身代词的含义。如tua^{33}khon^{33}这个组合还有“人自己、人自身”的意思，与tua^{33}si^{24}bun^{33}同属一类，如例一、二。tua^{33}si^{24}bun^{33}（ตัวสีบุญ）可以在tua^{33}和si^{24}bun^{33}插入其他成分如例四，例三 tua^{33}si^{24}bun^{33} 和 raaŋ^{51}kaai^{33}khɔɔŋ^{24}si^{24}bun^{33}ʔeeŋ^{33}前后对应，说明tua^{33}指“身体、自身”，由“身体”的含义发展出“自身”的含义。这种含义与tua^{33}kha^{51}（ตัวข้า）“我自己”等词一样表达反身替代的意义，与类别意义相差较远，如例五。①

1. ไม่มีท่านฉันก็คงลำบากเพราะตัวคนเดียวจริงๆจะหวังพึ่งพี่น้องก็คงไม่ได้ เขามีกังวลของเขามากพออยู่แล้ว ๓๙๙②

mai^{51} mi^{33} thaan^{51} chan^{24} kɔ^{51} khoŋ^{33} lam^{33}baak^{21} phrɔʔ^{453} tua^{33} khon^{33} diau^{33} ciŋ^{33}ciŋ^{33}

没 有 他 我 就 可能 困难 因为 自己 人 唯一 真 真

caʔ^{21} waŋ^{24} phɯŋ^{51} phi^{51}nɔɔŋ^{453} kɔ^{51} khoŋ^{33} mai^{51} dai^{51}，khau^{24} mi^{33} kaŋ^{33}wan^{33} khɔɔŋ^{24}

要 希望 依靠 哥姐 弟妹 就 可能 不 行 他 有 担忧 的

khau^{24} maak^{51} phɔ^{33} ju^{21} lɛɛu^{453}.（399）

他 很多 足够 在 了

① ตัว 在口语中可以指第二人称，是由 ตัวเอง 发展而来的；ตัว 也可以指人物、人，如 เมื่อสูเป็นเด็กอยู่สูเป็นตัวประกันคนหนึ่งในจำนวนเด็กห้าสิบคนที่ฝ่ายเรามอบให้เตียวเหลียงเพื่อให้เขาถอนกำลังออกจากเมืองลือ สูเป็นเพื่อนกับเตียวเหลียงตั้งแต่นั้นมา เช่นนี้แล้วสูจะไปฆ่าเขาได้หรือ ๓๕๒；还可以放在 ตัวเอง“自己”一词之前如 ตัวของตัวเองก็ตกเป็นทาสไปด้วยอีกคน P159（拉鲁贝行记・泰文版）是指自身，此时反身的含义和身体的含义难分难解。

② 例句来自《四朝代》，下面两个例句同。

没有他我可能就难了，因为自己一个人真正要依靠兄弟姐妹也不行，他们已经有足够的事情要操心了。

2. ฉันเป็นผู้ชาย ลูกเมียก็ยังไม่มี ตัวคนเดียวอยู่ที่ไหนก็อยู่ได้ ไม่เดือดร้อนอะไรเลย ๖๓๕

chan^{24} pen^{33} phu^{51}chaai^{33} luuk^{51} mia^{33} kɔ^{51} jaŋ^{33} mai^{51} mi^{33}，tua^{33} khon^{33} diau^{33} ju^{21} thi^{51}

我 是 人 男 孩子 妻子 也 还 没 有 自己 人 唯一 在 地方

nai^{24} kɔ^{51} ju^{21} dai^{51}，mai^{51} dɯat^{21} rɔɔn^{453} ʔaʔ^{21}rai^{33} ləəi^{33}.（635）

哪 也 在 能 不 热 热 什么 呢

我是男人，还没有妻子、孩子，自己一个人在哪里都可以，没有什么麻烦的。

3. ที่ข้าพูดว่าเขาเป็นอิสระจากสิ่งเหล่านี้ ข้าหมายถึงว่าในตัวสีบุญมีบางสิ่งที่เป็นอิสระจากสิ่งเหล่านี้ ข้ามิได้หมายถึงร่างกายของสีบุญเอง ๒๕๘

thi^{51} kha^{51} phuut^{51} wa^{51} khau^{24} pen^{33} ʔit^{21}saʔ^{21}raʔ^{21} caak^{21} siŋ^{21} lau^{21} ni^{453}，kha^{51} maai^{24}

的 我 说 道 他 是 自由 从 东西 些 这 我 意思

thɯŋ^{24} wa^{51} nai^{33} tua^{33} si^{24}bun^{33} mi^{33} baaŋ^{33} siŋ^{21} thi^{51} pen^{33} ʔit^{21}saʔ^{21}raʔ^{21} caak^{21} siŋ^{21}

到 说 里 身体 西温 有 些 东西 的 是 自由 从 东西

lau^{21} ni^{453}，kha^{51} miʔ^{453} dai^{51} maai^{24} thɯŋ^{24} raaŋ^{51}kaai^{33} khɔɔŋ^{24} si^{24}bun^{33} ʔeeŋ^{33}.（258）

些 这 我 没 有 意指 到 身体 的 西温 自己

我所说的他从那些东西里摆脱出来显得自由，意思是他的身体里有些东西是自由的，不是指他身体本身自由。

4. คำที่เขากล่าวออกมานั้นมาจากปากของเขา แต่เบื้องหลังคำที่เขากล่าวออกไป และเบื้องหลังตัวของสีบุญเอง ข้ารู้สึกว่ามีสิ่งหนึ่งซึ่งพ้นไปจากสิ่งที่เราเห็นเป็นรูปร่างอยู่โดยรอบๆเรา ๒๕๙

kham^{33} thi^{51} khau^{24} klaau^{21} ʔɔɔk^{21} ma^{33} nan^{453} ma^{33} caak^{21} paak^{21} khɔɔŋ^{24} khau^{24}，tɛ^{21}

词语 的 他 所 说 来 那 来 从 嘴 的 他 但

bɯaŋ^{51} laŋ^{24} kham^{33} thi^{51} khau^{24} klaau^{21} ʔɔɔk^{21} pai^{33} lɛʔ^{453} bɯaŋ^{51} laŋ^{24} tua^{33} khɔɔŋ^{24}

面 后 词语 的 他 说 出 去 和 面 后 身体 的

si^{24}bun^{33} ʔeeŋ^{33} kha^{51} ru^{453}sɯk^{21} wa^{51} mi^{33} siŋ^{21} nɯŋ^{21} sɯŋ^{51} phon^{453} pai^{33} caak^{21} siŋ^{21}

西温 自己 我 觉得 说 有 东西 一 的 超离 去 从 东西

thi^{51} rau^{33} hen^{24} pen^{33} ruup^{51} raaŋ^{51} ju^{21} dooi^{33} rɔɔp^{51}rɔɔp^{51} rau^{33}.（259）

的 我们 见 是 图像 样貌 在 通过 周边 周边 我们

他所说的话从他的嘴里出来，但这些话后面以及他自己身后，我感觉到有一种东西超脱于我们四周看到的有形的东西。

5. ผู้ลักพาต้องการตัวข้าเพื่อแลกเปลี่ยนกับสามคนนั้น ข้ามอบตัวของข้าให้แก่เขา ๔๘๐

phu^{51} lak^{453} pha^{33} tɔɔŋ^{51}kaan^{33} tua^{33} kha^{51} phɯa^{51} lɛɛk^{51} plian^{21} kap^{21} saam^{24} khon^{33}

人 偷 带 需要 自身 我 为了 交换 变化 和 三 个

nan^{453}，kha^{51} mɔɔp^{51} tua^{33} khɔɔŋ^{24} kha^{51} hai^{51} kɛ^{21} khau^{24}.（480）

那 我 交付 自身 的 我 给 给 他

偷偷地带着的人需要用我交换那三个人，我就把自己交给他。

以上对 tua^{33}（ตัว）的分析说明类别意义由量词决定，不是量词就难有类别的含义。如果说 tua^{33} 是比较典型的量词，其作为量词具有的类别意义与“身体、个子”、“自身、自己”的含义差异明显，那么不妨看看不太典型的量词 phuak^{51}（พวก）。

泰语 phuak^{51} 作为量词表示集体、不定量的含义（相当于汉语“伙”、“些”），此外还可以作为复数的前缀，相当于汉语“我们、孩子们”等词里的“们”。但是有一点是汉语“些”、“们”所没有的，这就是作为一个量词，phuak^{51} 跟上述个体量词 tua^{33}（ตัว）一样，可以独立运用，具有自己的词汇意义。

1. ข้าจะอยู่ทนให้นังพวกลักเล็กขโมยน้อยพวกนี้มันปอกลอกไปตามใจมัน ๒๗๖①

kha^{51} ca$ʔ^{21}$ ju^{21} thon^{33} hai^{51} naaŋ^{33} phuak^{51} lak^{453} lek^{453} kha$ʔ^{21}$mooi^{33} nɔɔi^{453} phuak^{51} ni^{453}

我　要　在　耐　让　妇人　群　偷　小　　偷　小　群　这

man^{33} pɔɔk^{21} lɔɔk^{51} pai^{33} taam^{33}cai^{33} man^{33}.（276）

他　剥　削　去　跟随　心　他

我就忍着，让这些小偷随心所欲，爱怎么偷就怎么偷。

2. ข้าพอใจนางบุญอาบยิ่งนัก ครั้นจะให้ทหารจุดคร่าเอานางมา กำพลก็มีพวกอยู่มาก สูคิดว่าทำอย่างไร ข้าจึงจะได้นาง　๒๗๔②

kha^{51} phɔ^{33}cai^{33} naaŋ^{33} bun^{33}ʔaap^{21} jiŋ^{51} nak^{453}，khran^{453} ca$ʔ^{21}$ hai^{51} tha$ʔ^{453}$haan^{24}

我　足够　心　妇人　温阿　大　很　时候　要　让　士兵

chut^{21}khra^{51} ʔau^{33} naaŋ^{33} ma^{33}，kam^{33}phon^{33} kɔ^{51} mi^{33} phuak^{51} ju^{21} maak^{51}，su^{24} khit^{453}

劫掠　要　妇人　来　甘蓬　也　有　同伙　在　多　你　想

wa^{51} tham^{33} jaaŋ^{21}rai^{33} kha^{51} cɯŋ^{33} ca$ʔ^{21}$ dai^{51} naaŋ^{33}.（274）

说　做　样　哪　我　才　能　得　妇人

我非常满意温阿，但是要士兵去抢过来嘛，甘蓬也有很多同伙，你想我怎么做才能得到她。

3. ด้วยวิธีนี้กำพลได้คนเป็นพวกหลายคนเพื่อกำจัดขุนสายกับพวก ๒๗๗

duai^{51} wi$ʔ^{453}$thi^{33} ni^{453} kam^{33}phon^{33} dai^{51} khon^{33} pen^{33} phuak^{51} laai^{24} khon^{33} phɯa^{51}

用　方法　这　甘蓬　得　人　成　同伙　多　人　为了

kam^{33}cat^{21} khun^{24}saai^{24} kap^{21} phuak^{51}.（277）

消除　坤赛　和　同伙

为了消除坤赛及其同伙，甘蓬用这方法收拢了许多人作为同伙。

---

① 例句来自《四朝代》，นัง“妇人”原文即如此，转写时改为 naaŋ^{33}（นาง）。

② 此例后两个 naaŋ^{33}（นาง）用如第三人称。

4. ข้าจึงขอให้สูนำคนมายังเมืองไต๋สมทบกับพวกของท้าวคำปูน ๒๘๐

kha^{51} cɯŋ^{33} khɔ^{24}hai^{51} su^{24} nam^{33} khon^{33} ma^{33} jaŋ^{33} mɯaŋ^{33}tai^{24} som^{24}thop^{453} kap^{21}

我　才　请求 让　你　带　人　来　向　城　傣　会合　和

phuak^{51} khɔɔŋ^{24} thaau^{453}kham^{33}puun^{33}.（280）

同伙　的　陶甘奔

我才希望你带人到傣城来与陶甘奔的人会合。

上述 phuak^{51} 无论是作为量词还是作为名词都没有什么类别的含义，它与名词结合形成的组合也就没有什么类别的含义。

5.3　名量组合：一种与量名组合结构相反的现象

除了上述“量名组合”外泰语还存在“名量组合”现象，这种组合从结构关系上看是名词在前、量词在后，与量名组合的顺序正好相反。从意义上分析，这种组合分为两种情况：

第一种表示事物的普通含义。

泰语词汇系统里存在“名量组合”，如“ja^{33}met^{453}（ยาเม็ด）药丸、thɔɔŋ^{33}thɛɛŋ^{51}（ทองแท่ง）金条、rak^{453}ton^{51}（รักต้น）一种漆树”，之所以把它们看成是名量组合是因为其中的第二个成分是前面第一个成分名词或其他名词的个体量词。从构词上看，这种合成词以其中的名词为中心，量词为修饰语，两者结合紧密，凝固成为一个词，因而属于词汇层面；从意义上看，其中的名词表示该合成词词义所属的类别，量词表示其形状上的类型特征，整个复合词表达的是隶属于名词所代表的上位概念之下的一个具体事物。如 thɔɔŋ^{33}thɛɛŋ^{51} 黄金－块“金条”，指呈条状的金子，与 thɔɔŋ^{33}lim^{51}（ทองลิ่ม）“金条”、thɔɔŋ^{33}bai^{33}（ทองใบ）“金片”和 thɔɔŋ^{33}saai^{33}（ทองทราย）“金沙”属于同一级，其中 thɔɔŋ^{33}lim^{51} 指呈条状的金子，比 thɔɔŋ^{33}thɛɛŋ^{51} 小；thɔɔŋ^{33}bai^{33} 指呈薄片状的金子，thɔɔŋ^{33}saai^{33} 指呈沙粒状的金子。

ไทททุกแคว้นที่มาร่วมการศึกจะได้ทองแท่งไปเท่าจำนวนทหาร　๒๔๕

thai^{33} thuk^{453} khwɛɛn^{453} thi^{51} ma^{33} ruam^{51} kaan^{33}sɯk^{21} caʔ^{21} dai^{51} thɔɔŋ^{33} thɛɛŋ^{51} pai^{33}

泰　每　地区　的　来　合作　的　战斗　要　得　黄金　块　去

thau^{51} cam^{33}nuan^{33} thaʔ^{453}haan^{24}.（245）

相当　数量　士兵

来参加战斗的每个地区都得到与其士兵数量相当的金条。

第二种表示事物的数量为一。

泰语表示计量的名词短语当数词为“一”的时候，数词可以省略。具体来说，当“名-nɯŋ^{21}-量或名－量-nɯŋ^{21}”结构位于宾语的位置，且数量不是信息焦点的时候，“名-nɯŋ^{21}-量或名－量-nɯŋ^{21}”当中就会省略数词“nɯŋ^{21}”，从而呈现为名量组合，如 khɔ^{24}nam^{453}kɛu^{51}（ขอน้ำแก้ว）要－水－杯“要一杯水”。从意义上看，这种组合表示事物数量为“一”的含义。也就是说，它表达的实际上是一种计量含义。

从结构上看，这种组合也是一种以名词为中心语的修饰结构，但其中的量词不直接修饰名词，而是与数词“nɯŋ^{21}”组合形成一个整体共同做名词的修饰语。请注意，由于泰语采用“名－数－量”格式，省略之后形成的并不是量名组合。

1. ขอหมอนใบซิ①

khɔ^{24} mɔɔn^{24} bai^{33} siʔ^{453}.

要　　枕头　个　吧

要个枕头吧。

2. แม่ค้า ซื้อหนังสือพิมพ์ฉบับ②

mɛ^{51}kha^{453}! sɯ^{453} naŋ^{24}sɯ^{24}phim^{33} chaʔ^{21}baap^{21}.

妈妈 收购 买　　书籍　　印刷　　份

老板娘！买（一）份报纸。

3. ทำไมคุณไม่ทำหมันเสียตั้งแต่มีลูกคนหรือสองคนล่ะ③ 2

tham^{33}mai^{33} khun^{33} mai^{51} tham^{33} man^{24} sia^{24} taŋ^{51}tɛ^{21} mi^{33} luuk^{51} khon^{33} rɯ^{24} sɔɔŋ^{24}

为什么　　你　　不　　做　　不孕　掉　建 从 有　孩子　　个　或　　两

khon^{33} laʔ^{453}?

个　　呢

有了一个孩子或者两个之后你为什么不立即把不孕手术做掉呢？

4. กิมสั่งลูกสาวให้หยิบน้ำส้มขวดให้ลูก　๒๑๕④

kim^{33} saŋ^{21} luuk^{51} saau^{24} jip^{21} nam^{453} som^{51} khuat^{21} hai^{51} luuk^{51}. 215

金（人名）交代 孩子 女 拿 水　橙子　瓶　　给　孩儿

阿金吩咐女儿拿一瓶橙汁给我。

有一点值得注意，上述两种量名组合有时并不好区分，哪怕是在点菜这种具体的语境中也存在歧义。下面 bia^{33}khuat^{21} 有两种意思：按第一种组合理解是指瓶装啤酒，与罐装、扎啤等一样是按盛装方式来说的啤酒的一种；按第二种解释是“一瓶啤酒”的省略说法。

---

① 来自 Vichin Panupong（1989）^{332}。

② 来自番秀英（2009）^{49}，括号表示可省略。

③ 例句来自潘德鼎（2011d），下同。

④ 此例第二个 luuk^{51}（ลูก）“孩儿”用如第一人称。

ก. จะเอาเหล้าเบียร์ไหมคะ

A：caʔ^{21} ʔau^{33} lau^{51}bia^{33} mai^{24} khaʔ^{453}？要啤酒吗？

将　要　酒　啤　不　吗

ข. ผมขอเบียร์ขวด

B：phom^{24} khɔ^{24} bia^{33} khuat^{21}。我要瓶装啤酒（或我要一瓶啤酒）。

我　要　啤酒　瓶

5.4　类别结构的内部结构关系及其类别意义的依据

本章所述的各类组合包括以下几种，归纳如下：

表 5.1　　**泰语量名组合与名量组合对比**

类型	组合的意义	例子	组合性质
量名 1	事物类别含义	ton^{51}mai^{453} 树木、ton^{51}sai^{33} 榕树、ton^{51}ja^{51} 草类	类别结构
量名 2	事物含义	tua^{33}ma^{24} 狗的身体、狗自己，tua^{33}ma^{453} 马的身体、马自己，thɛɛŋ^{51}thɔɔŋ^{33} 金条，thɛɛŋ^{51}lek^{21} 铁条，thɛɛŋ^{51}mɯɯk^{21} 墨锭	复合词
名量 1	事物含义	rak^{453}ton^{51} 漆树的一种品种、rak^{453}phum^{51} 漆树的另一个品种	复合词
名量 2	数量为一	mɔɔn^{24}bai^{33} 一个枕头、naŋ^{24}sɯ^{24}phim^{33}chaʔ^{21}baap^{21} 一份报纸	句法省略

下面以植物类为例分析第一类即类别结构的内部结构关系。

ton^{51}mai^{453}“树木”、ton^{51}sai^{33}“榕树”等词是一种正偏复合词，不是派生词。复合词是全部由词根组合而成的合成词，派生词是由词根附加词缀构成的合成词。区分两者的标准有二：第一，词缀是定位语素，黏附于词根之上，词根则能出现在合成词的各个位置上，因而可以移动、替换；第二，词缀只有附加的意义没有实在的词汇意义，它跟词根的关系只是位置上的关系，没有多少意义上的联系。复合词内部的成分有轻重之分，派生词没有这样的区分。

用第一条标准判断，下面 ton^{51} 和 mai^{453} 可以对调，ton^{51} 和 rak^{453} 也可以对调，位置不固定，说明 ton^{51} 不是词缀。

ต้นไม้	ไม้ต้น	ต้นรัก	รักต้น
ton^{51}mai^{453}	mai^{453}ton^{51}	ton^{51}rak^{453}	rak^{453}ton^{51}
树木	乔木	漆树	漆树的一个品种

用第二条标准判断，下面语料表明 ton^{51} 这个语素的类别意义不能独立存在而存在于合成词当中，而且不固定，但都比较实在，分别指乔木、灌木和草本植物，也说明 ton^{51} 不是词缀。

ton^{51}表示乔木，如：ton^{51}rak^{453}（ต้นรัก）“漆树”、ton^{51}mɔɔn^{21}（ต้นหม่อน）“桑树”；

ton^{51}表示灌木，如：ton^{51}kuʔ^{21}laap^{21}（ต้นกุหลาบ）“玫瑰”、ton^{51}rak^{453}phum^{51}（ต้นรักพุ่ม）“漆树的一个品种”；

ton^{51}表示草本类，如：ton^{51}ja^{51}（ต้นหญ้า）“草类”、ton^{51}phai^{21}（ต้นไผ่）“竹子”、ton^{51}kluai^{51}（ต้นกล้วย）“芭蕉树”。

可见，类别结构是一种复合词，其中的量词是中心语，表示类名、大类名，名词是修饰语，表示具体的专名、小类名。①

类别结构的类别意义以计量结构为依据，具体分两类：

第一，极少部分量名组合可直接与数词、限定代词组合，其类别意义由此而来。②

以 tua^{33}sat^{21}“动物”为例，之所以把其中的 tua^{33}看成量词是因为其前面可以直接加上 thuk^{453}、laai^{24}等词语，形成计量结构，如 thuk^{453}tua^{33}sat^{21}“每只动物”、laai^{24}tua^{33}sat^{21}“许多动物”。tua^{33}naŋ^{24}sɯ^{24}“文字”，也可以直接加上 thuk^{453}形成计量结构 thuk^{453}tua^{33}naŋ^{24}sɯ^{24}“每个字”。

第一组	ตัวสัตว์ tua^{33}sat^{21} 动物	ตัวหนังสือ tua^{33}naŋ^{24}sɯ^{24} 文字
类别意义的依据	ทุกตัวสัตว์	ทุกตัวหนังสือ
	thuk^{453}tua^{33}sat^{21} 每只动物	thuk^{453}tua^{33}naŋ^{24}sɯ^{24} 每个字
	หลายตัวสัตว์	
	laai^{24}tua^{33}sat^{21} 许多动物	

上述结构直接受数词修饰，说明该结构以量词为中心。可以把 tua^{33}sat^{21}、tua^{33}naŋ^{24}sɯ^{24}看成一个整体，与“sɔɔŋ^{24}laŋ^{24}kha^{33}rɯan^{33}两户、sɔɔŋ^{24}chua^{51}khon^{33}两代、sɔɔŋ^{24}kam^{33}mɯ^{33}两把”中画线的单位词一样，量词不一定是单音节，多音节的合成词也可以作为计量单位，功能上相当于一个量词。

从这个角度看，很多表面上看呈现为量名组合但没有类别意义的组合正是因为这些结构不能与数词组合。以上面的同一个 tua^{33}为例，tua^{33}一般不能加到形体大一点的动物名称前面，如果加上之后整个组合的含义就会发生变化，如 ma^{24}是“狗”，tua^{33}“只”是狗的量词，但如果 tua^{33}加到 ma^{24}前面形成的 tua^{33}ma^{24}不再表示狗，而是指狗的身体或狗自身。正是因为语料没有显示出 tua^{33}ma^{24}像 tua^{33}sat^{21}一样可以与数词组合。其他一些表面上

① 本书说量词是构词单位，实际上是指量词语素，由于量词语素参与构成的词是复合词，因此就说量词在“量－名”组合中的功能是构词单位。

② 据现有研究，泰语“量－名”组合似未见有定指、数量为一等含义，如 tua^{33}sat^{21}只－动物“动物”是类指，不指向某一特定的动物，也没有一只动物的意思。

看呈现为“量名组合”的如 khan^{33}thaʔ^{453}nu^{33} 指弓把（khan^{33} 是弓的量词），daam^{51}miit^{51} 是指刀把（daam^{51} 不是刀而是笔等事物的量词），这些组合没有类别意义，也是因为数词不能直接放在其前面形成计量结构。

第二，绝大部分表示类别意义的量名组合，其类别意义也与计量结构有关。

表示类别意义的量名组合当中绝大部分如“tua^{33}len^{33} 跳蚤、ton^{51}mai^{453} 树木、ton^{51}sai^{33} 榕树、bai^{33}hu^{24} 耳朵以及 saai^{24}chɯak^{51} 绳子”等表示不同的类别，但却没见或难见有这些组合直接受数词修饰的语料。对比下面各组：

第二组里的两个量名组合，结构和意义相同，判断有类别意义的依据却不同。

第二组	ตัวสัตว์ tua^{33}sat^{21} 动物	ตัวเล็น tua^{33}len^{33} 跳蚤
依据	ทุกตัวสัตว์	*ทุกตัวเล็น①
	thuk^{453}tua^{33}sat^{21} 每只动物	thuk^{453}tua^{33}len^{33} 每只跳蚤

第三组，结构不相同，意义相同，难以找出类别意义的依据。

第三组	ตัวผึ้ง tua^{33}phɯŋ^{51} 蜜蜂	ผึ้ง phɯŋ^{51} 蜜蜂
依据	*ทุกตัวผึ้ง	*ทุกผึ้ง
	thuk^{453}tua^{33}phɯŋ^{51} 每只蜜蜂	thuk^{453}phɯŋ^{51} 每只蜜蜂

第四组，结构和意义相同，都无法找出依据。

第四组	ต้นไม้ ton^{51}mai^{453} 树木	ต้นหญ้า ton^{51}ja^{51} 草类	ต้นไทร ton^{51}sai^{33} 榕树
依据	*ทุกต้นไม้	*ทุกต้นหญ้า	*ทุกต้นไทร
	thuk^{453}ton^{51}mai^{453} 每棵树	thuk^{453}ton^{51}ja^{51} 每棵草	thuk^{453}ton^{51}sai^{33} 每棵榕树

上面三组说明：“能直接与数词组合”不能作为绝大部分量名组合表示类别意义的依据。请看对下面这些组合进行计量的其他方式。

第五组，两个量名组合都表示类别意义，这种类别意义源于其计量结构。

第五组	ต้นหม่อน ton^{51}mɔɔn^{21} 桑树	ตัวไหม tua^{33}mai^{24} 蚕
依据	ต้นหมอนสองต้น	ตัวไหมสองตัว
	ton^{51}mɔɔn^{21}sɔɔŋ^{24}ton^{51} 两棵桑树	tua^{33}mai^{24}sɔɔŋ^{24}tua^{33} 两只蚕

第六组两个量名组合在结构和意义两方面都一样，但其计量结构不同。

第六组	ต้นหม่อน ton^{51}mɔɔn^{21} 桑树	ตัวไหม tua^{33}mai^{24} 蚕
依据	ไม้หม่อนสองต้น	*สัตว์ไหมสองตัว
	mai^{453}mɔɔn^{21}sɔɔŋ^{24}ton^{51} 两棵桑树	sat^{21}mai^{24}sɔɔŋ^{24}tua^{33}
		*หนอนไหมสองตัว
		nɔɔn^{24}mai^{453}sɔɔŋ^{24}tua^{33} 两只蚕

① 星号 * 表示不存在。

ต้นไม้หม่อนสองต้น

ton^{51}mai^{453}mɔɔn^{21}sɔɔŋ^{24}ton^{51} 两棵桑树

*ตัวสัตว์ไหมสองตัว

tua^{33}sat^{21}mai^{24}sɔɔŋ^{24}tua^{33} 两只蚕

*ตัวหนอนสัตว์ไหมสองตัว

tua^{33}nɔɔn^{24}mai^{24}sɔɔŋ^{24}tua^{33}

上面两组说明：一部分量名组合表示类别意义的依据在于对这些量名组合进行计量的某些方式。再看下面第七组。

第七组显示量名组合如 tua^{33}mai^{24} “蚕” 含有类别意义的依据在于对其他词语的计量结构。具体说来就是，这些组合的第一个成分在对其他词语进行计量时可作为单位词，自然单位的分类功能使之获得了类别的含义，当这个成分进一步与其他词如名词组合时类别意义也就附加到整个组合之上。

第七组 ตัวไหม tua^{33}mai^{24} 蚕

依据 ตัวสัตว์สองตัว tua^{33}sat^{21}sɔɔŋ^{24}tua^{33} 两只动物

สัตว์สองตัว sat^{21}sɔɔŋ^{24}tua^{33} 两只动物

หมาสองตัว ma^{24}sɔɔŋ^{24}tua^{33} 两只狗

类似第七组中的计量结构大量存在，说明了绝大部分类别结构与其他词语的计量结构紧密相关。如 bai^{33}hu^{24} 张 – 耳朵 “耳朵”，表示耳朵属于叶状物，bai^{33} “张” 不是 hu^{24} “耳朵” 的量词，但是是对树叶、照片、纸牌等进行计量不可少的单位。bai^{33}hu^{24} 类别意义的依据在于 “bai^{33}mai^{453}sɔɔŋ^{24}bai^{33} 两张树叶、ruup^{51}thaai^{21}sɔɔŋ^{24}bai^{33} 两张照片” 等这样的计量结构之中。需要强调的是，类别结构中的第一个成分基本义都是形状，包括前面说到的有生类下面的各小类如 ton^{51} “棵”、tua^{33} “只、头” 等分别是树干、身体的意思，具有描述树、动物的整体轮廓的特点，用于鬼神的 ton^{33}（ตน）“个”、用于王室成员的ʔoŋ^{33}（องค์）“位”、用于僧侣的 ruup^{51}（รูป）“位” 等指形体、身体和图像，描述对应的事物的整体轮廓。tua^{33} 经常放在形体较小而不是形体较大的动物名前也与这种含义有关，因为形体较小的不易被人看见需要加上 tua^{33} 一词加以强调，这时 tua^{33} 作为量词的动物类含义就附加到这个构词成分上面。

5.5 小 结

泰语里表面上呈现为量名组合的结构比较多，但有的含有类别的意义，有的没有。无论有没有类别意义，其中的量词都既可以是与其后的名词搭配的个体量词也可能不是。①这些结构都是复合词，其中的量词作为构词单

① 非个体量词如 fuuŋ^{24}nok^{453}（ฝูงนก）群 – 鸟 “鸟群”、mat^{453}bai^{33}tɔɔŋ^{33}（มัดใบตอง）捆 – 芭蕉叶 “成捆的芭蕉叶”、kɛɛu^{51}nam^{453}（แก้วน้ำ）杯 – 水 “水杯”。

位，是整个量名组合的中心语。可以用对应组“量名：构词单位”来表示。

泰语具有类别意义的量名组合是指 duaŋ^{33}taʔ^{21}wan^{33}（ดวงตะวัน）“太阳”、ton^{51}mai^{453}（ต้นไม้）“树木”等一类，这些量名组合中的量词是与后面的名词相对应的个体量词，其中的量词和整个组合具有事物的类别意义，可称之为类别结构。用“量名：类别意义”表示，强调它与其他类型的量名组合的差异。

这种差异是：从意义上看这种组合中的量词表示的是类别的抽象含义，名词（含专名）表示的是个别的具体含义，作为一种区别、参照的依据。而不含有类别意义的量名组合中第一个成分实际上是具有实在的词汇意义的名词，整个组合是一种名名组合。

第一种，具有类别意义的量名组合，如：ton^{51}mai^{453}（ต้นไม้）树木、tua^{33}len^{33}（ตัวเล็น）跳蚤；

第二种，不具有类别意义的量名组合，如：tua^{33}ma^{24}（ตัวหมา）狗的身体、狗自身。

这种类别意义的存在具有一定的条件，与对这些组合本身及有关词语的计量表达密切相关。

本书“量－名：构词单位”强调量词在“量－名”类别结构中起到构词单位的作用，与其他类型的量名组合并没有差别，是泰语词汇系统中的重要组成部分。

第六章 结语

6.1 泰语量词的语法特点

通过研究，本书总结得出下面两条结论：

第一泰语量词主要具有三种分布，量词在这三种分布中起到的主要语法功能不同，整个结构的性质不同，如表 6.1。本书在概括一般语法书经常提到的泰语量词分布的过程中将量词的各类后置修饰词与前置于量词的数词对比指出它们与量词组合之后共同表达的语法功能是指称，其中的量词起到连接作用，“名－量－修”是指称结构；另外本书还将“量－名”组合纳入到量词分布的考察范围之中，并指出其中一部分量名组合有类别意义，是类别结构。从而，提出“三种分布对应三种功能”的观点以概括说明泰语量词的主要分布及其功能。这三种分布是泰语量词的基本分布，更进一步的其他分布可以由它们组合叠加而得，其中连接各项分布之间的纽带的是“名－数－量－限”。

表 6.1　　泰语量词“分布－功能对应组”表

语法分布	语法功能	例子	汉义	结构性质
名－数－量	计量单位	$ma^{24}sɔɔŋ^{24}tua^{33}$ หมาสองตัว 狗－两－只	两只狗	计量结构
名－量－修	指称单位	$kɛɛu^{51}bai^{33}jai^{21}$ แก้วใบใหญ่ 杯子－个－大	大的杯子	指称结构
量－名	构词单位	$tua^{33}pliŋ^{33}$ ตัวปลิง 只－蚂蟥	蚂蟥	类别结构

第二在“三种分布对应三种功能”的前提下，本书发现泰语还具有“数－名”、“量－名－限定代词”、“量－名－形－限”以及“名－量－形－限”等分布，但不存在“名－量－动”的分布，存在的“名－量－形”分布是歧义结构，根据这些新发现对上述泰语量词的语法功能做如下补充：“数－名”的存在在一定程度上说明了泰语某些名词不需要量词可以受数词修饰表达计量意义；“量－名－限”、“量－名－形－限”的存在说明了包括“量－名”式合成词在内的泰语名词不需要量词可以受限定代词修饰表示定指的意义。

“量–名–形–限”、“名–量–形–限”的存在以及“名–量–形”的歧义、“名–量–动”的方言口语性说明泰语量词对饰词的指称化相对较强，对谓词特别是其中的动词的指称化相对较弱。

结合上面的发现，可以在“三种分布对应三种功能”的基础上对泰语量词的语法特点做如下描述：用符号∽表示名词、量词等体词性成分，泰语表达计量意义必须采用“数∽”形式，其中数词后面的成分可以是多音节的合成词；泰语表达指称意义必须采用“∽限”的形式，其中限定代词前面的成分也可以是多音节的合成词。

6.2　未能解决的问题和展望

本书未能解决的主要问题是：第一，泰语量名组合表类与不表类的区分除了靠语感之外是否还有更为丰富、更为可靠的语料做支撑？第二，泰语量名组合表类与不表类的分歧除了与计量结构有关外还有哪些影响因素？

在泰语量词研究中量名关系是一项重要的研究内容，学者们采用的视角、研究方法、对量词的界定、量词虚实的特点、量词的小类及其发展层次等都与这一关系紧密相关。本书认为作为实体单位的量词要从作为实体的名词分化出来必须有分布和功能两方面的根据，从泰语的情况看就是要考察计量结构、指称结构和类别结构即在计量、指称等表达中名词是否非得引入量词不可。

本书总结得出的结论主要是就前两种结构而言，将来需要进一步研究泰语量名组合的情况，参考其他语言（如老挝语、傣语、壮语等）回答上述两个问题，以便综合研究泰语量名关系及其相关内容。

参考文献

中文文献

薄文泽. 壮语量词的语法双重性. 民族语文，2003（6）：7—12.

薄文泽. 泰语的指示词. 民族语文，2006（6）：10—16.

薄文泽. 泰语壮语名量词比较研究. 民族语文，2012（4）：39—44.

番秀英. 汉语和泰语个体量词对比研究［博士学位论文］. 北京：北京语言大学，2009.

方伯龙. 傣语量词和指示词在多重修饰语中的特殊作用. 民族语文，1982（3）：30—32.

广州外国语学院. 泰汉词典. 北京：商务印书馆，2005.

郭锐，李知恩. 从语义地图模型看量词功能的扩展. 第二届四川境内藏缅语国际研讨会论文. 北京：北京大学，2010.

郭锡良. 古代汉语语法讲稿. 北京：语文出版社，2007.

季永兴. 壮汉数词代词量词结构形式比较分析. 民族语文，1993（4）：63—68.

晋风. 对壮语量词研究中几个论点的商榷. 中南民族学院学报，1982（2）：101—107.

李方桂 a. 泰语中的一种句法变化//李方桂. 侗台语论文集. 北京：清华大学出版社，2005：202—206.

李方桂 b. 龙州土语. 北京：清华大学出版社，2005.

李方桂 c. 武鸣土语. 北京：清华大学出版社，2005.

李锦芳. 汉藏语系量词研究. 北京：中央民族大学出版社，2005.

梁敏. 壮侗语族量词的产生和发展. 民族语文，1983（3）：8—16.

梁敏. 壮侗语族诸语言名词性修饰词组的词序. 民族语文，1986（5）：14—22.

刘丹青. 汉语关系从句标记类型初探. 中国语文，2005（1）：3—15.

陆俭明. 现代汉语语法研究教程. 北京：北京大学出版社，2005.

陆天桥. 毛南语的类别名词. 民族语文，2007（3）：17—27.

罗美珍. 汉、侗–泰、苗–瑶语声调和量词产生与发展的相同过程. 语言科学，2007（6）：36—43.
罗美珍. 傣语方言研究（语法）. 北京：民族出版社，2008.
匿名. 壮汉词汇（初稿）. 南宁：广西民族出版社，1983.
侬常生. 清迈泰语与云南壮语名量词比较［学士学位论文］. 北京：中央民族大学，2009.
侬常生. 那安壮语量词研究［硕士学位论文］. 北京：中央民族大学，2012.
侬常生. 泰语量词的语法分布与语法功能［博士学位论文］. 北京：北京大学，2016.
侬常生. 泰语量词的连接作用. 民族语文，2016（4）：58—66.
侬常生. 那安侬话“部分–整体”式合成名词及其“数＋量”结构的意义. 民族语文，2018（2）：43—50.
潘德鼎 a. 泰语教程（修订版第一册）. 北京：北京大学出版社，2011.
潘德鼎 b. 泰语教程（修订版第二册）. 北京：北京大学出版社，2011.
潘德鼎 c. 泰语教程（修订版第三册）. 北京：北京大学出版社，2011.
潘德鼎 d. 泰语教程（修订版第四册）. 北京：北京大学出版社，2011.
裴晓睿. 泰语语法新编. 北京：北京大学出版社，2000.
裴晓睿，薄文泽. 泰语语法. 北京：北京大学出版社，2017.
覃晓航. 壮语特殊语法现象研究. 北京：民族出版社，1995.
覃晓航. 关于壮语量词的词头化. 民族语文，2005（3）：52—56.
王力. 汉语史稿. 北京：中华书局，2009.
王力. 汉语语法史. 北京：商务印书馆，1989.
韦庆稳. 论壮语的量词//编辑组. 民族语文研究文集. 西宁：青海民族出版社，1982.
韦庆稳. 壮语语法研究. 南宁：广西民族出版社，1985.
小航，文安. 壮语类属词头与壮语量词的关系. 广西民族学院学报（哲学社会科学版），1988（4）：64—70.
谢志民. 论壮语量词及其在文字上的处理. 中南民族学院学报，1985（3）：86—96.
游汝杰. 论台语量词在汉语南方方言中的底层遗迹. 中国语文，1982（2）：33—48.
袁家骅. 汉壮语的体词向心结构. 民族语文，1979（2）：113—119.
张公瑾. 论汉语及壮侗语族诸语言中的单位词. 中央民族学院学报，1978（4）：14—30.
张元生. 武鸣壮语的名量词. 民族语文，1979（3）：191—198.
张元生. 武鸣壮语量词新探. 中央民族学院学报，1993（4）：77—86.

周耀文，方峰和．壮语傣语名量词的差别及其缘由．民族语文，1984（2）：45—49.

朱德熙．语法讲义．北京：商务印书馆，1982.

朱德熙．自指和转指．方言，1983（1）：16—31.

朱德熙．语法答问．北京：商务印书馆，1985.

朱德熙．现代汉语语法研究的对象是什么？//中国语文杂志社 编．语法研究和探索（四）．北京：北京大学出版社，1988.

英文文献

Aikhenvald, Alexandra Y. 2003 *Classifiers: A Typology of Noun Categorization Devices*. London: Oxford university press.

Bisang, Water. 1999 Classifiers in East and Southeast Asian Languages: Counting and beyond//Gvozdanovic, Jadranka (ed.) *Numeral Types and Changes Worldwide*. Berlin: Mouton de Gruyter: 113—185.

Carpenter, Kathie Lou. 1987 How Children Learn to Classify Nouns in Thai [Ph.D dissertation]. Stanford University.

Conklin, Nancy Faires. 1981 The Semantics and Syntax of Numeral Classification in Tai and Austronesian [Ph.D. dissertation]. University of Michigan, Ann Arbor.

Delancey, Scott. 1986 Toward a History of Tai Classifier Systems//Craig, Colette. *Noun Classes and Categorization*. Amsterdam: John Benjamins Publishing Co.: 437—452.

Haas, Mary R. 1942 The Use of Numeral Classifiers in Thai. *Language* (18): 201—205.

Haas, Mary R. 1951 The Use of Numeral Classifiers in Burmese// Fischel, Walter J. *Semitic and Oritental Studies*. Berkeley-Los Angeles: 191.

Haas, Mary R. 1964 *Thai-English Student's Dictionary*. Stanford, California: Stanford University Press.

HLA PE. 1965 A Re-examination of Burmese Classifiers. *Lingua* (15): 163—186.

Hundius and Kolver, Ulrike. 1983 Syntax and Semantics of Numeral Classifiers in Thai. *Studies in Language* (7): 105—214.

Jacob, Judith M. 1965 Notes on the Numerals and Numeral Coefficients in Old, Middle and Modern Khmer.*Lingua* (15): 143—162.

Jenks, Peter. 2006 On the Thai Classifier-Modifier Construction.Harvard Linguistic Theory Reading Group.

Jenks, Peter. 2012 Three Ways to Modify Classifiers in Thai. 86th Meeting of LSA, January.

Kookiattikoon, Supath. 2001 The Syntax of Classifiers in Thai [Ph.D. dissertation]. University of Hawaii.

Kullavanijaya, Pranee. 2008 A Historical Study of thîi in Thai//Anthony V. N. Diller, Jerold A. Edmondson and Yongxian Luo (ed.) *The Tai-kadai Languages*: 445—467.

Lu, Tian-Qiao. 2012 *Classifiers in Kam-Tai Languages: A Cognitive and Cultural Perspective*. Univeral-Pubishers. Boca Raton.

Malinowski, Bronislaw. 1920 Classificatory Particles in the Language of Kiriwina. *Bulletin of the School of Oriental Studies*, London Institution, Vol. Ⅰ, Part4: 33—78.

Piriwiboon, Nattya. 2010 Classifiers and Determiner-less Languages: The Case of Thai [Ph.D. dissertation]. University of Toronto.

Placzek, Jim A. 1978 Classifiers in Standard Thai: A Study of Semantics Relations beween Head-words and Classifiers [M.A. dissertation]. University of British Columbia.

Placzek, Jim A. 1984 Perceptual and Cultural Salience in Noun Classification: The Puzzling Case of Standard Thai 'lem' [Ph.D. dissertation]. University of British Columbia, Vacouver.

Placzek, Jim A. 1992 The Perceptual Foudation of the Thai Classifier System// edited by Carol J. Compton and John F. Hartman. *Papers on Tai Languages, Linguistics and Literature*. Dekalb: Nortern Illinois University: 154—167.

R. Burling. 1965 How to Choose a Burmese Numeral Classifiers//M. E. Spiro (ed.). *Context and Meaning in Culrual Anthropology, in Honor of A. Irving Hallowell*, New York: Free Press: 243—264.

Saul, Janice E. 1965 Classifiers in Nung. *Lingua* (13): 278—290.

Saul, Janice E.; Silson, Nancy Freiberger. 1980 *Nung Grammar*. SIL and the University of Texas at Arlington.

Shibatani, Masayoshi. 2009 Elements of Complex Structures, Where Recursion isn't: the Case of Relativization//ed.Givon T. & Shibatani M. *Syntactic Complexity*. Amsterdam/Philadel-phia: John Benjamins: 163—198.

Singhapreecha, Pornsiri. 2001 Thai Classifiers and the Structure of Complex Thai Nominals//ed. B.K.T'sou, O.O.Y. Kwong, and T.B.Lai. *Proceeding of the 15th Pacific Asia Conference on Languages Information and Computation*. City University of Hong Kong: LISRC: 259—270.

Smith, James Jerome. 1969 Thai Noun Classifers: Syntax or Semantics [M.A. dissertation]. University of Arizona.

Visonyanggoon, Saisunee. 2000 Parallellism between Noun Phrases and Clauses in Thai [Ph.D. dissertation]. Michigan State University.

Yaowapat, Natchanan; Prasithrathisint, Amara. 2008 A Typology of Relative Clauses in Mainland Southeast Asian Languages. *Mon-khmer Studies* (38): 1—23.

泰文文献

คำพูน บุญทวี: ลูกอีสาน สำนักพิมพ์โป๊ยเซียน ๒๕๕๒

งามพรรณ เวชชาชีวะ: ความสุขของกะทิ พิมพ์ครั้งที่สี่สิบสาม กรุงเทพฯ แพรวสำนักพิมพ์ ๒๕๕๐

จางกงจิ่ง เผย์เสี่ยวรุ่ย: ตำแหน่งหน่วยขยายนามในภาษาไท ว.ภาษา๓ / ๑ เม.ย ๒๙

นววรรณ พันธุเมธา: ไวยากรณ์ไทย โรงพิมพ์จุฬาลงกรณ์มหาวิทยาลัย ๒๕๕๔

นันทริยา ลำเจียกเทษ: คำไวยากรณ์ที่กลายมาจากคำนามเรียกอวัยวะและส่วนของพืช วิทยานิพนธ์ปริญญาดุษฎีบัณฑิต จุฬาลงกรณ์มหาวิทยาลัย ๒๕๓๙

นัทธ์ชนัน เยาวพัฒน์: พัฒนาการของพหุหน้าที่ของคำว่า"ซึ่ง"ในภาษาไทย วิทยานิพนธ์ปริญญาดุษฎีบัณฑิต จุฬาลงกรณ์มหาวิทยาลัย ๒๕๕๑

นามแฝง: ขูลูนางอั้ว โรงพิมพ์ศิริธรรม ๒๕๒๔

พระยาอุปกิตศิลปสาร: หลักภาษาไทย สำนักพิมพ์ไทยวัฒนาพานิช ๒๔๗๕

วิจินตน์ ภานุพงศ์: โครงสร้างภาษาไทย ระบบไวยากรณ์ โรงพิมพ์มหาวิทยาลัยรามคำแหง ๒๕๓๔

สุรางศรี ทะนงศักด์สกุล: คำลักษณนามในสมัยรัตนโกสินทร์รัชการที่๑-๘ วิทยานิพนธ์ปริญญามหาบัณฑิต จุฬาลงกรณ์มหาวิทยาลัย ๒๕๓๓

สุวรรณี สุคนธา: เขาชื่อกานต์ อมรการพิมพ์ พิมพ์ครั้งที่สอง ๒๕๑๓

สัญญา ผลประสิทธิ์: คนไททิ้งแผ่นดิน พิมพ์ครั้งที่ยี่สิบ สำนักพิมพ์เคลดไทย ๒๕๕๒

อมร ประสิทธิ์รัฐสินธุ์ ก.: ชนิดของคำในภาษาไทย: การวิเคราะห์ทางวากยสัมพันธ์ โรงพิมพ์จุฬาลงกรณ์มหาวิทยาลัย ๒๕๕๓

อมร ประสิทธิ์รัฐสินธุ์(บรรณาธิการ) ข.: หน่วยสร้างที่มีข้อขัดแย้งในไวยกรณ์ไทย โรงพิมพ์จุฬาลงกรณ์มหาวิทยาลัย ๒๕๕๓

ม.ร.ว. คึกฤทธิ์ ปราโมช: สี่แผ่นดิน พิมพ์พ็อกเก็ตบุ๊คครั้งแรก ๒๕๒๓

หม่อมหลวงปิ่นมาลากุล: นิราศเป่ยจิง อมรินทร์การพิมพ์ ๒๕๒๓

后　记

这本书是我于北京大学攻读博士学位期间在导师薄文泽教授的指导下撰写的博士学位论文。

论文得以出版成书主要是由于得到了云南省哲学社会科学学术著作出版专项经费的资助，在此要感谢云南省哲学社会科学规划办领导和评审专家的扶持，同时也感谢工作两年来云南师范大学汉藏语研究院领导罗骥教授和余金枝教授的关照。另外还要感谢中国社会科学出版社任明主任为本书的出版付出的辛勤劳动。当然，最应该感谢的是戴庆厦先生和薄老师，两位热情慷慨地为本书写了序，这是我永远都不会忘记的。最后还要感谢蓝庆元研究员，本书部分内容曾以《泰语量词的连接作用》在《民族语文》2016 年第 4 期发表，其时得到了蓝老师的大力提携。

泰语量词研究是一个博大精深的领域，由于我的原因，本书肯定还有不少错误和不足，非常欢迎读者提出批评和建议。

谨以此书献给桩色桩洒以及把桩色桩洒信仰带给了我的父母和巫婆！